KB183947

천사들의 엄격함

천사들의 엄격함
The Rigor of Angels

보르헤스, 하이젠베르크, 칸트 그리고 실재의 궁극적 본질

윌리엄 에긴턴 | 김한영 옮김

까치

역자 **김한영**(金韓榮)
서울대학교 미학과를 졸업하고 서울예술대학교에서 문예창작을 공부했다.
그후 오랫동안 전문 번역가로 활동하며 문학과 예술의 곁자리를 지키고 있다.
옮긴 책으로 『그러나 절망으로부터』, 『아이작 뉴턴』, 『진화심리학 핸드북』, 『언
어본능』, 『빈 서판』, 『헨리 데이비드 소로』, 『사랑을 위한 과학』, 『본성과 양육』,
『미국을 노린 음모』, 『나는 공산주의자와 결혼했다』 등 다수가 있으며, 제45회
한국백상출판문화상 번역 부문을 수상했다.

편집, 교정_김미현(金美炫)

천사들의 엄격함 :
보르헤스, 하이젠베르크, 칸트 그리고 실재의 궁극적 본질
저자 / 윌리엄 에긴턴
역자 / 김한영
발행처 / 까치글방
발행인 / 박후영
주소 / 서울시 용산구 서빙고로 67, 파크타워 103동 1003호
전화 / 02 · 735 · 8998, 736 · 7768
팩시밀리 / 02 · 723 · 4591
홈페이지 / www.kachibooks.co.kr
전자우편 / kachibooks@gmail.com
등록번호 / 1-528
등록일 / 1977. 8. 5
초판 1쇄 발행일 / 2025. 1. 24

값 / 뒤표지에 쓰여 있음
ISBN 978-89-7291-865-3 93100

우주에서는 중심이 정지된 채 그 중심이 다른 모든 것들을 돌려주므로 우주의 본성은 바로 이곳, 회전하는 말뚝 같은 곳에서 시작합니다. 이 원동천에는 하느님의 마음만 있을 뿐 다른 어떤 것도 없는데, 그곳에서 우주를 돌아가게 하는 사랑과 빗발치듯 쏟아져 나오는 힘이 함께 피어오릅니다.

— 알리기에리 단테, 『신곡*La Divina Commedia*』, 「천국」(1320)

그 엄정함에 넋이 나간 인류는 그것이 천사들의 엄정함이 아니라 체스 장인들의 엄정함이라는 것을 망각해왔고 지금도 여전히 망각한다.

—호르헤 루이스 보르헤스, 「틀뢴, 우크바르, 오르비스 테르티우스」(1940)

차례

서론 | 그것은 어디로 갔을까? 009

제1부 시간의 편린 위에 서다

제1장 망각 불능증 033

제2장 바로 이 순간의 짧은 역사 062

제3장 시각화하라! 085

제2부 신이 아닌 존재

제4장 양자 얽힘 119

제5장 영원의 상 아래에서 152

제6장 눈 깜짝할 사이 177

제3부 우주에 끝이 있을까?

제7장 다른 사람들이 도서관이라고 부르는 우주 201

제8장 엄숙함 228

제9장 측정하기 좋게 만들어진 우주 260

제4부   자유의 심연

제10장   자유 의지   291

제11장   두 갈래로 갈라지는 오솔길들   317

제12장   근심과 원한을 벗어던지고   341

후기   369

감사의 말   377

주   379

참고 문헌   401

더 읽어볼 만한 책   414

인명 색인   417

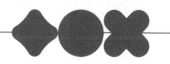

서론

그것은 어디로 갔을까?

1927년 5월 21일 밤 10시가 되기 직전, 파리 북서부의 구름 속에서 비행기 한 대가 하강했다. 비행기는 도시의 상공을 날아 에펠 탑을 두 번 선회한 뒤 평소 같으면 잠들어 있을 르부르제 비행장을 향해 북동쪽으로 날아갔다. 조종사를 기다리는 수많은 군중이 시야에 들어오자 누구보다 놀란 사람은 비행기를 혼자 몰고 있는 조종사 본인이었다. 조종사는 스물다섯 살이지만 소년의 모습이 남아 있는 미지의 미국인이었다. 그날 밤 10시 32분에 비행기가 착륙할 때까지 젊은이는 33시간 이상을 비행했다. 그는 자신을 비행기에서 끌어내린 군중으로부터 힘겹게 빠져나와 이 전례 없는 업적을 취재하기 위해 몰려든 외신 기자들 앞에서 인터뷰를 하고, 파리 대사관저에서 뜨거운 물로 목욕하고 이른 아침에 잠이 들었다. 그때까지 그가 깨어 있던 시간은 60여 시간이었다.[1]

남들 앞에 나서지 않는 우편물 수송기 조종사였던 찰스 린드버그는 대서양을 단독 비행한 최초의 인간이 된 후부터 세계에서 가장 유명한 사람이 되었다. 그야말로 하룻밤 사이에 일어난 일이었다. 그가 세운 업적은 특별한 능력과 용기의 사례였다. 수많은 사람들이 여러 달, 여러 해에 걸쳐 그 업적을 이루려다가 실패했고, 때로는 그 과정에서 연기처럼 사라졌다. 하지만 그날 르부르제에, 그리고 얼마 후 뉴욕에, 그리고 앞으로 린드버그가 날아갈 거의 모든 장소에 구름처럼 모여든 군중은 그저 한 사람의 업적을 축하한 것이 아니었다.

린드버그가 보여준 뛰어난 능력—야간에 혼자 완벽한 비행을 하고, 고도를 끊임없이 조정하고, 피로와 아슬아슬하게 싸운 초인적인 능력—의 이면에는 간과할 수 없는 사실이 놓여 있었다. 과거에는 몇 주일, 심지어 몇 달이 걸린 거리를 단 한 사람이 하루가 조금 넘는 시간에 주파하게 된 것은 당시 막 급격히 성장 중이었던 과학 및 공학 체계 덕분이라는 사실이었다. 린드버그의 성취는 최근 몇 세기 동안 지구를 항행하고, 철도를 건설하고, 조만간 인간을 달나라에까지 보내줄 인간의 놀라운 지적 능력의 연장이었다. 물론 공학의 승리였지만, 이는 또한 200여 년 전 아이작 뉴턴 경이 종이에 기록한 뒤 인류의 예외적인 진보에 동력이 되어준 운동법칙의 개가凱歌이기도 했다. 뉴욕 루스벨트 비행장과 르부르제 사이의 경로를 추적해보면, 찰스 린드버그는 역사상 그 누구보다도 짧은 시간에 더 먼 거리를 이동했다. 린드버그는 루스벨트 비행장으로부터 약 1,000킬로미터를 이동해서 그날 밤 그 지점에 도달한다는 것, 즉 물체가 공간을 이동한다는 것이 무엇을 의미하는지에 관한 생각 자체가 영원히 뒤집히고 있음을 거의 알지 못했을 것이다.

린드버그가 역사적인 비행을 하고 있을 때 또다른 젊은이가 코펜하겐의 조용한 집에서 정신없는 나날을 보내고 있었다. 그 집에서는 덴마크의 물리학자이자 노벨상 수상자인 닐스 보어가 그 젊은이와 하루하루 지구전을 벌이고 있었다. 사실 보어는 스물다섯 살의 독일인 조수 베르너 하이젠베르크가 무자비하게 연속적으로 써낸 최신 논문들을 진땀을 흘리며 공략 중이었다.

아직 정교수는 아니었지만 그해 말 라이프치히 대학교 이론물리학과의 학과장이 될 하이젠베르크는 이미 2년 전 새로운 물리학의 기초를 다져놓은 상태였다. 새로운 물리학의 기초는 1927년 말에 양자역학으로 공식화될 이론이었다. 양자역학은 무시무시한 복잡성에 관한 수학적 모형으로, 그 모형의 힘은 그로부터 거의 100년이 지나며 심오한 발견이 무수히 많이 이루어진 오늘날에도 여전히 유효할 정도로 막강하다. 하이젠베르크는 스물세 살에 쓴 두 편의 중대한 논문으로 5년 뒤 노벨상을 받게 되지만, 지금 보어와 치르고 있는 전쟁은 과학과 생각의 기초를 흔들고 앞으로 영원히 하이젠베르크의 이름이 붙어다니게 될 새로운 발견에 관한 것이었다.

논쟁은 핵심은 실재reality의 궁극적 성격이었다. 고전물리학에서는 항상, 물체는 크기에 상관없이 똑같은 운동법칙을 따른다고 가정했다. 하지만 1913년에 보어는 원자 내부에서 전자들이 거시적인 물체와는 아주 다르게 행동한다는 점을 입증했다. 핵 주위의 전자들은 각자 별개의 궤도를 점유하고 있는데, 한 궤도에서 다른 궤도로 "도약하는" 것처럼 보였다.[2] 문제는 다음과 같았다. 만일 내가 한 계단에서 다른 계단으로 도약을 하면, 그 중간에도 내가 계속 존재한다고 모두가 인정할 것이다. 하지만 역설적으로 전자는 중간에 여행한 흔적도 없이 새로운 궤도에 나타난다. 게다가 탐지될 때까지는 아예 **존재하지도** 않고, 탐지된 시점에서야 그동안 어디에 있었는지를 "결정하는" 것처럼 보인다. 이는 마치 찰스 린드버그가 대서양을 건너는 동안에는 존재하지 않았고, 프랑스 상공에서 모습을 보일 때에야 다시 존재하게 되었다고 말하는 것과 똑같다.

그로부터 1년 전 어느 토요일 오후 부에노스아이레스에서 미칠 듯이 행복한 젊은 시인이 파티에 도착했다. 학구적이고 멋 부리기를 좋아하며 내성적이고 친구들이 호르기Georgie라고 부르는 호르헤 루이스 보르헤스가 동료 작가의 생일 오찬에 참석하기 위해서 팔레르모 공원의 뱃놀이하는 연못에 도착한 것이다. 그날 보르헤스의 팔에는 그에게 기쁨을 주는 존재가 매달려 있었다. 바로 스칸디나비아 혈통의 떠오르는 소설가이자 시인, 노라 랑헤였다.

　보르헤스에게는 천금 같은 해였다. 부에노스아이레스 문학계는 유럽의 아방가르드를 향해 알랑거리고 아첨하는 태도를 거둬들이기 시작했다. 유럽의 아방가르드를 이끄는 자들은 한때 아슬아슬하고 위험했으나 이제는 부유하고 안정되었으며, 부르주아에게 충격을 주기보다는 그들에게 환대를 받고 응석을 부리는 경향이 훨씬 강해졌다. 이 이동의 수혜자는 보르헤스였다. 당시에 보르헤스의 시는 낭만적인 것, 아르헨티나의 향기가 나는 것을 향해 나아갔다. 철저한 세계주의자였음에도 보르헤스와 그의 문학적 동지들은 아르헨티나에 견고하게 뿌리를 내렸고, 심지어 유명한 카페 토르토니에서 일시적으로 유행하는 새로운 탱고를 감히 연주한 음악가들을 경멸했다.

　이 친구들 가운데 노라 랑헤는 북극성처럼 밝게 빛났다. 한 친구는 이렇게 묘사했다. 특별한 날 밤이 이슥해지면 그들은 하나둘씩 길모퉁

이 술집으로 모여들어 "저 바그너의 낙원에서 강림한 여신들과 함께했다." 친구들이 다 모이면 "긴 머리를 눈이 부시게 늘어뜨린 노라가 왕좌와 왕위에 복귀했고, 두 손을 내밀어 소란을 진정시킨 다음 낭독을 시작했다……그녀의 시는 어김없이 소란을 잠재우고 가장 순수한 감정을 아침의 태양처럼 떠오르게 했다."[3] 사실 어떤 시에서는 그녀의 연인이자 멘토인 보르헤스를 향한 열정을 감지할 수 있다. 노라는 자신의 열정을 "갓 피어난 장미에 맺힌 이슬방울"에 비유했다.[4]

한편 보르헤스는 지금까지 한 번도 느껴보지 못한 살아 있음의 감정을 느꼈다. 그리고 그의 글이 이 감정을 고스란히 되비추었다. 시인이든 작가든 문학가의 말은 영혼을 융합시켜 가장 중요한 경험의 진실을 전해주어야 한다. 이때 글쓰기는 "자기 자신에 대한 충실한 고백"이 된다.[5] 심지어 허구의 외관을 쓴 경우에도 저자의 자서전적인 웅어리는 "깊은 곳에서 둥둥 울리는 심장과 같을 것"이다.[6] 사실 보르헤스에게 노라와의 관계는 그답지 않은 글쓰기를 유발했다고 말하는 편이 정당하다. 동료 작가이자 친구인 카를로스 마스트로나르디의 회고에 따르면, 보르헤스는 그 자신이 아닌 다른 누구도 되고 싶은 마음이 없는 것처럼 보였다. 당시에 보르헤스는 확연히 그답지 않은 제목의 산문「행복을 쓰다」에서, "모든 의식, 모든 감각, 시공간의 모든 구별을 부정하는 것은 상상할 수 없다"고 말했다.[7] 마스트로나르디의 놀라움에는 합당한 이유가 있었다. 그의 친구는 병적인 집착으로 명성이 자자했고, 의식과 정체성이 시간에 걸쳐 지속된다는 인간의 느낌은 실존의 공백을 가리는 절박한 환상에 불과하다는 생각을 공개적으로 밝혔기 때문이다.

문학의 후손들까지는 아닐지언정, 보르헤스의 입장에서는 슬프게도 이 환상은 오래 가지 않았다. 그 봄날 오후 호숫가의 파티에서 노라는 또다른 작가, 올리베리오 히론도와 한 테이블에 앉았다. 히론도의 편안한 대화술과 여성을 홀리는 매력은 보르헤스의 자신 없는 태도와 극명하게 대조되었다. 두 사람이 즐겁게 술을 마시던 중 취한 노라가 포도주 병을 쓰러뜨렸다. 올리베리오는 조금도 당황하지 않고 몸을 기대면서 "우리 사이에 유혈 사태가 일어날 거야"라고 재치 있게 말했다.[8] 호르기의 팔을 잡고 온 여자는 어느새 올리베리오와 춤을 추고 있었다. 그리고 잠시 후 그와 함께 자리를 떴다.

이마누엘 칸트는 장 문제로 골머리를 썩이고 있었다. 다른 곳에서는 혁명의 기운이 감돌고 있던 1776년 여름, 칸트는 똥을 누지 못하고 있었다. 건강염려증이 있는 50대 초반의 독신남이자 쾨니히스베르크 대학교의 저명한 교수였던 칸트는 대체로 매우 건강했다. 사실 그후로도 28년을 더 살았으니 거의 모든 친구와 동료들보다 훨씬 오래 산 셈이다. 그렇지만 소화 불량은 칸트에게 아주 중요한 문제였다. 칸트는 후에 독창적인 저서로 근대 철학의 창시자라는 위치에 오르게 되지만, 그해 여름 매일 산책을 하는 동안에는 단 한 권의 책도 발표하지 못하고 있었다. 불편하기만 한 장 때문에 생각이 혼란스러울 수밖에 없었고, 이는 철학이라는 집을 말끔히 정돈하고자 하는 사람에게는 작지 않은 장애물이었다. 결국 5년 후에 칸트가 발표한 근대 철학은 독자들에게 충분히 복잡하고 난해했지만, 이 시점에는 칸트 자신마저 그 의미를 이해할 수 없을 만큼 산만했다.

칸트가 그의 철학을 난해하게 쓰려고 한 것은 아니었다. 인간 정신은 개인의 천직에 필요한 것보다 더 많은 지식을 배워야 한다는 생각에 악담을 퍼붓던 전통주의자들과는 달리, 칸트는 지식이 민주적으로 널리 보급되어야 한다고 믿었다. 같은 해에 보수적인 사상가 J. G. 슐로서는 이렇게 썼다. "멍에를 씌우거나 달구지를 매달려고 할 때 황소나 망아지를 왜 거세하겠는가? 마찬가지로 운명적으로 멍에를 쓰거나 달구지를 끌어야 할 사람이 인간의 능력을 총체적으로 발전시키기를 바라야 할 이유가 무엇인가?"[9] 칸트는 그러한 편견에 전적으로, 열렬히 반대했다. 어떤 인간에게라도 정신적 계몽의 기회를 박탈하는 것은 칸트가 인간 존재의 필수적인 부분이라고 믿은 이성의 자유로운 사용을 차단하는 것과 같았다. 하지만 그 보편성을 실현하기 위해서 칸트의 철학은 명료한 동시에 정밀할 필요가 있었다. 이미 수년 전 교수 자격을 취득할 때 했던 강연의 제목 역시 "더 쉽고 더 철저한 철학적 설명"이었다. 이 제목은 사람은 누구나 교육을 받을 수 있어야 한다는 그의 확신을 증명하지만, 정작 칸트의 주요 철학서들은 극도로 어려워서 후세에게 좌절감을 불러일으켰다.

그의 주요 철학서들 중에 첫 저서가 1781년 여름에 발표되었다. 이후 모든 철학의 토대가 될 문제의 유명한 책 『순수이성 비판*Kritik der reinen Vernunft*』은 대저택의 문지방과도 같은 책이었다. 칸트의 동료 철학자이자 자주 편지를 주고받은 요한 게오르크 하만은 교정쇄를 받자마자 이렇게 소견을 말했다. "이렇게 두꺼운 책은 저자의 명성에도 맞지 않고 순수이성의 개념에도 맞지 않는다. 저자는 나처럼 저능한 이성을 반박하고자 이 개념을 제시했을 테니 말이다."[10] 하지만 이 육중한 책에서 칸트는 인간 지식의 한계에 대한 오랜 사유, 특히 우리가 그 한계를 인식해서 고려하지 않을 때 난해해지는 역설들, 수천 년 동안 인간을 어리둥절하게 한 역설들이 어떻게 생겨나는지 수십 년 동안 사유한 결과를 정성껏 증류하고 있었다.

중산층 가정에서 고전문학 교수의 아들로 태어난 하이젠베르크는 거의 모든 면에서 뛰어난 재능을 보였다. 운동을 잘하고 스카우트 활동에 몰두하고 야외 활동을 즐기고 피아노에도 재능을 보였으니 어떤 학문이나 예술을 선택해도 잘했을 것이다. 하지만 그중에서도 적성에 특히 잘 맞은 것은 수학이었다. 하이젠베르크는 열여섯 살에 이미 현지 대학교의 학생들에게 수학을 가르치고 있었다. 그를 최초의 중대한 발견—필수 입자가 사라졌다가 다시 나타나는 이상한 현상을 설명할 수 있는 획기적인 계산법—으로 이끈 것 역시 연필 한 자루로 발휘한 그의 수학적 능력, 그리고 오래 전부터 확실하다고 여겨지는 관행에 대한 우상 파괴적인 태도였다.

하이젠베르크로서는 애석하게도 그가 양자역학의 초석이 될 획기적인 논문을 발표한 이듬해에 그보다 나이가 더 많고 명망 있는 물리학자가 파동역학이라는 이름의 이론을 발표했다. 사실 하이젠베르크의 접근법에는 매우 골치 아픈 "행렬대수학"이 필요했으므로, 이 대수학과 씨름하던 이론가들은 점잖은 에르빈 슈뢰딩거의 멋지고 상대적으로 간단한 계산법에 적잖이 안도했다. 심지어 하이젠베르크마저 슈뢰딩거의 방정식이 계산이 더 쉽다고 인정했다. 하지만 하이젠베르크에게는 불만스럽게도, 슈뢰딩거는 수학이 두 발로 서는 것을 허락하지 않았다. 고전물리학의 언어를 고집하면서 양자 차원에서 일어나는 일을 **시각화하려고** 한 것이다.

성급하고도 완고하게 하이젠베르크는 양자역학에는 완전히 새로운 물리적 모형이 적합하다고 단언했다. 그 모형의 결론이 이상하고 심지어 역설적인 것처럼 보인다면, 그것은 어쩔 수가 없다. 슈뢰딩거는 이 말을 귓등으로도 듣지 않았다. 그는 자신의 멋지고 우아한 방정식이 실제의 물리적 파동을 묘사한다고 믿었고, 전자와 광자 그리고 그 밖의 물질 또는 에너지의 입자 같은 표현들은 거친 바다에서 일렁이는 파도의 고점 같으리라고 생각했다. 만일 그러한 고점이 언제, 어디에서 나타날지 우리가 정확히 알지 못한다면 그것은 단지 우리가 표면 아래에 있는 물을 정확히 이해하지 못했기 때문이지, 파도가 없는 것은 아니라는 생각이었다.

하이젠베르크와 닐스 보어는 둘 다 슈뢰딩거의 생각에 반대하고, 양자의 불연속성이 옳다고 믿었다. 하지만 하이젠베르크는 고전물리학의 연속성 모형을 기꺼이 내던진 반면, 보어는 계속 붙잡고서 두 가지 양식이 통하게 할 방법을 찾고자 했다. 바로 이 문제를 두고 그들은 1926년 말에서 1927년 봄까지 논쟁을 벌였다. 실은 갈등이 너무 심했던 탓에 2월에 보어와 그의 아내는 스키 여행을 떠났다. 하이젠베르크는 남았고, 비교적 고독했던 그 몇 주일 동안 획기적인 발견을 이루어냈다.

한편 부에노스아이레스에서는 보르헤스가 실연의 아픔을 달래고 있었다. 노라에게 거절당한 후 맞이한 몇 달은 앞으로 끊임없이 반복될 기나긴 굴욕의 기간이었다. 올리베리오는 사랑의 열병에 빠진 노라와 화해의 희망에 필사적으로 매달리는 보르헤스를 남겨두고 유럽으로 가버렸다. 노라에게 거의 매일 찾아가는 보르헤스의 정성은 그녀가 1년 가까이 지난 뒤에 발표할 실화 소설에 자세히 묘사되었는데, 그 작품은 한때 그녀가 열정적인 시로 노래했던 그 남자에 대한 마음이 얼마나 차갑게 변했는지를 확인시켜주기만 했다.

4월이 끝나가는 어느 날 노라는 보르헤스를 향해 결정타를 날렸다. 타격의 형식은 보르헤스가 최근에 발표한 시집에 대해 노라가 쓴 「하마터면 시가 될 뻔한 어떤 것에 담긴 호르헤 루이스 보르헤스를 생각하다」라는 냉담한 제목의 서평이었다.[11] 뒤이어 찾아온 절망은 점차 철학적인 분노로 부풀어갔다. 그때까지 두 연인을 묶어준 것은 신앙고백 같은 투명한 글쓰기였다. 최종적인 결렬이 닥치기 전까지 보르헤스는 이 유대감에 열광하며 시를 썼지만, 그 시에서 이미 처음으로 회의주의의 징후가 나타나고 있었다. 언어는 두 영혼이 교감할 수 있는 매개는커녕 "거짓말과 그림자의 영역", "모든 글쓰기에 공통된 비극"을 만드는 "변덕스럽고 불확실한" 의미의 말이 되었다.[12] 보르헤스는 말의 근본적인 애매함을 초월할 수 있다는 약속은 환상이거나 천사에게만 주어진 힘이며, 그러한 힘은 그가 "비非천사"라고 칭한 존재들에게는 영원히 허락되지 않는다고 믿기 시작했다.[13]

실연은 보르헤스를 변화시켰다. 곧 그는 마지막 시를 발표한 뒤 여러 해 동안 오로지 단편 소설과 산문에 몰두했고, 이를 통해 역사적인 위치에 올랐다. 그로부터 30여 년이 지난 1961년에 호르헤 루이스 보르헤스는 사뮈엘 베케트와 나란히 국제출판인협회 작가상(유럽과 미국 뉴욕의 대형 출판사들이 제정한 상으로, 포멘터상Prix Formentor이라고도 부른다/역주)을 수상했다. 이로써 그는 비교적 무명으로 지낸 부에노스아이레스 시절로부터 벗어나 한순간 아르헨티나의 우울하고 무기력한 시인에서 세계 최고의 명사 대접을 받는 유력한 작가가 되었다. 하지만 현재 그는 잠시 꿈꾸었던 환상에서 뛰쳐나왔고, 자아의 경험은 시간과 공간이 영원하고 견고하다는 느낌을 만들어내지만 결국 그것은 환상에 불과할지도 모른다고 더욱 강하게 의심하고 있었다.

요컨대, 보르헤스는 거북이를 생각하기 시작했다.

하이젠베르크가 코펜하겐의 보어 연구소에 들어오기 몇 달 전부터 물리학자들은 골치 아픈 문제를 인식하고 있었다. 물리학의 모형들은 입자의 위치를 정확히 말해주고, 또한 입자의 운동량도 놀라울 정도로 정확하게 가리키지만, 곤혹스럽게도 위치와 운동량을 함께 나타내지는 못하는 듯했다. 하이젠베르크의 친구이자 동료인 볼프강 파울리의 표현에 따르자면, 한쪽 눈으로는 입자의 운동량을 볼 수 있고, 다른 눈으로는 입자의 위치를 볼 수 있지만, "두 눈을 동시에 뜨면 아무것도 보이지 않는 것"이었다.[14]

보어 부부가 스키를 타러 가고 없는 어느 추운 겨울밤, 하이젠베르크는 연구소에서 그리 멀지 않은 공원으로 산책을 나섰다. 그리고 이날 산책하던 중 자신의 해답을 떠올렸다. 독립된 물체가 시간과 공간을 통과하면서 이동한다는 그림은 고전물리학에서는 꽤 성공적이었지만(실제로 이 생각은 다가올 봄에 린드버그의 유명한 비행으로 입증되었다), 양자의 차원에서는 실재의 행동에 전혀 들어맞지 않았다. 단지 물리학자가 입자의 위치와 운동량을 동시에 **보지** 못해서만은 아니었다. 놀랍게도, 물리학자가 입자의 위치나 운동량을 결정할 때까지 입자는 어떤 유의미한 측면에서도 위치와 운동량을 **가지고 있지** 않았다.

하이젠베르크는 자신이 뭔가 대단한 것을 알아냈다고 느꼈다. 보어는 분명히 반대할 테지만, 하이젠베르크는 이 생각을 반드시 세상에 알리고 싶었다. 그는 즉시 파울리에게 편지를 썼다. 그리고 파울리가 열렬하게 반응하자, 스승이 자리를 비운 이때를 이용해서 황급히 논문을 쓰고 3월 22일 독일의 한 주요 물리학 학술지에 제출했다. 몇 주일 후 그는 일반인을 위한 개요를 작성하면서 양자의 현상을 이해하기 위해서는 뉴턴 역학을 무시할 필요가 있다고 설명했다. 이와 더불어 양자와 관련해서 "위치를 정확하게 알아낼수록, 속도에 대한 측정은 그만큼 부정확해진다"라고 썼다.[15]

이 사실은 고전적인 과학적 세계관을 떠받치고 있는 가장 기본적인 가정을 뿌리째 뒤흔들었다. 뉴턴이 운동의 법칙을 자세히 설명한 후로 과학자들은 프랑스의 수학자 피에르시몽 라플라스가 제시한 가장 유명한 개념, 즉 물체의 위치와 운동량, 그리고 그 물체에 가해지는 힘들을 완벽하게 알면 미래에 일어날 모든 위치와 운동량을 완벽하게 알 수 있다는 생각을 받아들이고 있었다. 이 결정론은 하이젠베르크의 발견으로 무대에서 내려오게 되었다. 그는 이렇게 표현했다. "인과 관계의 엄밀한 공식—현재를 알면 미래를 계산할 수 있다—에서 잘못된 것은 결론이 아니라 전제이다."[16] 후에 불확정성 원리uncertainty principle라고 알려지게 된 이 원리는 현재 순간에 대한 완전한 지식은 단지 규정하기 어려운 것이 아니라 사실상 불가능하다는 점을 필연적, 수학적으로 정확하게 입증했다.

보르헤스의 상상 속으로 들어온 거북이는 2,500살이었다. 어느 날 오후 아테네에서 소크라테스라는 젊은 철학자가 존경받는 철학자 파르메니데스를 보기 위해 아고라에 갔다. 멀리 떨어진 엘레아(이탈리아 서남부 루카니아 해안에 있었던 고대 그리스의 도시/역주)에서 아테네를 방문한 파르메니데스의 곁에는 제논이라는 이름의 키 크고 잘생긴 제자가 동행하고 있었다. 제논은 파르메니데스의 원리에 반대하는 사람들을 완전히 분쇄한 짧은 책을 써서 유명해졌다. 그는 운동은 착각이라고 주장하며, 이 점을 입증하기 위해서 위대한 전사 아킬레우스와 거북이의 도보 경주에 관한 기발한 우화를 소개했다. 이야기의 골자는 거북이가 먼저 출발하는 한 아킬레우스는 절대 따라잡지 못한다는 것이었다. 아킬레우스가 거리를 좁히기 위해서는 먼저 그 거리의 일부를 주파하고, 그런 뒤 다시 남은 거리의 일부를 주파하는 등 끝없이 남은 거리를 주파해야 하기 때문이다. 남은 쿠키를 계속 절반씩만 먹으면 쿠키가 영원히 존재하듯이, 아킬레우스가 좁혀야 할 거리는 무한히 줄어들기는 해도 그가 몇 번 더 주파해야 하는가에는 한계가 없다. 그러므로 아킬레우스는 절대 거북이를 따라잡지 못한다고 제논은 결론지었다.

노라 랑헤를 잃은 직후 보르헤스는 제논의 역설에 사로잡혔다.

이 문제에 대한 "해법"의 역사를 개관한 보르헤스는 대부분의 해법이 반증이 아니라 해설에 불과하다는 최종 결론에 도달했다. 위대한 철학자 존 스튜어트 밀은 아킬레우스가 영원히 달릴 수도 있으며, "영겁의 시간이 흘러도 12초의 끝은 오지 않을 것"이라고 지적했지만, 보르헤스는 이렇게 잘라 말했다. "그러한 순차적인 분해, 무한히 잘게 쪼개 들어가는 방법으로는 이 문제를 풀지 못한다. 이 문제를 상상하는 것이 문제이다."[17] 보르헤스는 그러한 경주 방식을 상상해서 문제를 만들어낸 사람은 바로 우리라는 점을 깨달았다. 우리는 아킬레우스와 거북이(우리 자신과 사실상 모든 물체)가 시공간의 지속성 때문에 존재한다고 생각한다. 시간과 공간을 아킬레우스와 거북이가 주파해야 하는 무한한 토막으로 쪼갤 때 우리는 이미 그들과 그들의 경험에 우리가 멋대로 꾸며낸 연속성을 부과한다. 다시 말해서, 우리는 그들의 이동에 대한 측정과 측정 사이, 그리고 그 이면에 연속 운동이 있다고 상상한다.

보르헤스는 이렇게 썼다. 제논의 역설은 "공간의 실재성뿐만 아니라 그보다 더 확고하고 완전한 시간의 실재성을 공격한다……그러한 모험을 해보면 물리적 실체로의 존재, 부동의 영속성, 살면서 경험한 그날 오후의 흐름을 의심하게 된다."[18] 세계의 다른 면에 관해 서둘러 논문을 쓴 하이젠베르크처럼 보르헤스도 지각의 한계를 탐험하던 중 역설처럼 보이는 문제의 심연을 들여다보았다. 그리고 하이젠베르크처럼 보르헤스도 이 역설에서 고개를 돌리지 않고 시간, 공간, 인과 관계의 가장 기본적인 가정들을 재검토하기로 작정했다.

이후 활기차게 오랜 경력을 이어가는 동안 보르헤스는 살면서 경험한 그날 오후, 연인의 시선이 다른 곳으로 이동한 그날 오후의 흐름을 끊임없이 떠올렸고, 그 자신이 시공간상 연속적으로 존재한다는 신념을 잃어버렸다. 그리고 특별한 능력과 절박한 욕망 때문에 지식과 세계의 역설적인 단절을 경험하는 인물들을 수십 년에 걸쳐 강박적으로 만들어냈다.

보르헤스의 가정에 따르면, 가장 위대한 마법사는 강력한 마법을 부려 헛것을 실재하는 것으로 믿도록 그 자신마저 속이는 마법사였다. 그는 "우리가 꼭 그렇지 않은가?"라고 물었다.[19] 그런 뒤 이렇게 덧붙였다. "우리(우리 안에서 작동하는 온전한 신성)는 세계를 꿈꿔왔다. 우리는 세계가 공간상으로 고정되어 있고 불가사의하며 눈에 보이고 어디에나 존재하고 시간상으로 영속적이라고 꿈꿔왔다. 하지만 또한 세계라는 건축물 안에서 그것은 헛것이라고 말해주는 영원한 불합리의 균열들을 허용해왔다." 그 예를 어디서 찾을 수 있을까? 보르헤스는 우리의 시간 및 공간 개념에 모험적으로 도전하는 숨은 주인공이 있을지 모른다고 귀띔했다. "모든 관념론자가 인정하는 것을 인정해보자. 세계가 본래 환각이라는 것 말이다. 그리고 어떤 관념론자도 하지 못한 것을 해보자. 세계가 환각임을 확인할 수 있는 비실재성을 찾아보는 것이다. 확신하건대, 칸트의 이율배반에서 그 비실재성을 발견할 수 있다."[20]

1781년 하만이 받아 든 거대한 책이 공식적으로 표명한 목적은 과학을 확고한 발판 위에 올려놓는 것이었다. 과학의 발판이 데이비드 흄이라는 우울한 스코틀랜드인으로 인해 크게 흔들리던 때였다. 흄의 책을 읽고 칸트는 "독단의 잠에서 깨어났다"고 말했다.[21] (실제로 나의 한 교수님은 흄이 가장 잘못한 것은 칸트의 잠을 깨워서 후세로 하여금 그를 읽게 만든 것이라고 불평했다.) 흄에 따르면, 세계에 관한 우리의 모든 지식은 감각으로부터 온다. 그러므로 우리가 안다고 생각하는 것은 틀리기 쉬운 것들이며, 더 나아가 뉴턴의 운동법칙 같은 "확실한 것들"은 우리가 비슷한 인상에 반복적으로 노출됨으로써 획득하게 된 습관에 불과하다고 생각하지 않을 이유가 없다.

이 생각이 칸트를 괴롭혔다. 만일 그것이 사실이라면 이성의 보편성—과학법칙을 끌어내 우리 주변 세계를 설명하는 일이 가능하다는 주장의 토대—에 대한 신념이 뒤집힐 수 있었다. 어떤 것이 객관적으로 참이라고 말할 때 이 말은 주관적인 주장 이상의 타당성을 가지지 못하게 된다. 또한 세계에 관한 객관적 진리가 사라지면, 도덕성은 물론이고 취미에 관한 논쟁을 중재할 기초가 사라질 수 있다. 흄을 읽은 직후 칸트는 앞으로 나아갈 길을 발견했다고 믿었다. 하지만 1781년 7월 22일 아침 인쇄와 제본을 마친 『순수이성 비판』이 하만의 아침 식탁 위에 쿵 하는 기분 좋은 소리와 함께 놓이기까지는 10여 년의 세월이 흘러야 했다.

칸트가 『순수이성 비판』에서 펼친 내용은 대단히 심오해서 아직도 그 의미를 깊이 이해하는 사람이 거의 없다. 흄을 비롯한 대부분의 사람은 우리가 어떤 것을 지각할 때 무슨 일이 벌어지는가에 대해서 합당하지 않은 가정을 했다. 실재 그 자체가 그에 대한 우리의 이미지와 일치한다면 그때 우리가 옳다고 가정한 것이다. 하지만 칸트가 깨달은 바에 따르면, 우리의 지각은 세계에 존재하는 사물이 아니다. 그보다는 우리가 마음속에서 **그 사물에 시공간적으로 형태를 부여함으로써** 구성하게 된 그것의 별형이다. 세계를 그에 대한 우리의 개념과 동등하다고 상상할 때—특히 공간과 시간이 근본적으로 실재한다고 가정할 때—우리의 이성은 결함을 가지게 되고, 과학은 역설적으로 응답하게 된다.

칸트는 여기에서 멈추지 않았다. 책의 후반부에서 칸트는 우리가 그것을 알아보지 못하고 시간과 공간이 세계에 본래적이라고 잘못 가정할 때 어떤 종류의 역설들이 튀어나오는지 자세히 설명했다. 그리고 그러한 오류 중 하나를 이율배반—세계의 환각적 성격을 이야기할 때 보르헤스가 제시한 비이성의 균열들—이라고 불렀다. 구체적으로 우리는 실재를 지속적이고 연속적인 것으로 상상할 수도 있고 여러 덩어리로 쪼개지는 것으로 상상할 수 있으며, **심지어 양쪽 결론이 서로 명백히 모순된다고 할지라도** 완벽하게 논리적이고 일관된 주장으로 그 두 가지 결론을 모두 뒷받침할 수 있다고 칸트는 적었다. 이런 일이 일어나는 것은, 우리가 실재에 대해서 당연하다고 생각하는 어떤 것이 실은 우리가 그것을 **관찰할** 때에만 작동하기 때문이다.

하이젠베르크는 우리가 목격하기 전에도 입자에 위치나 운동량이 있다고 생각하는 것이 불합리하다고 확신했다. 그리고 **왜** 그런지도 안다고 확신했다. 입자의 궤적, 입자가 취하는 진로는 우리가 측정이라는 행위를 통해 인식하기 전까지는 존재하지 않는다. 우리가 린드버그에 대해 사실이라고 알고 있는 것, 즉 그가 노바스코샤 주(캐나다의 남동쪽 끝에 있는 주/역주)를 떠난 뒤 파리 상공에 다시 나타날 때까지 계속 존재했다는 사실이 가장 작은 차원의 실재에는 해당하지 않는 것이다. 하이젠베르크는 근대 과학의 기초를 뒤흔들 이 아찔한 발견에 대해 볼프강 파울리에게 이렇게 표현했다. 입자가 취하는 경로는 "입자를 관찰하는 우리의 행위, 바로 이것을 통해서만 생겨난다."[22]

보르헤스의 마법사처럼, 세계를 관찰할 때 우리는 그에 대한 지도 혹은 마음의 그림을 만든다. 그리고 그 지도를 공간상 어디에나 존재하게 하고 시간상 영속적으로 존재하게 한다. 하지만 우리가 세계에 관해서 창조하는 그림에는 근본적인 결함, 즉 칸트가 이율배반이라고 부른 것이 있다. 완벽한 보석의 사소한 흠집처럼, 그것을 지우고자 하는 것은 잘못이다. 그 결함은 지식 그 자체와 떼려야 뗄 수 없기 때문이다.

1926년, 한 존경받는 선배 과학자가 후배 과학자 하이젠베르크와 함께 산책하던 중 후배의 접근법—실재가 우리의 관찰로부터 독립적이라는 오래된 믿음을 버리는 것—에는 약점이 있어 부적격하다고 공격했다. 하이젠베르크는 반발했다. 유명한 교수님께서도 시간과 공간에 대한 우리의 가장 기본적인 가정을 직접 전복해서 획기적인 발견을 해보지 않으셨는지요?

"그래, 나도 해보았지." 알베르트 아인슈타인이 퉁명스럽게 말했다. "하지만 그 또한 말도 되지 않았다네."[23]

근대가 열린 이후 인간이 개발한 위대한 도구로 과학을 꼽지 않을 수는 없다. 과학의 핵심은 지적 겸손함을 잃지 않고 세계를 바라보는 방식이다. 과학은 원칙상 주어진 순간에 알 수 있는 것보다 더 많은 것을 알아내려고 하지 않는다. 하지만 아무리 위대한 과학자들이라도 자신의 편견을 세계에 투사하는 병에서 자유롭지 않다. 아인슈타인—심지어 그자신이 실수라고 공언한 것조차 옳다고 입증되어 우리의 짜증을 불러일으키는 놀라운 사람—도 특히 노년에 다른 물리학자들에게 강연할 때 그들이 기대하는 실재의 궁극적 성질에 대해 종교적인 언어로 이야기하고는 했다. 그는 후에 유명해진 농담—신은 교묘하지 심술궂은 것은 아니라거나, "그 노인네"는 주사위를 던지지 않는다 등—을 늘어놓는 바람에, 결국 화가 치민 닐스 보어로부터 "더 이상 신이 하는 일에 이러니저러니 하지 말아달라"는 애원까지 들었다.[24]

근본적인 차이에도 불구하고 호르헤 루이스 보르헤스, 이마누엘 칸트, 베르너 하이젠베르크는 신의 은밀한 계획을 안다고 생각하고 싶은 유혹을 떨치는 특이한 능력을 공통으로 가지고 있었다. 이들은 각자 나름의 방식으로, 우리가 실재를 어떻게 아는지를 무시하고 인간이 실재를 경험하는 방식의 기본적인 성격을 실재 그 자체에 투영해서 그대로 객관화하려는 충동을 거부했다. 사실 하이젠베르크가 고전물리학을 무너뜨릴 수 있었던 것은 실재의 궁극적 성질을 상상으로 만들어낸 뒤 외부에서 그것을 발견하려는 우리의 강력한 성향에 우상 파괴적으로 역행했기 때문이다. 보르헤스의 유명한 말처럼, 실제로 세계에는 엄정함이 존재하지만 "인류는 그것이 천사들의 엄정함이 아니라 체스 장인들의 엄정함이라는 것을 망각해왔고, 지금도 여전히 망각한다."[25]

　지식은 사람이 만든 것이고 우리가 실재를 이해하는 방식이지만, 실재의 궁극적 성질은 그에 대한 우리의 관념과 일치하지 않을 수도 있다. 페르메이르(바로크 시기의 네덜란드 화가/역주)의 그림에서 활활 타는 듯 보이는 저 강렬한 빨강은 궁극적인 실재일까? 복숭아 껍질의 부드러운 솜털은? 베토벤 교향곡의 당당한 크레센도는? 그런 강렬한 경험에 관찰자나 청자의 적극적 참여가 필요하다면, 우리가 마주치는 다른 현상들도 그와 비슷한 근원을 지닐 가능성, 심지어 신빙성이 있지 않을까? 이것을 반대로 생각하면 다음과 같을 것이다. 우리는 우리 자신의 실재를 창조할 때 우리에게 주어진 역할을 망각한다.

　각자의 삶, 투쟁, 강박관념을 통해 보르헤스와 하이젠베르크와 칸트는 상상과 관찰과 사유를 한계까지 밀어붙여 그 망각 때문에 발생하는 이율배반을 밝혀냈다. 이 책은 4부로 나뉘며, 각 부는 다음과 같은 이율배반 중 하나를 중심으로 전개된다. 공간과 시간은 무한정 나뉠 수 있을까, 아니면 나뉠 수 없는 덩어리들로 구성되어 있을까? 조건을 초월하는 절대적인 존재가 있을까, 아니면 존재하는 모든 것은 다른 것들에 달려 있고 다른 것들로부터 영향을 받을까? 우주에는 공간이나 시간의 끝이 있을까, 아니면 시작이나 경계 없이 무한히 펼쳐져 있을까? 우리는 삶의 길을 자유롭게 선택할까, 아니면 우리의 모든 선택이 우리가 사는 물리적 세계에 의해 결정될까?[26]

각 부는 3장으로 이루어져 있으며, 각 장은 기본적으로 우리의 주인공 중 한 명과 그에게 결정적인 영향을 미친 것들을 다룬다. 여기에서 우리는 그와 함께 그가 과학이나 문학 또는 철학의 영역에서 그 이율배반과 어떻게 씨름했는지를 살펴볼 것이다. 또한 그러한 분투를 통해서 결국 지식이 실재를 구축해나가는 방식과 과정을 어떻게 이해할 수 있었는가에 집중할 것이다. 우리의 이야기는 일어날 성싶지 않은 일이지만 신의 선물인 동시에 저주라고 할 수 있는 거의 완벽한 기억을 가진 러시아 기자의 이야기로 시작한다. 그리고 다음으로는 조각난 사랑의 행복한 순간들, 가물거리는 그 순간들을 애타게 되찾고 싶어하는 보르헤스에게 합류하여 기억과 지각에 수반되는 역설을 탐구할 것이다. 보르헤스는 허구를 이용해서 인간 지식의 불완전함들을 일목요연하게 정리하고자 공간적인 균열이나 시간적인 건너뜀 없이 모든 것을 완벽하게 지각하고 기억하는 인물을 상상한다. 그 과정에서 보르헤스는 칸트의 사유 혁명에 불을 붙인 바로 그 통찰—세계에 대한 관찰은 절대 완벽할 수 없으며, 그 관찰에는 항상 다른 어떤 것, 즉 애초에 관찰이 지식이 되게끔 하는 최소한의 거리가 삽입되어야 한다는 것—을 드러내 보인다.

이어지는 장들에서 우리는 극히 작은 것들의 영역으로 파고들고, 마음을 펼쳐 모든 것을 동시에 담고, 시간의 시작과 존재의 변두리로 여행하고, 마지막으로 자연의 기계론적인 사슬에서 한 줌의 자유를 찾을 것이다. 이 여행을 하는 동안 우리는 이 사상가들이 발견한 모든 것들이 미와 과학의 개념, 그리고 이 우주에서 우리에게 주어진 짧은 시간 동안 서로 의지하는 것들의 개념에 얼마나 놀라운 영향을 미쳤는지에 조용히 전율하게 될 것이다.

이 책은 또한 보르헤스, 칸트, 하이젠베르크의 이야기를 전할 때마다 그들보다 먼저 진실의 단편을 움켜쥐었던 사람들의 이야기를 소개할 것이다. 그들은 하나같이 실재에 관한 우리의 그림에 기초가 되는 얇고 영원한 부조리의 균열을 폭로했다. 그 이야기는 실재가 우리가 구성하는 실재의 이미지와 일치해야 한다고 가정하는 것이 얼마나 위험한지, 그리고 그 매혹적인 이상에 충성할 때 어떤 피해가 발생할 수 있는지를 경고한다. 무엇보다 그 이야기는 거짓된 완벽함이 강요하는 눈가리개를 벗어버리는 순간 우리의 지식이 가지게 될 무한한 잠재력에 바치는 찬사이다.

제1부

시간의 편린 위에 서다

Jorge Luis Borges

Werner Karl Heisenberg

Immanuel Kant

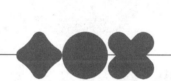

1

망각 불능증

1929년 4월 13일. 아침나절밖에 되지 않았지만 솔로몬 셰레솁스키 기자는 이미 좋지 않은 날을 보내고 있었다. 아침에 참석한 모스크바 신문사의 일간 편집 회의가 끝나자마자 편집부장이 그를 사무실로 불렀다. "지금 무슨 장난을 치나?" 부장이 흥분을 참지 못하고 그에게 물었다. "자네는 왜 내가 오늘의 이야기들을 설명할 때 나만 멀뚱멀뚱 바라보고 있나? 자만심이 넘쳐 다른 기자들처럼 메모하지 않는 것인가?"

셰레솁스키는 심히 당황하면서 자기는 부장이 말하는 것을 모두 기억하기 때문에 메모할 필요가 없다고 설명했다. 그런 뒤 회의한 내용을 조목조목 부장에게 읊어 보였다. 한 글자도 빠뜨리지 않고.

그날 오후 셰레솁스키는 공산주의 교육 아카데미의 정신과 의사들에게 둘러싸였다. 그들 중에는 알렉산드르 루리야라는 젊은 의사가 있었다. 셰레솁스키의 기억을 검사하기 위해 루리야는 그에게 무작위 단어와 숫자를 읽어주고 그것을 기억하게 했으며, 회차를 거듭할수록 단어와 숫자의 길이를 늘렸다. 하루가 끝날 즈음에 루리야는 셰레솁스키의

기억력에 "뚜렷한 한계가 없다"고 인정할 수밖에 없었다.[1]

후에 셰레솁스키가 회고한 바에 따르면, 그날까지 그는 자신의 능력이 정상이 아니라고는 꿈에도 생각하지 못했다고 한다. 직장에 돌아온 그는 소련 최고의 정신의학 전문가들이 내린 판정을 부장에게 전달했다. 그의 기억이 "물리적으로 가능하다고 여겨지는 능력의 한계"를 초과한다는 것이었다. 부장은 즉시 그에게 직업을 바꾸라고 충고했다. 부장의 충고에 따라서 셰레솁스키는 그를 조련할 서커스 훈련사를 찾았고, 기억술사의 자격으로 전국에 있는 공연단들과 계약하기 시작했다.[2]

타고난 재능에도 불구하고 새로운 직업에 잘 적응하지 못한 셰레솁스키는 자신의 능력을 더 키우기 위해서 기술을 개발했다. 숫자열, 무작위 단어, 외국어로 된 시, 그리고 심지어 관중이 불러주는 의미 없는 음절들을 거꾸로 암송하기 위해서 기억할 말을 적어둔 칠판을 떠올리는 전략을 채택한 것이다. 목록을 떠올릴 때가 되면 그는 이 마음의 칠판으로 돌아와 거기에 적힌 목록을 소리 내어 읽기만 했다. 그러자 곧 소름끼치는 일이 일어났다. 기억을 잊지 않는 그 능력 때문에 공연이 엉망이 될 수도 있음을 깨달은 것이다. 눈을 감은 뒤 소리와 이미지를 배열해놓은 칠판으로 되돌아가면, 그 이전에 사용했던 칠판이 떠올라 과거의 목록을 읽는 사고가 발생할 수 있었다. 이 문제를 해결하기 위해서는 마음의 칠판에 적힌 것을 마음속에서 지우거나 파기해야만 했다. 다시 말해서 더 잘 기억하기 위해서는 잊는 법을 알아야 했다.

시간이 지나도 간섭interference(기억들이 서로 방해하거나 경합하는 것/역주)은 약해지지 않았다. 셰레솁스키를 수십 년 동안 연구한 루리야는 셰레솁스키가 15년 전에 사용했던 목록까지 완전무결하게 기억한다는 점을 발견했다. 사실 그는 깨어 있는 내내 집어삼킬 듯이 밀려오는 과거의 이미지와 연상 때문에 거의 매 순간 전쟁을 치르고 있었다.

현재에 대한 그의 지각을 위태롭게 하는 것은 기억만이 아니었다. 셰레셉스키는 공감각증 또는 감각 교차로 고통받고 있었다. 특정한 음조의 소리를 들으면 혀에서 구리 맛이 났고, 숫자를 보면 불변의 특징을 많이 가진 구체적인 인물이 보였다. 가령 대부분의 사람에게 87은 책의 분량이나 살아온 햇수를 나타내는 숫자이지만, 셰레셉스키는 이 숫자를 "뚱뚱한 여자와 콧수염을 만지작거리는 남자"로 보았다.[3] 숫자를 일반적인 수 체계의 사례가 아니라 사람으로 경험한 것이다. 어느 날 그는 엄청나게 많은 숫자열로 이루어진 거대한 일람표를 암기하기 위해 진땀을 흘렸다. 그러나 그 표에 어린아이도 무한히 따라 할 수 있는 매우 단순한 법칙이 숨어 있다는 것, 즉 각 열이 이전 열보다 높은 정수整數로 시작한다는 것은 끝내 알아채지 못했다.

루리야는 곧 셰레셉스키의 진기한 능력에 그와 대등한 무능력이 수반되어 있음을 명백히 알게 되었다. 그는 "심상, 정밀한 주제 구성, 감정"이 풍부한 구체적인 것들의 세계에서 살고 있었지만, 또한 "특별히 한 가지 중요한 특징, 즉 구체적인 것과 마주쳤을 때 그것을 일반적인 것의 사례로 변환하는 능력을 발휘하지 못했다."[4] 정상적인 문장에서 의도된 의미를 이해하고자 할 때에는 단어가 지금 여기에서 어떻게 발음되는지에 대한 자신의 감각 경험을 극복하고, 현재에 대한 몰입에서 벗어나 시공간상의 다른 순간과 연결되어야 한다. 그러나 셰레셉스키는 이를 위해 노력하는 데에 종종 실패했다.

사실 그는 인간의 소통과 지식을 가능하게 하는 언어의 바로 그 측면에서 어려움을 겪고 있었다. 우리가 가장 흔히 사용하는 표현 중 비유적인 단어, 즉 상황이 달라지면 의미가 달라지는 단어들은 셰레솁스키에게 악몽이었다. "택시를 잡는" 단순한 행위마저도 서로 경쟁하는 수많은 해석을 몰고 그에게 나타났다. 후에 그가 루리야에게 설명했듯이, 예키파시ekipazh라는 단어는 "택시"를 의미하지만 또한 "한 배의 승무원"을 의미했다. 택시의 의미를 이해하고자 할 때 그는 "운전사가 택시를 모는 그림뿐 아니라……택시에 승무원들이 배치되어 있는 그림을 그려봐야만 했다. 그것이 내가 그 단어를 이해할 수 있는 유일한 방법"이었다.5 구체성의 세계에 살면서 즉각적인 것들에 항시 잠겨 있으면 의사소통은 어려운 일이 된다. 언어가 별개의 두 행위자를 이어주지 못하고, 한 사람의 경험을 다른 사람의 맥락 속으로 전환해주지 못하기 때문이다. 하지만 셰레솁스키의 세계에는 다른 사람이 그에게 말하는 것을 이해하지 못하는 문제만 있는 것이 아니었다. 후에 신경과학자 제롬 브루너가 말했듯이, 그의 세계에서는 "요소와 특징이 고립될 뿐 아니라 '전체', 즉 의미 있는 그림이 맞춰지지 않을 수 있었다."6 실제로 셰레솁스키의 비범한 기억이 더 완벽하게 작동할수록 기억을 할 줄 아는 통합된 자아는 그에 비례해서 축소되었다.

특이한 재주 덕분에 셰레솁스키는 잠시 명성과 안정된 삶을 누릴 수 있었다. 하지만 망각을 하지 못하는 남자 이야기가 외부 세계로 새어나간 바로 그때, 특히 루리야와 셰레솁스키 같은 유대인이 스탈린의 철의 장막 뒤에서 사는 일은 점차 어려워지고 있었다. 전쟁 이후 스탈린이 "반세계주의적인" 숙청을 통해 권력을 강화함에 따라서 루리야는 한동안 직위를 잃었고, 당국자들이 밤에 찾아올 것에 대비해서 항상 짐을 꾸려놓고 생활했다. 셰레솁스키는 가진 재능을 비밀경찰에 제공하기를 거부한 탓에 미행과 괴롭힘을 당하고, 공연이 취소되고, 급기야 활동을 아예 못 하게 되었다.[7] 루리야는 후에 자격을 되찾고 20세기의 탁월한 신경심리학자가 되었으며 셰레솁스키에 대한 그의 분석은 제롬 브루너와 올리버 색스 같은 후대 과학자들에게 근본적인 영향을 끼쳤다. 한편 셰레솁스키는 그에게는 감옥과도 같은 기억과 지각의 영역을 지우거나 최소한 무디게 하는 또다른 방법을 알아냈다. 그는 과음을 하기 시작했고, 몇 년 후 망각의 그늘에서 눈을 감았다.

모스크바에서 솔로몬 셰레솁스키가 알렉산드르 루리야를 만나던 해의 어느 봄날, 부에노스아이레스에서는 호르헤 루이스 보르헤스가 슬픈 겨울과 비참함을 견디고 있었다. 보르헤스는 여전히 노라 랑헤를 그리워하며 쓰디쓴 낙담에 빠져 무모한 행동을 일삼았다. 저녁마다 부에노스아이레스를 가로지르며 긴 산책을 할 때 보르헤스는 자기 파괴적인 마음에 이끌려 악당의 소굴로 유명한 구역에 스스럼없이 발을 들였다. 어느 날 저녁 그는 두 명의 친한 작가와 함께 특별히 음험한 동네의 골목을 지나고 있었다. 보르헤스는 점점 나빠지는 시력 때문에 지팡이를 사용하고 있었는데, 그 소리를 들은 동네 깡패들이 그들을 괴롭히기 시작했다. 보르헤스는 친구들과 함께 달아나지 않고 깡패들에게 욕을 퍼부어 친구들을 공포에 빠뜨렸다. 그날 세 친구는 그야말로 종이 한 장 차이로 위기를 모면했다.[8]

엎친 데 덮친 격으로 보르헤스는 내리막길에 일찍 들어선 반면, 그에게 고통을 안긴 사람은 문학계에서 록스타와 다름없는 존재가 되었다.

부에노스아이레스의 토르 출판사는 아르헨티나에서 최초의 보급판으로 출시할 10권의 책을 선정했다. 토르의 편집장 후안 카를로스 토렌데는 노라 랑헤의 최근 소설 『45일과 30명의 선원45 días y 30 marineros』을 목록에 포함시켰다. 한편으로는 노라 랑헤의 높아져가는 악명을 이용하고, 다른 한편으로는 젊은 여자가 배를 타고 대서양을 횡단하는 동안 성에 눈을 뜬다는 자극적인 줄거리를 이용할 심산이었다. 남들에게 돋보일 기회를 절대 놓치지 않는 사람답게 올리베리오 히론도는 노라를 기념하는 파티를 열고 문학계의 유명 인사들을 끌어들였다. 특별히 남자들은 모두 선원 복장을 하고 참석했다. 당연히 보르헤스는 참석하지 않았다.

그러나 참석자 중에는 스페인의 시인 페데리코 가르시아 로르카, 그리고 어느 작가의 견해를 인용하자면 후에 "모든 언어를 통틀어 20세기의 가장 위대한 시인"이 될 칠레의 작가 파블로 네루다가 있었다.[9] 이후 노라는 올리베리오와 그가 초대한 친구 네루다와 가르시아 로르카가 주도하는 소란스러운 문학적 사건에 단골로 출연해서 그들의 야단법석에 고약한 주인공이 되었다. 일례로, 그들이 우유 트럭을 탈취해서 부에노스아이레스의 가장 번잡한 사거리로 몰고 갔을 때 노라는 교통경찰의 지휘단상에 올라가 교통 흐름을 막고 그녀가 가장 사랑하는 네루다의 시를 즉흥으로 낭송했다.[10]

한편 보르헤스는 시를 쓰는 능력을 잃어버리고 말았다. 시에는 믿음이 필요했으나 보르헤스는 인간의 언어가 두 영혼을 연결해 하나로 묶어준다는 믿음, 즉 두 영혼의 단일한 정체성을 창조하게 한다는 믿음을 더 이상 끌어모을 수가 없었다. 영혼의 결합은 고사하고 이제 보르헤스는 우리가 두 사건—손의 접촉, 붉어지는 뺨—을 관찰할 때 그 사이에 있으리라고 가정하는 연결이 그 자신의 마음을 제외하고 과연 어떤 실재에 기초하는지 의심하기 시작했다. 또한 만일 그러한 관찰이 덧없는 인상에 불과해서 한순간 나타났다가 시간의 강물 속으로 영원히 사라진다면, 언어가 과연 사람들을 연결할 수 있는지, 더 나아가 언어를 주고받는 사람이 내 앞에 존재한다고 믿는 것이 합당한지도 의심했다. 영혼, 마음, 자아 같은 것은 없는 것이 아닐까?

마지막 지푸라기를 붙잡는 심정으로 보르헤스는 다음 책 『불한당들의 세계사Historia Universal De La Infamia』를 노라에게 헌정하고, "소중히 간직해온 나 자신의 핵심—말을 다루지 않고, 꿈과 거래하지 않고, 시간이나 기쁨, 역경의 손길이 닿지 않은 가운데 심장"을 그녀에게 바쳤다.[11] 하지만 보르헤스는 자신의 자의식이 시간의 손길이 닿지 않은 핵심이기는커녕 단지 환상에 불과하며, "인간성의 무가치함"을 가리키는 증거들의 물길 속으로 서서히 사라지는 그리움의 편린에 불과하다고 빠르게 확신하고 있었다. 이미 그는 스물두 살에 위의 제목으로 쓴 산문에서, 통합된 자아에 대한 우리 믿음이 덧없고 단절된 기억으로 변질되어 흩어지지 않도록 잡아두는 그물의 이음매를 힘껏 잡아뜯기 시작했다. 우리 자신이 시간의 흐름을 견디는 일관된 자아라고 상상하면, "모호하게 발생하는" 어떤 경험들이 우리를 종종 미로 같은 미혹에 빠뜨린다고 보르헤스는 생각했다.[12]

기억은 자아의 핵을 이루지만, 사실은 사슬처럼 연결되어 하나가 다른 것을 불러내는 일련의 인상에 불과하다고 스물두 살의 보르헤스는 과감히 선언했다. 전에는 노라 랑헤에게 집착하느라 환상에 갇혀버린 탓에 그러한 조짐이 눈에 들어오지 않았고, 시간에 걸쳐 지속되는 자아라는 개념이 그 자리를 대신했다. 이제 헛된 희망이 사라지자 나이가 더 든 보르헤스, "버림받은 가여운 남자"는 다시 눈을 뜨고, 통합된 자아란 "열정적인 상태에서 우리 기억이 영속성 쪽으로 기울" 때 형성되는 신기루에 불과하다는 개념을 보기 시작했다.[13] 하지만 그 자아가 아무것도 아닐지라도 그는 그 파편들, 그에게 고통만 주는 잃어버린 애정의 기억들에 매달리기를 얼마나 갈망했는가?

노라가 확실히 떠나갔다고 인정한 뒤 그가 발표한 첫 번째 글은 지옥을 주제로 다루었다. 효과를 높이기 위해서 그는 신체적 고통을 나타내는 상징적 이미지를 생략하고 대신 꿈속에서 그가 누구이고 어디에 있는가를 더 이상 이해하지 못하는 상황을 묘사했다. "두려움이 밀려왔다. 나는 생각했다. 잠이 오지 않는 이 암담한 상태가 이미 지옥이라고, 잠이 오지 않는 무의미한 상태가 나의 영원이 되리라고."[14] 나중에 단테의 『신곡』을 읽고 그것이 "모든 문학을 통틀어 최고의 작품일 것"이라고 선언할 때,[15] 보르헤스는 이 이탈리아 시인이 의도적으로 "천국의 심장에 가시처럼 박힌 지옥"을 남겨놓았다고 생각했다.[16] 보르헤스가 "쓰인 것 중에서 가장 감동적인 시"라고 부른 이 작품에서 단테는 그의 사랑 베아트리체가 마지막으로 그를 향해 미소를 지은 뒤 돌아서서 그녀를 위해 마련된 영원한 환희, 신에 대한 영원한 관조 속으로 사라지는 것을 상상한다.

천국에서는 사람이 통합된 신의 마음에 영원히 포섭된다고 약속하는 반면, 보르헤스가 느끼기에 단테의 지옥은 이루 말할 수 없이 매혹적이다. 만일 **당신**이 지옥에 들어가면, 적어도 **당신**은 모든 시간을 느끼고 기억하면서 존재하기 때문이다. 적법하지 못한 연인, 파올로와 프란체스카는 금지된 욕망으로 인해 영원히 소용돌이에 갇혀 난타당하지만,

보르헤스에게는 아름답기로 유명한 그 이미지보다 독립된 인격체로서의 베아트리체가 소멸되는 이미지가 더 가혹해 보였다.[17]

어떤 사람이나 물건을 향한 애착에는 시간이 흘러도 유지되는 관계가 수반된다. 그리고 시간이 흘러도 유지되는 어떤 것과의 관계에는 상실의 가능성이 필연적으로 내포되어 있다. 애착 대상의 존재와 부재를 **함께** 감싸안는 이 시간적 일관성이 바로 우리가 자아라고 부르는 것이다. 스페인 철학자이자 작가인 미겔 데 우나무노는 『생의 비극적 의미*Del sentimiento trágico de la vida*』에서 그것을 다음과 같이 표현했다. "나는 지옥불이 아무리 끔찍하게 묘사될지라도 떨지 않게 되었다. 무無라는 개념이 항상 지옥보다 훨씬 더 무섭게 느껴지기 때문이다."[18] 우나무노와 마찬가지로 보르헤스도 사랑과 우정이 깃든 개인적인 애착을 갈망했다. 자아가 그에게 주는 것이 고통뿐일지라도 그는 자아를 원했다.

애착을 맺고 그 애착을 영원히 잃어버리지 않는다면 어떤 일이 일어날까? 어떤 것을 완벽하게, 즉 과거가 아니라 계속 현재로 기억한다면? 과거의 어떤 장면, 당신의 마음에 깊이 박힌 어떤 순간을 예로 들어보자. 희미한 그림, 알아볼 수 있는 얼굴이 잠깐 보이고, 짧은 대화가 귀에 들릴 것이다. 어떤 감정, 근심, 향수를 느낄 수도 있다. 그 장면을 떠올리면 얼굴에 미소가 떠오를 수도 있고, 눈물이 날 수도 있다. 하지만 그 장면을 완벽하게, 모든 감각 경험을 빠짐없이 하나하나 재창조할 수는 없다.

만약 그럴 수 있다면 어떻게 될까? 당신의 뇌가 성능이 좋은 비디오 레코더 같아서 매 순간 망막에 들어오는 시각적 자극을 모두 저장할 뿐 아니라 모든 소리, 모든 촉감, 혹 끼치는 향기, 미뢰를 따끔거리게 하는 모든 맛을 저장한다면 어떻게 될까? 만일 당신이 그 순간들에 마음먹은 대로 접근할 수 있다면 어떻게 될까?

사람들은 대부분 기회가 올 때 과거의 순간을 선택해서 되돌아본다. 지금 되돌아보면 그리운 순간들 말이다. 헤어져 있던 오디세우스와 페넬로페가 20년 만에 다시 만났을 때 아테나는 긴 밤이 흘러가는 것을 저지하고, "마찬가지로 황금 옥좌에 앉은 새벽을 지체시켜서" 두 사람이 무한히 즐겁고 달콤한 그 순간을 조금 더 오래 누리게 했다.[19] 하지만 그 순간을 마음먹은 대로 되살릴 수 있다면 얼마나 더 좋을까? 오감이 살아 있는 총천연색으로, 순수한 그 환희의 소중한 몇 분, 모든 것이 변하기 이전에 경험했던 오후의 흐름을 되살릴 수 있다면?

그러나 우리는 그럴 수 없다. 과거를 정확히 되살리려고 하면 할수록 그것은 당신이 기억하는 과거가 아니라 현재가 되고, 현재가 항상 그렇듯이 당신의 눈앞에서 가물거리며 사라질 것이다. 정말 완벽하게 재생한다면 그것을 재생한다는 의식 자체가 완전히 지워질 것이다. 기억하는 자—즉 자아—를 구성하는 순간들의 연결이 지워질 테니 말이다. 완벽한 기억은 불가능하다. 완벽한 기억이 자아 그 자체를 파괴하기 때문이다. 우나무노의 경우와 마찬가지로, 보르헤스의 꿈에 나타난 지옥은 모든 애착, 모든 기억의 토대인 자아감의 완벽한 상실이었다. 그 대안이 영원한 고통일지라도 말이다.

보르헤스가 1935년에 쓴 책 『영원성의 역사*Historia de la eternidad*』는 이듬해인 1936년에 출간되었다. 작가로서의 행운이 썰물처럼 빠진 상태에서 이 책은 고작 37권이 팔렸고, 당시에는 평단으로부터도 관심을 거의 받지 못했다. 하지만 그 주제와 관심사는 앞으로 보르헤스에게 높이 날아오를 날개가 되어주었다. 그로부터 10년도 지나지 않은 시점에 보르헤스는 두 권의 소설집으로 선보였던 이야기들을 합치고 『픽션들Ficciones』
이라는 간단한 제목으로 발표해서 대성공을 거두었다. 6편의 이야기로
구성된 두 번째 부분에 그는 『기교들Artificios』이라는 제목을 붙였다. 그
첫 번째 이야기는 망각하는 능력을 잃어버린 남자에 관한 것이었다.

젊은 시절 칸트는 자신의 지도 교수 마르틴 크누첸의 예언에 경탄했다.
크누첸은 1698년 쾨니히스베르크 상공에 마지막으로 나타났던 혜성이
정해진 날짜에 다시 나타나리라고 예측했다. 1744년 어느 차가운 겨울
밤, 크누첸은 칸트를 포함한 몇몇 학생을 집으로 초대해서 아이작 뉴
턴 경의 설계에 따라 직접 만든 작은 망원경으로 하늘을 관찰했다. 그곳
에서 칸트는 뉴턴의 이론이 얼마나 막강한지 눈으로 직접 확인할 수 있
었다. 망원경을 통해서 보니 혜성 하나가 꼬리를 늘어뜨린 채 밤하늘을
가로지르고 있었던 것이다. 그러나 알고 보니 크누첸의 계산은 틀렸고,
1744년의 혜성은 1698년의 그 혜성이 아니었다. 하지만 그 사실을 안 뒤
에도 우주를 지배하는 법칙과 이성의 힘에 대한 칸트의 갓 태어난 열정
은 사그라들지 않았다.[20]

인간에게 관찰을 통해서 객관적인 법칙을 추론하는 힘이 있다고 본
크누첸의 믿음은 대체로 17세기 독일의 박식한 학자 고트프리트 빌헬
름 폰 라이프니츠의 발자취에서 비롯되었다. 라이프니츠는 미적분을
발명한 공로(여러분이 고등학교 2학년생이라면 괘씸하기 이를 데 없는 죄)를
뉴턴과 공유할 뿐 아니라 현대 컴퓨터의 조상인 기계식 계산기를 처음
발명한 사람이다. 라이프니츠와 그의 뒤를 이은 합리주의 학파들이 보
기에, 만물이 지금처럼 보이고 행동하는 것은 그렇게 보이고 행동하도

록 설계되어 있기 때문이었다. 그리고 그 행동을 결정한 설계자는 당연히 신이었다.

라이프니츠를 신봉하는 사람들은 세계 안에 존재하고 움직이는 모든 것이 그렇게 존재하고 움직이는 이유가 신이 그렇게 생각하기 때문이라고 보았다. 합리주의자들은 뉴턴의 법칙이 객관적으로 옳으며 영원히 유효한지, 만일 그렇다면 물체는 왜 그런 식으로 작동하는지 의문을 품는 대신, 그 법칙들이 시공간에 존재하는 모든 요소의 상호작용을 정확히 설명하는 까닭은 라이프니츠의 이른바 "예정 조화harmonie preetabilie"를 통해서 신이 모든 운동을 영원히 제어하기 때문이라고 믿었다. 그럴 경우 창조된 모든 물체는 시공간상 정해진 경로를 따르기만 하면 된다. 뉴턴의 중력 방정식에서 나온 계산에 따라서 혜성이 되돌아올 때, 우리는 그 혜성에 가해지는 행성들의 작용을 설명할 필요가 없다. 사실 행성들은 혜성과 상호작용할 필요가 없다. 각각은 그저 예정된 조화의 경로를 따를 뿐이다.

1770년에 칸트는 쾨니히스베르크 대학교의 논리형이상학 정교수가 되었다. 그는 세계가 스스로 존재하는 방식—세계의 암호—과 세계가 인간의 감각에 나타나는 방식이 근본적으로 연결되어 있다고 믿는 합리주의 노선을 (대체로) 따랐지만, 절대 외곬으로 생각하지는 않았다. 2년 전 유명한 시인이자 철학자인 요한 고트프리트 폰 헤르더에게 쓴 편지에서 칸트는 자신의 방법에 대해 이렇게 말했다. "다른 사람의 견해에 그러하듯이 나 자신의 견해에도 완전히 중립적인 상태에서 나는 종종 구조 전체를 전복하고 몇 가지 관점에서 그 구조를 고찰하고 있다네. 내가 그 체계를 최종적으로 진실하게 그릴 수 있을 것 같은 위치를 발견하기 위해서 말일세."[21] 교수직에 오르자마자 칸트는 관례에 따라 라틴어로 쓴 박사학위 논문을 제출했다. 그리고 자신의 말대로 이 논문을 통해서 구조 전체를 완전히 전복했다.

합리주의자들에게 공간과 시간은 실재를 구성하는 근본적인 부분들이었다. 1768년 말까지도 칸트는 이 전제를 수용했다.[22] 박사학위 논문 「분별할 수 있고 이해할 수 있는 것들의 형식과 원리에 관하여」는 제목부터 칸트가 그 개념을 완전히 뒤흔들었음을 가리켰다. 강의를 할 때 칸트는 우리의 감각이 근저에 놓인 신의 생각이나 가르침을 직접 전달한다는 개념—말하자면, 우리가 세계의 암호를 읽을 수 있다는 개념—을 거부했다. 대신 그는 이제, 한편으로 우리가 시공간 속에서 감각을 통해 경험하는 것과, 다른 한편으로 외부 공간과 시간에 존재하며 우리의 감각이 우리에게 일러주는 바와 상관없이 계속 진실인 것 사이에 확실한 경계를 그었다.

그러나 이렇게 구분하는 와중에도 칸트는 우리의 지각이 주관적이고 가변적일지라도 우리는 지각의 인과적 연결에 관한 객관적 진리에 도달할 수 있다는 희망을 포기하지 않았다. 다시 말해서 우리는 감각을 통해 습득한 것만을 알 수 있지만, 그럼에도 감각을 통해서 세계의 객관적 사실—예를 들면, 어떤 원인과 그 원인 뒤에 일어난 결과의 관계—을 추론할 수 있다고 생각했다. 하지만 1771년 7월, 그 희망에 결정적으로 도전해서 칸트를 새로운 사고로 이끈 사건이 발생했다.

그해 여름 지역 신문에 익명의 필자가 「어느 회의주의자의 잠 못 이루는 생각」이라는 글을 발표했다. 많은 독자들이 필체와 철학적 논조로 보아 이 글의 저자가 칸트와 편지를 자주 주고받는 친구 요한 게오르크

하만일 것이라고 추측했다. 회의주의자는 독백체의 짧은 글 속에서 의혹을 끝까지 밀어붙여 가장 충격적인 결론들을 이끌어냈다. 우리가 하는 모든 관찰은 주관적인 조건의 변덕을 피할 수 없고, 우리가 관찰로부터 이끌어내고자 시도하는 모든 원리—예를 들면 객관적 인과 관계의 존재—는 "우리 자신에게 있을 뿐이며" "마음의 결정에 지나지 않는다"는 것 등이었다.[23] 저자는 이렇게 결론지었다. "우리가 궁극적인 작동 원리를 알고 싶다고 말할 때", 즉 관찰된 것들의 저변에 놓인 객관적 실재를 이해하고자 할 때, "우리는 모순에 빠지거나 의미 없이 말하게 된다."[24] 자연법칙 같은 것은 없으며, 우리는 주관적인 인상에 영원히 매여 있다. 그렇지 않다고 생각하는 것은 순전한 망상이다.

이 회의적인 불면증 환자의 도발에 따르면, 모든 인과 관계가 발생하는 시간 및 공간적 조건이나 인과성 그 자체는 우리가 세계를 이해하기 위해서 사용하는 주관적인 틀에 지나지 않는다. 하만이 보기에, 이성만을 가지고 지식을 확장하려 하는 것은 도가 지나친 생각이다. 이 철학적 교만의 결과는 오류와 절망뿐이다. 우리에게 필요한 것은 더 강한 철학적 엄밀함이 아니라 **신앙**이다. 인간 이성이 실패하고 또 실패할 수밖에 없는 곳에 신앙만이 다시 들어와 믿음들의 토대가 될 수 있다. 이 글을 쓴 하만의 의도는 경고였다. 게다가 그에게는 칸트가 그 메시지를 읽게 할 의도가 있었다.

실제로 칸트는 그해 여름 「어느 회의주의자의 잠 못 이루는 생각」을 읽었지만, 하만이 바라던 그 결론을 취하지 않았다. 칸트는 세계에 대한 객관적인 지식의 어떤 기초에 접근할 수 있다는 생각을 포기하고 그러한 지식은 신앙으로 대체되어야 한다는 말에 동의하기보다는, 우리가 어떤 것을 관찰할 때 벌어지는 일에 대한 자신의 분석이 철두철미하지 못했음을 깨달았다(이 깨달음이 "결정판"『순수이성 비판』에 스며들기까지는 900쪽에 가까운 분량과 10년의 세월이 더 필요했다).[25] 사실 칸트를 잠에서 깨운 그 음울한 산문은 하만이 쓴 것이 아니었다. 하만은 그 글을 번역하기만 했다. 「어느 회의주의자의 잠 못 이루는 생각」은 데이비드 흄이 쓴『인간본성론 Treatise of Human Nature』의 말미에 불과했다. 그리고 그 위대한 책에서 흄은 우리가 인과 관계에 관한 객관적 진리를 알아낼 수 있는가 하는 문제를 넘어서, 그 진리를 이해하고자 애쓰는 자아의 존재마저 의심했다.

『인간본성론』에서 흄은 르네 데카르트의 발자국을 밟아가면서 자신이 알 수 있는 것의 깊이를 측량했다. 이 과정에서 그는 위대한 프랑스 철학자가 제시한 "나는 생각한다"를 확실한 발판으로 삼는 대신, 단지 기초가 없는 인상들과 맞닥뜨렸다. "내가 **나 자신**이라고 부르는 것 속으로 가장 깊이 들어갈 때 나는 항상 이런저런 구체적인 지각, 즉 덥거나 춥다는 지각, 밝거나 어둡다는 지각, 사랑이나 미움, 고통이나 쾌락과 맞닥뜨린다. 지각이 없으면 단 한 순간도 **나 자신**을 포착할 수 없고, 지각이 없으면 어떤 것도 관찰할 수가 없다."[26] 하늘을 관찰하던 크누첸이 거기서 보이는 것을 자신이 예상한 혜성이라고 착각했듯이, 우리 인상이 자아에 속해 있다고 믿을 때 우리는 서로 연결되지 않은 무작위적 인상들 위에 자신이 기대하는 통합성을 잘못 투사한다.

이질적인 경험들과 연결된 본체, 즉 데카르트가 자아에 붙인 명칭인 사유하는 실체res cogitans란 존재하지 않는다고 확신하자, 흄은 그 자신의 말마따나 "가장 깊은 어둠에 둘러싸인, 상상조차 할 수 없는 비통한 상태"에 빠졌다.[27] 보르헤스와 우나무노처럼 흄도 자신의 지옥을 발견한 것이다. 이번에 그것은 영원한 천벌의 위협이 아니라, 벌을 받을 자아가 애초에 없을지도 모른다는 의혹이었다. 하지만 흄의 지옥에 직면한 칸트는 자아에 관해서 흄이 간과한 근본적인 진리, 즉 보르헤스가 발견한 것과 똑같은 진리를 발견했다. 150년 후 보르헤스는 새로 발견한 글쓰기 방식을 이용해서 실재를 안다는 것이 무엇을 의미하는가 하는 생각을 극단까지 밀고 나갔다.

1930년대에 보르헤스가 셰레솁스키의 기억 묘기를 다룬 글을 읽었다는 증거는 없지만, 러시아 청중이 이 기억술사에 감탄했다는 이야기는 당시에 널리 퍼져 있었다. 어쨌든 셰레솁스키의 사례와 보르헤스 이야기의 비슷한 점들에는 주목할 만하다. 이야기 속에서 보르헤스는 한 시골 지역에서 이레네오 푸네스라는 젊은이를 만난다. 마을 사람들에게 젊은이는 이미 시계를 보지 않고도 시간을 정확히 아는 특이한 능력으로 유명하다. 푸네스를 만난 후 2년이 지났을 때 다시 마을을 방문한 보르헤스는 젊은이에게 끔찍한 사고가 일어났음을 알게 된다. 그가 말에서 떨어져 머리를 다쳤고, 지금은 집에 틀어박혀 지낸다는 것이다. 보르헤스는 마을 외곽에서 그를 찾는다. 젊은이는 어두운 방의 맨 구석에서 간이침대에 누워 담배를 피우고 있다.

　푸네스는 부상의 여파로 놀랍게 변했다. 전에는 시간의 경과를 특이할 만큼 잘 인식했던 반면, 이제는 시간이 뿌리째 뽑힌 듯 기억이 너무나 완벽하다. 2년 전 방문했을 때 보르헤스는 푸네스에게 라틴어 사전과 플리니우스의 『박물지Naturalis historia』를 빌려주었다. 보르헤스가 그의 어슴푸레한 방으로 들어간 순간, 플리니우스의 『박물지』 제7권 24장의 첫 단락을 푸네스가 암송하는 소리가 들린다. 그 장의 주제는 기억이다. 하지만 이레네오 푸네스는 과거의 말이나 사건을 완벽하게 기억하는 것 이상으로 자기가 경험했거나 현재 경험하고 있는 모든 것을 지각하고, 더 나아가 완벽하고 풍부하고 충만하게 인식한다.

누구나 한 번만 재빨리 훑어봐도 테이블 위에 포도주잔 3개가 놓여 있음을 알 수 있었다. 그런데 푸네스는 압착되어 포도주가 된 그 모든 포도, 포도 밭의 모든 줄기와 덩굴을 지각했다. 그는 1882년 4월 30일 아침 남쪽 하늘 에 뜬 구름의 형태도 알았고, 그 구름의 형태와 자신이 단 한 번 읽었던 책 의 대리석 무늬 표지의 결을 비교하거나, 케브라초 전투가 일어나기 전날 밤 리오네그로 강을 젓던 노가 만들어내던 물보라와 비교할 줄도 알았다. 또한 그 기억들은 단순하지 않고, 모든 시각적 이미지가 근감각, 온열감각 등과 연결되어 있었다. 그는 자신이 꾼 모든 꿈, 모든 백일몽을 재구성할 줄 알았다. 두세 번은 하루 전체를 기억해서 재구성했다. 그러면서 단 한 번도 실수를 하거나 말을 더듬지 않았으며, 각각의 재구성이 그 자체로 꼬 박 하루가 걸렸다.[28]

푸네스는 누가 뭐라고 해도 이것은 천부의 재능이라고 주장하지만, 세레셉스키를 분석한 루리야처럼 보르헤스 역시 그에게 고통거리가 있 음을 금방 알게 된다. 세레셉스키처럼 푸네스도 기억의 즉시성에 완전 히 잠겨버린 탓에 세계를 경험하는 데에 어려움을 겪는다. 기억에 너무 깊이 거주하기 때문이다. 만일 하루치 기억을 재구성하는 데 온종일이 걸린다면, 그 새로운 하루는 당사자에게서 사라지게 된다. 현재에 소모

되지 않도록 그 자신을 감각 박탈 탱크에 밀봉해야 하기 때문이다.

셰레솁스키의 경우와 마찬가지로 푸네스에게도 언어는 제 기능을 하지 못하거나, 적어도 사람들 사이에서 작동하는 방식으로는 기능하지 못한다. 셰레솁스키처럼 푸네스도 숫자를 일반적으로 적용할 수 있는 체계의 요소로 이해하지 못하고, 마주치는 모든 숫자에 개별적인 이름과 정체성을 붙인다. 그가 보르헤스를 만날 무렵에는 이런 경우가 2만 4,000건을 초과했다. 예를 들어 그는 이렇게 말한다. "칠천십삼(7,013)이 아니라 '막시모 페레스', 칠천십사(7,014)가 아니라 '철도', 다른 수들은 '루이스 멜리안 라피누', '올리마', '유황', '클럽', '고래', '가스', '스튜 냄비', '나폴레옹', '아구스틴 데 베디아'. 오백(500)은 오백이 아니라 '아홉'이라고 그가 말했다."[29]

영국 철학자 존 로크가 17세기에 가정한 것과 같은 언어, 즉 존재하는 모든 것에 이름이 있는 언어가 있다면 푸네스는 만족했을지 모른다. 하지만 로크가 너무 구체적이어서 쓸모없다는 이유로 그 생각을 거부했다면, 푸네스는 너무 일반적이라는 이유로 거부했다. 곧 보르헤스는 푸네스에게는 애초에 생각을 할 수 있게 하는 기본적인 기능—추상—이 없음을 알게 되었다. "[그는] '개'라는 포괄적인 기호에 형태와 크기가 다른 모든 개체가 포함된다는 것을 알지 못했으며, 더 나아가 오후 3시 14분에 옆모습으로 본 '개'와 3시 15분에 앞모습으로 본 개를 똑같은 명사로 지칭하는 데에 짜증을 냈다. 또한 거울에 비친 자기 얼굴, 자기 손을 보고도 화들짝 놀랐다."[30]

셰레솁스키와 마찬가지로 푸네스도 약간만 다른 경험들조차 연결하지 못해 고생하고, 언어의 일반성에 똑같이 조바심을 드러낸다. 하지만 두 경우에는 공통의 역설이 잠재해 있다. 셰레솁스키는 "'예키파시'라는 단어가 분명히 택시여야만 하는데, 배의 승무원을 의미할 수도 있다"는 점을 이해하지 못해 애를 먹는데,[31] 이 경우 언어의 일반성을 이해하지 못하겠다고 불평하기 위해서는 언어의 일반성을 이해해야만 한다. **한 단어가 2개의 다른 경험을 가리키는 것이 부적절하다고 보기 위해서는 그 한 단어가 그렇게 하고 있음을 알아채야 한다.**

마찬가지로 푸네스도 개개의 모든 인상이 엄청나게 구체적이어서 우리가 각기 다른 순간에 본 개를 한 단어로 지칭하는 것에 "짜증"이 날 지경이다. 또한 그는 자신의 모습이 거울에 힐끗 비칠 때마다 "화들짝 놀라고는" 한다. 하지만 푸네스의 기억력과 감각적 세계에 대한 몰입이 아무리 강력하고 신비하다고 할지라도, 그는 분명 각 경우의 차이를 가로지른다. 사람들이 단어를 엉성하게 쓰는 것에 짜증이 난다고 하거나 자기 얼굴을 보고 놀란다고 할 정도의 자기 인식이 가능하기 위해서는, 아무리 미세하다고 할지라도 각각의 경우에 들어 있는 고유한 차이를 무시하는 능력이 있어야 하기 때문이다. 그리고 이 최소한의 망각, 현재 속으로 완전히 몰입한 상태로부터의 이 최소한의 거리가 있어야만 애초에 자아가 존재할 수 있는 최소한의 조건이 만들어진다.

푸네스는 "숲의 모든 구역에 있는 모든 나무, 그 모든 나무에 달린 모든 이파리를 하나하나 기억할 뿐만 아니라, 그 이파리를 지각하거나 상상했던 모든 시간"을 기억한다.[32] 그에게 시공간 연속체를 이루는 모든 조각은 저마다 완전히 특별하다. 혹은 그렇다고 그가 주장한다. 흄 또한 그렇게 주장했다. 흄이 보기에 우리는 정보의 세계, 즉 감각적 인상을 지배하는 필연의 법칙이 있는지 절대 알 수 없다. 흄에게 각각의 인상, 정원에 있는 각각의 이파리는 고립된 것, 독특한 것이지 절대로 일반 법칙의 사례가 될 수 없다. 하지만 흄이 이 난제에 이끌려 극단적인 회의주의에 도달했다면, 칸트는 그곳에서 또다른 가르침을 이끌어냈다.

칸트는 흄의 순수하고 고유한 인상들의 세계는 존재할 수 없음을 깨달았다. 어떤 것이든 경험을 위한 최소한의 조건은 현재에 너무 흡수되어 그 속에 매몰되지 않는 것이기 때문이다. 흄이 주장했던 것—자아의 느낌을 탐험할 때 항상 "이런저런 구체적인 지각"과 맞닥뜨리고, "지각 없이는 어떤 순간에도" **그 자신**을 포착할 수 없으며, "지각 없이는 어떤 것도 관찰할 수 없다"는 주장—은 결코 사실이 아니었다.[33] 흄이 이 느낌을 누군가에게 알리기 위해서는 즉각적인 지각 이외에도 어떤 것, 즉 애당초 지각을 별개의 것들로 만들어주는 시간의 흐름 그 자체를 지각해야 하기 때문이다. 그리고 시간이 흐름을 인식한다는 것은 **당신**이 그 지각에 깊이 들어가 있음을 인식한다는 것이다.

이것이 칸트가 10년 만에 하만에게 내놓은 답이었다. 완벽하게 지각하면 지각 그 자체가 제거되듯이, 완벽하게 회상할 때에는 회상 그 자체가 제거된다. 기억이나 인상이 존재하기 위해서는 기억하거나 지각하는 사람이 그 기억이나 지각과 함께 그 자신을 인식해야 하기 때문이다. 합리주의자들이 생각하듯이 세계에 관해 우리가 아는 모든 것이 완전히 개별적인 암호들로부터 우리에게 직접 흘러들어온다면, 혹은 흄이 믿었듯이 우리가 학습하는 모든 것이 단지 주관적이고 연결되지 않은 인상에 불과하다면—그것은 결국 정확히 똑같다—어떻게 될까? 자기 자신을 구별하는 자아, 시공간상 별개의 두 순간을 연결하는 자아가 없다면, "개"의 부적절성에 짜증을 느끼는 존재도 없을 것이다. 애초에 어떤 경험도 가능하지 않을 것이다.

『순수이성 비판』에서 칸트는 다음과 같이 말했다. 우리가 어떤 것을 생각하거나 지각할 때 그 생각이나 지각은 우리 안에 어떤 변화, 즉 "마음의 변화"를 일어나게 할 때에만 생각이나 지각이 될 수 있다. 하지만 우리가 **시간**을 건너뛰어 생각이나 지각을 연결하지 않으면 이 변화는 애초에 남지 않는다. "**한순간에 담겨 있을 때에는** 그 어떤 표상도 그 자체로 절대적 통합체일 수밖에 없기 때문"이다.[34] 한순간에 담겨 있을 때에는 그렇다. 사건의 흐름을 경험하는 것이 영화를 보는 것과 약간 비슷하다고 생각해보자. 어떤 일이 일어나기 위해서는 관객이 영화의 프레임들을 연결해야 한다. 작은 차이들을 이어서 움직임의 경험을 생성해야만 한다. 하지만 각각의 프레임을 완전히 새롭게 보는 관찰자, 즉 이전 프레임이나 다음 프레임과 아무런 관계도 없이 보는 관찰자가 있다면, 남는 것은 절대적 통합체들뿐이다. 그러한 통합체는 푸네스와 셰레솁스키와 흄이 자신들은 경험할 수 있다고 주장한 바로 그것인데, 이는 어떤 것에 대한 지각 자체를 완전히 부정한다. 지각을 할 때에는 반드시 시간을 건너뛰어 인상들을 연결할 필요가 있기 때문이다. 다시 말해서, 절대적으로 완벽한 기억, 절대적으로 완벽한 지각, 또는 절대적으로 완벽한 관찰은 완전히 부정하는 바로 그것이 필요하다. 하나의 자아가 될 수 있을 정도로 작은 차이를 무시하고 시간상 다른 순간들을 가로지르는 어떤 통합체가 필요한 것이다.

결국 보르헤스가 그의 글 전체를 통해서 보여주듯이, 그에게 시적인 약속을 배반하는 듯 보였던 말의 불명료성을 적절히 이용하면 그 자체로부터 다른 구원을 확보할 수 있었다. 자아는 아무것도 아닌 것이 아니었다.

자아는 그럴 리 없었다. 과거로부터 하나의 장면을 온전히 되찾을 수 없다는 것, 살면서 맞이한 어느 날 오후의 흐름을 다시 잡을 수 없다는 것 자체가 그 자아의 영속성을 보장한다. 하지만 그는 또다른 진실을 파악했다. 먼저 살다 간 칸트처럼 보르헤스 역시 시간을 늦춰 단일한 프레임에 담는다는 생각, 관찰의 순간을 곱게 갈아 순수한 현재로 되살린다는 생각이 관찰 자체를 파괴한다는 것을 깨달았다. 우리가 가까이에서 볼수록 현재는 우리의 이해로부터 더 멀리 벗어난다는 것을 말이다.

바로 이것이 추운 겨울날 저녁 코펜하겐의 펠레드 공원에서 산책하던 베르너 하이젠베르크가 만난 통찰이었다.

양자역학은 불가해한 방정식들로 유명하지만, 오늘날 양자역학의 핵심 논쟁은 수학보다는 언어에 관한 것이다. 실재의 기본단위에 대한 발견은 철학적 고찰을 끌어들일 수밖에 없다. 그러한 문제에 전념하는 분야가 철학에 있기는 하지만, 물리학자들은 존재론의 유혹에 곧잘 넘어간다.

오늘날 대부분의 입자물리학자들은 연구에 필요한 보조금과 직위를 받을 때에 양자역학에 널리 퍼져 있는 이른바 코펜하겐 해석Copenhagen interpretation을 함께 받아들인다. 코펜하겐 해석이라는 이름은 닐스 보어와 베르너 하이젠베르크가 마침내 서로의 차이를 해소한 도시에서 따왔다. 하이젠베르크의 방정식이 그들에게 말해주는 것과 우리가 일상적으로 만나는 실재가 어떤 관계인지에 대해서 결국 두 사람이 동의한 것이다. 코펜하겐 해석의 핵심에는 하이젠베르크의 발견과 보어의 해석 틀 간의 타협이 들어 있다.

하이젠베르크의 원리는 다음과 같은 점을 입증한다. 우리가 한 입자의 위치로 가까이 다가갈수록 그 운동량, 즉 입자가 어디로 가고 있고 얼마나 빨리 가고 있는가에 대해서는 더 모르게 된다. 거꾸로 말하면, 우리는 입자의 운동량에 대해서 많은 것을 알아낼 수 있지만, 그럴 때 입자가 어디에 있는지는 파악할 수 없다. 이는 대서양 상공을 나는 린드버그의 비행기가 정확히 어디에 있는지 알아내면 그 대가로 그가 비행하고 있는 경로는 알 수 없는 것과 같다. 그럼에도 우리는 하이젠베르크의 행렬대수학—혹은 최종적으로 과학계를 평정한, 에르빈 슈뢰딩거의 파동 방정식—을 이용해서 위치나 운동량, 둘 중 하나를 측정하고 미래의 측정 결과를 믿을 만하게 예측할 수 있다.

보어는 여기에 왜 그런가에 대한 철학적 설명을 추가했다. 우리는 물질과 에너지를 입자 또는 파동으로 생각할 수 있다. 이 설명은 서로를 보완하지만, 어느 것도 홀로 서지는 못한다. 마찬가지로 양자역학과 고전역학은 별개이면서도 보완적인 두 가지 영역에 적용된다. 고전역학은 양자역학으로 전환될 수 있지만, 고전역학은 물체가 공간에서 이동하는 이미지를 그려줄 뿐 양자의 영역에는 적용되지 않는다.

당연히 코펜하겐 해석을 비판하는 사람들은 야구공, 비행기, 위성 등에 아주 잘 들어맞는 고전역학의 법칙들이 더 작은 실체에는 들어맞지 않게 되는 지점이 정확히 어디냐고 묻는다. 그 사람들은 보어와 그의 친구들이 양자 영역과 고전적인 영역의 경계를 편의에 따라서 바꾼다고 불평한다.

그러나 사람들은 대부분 양자물리학 분야 안에서 코펜하겐 해석이 이제 정설과도 같은 것이 되었다는 데에 동의한다. 그리고 여기에 딸린 위축 효과 때문에, 양자 차원에서 "실제로 무슨 일이 벌어지고 있는가"를 연구하는 일에 관심이 있는 젊은 연구자들은 코넬 대학교의 물리학자인 데이비드 머민 교수의 경구 "입 다물고 계산하라"[35]로 잘 요약되는 일종의 제도적 관성과 마주친다(아인슈타인은 이 태도에 특히 분개해서 심지어 코펜하겐의 지지자들에게 우리가 달을 관찰하지 않을 때에는 달이 존재하지 않는다고 믿느냐며 따졌다. 머민은 명성에 어울리게도 "보는 사람이 없을 때 달은 분명 그 자리에 없다"고 한결같이 주장한다).[36]

그러나 이렇게 코펜하겐 해석이 지배적인 분위기에서도 대안들은 계속 튀어나와 제각기 목소리를 높인다. 그중 일부는 아인슈타인과 슈뢰딩거의 사실주의와 맞닿아 있는 것으로, 일괄하여 객관적인 붕괴 모형이라고 불린다. 간단히 말하자면, 이는 확률 파동이 확실한 위치를 가진 단일 입자로 붕괴할 때 인간 관찰자는 필요가 없다는 모형이다. 그러한 모형의 주요 주창자인 이탈리아 물리학자 안젤로 바시는 우리가 단지 언어를 바꾸기만 하면 양자역학을 이해해서 실재를 묘사할 뿐 아니라 예측할 수 있다고 믿는다. 그는 이렇게 설명한다. "우리 어휘에서 '입자'라는 단어를 제거해야 한다. 그 본질은 젤라틴이다. 전자는 **여기**에도 있고 **저기**에도 있을 수 있다. 그게 전부이다." 바시가 보기에 이 젤리 같은 실재의 토대는 다른 불완전한 존재를 만날 때 그에 대한 반응으로 순식간에 입자 형태가 된다. "문어를 건드리면 문어가 **이크!** 하는 것과 같다."[37] 중요한 것은, 이 일이 그 불완전한 얼룩이 인간 관찰자의 것인지 아닌지와는 상관없이 일어난다는 점이다.

코펜하겐 해석을 지지하는 사람들 입에서는 철학자 루트비히 비트겐슈타인의 유명한 문장 "말할 수 없을 때에는 침묵해야 한다"의 메아리를 들을 수 있는 반면, 아인슈타인과 슈뢰딩거의 발자취를 따르는 바시와 그 밖의 사람들은 다음과 같이 주장한다. 우리가 말로 설명할 수 없는 이론은 예측의 결과가 아무리 훌륭하다고 할지라도 결국 이론이 아니다.[38] 바시는 "물리학은 **말**이라고 나는 강하게 믿는다"라고 단언한다.[39]

그러나 무엇인가를 말로 표현한다는 것은 어떤 의미일까? 양자역학을 발전시킨 모든 물리학자 중에서 베르너 하이젠베르크는 그와 동료들이 새롭게 발견한 결과가 기존의 실재 이미지와 일치하는지 일치하지 않는지에는 관심이 없음을 분명히 했다. 실재는 궁극적으로 어떻게 생겼는가에 대한 그의 무관심을 두고서 동료들은 그가 "철학적인" 문제에 관심이 없다고 해석했다. 하지만 하이젠베르크는 양자물리학의 철학적 함의에 대해서 수십 년 동안 대중을 상대로 강연과 저술을 이어갔다.

1942년 전쟁이 세계를 집어삼켰을 때 독일 핵개발 프로그램을 이끄는 상황에서 하이젠베르크는 비밀리에 책을 하나 썼다. 이후 오랫동안 「1942년 원고」라고 불리게 될 그 책은 1976년 하이젠베르크가 눈을 감은 후에야 세상에 나왔고, 1980년대에 처음 번역되어 프랑스에서 모습을 드러냈다. 결국, 하이젠베르크는 독일을 위해서 핵분열로를 개발하는 동안 인간이 실재를 얼마나 정확하게 알아낼 수 있을까 하는 문제에 말없이 사로잡혀 있었던 셈이다. 이 질문의 열쇠는 언어에 대한 우리의 이해에 있다고 그는 믿고 있었다.

「1942년 원고」에서 하이젠베르크가 이 기본적인 문제에 관해 설명했듯이, 과학은 실재를 생각으로 번역하고 인간은 언어를 사용해서 생각한다. 하지만 언어는 하이젠베르크가 자연에서 발견한 것과 똑같은 근본적인 한계를 안고 있다. 우리는 언어를 대단히 객관적으로 다듬어 쓸 수 있으며, 이때 언어는 특히 잘 정의되어서 자연계를 연구하는 과학자들에게 쓸모 있는 것이 된다. 하지만 그렇게 하면 할수록 우리는 언어의 다른 본질적 측면, 즉 우리가 사용하는 방식에 따라 여러 가지 의미를 띨 수 있는 능력을 잃어버린다.

하이젠베르크는 언어의 첫 번째 성질을 정적이라고 불렀고, 두 번째 성질은 동적이라고 불렀다. 모든 사람은 이 두 성질 사이의 스펙트럼의 다양한 지점에서 언어를 사용하는데, 물리학자는 정적인 사용을 대표하고 시인은 동적인 사용을 대표한다. 과학자는 언어가 연구 대상을 정확히 설명할 수 있도록 언어의 정적인 성질에 크게 의존하지만, 여기에는 대가가 따른다. "'정적인' 묘사에서 희생되는 것은 말과 개념 간의 무한히 복잡한 연합이다. 하지만 이 연합이 없으면 무한히 풍부한 실재에 대해 우리는 어떤 것도 이해할 수가 없다."[40] 결과적으로 세계에 대한 지각과 생각이 언어의 두 측면을 조율하는 것에 달린 한, "실재에 관한 복잡하고 정확한 묘사는 절대로 이루어질 수 없다."[41]

하이젠베르크의 논의에서 솔로몬 셰레셉스키의 메아리 혹은 더 완벽한 아바타인 푸네스의 메아리를 듣지 않기란 어렵다. 셰레셉스키는 언어로 고생했고, 푸네스는 지각 그 자체로 고생했다. 마치 셰레셉스키와 푸네스가 인간 지식을 견제하는 내적 조건의 선례인 것만 같다. 완벽한 기억을 가진 것, 그리고 현재의 삶에 강하게 몰입한 것으로 인해 그들은 언어를 이해하지 못하거나 지각과 기억을 분리하지 못했으니 말이다. 이 시나리오에서 푸네스가 과학자라고 상상해보자. 푸네스는 모든 것을 따로따로 구별한다. 그는 모든 것을 다른 어떤 것과도 관련시키지 않고 완전히 독자적으로 지각한다. 이렇게 지각이 완벽한 탓에 그는 "숲의 모든 구역에 있는 모든 나무, 그 모든 나무에 달린 모든 이파리를 하나

하나" 구별할 뿐 아니라 "그 이파리를 지각하거나 상상했던 모든 시간"을 구별한다. 그를 실험실로 데려와서 안개상자cloud chamber(고속 원자나 원자적 미립자가 지나간 자취를 보는 장치/역주)를 보여주자. 그리고 그가 길을 벗어난 모든 입자의 물방울 자취를 지각할 뿐 아니라 그 입자 자체도 지각하고, 모든 입자를 지각할 뿐 아니라 입자의 궤적과 일치하는 일련의 순간들까지 모두 지각한다고 상상해보자.

물론 푸네스는 그러지 못한다. 그것은 입자에 어떤 초자연적인 성질—대서양 상공에서는 존재하지 않다가 프랑스 상공에서 목격될 때 마술처럼 생겨나는 성질—이 있어서가 아니다. 푸네스가 지각할 수 있다고 하는 방식대로 과학자가 지각할 수 없는 이유는 시간에 따라 변하는 어떤 것을 관찰하는 행위 그 자체에 관찰자가 시공간상 두 순간의 차이—아무리 작은 차이라고 할지라도—를 일반화하고 연결하는 것이 필요하기 때문이다. 이 미세한 겹침, 이 미묘한 거리 두기가 없다면, 기준을 세우고 한동안 유지함으로써 어떤 미소한 변화를 표시하지 못한다면, 존재하게 될 것은 영원한 현재뿐이다. 3시 15분에 정면에서 본 개는 결코 개라고 불리지 못하고, 결코 인지되지 못하며, 애초에 **관찰되지** 못할 것이다.

보르헤스와 칸트처럼 하이젠베르크도 다음과 같은 요점—물론 수학적으로 계산한 것이지만 언어로도 이해할 수 있었던 것—을 이해했다. 전자의 위치와 운동량을 동시에 관측하기 위해서는 시간상 단일한 순간에 완벽하게 존재할 필요가 있는데, 이는 애초에 어떤 것을 관측하기 위한 최소한의 조건과 완전히 모순된다. 기초적인 물질의 세계에 어떤 기이한 성질이 있어서가 아니라, 본래 관측은 시공간상 적어도 두 순간을 연관지어야 하기 때문이다. 칸트가 말했듯이, 관측을 위해서는 "인상들을 서로 잇는 시간"이 필요하다.[42] 무엇을 관측하든 관측에서는 현재의 순간이 완벽하게 존재하기란 불가능하다. 관측 그 자체가 시간과 공간을 끌어들이기 때문이다. 따라서 시공간상 단일한 순간에 포착된 소립자는, 정의에 따르자면 지각할 수 없는 "절대적 통합체", 이전이나 이후가 존재하지 않는, 무한히 얇은 시공간의 편린이다.[43]

1767년에 칸트가 헤르더에게 이어 말했듯이, 구조를 전복하고 다양한 관점에서 고찰하는 방법을 통해서 칸트는 "인간의 능력과 경향에 본래 존재하는 편향과 한계를 인식하고", 지식 그 자체를 오염시키는 그 한계를 분리하고 이해할 수 있었다.[44] 하지만 그는 절망에 빠진 흄과는 달리 과학에 희망이 없다고 선고하지는 않았다. 칸트는 그 한계를 인식하고 정확히 묘사한다면 과학은 스스로 만든 한계에 부딪히지 않으리라고 확신했다. 하이젠베르크도 그와 똑같이 느꼈다. 「1942년 원고」에서 하이젠베르크는 이렇게 말했다. 과학이 새로운 발견을 이룰 때마다, 그 새로운 발견의 "타당성 영역(과학적, 논리적 근거의 영역/역주)은 언어로 표현할 수 있는 생각의 범위를 벗어나 그 너머의 불가해한 어둠 속으로 한층 더 깊이 물러난 것처럼 보인다. 이때 우리가 전개하는 생각의 방향은 이 느낌에 의해 결정되겠지만, 우리가 생각을 통해 탐구하고자 하는 복잡한 관계는 말 속에 담기지 않는다." 우리가 경계하고 조심해야 할 것은 외부 세계에 서 있는 장벽, 과학이 언젠가 부딪히게 될 뚫을 수 없는 벽이 아니다. 우리가 정작 경계해야 할 것은 실재란 어떠해야 한다는 편견에 사로잡혀 부단히 넓어지는 미래의 발견을 가로막고 그럼으로써 그 벽을 스스로 만들어내는 것이다. 하이젠베르크는 이렇게 말했다. "인간의 이해 능력에는 한계가 없다. [하지만] 궁극적인 것에 관하여 우리는 말을 할 수가 없다."[45] 이것을 거꾸로 표현하면 다음과 같다. 실재의 궁극적 성질을 안다고 가정하는 순간 우리는 스스로 이해 능력을 제한하게 된다.

이 태도를 표명할 때 하이젠베르크는 칸트에게 경의를 표하고 있었다. 칸트가 과학적 진보의 열쇠는 궁극의 앎을 가정해서 우리 시야를 차단하지 않는 것이라는 깨달음으로 우리를 이끌었기 때문이다. 하지만 그 발견에 도달하기 위해서 칸트는 먼저 시간과 공간의 본성으로 깊이 들어가서, 하이젠베르크의 시대에 물리학자들이 안개상자와 분광사진 분석법 덕분에 발견하게 될 것들을 지성의 힘으로 하나하나 뜯어보고, 하나의 시공간 편린이 다른 편린으로 변할 때의 그 역설적인 순간과 대면해야만 했다.

칸트는 이 발견을 혼자 하지 않았다. 그는 당대의 과학과 우주론에서 소중한 알곡을 주워 모았을 뿐 아니라, 자기 이전부터 존재한 값진 자양분을 빨아들이고 있었다. 다음 장에서는 칸트의 어린 시절과 교육을 되짚어보면서 그가 어떤 사람들의 영향을 받아 18세기 사상사에서 가장 빛나는 별이 될 수 있었는지를 알아볼 것이다. 또한 우리는 칸트의 가장 급진적인 통찰, 즉 그를 철학 혁명의 길로 이끈 그 통찰이 우리가 상상하는 시간과 공간, 그리고 그것과 실재의 관계와 어떻게 관련되어 있는지를 알아볼 것이다. 마지막으로, 우리가 세계를 이해할 목적으로 사용하는 도구들이 세계 그 자체의 것이라고 상상할 때 튀어나오는 부조리의 균열들을 칸트가 어떻게 추적하기 시작했는지 살펴볼 것이다.

2

바로 이 순간의 짧은 역사

1755년 11월 1일 강력한 지진이 리스본을 잇따라 덮쳐 수만 명의 사망자가 발생했다. 지진의 영향은 광범위했다. 맨틀에서 올라온 충격파 자체도 엄청났지만, 지구의 성질과 우주 안에서의 지구의 위치를 이해하려고 애쓰는 사람들에게 이 사건은 심대한 의문을 불러일으켰다. 칸트가 그러한 거대한 문제에 사로잡힌 것은 어머니의 손에 이끌려 머리 위 밤하늘에 펼쳐진 아름답고 찬란한 신의 태피스트리를 올려다보면서 경탄할 때부터였다.[1] 먼 물체의 움직임을 수학으로 해독할 수 있다는 계시를 크누첸이 칸트에게 전달한 것도 그와 똑같은 밤하늘을 보면서였다. 하지만 크누첸은 1751년에 누적된 피로에 굴복했고, 이후 그의 자리는 공석으로 남았다. 이제 칸트는 스승의 자리를 물려받아야 한다고 느꼈다. 그는 과학을 통해 어떻게 리스본 지진과 같은 재난을 예측할 수 있을지 고찰하고, 그와 함께 지구의 자전과 지구 표면에서 일어나는 붕괴의 관계를 주제로 많은 대중이 읽을 수 있게 글을 써서 매주 쾨니히스베르크의 주간지에 기고했다.[2]

적어도 쾨니히스부르크의 학계에서는 칸트가 파동을 일으키고 있었다. 아직 출간된 것이 거의 없다는 점을 고려할 때 이는 신기한 일이었다. 그의 유일한 책, 즉 물리학과 우주론에 관한 『보편적 자연사와 천체이론*Allgemeine Naturgeschichte und Theorie des Himmels*』에는 크누첸과 함께 경이로운 혜성을 연구하던 시절 가슴에 자리 잡은 천문학에 대한 사랑이 넘쳐흘렀지만, 때마침 출판업자가 파산하는 바람에 빛을 보지 못했다. 출판의 덕을 볼 수 없었음에도 칸트는 이듬해 그 책을 이용해서 크누첸의 빈자리에 들어가고자 했다. 프리드리히 2세에게 보낸 편지에서 그는 자신의 책을 명함으로 제시하면서 자신을 호의적으로 봐달라고 간청했다. 그는 왕의 권위에 "극도로 복종한다"는 점을 강조하고 말미에는 왕의 "가장 충실한 하인"이라고 서명했다.[3] 애석하게도 왕은 이 편지를 무시했고, 대학은 재정적인 이유로 크누첸의 자리를 공석으로 남겨두었다.

이렇듯 발표한 저작이 없었음에도 1755년 6월 칸트는 심사회 앞에서 자신의 석사학위 논문이 올바름을 입증했다. 도시에서 가장 존경받는 문학가들이 이 행사에 참석했는데, 많은 사람이 "예외적으로 입을 다물고 주목함으로써 존경을 표하고" 경청했다.[4] 그해 말 칸트는 교수의 저택 널찍한 홀에 조심스럽게 발을 들였고 그 저택에 거주하면서 최초로 대중 앞에서 강연을 했다. 자기 방으로 갈 때 칸트는 강연을 듣기 위해 몰려든 학생들을 밀치고 가야만 했다. 수많은 학생이 홀을 가득 메우고 현관을 점거한 것도 모자라 정면 입구의 계단까지 흘러넘쳤는데, "계단에는 거의 믿을 수 없이 많은 학생들이 모여 있었다."[5] 갑자기 쏟아진 조명에 젊은 교수는 신경이 과민해져서 평소와 달리 말을 더듬거렸고 여러 차례 자신의 말을 수정했다. 강사는 긴장했지만 강연은 대성공이었다. 청중은 칸트의 "대단히 광범위한 학식"에 대한 평판을 듣고 기대했던 것보다 "훨씬 더 활기찬 온화함"을 느꼈다고 증언했다.[6] 사실 칸트의 평판은 주로 대화에서 유래했다. 후에 친구들이 회고했듯이, 칸트는 일상적인 대화에서도 "독창적인 생각을 무수히 쏟아냈으며", 담화나 강연을 할 때가 "책을 쓸 때보다 훨씬 더 온화한" 사람이었다.[7]

이성과 과학에 전념하는 철학 운동의 최전선에서 하루아침에 탁월한 선생이자 사상가가 된 칸트는 믿기 어렵게도 마구를 제작하는 비천한 가정에서 9남매 중 넷째로 태어났다. 평생토록 칸트는 경건주의—기도, 겸손, 신과의 개인적 관계, 성서적 문자주의를 강조하는 17세기 루터 교회의 종파—에 헌신한 부모를 존경하고 찬양했다. 칸트는 일에 대한 부모의 소박한 헌신과 인생의 부침을 이겨낸 부모의 강인함을 찬양하고, 그힘이 그들의 신실한 신앙에서 나왔다고 설명했다. 칸트는 한때 그의 학생이었고 나중에 그의 전기를 쓴 프리드리히 테오도어 링크에게 이렇게 말했다. "경건주의를 진심으로 믿는 사람들에게는 두드러진 미덕이 있었다네. 그들은 인간이 소유할 수 있는 가장 고귀한 것, 다시 말해서 그 어떤 정열도 방해할 수 없는 차분함, 평온, 내적 평화를 소유하고 있었지."[8]

그러나 자신이 받은 교육에 대해서 이야기할 때에는 훨씬 덜 낙관적이었다. 칸트가 여덟 살 때 아버지의 고객 중 프란츠 알베르트 슐츠라는 사람이 있었다. 슐츠는 칸트의 어머니가 열심히 참석하는 성경 토론회를 이끌었다. 어느 날 저녁 그는 어머니의 손을 잡고 성경 공부 모임에 온 아이를 봤고, 아이의 눈에서 뿜어져나오는 비범한 지능에 감탄했다.[9] 그의 추천으로 어린 이마누엘은 프리드리히 김나지움Collegium Fridericianum에 들어갔다. 후에 슐츠가 교장을 맡은 이 학교는 순전히 라틴어로 된 엄격한 교과과정을 따랐고, 과학은 전혀 가르치지 않았다. 시간에 맞춰 등교하기 위해 소년은 추운 겨울에도 매일 아침 해가 뜨기 전에 일어나야 했다. 칸트는 죽을 때까지 이 습관을 유지했지만, 그 습관을 싫어하는 마음은 결코 사라지지 않았다.

학교 교육을 싫어했던 칸트는 학교 교육이 "아동 노예제"의 한 형태라고 말했다.[10] 그는 기도를 강조하고, 죄악을 좇으려는 내면의 충동을 억제하고, 겉으로 경건과 미덕을 과시하는 것에 몰두하는 교육을 가리켜 "초자연적인 영감을 믿는 정신 질환……예지적 계몽주의Illuminatism 혹은 테러리즘"이라고 불렀다.[11] 사실 칸트는 말년에 가장 유력한 계몽주의Enlightenment 주창자가 되었는데, 이미 이때부터 계몽 정신에 심취한 칸트는 모든 형태의 미신적인 사고와 관습을 비웃었다. 칸트는 당시에 친구에게 쓴 편지에서 자신에게서는 "맹신을 낳을 수 있는 나약함이나 초자연적인 것을 받아들이는 사고방식의 흔적을 전혀" 찾아볼 수 없을 것이라고 말했다.[12] 그러나 더욱 놀라운 점은 1764년 과학, 이성적 신학, 도덕 철학에 관한 광범위한 글들로 마침내 문단과 학계가 주목하고 찬사를 보낼 때 칸트가 유령에 관심을 돌렸다는 것이었다.

문제의 유령은 스웨덴의 신학자 에마누엘 스베덴보리가 영적으로 교감한다고 주장하는 허구의 존재였다. 환시와 신비한 조우, 예언을 자세히 서술한 그의 책이 유럽 전역에서 베스트셀러가 되어가고 있었다. 스베덴보리의 접근법은 특이하게도, 그가 사후 인간의 영혼과 직접 만남으로써 통찰을 얻었고 그러한 만남을 통해 영적 세계를 놀라울 정도로 자세히 묘사할 수 있었다고 주장했다. 그의 가장 유명한 책 『천국과 지옥De Caelo et Eius Mirabilibus et de inferno, ex Auditis et Visis』에는 이런 이야기가 있었다. 사람이 죽을 때 신은 죽은 자의 미덕에 따라 그들을 두 무리로 나누지만, "그들이 그렇게 나뉘어도, 육신을 가진 세계에서 친구였고 지인이었던 사람들은 원한다면 죽은 사람과 만나서 대화를 할 수 있으며, 특히 아내와 남편, 형제자매라면 더욱 쉽게 그렇게 할 수 있다."[13] 그런 뒤 그는 자신의 개인적인 증언으로 이 진술을 뒷받침했다. "나는 한 아버지가 6명의 아들을 알아보고 그들과 대화하는 것을 보았다. 그 밖에도 많은 사람이 친척과 친구를 만났다. 하지만 이 세계에 있을 때와는 그들의 기질이 달라졌기 때문에 금세 헤어졌다."[14]

그의 책이 인기를 누린 데에는 다른 비결도 있었다. 이를테면 스톡홀름에서 80여 킬로미터쯤 떨어져 있으면서도 스톡홀름에서 일어난 사건을 인식하고 묘사하는 불가사의한 능력이 그에게 있다는 소문이 돈 것이다. 만일 이것이 사실이라면 그 소문은 칸트가 평생토록 연구하고 가르친 과학법칙을 위반하는 셈이었다. 더욱 난처하게도, 스베덴보리의 예언이 진실이라고 공언하는 증언들은 칸트가 믿을 만하다고 생각한 출처에서 비롯된 것이었다. 하지만 스베덴보리의 말이 믿을 만하다면, 그것은 일개 인간이 우리가 사는 일시적인 세계와 완전히 다른 어떤 세계를 경험하고 그에 대해 이야기할 수 있음을 의미했다. 그 세계에는 한정된 장소와 시간대에 감금되지 않은 영원한 영적 존재들이 거주할지도 몰랐다. 분명 경건주의를 믿은 칸트의 부모는 그에게 시공간에 존재하는 세속적 세계를 초월하여 영원히 존재하는 진리에 대한 믿음을 불어넣으려 했을 것이다. 하지만 그러한 진리는 스베덴보리 같은 일개 인간이 아니라 신에게 속해 있었다. 칸트는 직접 조사해야겠다고 생각했다.

스베덴보리의 책을 읽고 검토하느라 상당한 시간과 노력을 들였음에도 남은 것은 당혹스러움이었다. 칸트는 1766년에 『영혼을 보는 자의 꿈*Träume eines Geistersehers*』을 익명으로 발표했지만 곧 저명한 유대인 철학자 모제스 멘델스존이 비판적으로 논평하자 사과의 말과 함께 그에게 자신이 저자임을 인정했다. 그는 편지에 이렇게 적었다. "제 작은 책의 어조에 관해서 선생님께서 표현한 이질감은 평소에 선생님께서 저의 진지한 성격을 좋게 생각한다는 점을 보여주는 증거가 되었습니다. 저의 성격이 모호하게 표현되었음을 알아보지 않으신 것 자체가 제게는 소중하고 기쁜 일입니다."[15]

멘델스존이 부적절하다고 본 그 어조는 바로 곳곳에서 흘러나오는 비아냥이었다. 스베덴보리의 두꺼운 책들을 읽고 화가 잔뜩 난 칸트는 평소와 같은 객관적인 문체를 버리고, 관대하게 말하자면 저속하다고 할 수 있는 문체를 선택했다. 실제로 칸트의 결론은 스베덴보리가 말하는 환시가 정신적 불안정의 결과임을 암시하는 것으로 시작한다. "만약 독자가 영혼 보는 자들을 다른 세계에 몸의 반쪽을 놓고 사는 자들이 아니라 병원에 보내야 할 사람이라고 간주한다면, 그래서 그 이상의 연구를 하지 않는다면, 나는 어떤 독자도 비난하지 않을 것이다." 하지만 이내 칸트의 어조는 품위를 버리고 지저분해진다. "건강염려증으로 인한 바람이 장에서 휘몰아친다면, 중요한 것은 그 바람이 진행될 방향이다. 아래쪽으로 가면 방귀가 되고, 위쪽으로 가면 허깨비나 천상의 영감이 된다."[16] 그는 영적인 세계에 직접 접근할 수 있다고 떠드는 스베덴보리의 허위에 다소 기분이 상했던 듯하다.

이후 여러 해에 걸쳐 칸트의 탐욕스러운 지적 욕구는 형이상학의 근본 문제에 집중되었지만, 초기 저작에 드러난 회의주의적 어조는 사라지지 않았다. 몇 년 후 칸트는 강연을 공지하는 한 글에서 "철학을 공부하는 진정한 방법"은 탐구심을 가지고 나아간다는 의미의 "제테틱 zetetic"이라고 공언했는데, 현대의 용어로는 "회의주의"로 더 잘 알려져 있다.[17] 칸트에게 회의는 "독단에 기초한 회의가 아니라 기다림의 회의"였으며, "회의하는 방법이 유용한 까닭은 영혼을 가진 존재가 추측이 아니라 건실한 이해에 따라 행동할 수 있게 해주기" 때문이었다.[18]

칸트는 고대 세계로부터 이어져온 강력한 사조를 깨달았다. 이 사조는 스베덴보리처럼 인간의 감각이 도달할 수 없는 영원한 진리를 말할 수 있다고 가정하는 독단론자와 독단에 의한 확실성을 의심했다. 또한 그들은 감각 그 자체를 의심하고, 감각적 정보는 시공간의 변덕스러운 흐름 속을 떠돌아다닌다고 보았다. 독단적 확실성에 반대한다고 칸트가 감지한 그 사조는 그리스 및 아랍어 해석자들을 통해 전해졌고, 기독교 신학의 윤곽을 형성하는 데에 일조했으며, 결국 근대 사상과 과학에 지울 수 없는 흔적을 남겼다. 하지만 최초의 체계적인 공식들은 고대 아테네의 시장과 가정집에서 자유롭게 생각하고 때로는 집요하게 반론을 제기했던 한 철학자의 대화로부터 우리에게 전해졌다.

아테네에서 소크라테스가 파르메니데스와 제논을 만났을 때 아직 그는 다소 건방진 젊은이였다. 위대한 행사를 보기 위해서 아고라에 모여든 철학자들은 제논이 자신의 책을 읽는 소리에 귀를 기울였다. 제논이 책을 다 읽자, 젊은 소크라테스가 벌떡 일어나 그 인상적인 현자와 그의 훌륭한 스승 파르메니데스에게 도전장을 내밀었다. 아테네를 방문한 두 사람은 궁극적으로 불변하는 거대한 실재가 존재하고, 모든 변화는 환상이라고 주장했다. 파르메니데스가 이 이론을 지어낸 목적은 만물이 변한다는 사실과 만물이 항구적인 것처럼 보인다는 사실의 불일치성을 해소하기 위해서였다. 헤라클레이토스와 그 추종자들은 그러한 안정성을 완전히 포기하고 변화 외에는 어떤 것도 존재하지 않는다고 주장했지만, 그들과 달리 파르메니데스는 모든 것을 포괄하는 정적인 존재가 실재의 참된 궁극적 성질이라고 규정하고는 그것을 간단하게 "일자—者"라고 불렀다.

오늘날에는 만물이 존재하고 그것들이 변한다는 생각을 받아들이는 것이 도대체 뭐가 문제냐고 물어도 흠을 잡히지 않는다. 그리고 실제로 그것이 젊은 소크라테스가 파르메니데스에게 던진 물음이었다. "만약 어떤 사람이 나는 하나인 동시에 여럿임을 입증하려 한다고 해도 무엇이 놀라울까요? 내가 여럿임을 입증하고자 할 때 그는 내 오른쪽은 내 왼쪽과 다르고, 내 앞쪽은 내 등쪽과 다르고, 또한 내 상체와 하체도 다르다고 말할 겁니다……하지만 내가 하나임을 입증하고자 할 때 그는 내가 우리 일곱 사람 중 하나라고 말할 겁니다. 나는 또한 일자성을 가지고 있기 때문이죠. 이렇게 해서 그 사람은 양쪽 다 옳다는 점을 입증할 겁니다."19

이후 오랫동안 소크라테스는 물질세계의 가변성 문제와 씨름하면서 묘책을 생각해내고, 결국 영원불변의 형상Form에 관한 유력한 이론을 완성했다. 이 이론은 그의 제자인 플라톤과 관련이 있다. 하지만 이날 소크라테스는 한 수 배우게 되었다. 파르메니데스는 먼저 제논과 은밀한 미소를 교환하고 소크라테스에게 존경을 표한 뒤 그의 반론을 파고들었다. "하나를 동시에 여러 장소에 있게 하다니 참으로 교묘하구려!" 파르메니데스는 젊은 사상가를 교활하게 공격했다. "하나의 돛으로 여러 사람을 덮은 뒤 하나가 여럿을 덮을 수 있다고 말하는 것 같은데, 그게 아니라면 젊은이가 말하고자 하는 바가 그런 종류는 아니오?"[20]

소크라테스가 주저하면서 그의 입장이 그 이미지로 설명될 수 있다고 인정하자 파르메니데스는 올가미를 조였다. "그렇다면 하나의 전체로서 그 돛이 각 사람을 덮은 것이오, 한 부분이 한 사람을 덮고 다른 부분이 다른 사람을 덮은 것이오?"[21] 풀이 죽은 소크라테스는 곧 사례 속의 돛이 사실은 나눌 수 있는 것이며, 따라서 하나가 아니고 불변하는 것도 아니라고 인정하지 않을 수 없었다. 이 대화의 요점을 더 깊이 파고들어 보자. 소크라테스는 자기가 자리에서 밀려나 이 탁월한 사상가에게 콧대가 꺾였음을 깨달았고, 변증법적 분석을 사용해서 더 깊은 진리에 도달하는 법을 보여준 대가의 논법에 즉시 동의했다. 이어진 대화에서 파르메니데스는 후세가 소크라테스식 문답법이라고 부를 방법에 대하여 고급 수업을 펼쳤다.

그러나 그는 다른 일도 했다. 비밀을 드러내 보인 것이다. 그 비밀은 제논의 역설에 활력을 주고, 소크라테스의 제자인 플라톤의 가르침에 영향을 주었다. 또한 여러 해가 흐른 뒤 플라톤의 제자 아리스토텔레스의 이론의 초석이 되었고, 몇 세기 후에는 기독교 원리에 형식을 부여한 신학 논쟁으로 스며들어 서양 철학과 과학의 발전에 지울 수 없는 족적을 남겼다. 그날 아테네의 만남에서 파르메니데스가 소크라테스에게 드러내 보인 비밀은 다음과 같다. 인간이 실재의 궁극적 성질을 밝히기 위해서 더 깊이 탐사할 때 떠오르는 그림에는 어떤 얼룩, 우리 앞에서 끊임없이 뒤로 물러나는 일종의 블랙홀이 존재한다. 그 얼룩은 우리가 부릴 수 있는 도구가 사고 실험과 이야기에서 출발해서 오늘날의 실험 과학을 뒷받침하는 놀라운 기술에 도달했음에도 결코 떨쳐낼 수 없는 것처럼 보인다. 그 얼룩을 우리는 변화의 순간의 역설이라고 부를 수 있다. 이는 어떤 것, 어떤 입자가 이제 막 변할 것이 되기 위해서는 시공간상 그 자체와 완벽하게 일치해야 하고, 또한 이제 막 변한 것이 되기 위해서는 그 자체와 약간이라도 다른 것이 되어야 하는 순간적인 시간의 편린을 말한다.

마흔 살이 된 해에 칸트의 삶은 변화를 맞았다. 지난 10년에 걸쳐 그의 생활 수준은 상당히 높아졌다. 강연이 갈수록 유명해지고 학생들로부터 들어오는 수업료가 늘어난 덕분에 주거와 의복은 물론이고 오락까지도 개선할 수 있었다. 5년 전만 해도 그가 매일 입는 외투의 올이 해져서 한 친구가 새 외투를 살 돈을 빌려주겠다고 제안하기도 했다. 이제 칸트는 강의실에서 학생들을 놀라게 하거나, 화려한 저녁 파티에서 귀족 여성들을 기쁘게 하거나, 절친한 친구인 요한 프리드리히 폰 풍크와 함께 극장에 나타날 때면 우아한 복장으로 이목을 끌었다. 칸트는 이것을 미美는 중요하기 때문이라고 설명했다. 특히 색이 중요했다. 예를 들어 갈색 외투를 입는다면 그 안에 노란색처럼 외투의 색을 보완해주는 색의 조끼를 입어야 한다. 쾨니히스베르크의 거리를 산책할 때 그의 옆구리에는 의전용 검이 매달려 있었다.

검은 사용하려는 것이 아니었다. 칸트는 모든 면에서 매력적인 사람이었지만, 체격이 아주 왜소했고(신장 약 157.5센티미터), 가슴이 납작해서 호흡이 원활하지 않았다. 운동은 그의 특기가 아니었다. 이와 대조적으로 그의 눈에는 대화 상대에게 최면을 거는 효과가 있었다. 한 동시대인은 북받치는 감정을 주체하지 못하고 이렇게 말했다. "칸트의 눈은 마치 우주 공간의 에테르로 이루어져 있어서 깊은 마음의 시선이 환히 비쳐 나오는 듯했다. 내가 그 앞에 앉아 있을 때 그리고 그가 떨구었던 눈길을 들어 갑자기 나를 바라볼 때 그의 시선이 내 감정을 어떻게 홀렸는지는 설명하기가 불가능하다. 나는 항상 그 에테르 같은 푸른 불꽃을 뚫고 가장 성스러운 미네르바[의 눈]를 보는 것 같다고 느꼈다."[22]

문체, 재치와 매력, 맑은 눈으로 칸트는 도시의 멋쟁이가 되었다. 나중에 하만이 이야기했듯이, 칸트는 오후와 저녁을 대부분 사교 활동에 소비하면서, "카드놀이에 자주 참여하고, 때로는 자정이 넘어서야 집에 돌아갔다."[23] 늦은 저녁 외출, 연극과 연주회 관람 등 정신없이 바쁜 활동에는 항상 풍크가 동행했다. 그런데 예고도 없이 칸트의 가장 친한 친구가 숨을 거두고 말았다.

가까운 친구, 어쩌면 누구보다도 가깝다고 할 수 있는 친구가 죽자 칸트의 삶은 멈추고 말았다. 풍크가 살아 있을 때 칸트는 개인적으로 깊이 몰입하지 않고 현란하다 싶을 정도로 다양한 주제에 접근해서 대가의 솜씨로 강연을 하고 글을 썼다. 이제, 불시에 아들을 잃은 풍크의 어머니에게 칸트가 써 보낸 말들은 어둡고 침울했다. 칸트는 이 편지를 풍크에게 바치는 애가로 공개했는데, 이 편지에서 칸트는 삶의 변화를 "마법의 등"에 비유하고, 우리가 삶의 한가운데에 있을 때에는 보지 못하는 죽음에 의해 그 등의 "그림자놀이"가 급격히 끝이 났다고 노래했다. 그는 이 시간, 즉 "우리가 아직 꿈을 꾸고 있는 동안"을 "무덤 뒤에 펼쳐진 거대한 운명"과도 같은 어떤 것과 대비시켰다. 현명한 사람은 인생이라는 깜빡거리는 마법의 등에 집중하기보다는 영원한 운명에 초점을 맞추고서 "합리적으로 계획을 세우되 완고하지 않고……겸손한 소원을 품되

지나치게 비판적이지 않고, 신뢰하되 고집하지 않고, 맡은 바 의무를 적극적으로 행하고", 그와 동시에 신이 "분투로 가득한 이 상태로부터 우리를" 부를 때에 항상 대비한다.[24] 실제로 이때부터 칸트의 철학은 핵심적인 목표에 날카롭게 집중하기 시작했다. 그 목표는 "일단 시야에 들어오면 우리가 계속 놀라지 않을 수 없는" 어떤 것이고, "**인류**humanity 개념"을 한 개인의 변덕스러운 삶에서는 찾으리라고 기대할 수 없는 "존엄의 경지까지 끌어올리는" 어떤 것이었다.[25]

칸트는 지금 여기에서 흘러가는 삶보다 높이 격상된 이 놀라운 대의, 즉 인간의 존엄성을 붙들어 맬 영원한 가치들을 찾았고, 그와 동시에 이 탐구를 사회적 영역에 반영하기로 결정했다. 그는 쾨니히스베르크의 한 도서관에서 시간제로 근무하고 이 추가 수입으로 그의 출판업자인 요한 야코프 칸터의 건물로 이사했다. 이 건물 1층에는 서점과 카페가 있었고, 많은 학생에게 강의할 수 있는 큰 강연실이 있었다. 무엇보다, 칸트는 새로운 친구들을 사귀기 시작했다.

칸트의 새로운 무리에는 조지프 그린이라는 이름의 영국 상인이 있었다. 그린은 일시적 기분이나 변덕과 반대되는 엄격한 행동원칙에 따라 평생을 살아온 특이한 열정의 소유자였다. 그러한 행동원리에는 문제가 아무리 사소할지라도 약속을 엄격히 지키는 것, 아무리 불편할지라도 약속된 시간을 엄수하는 것이 포함되어 있었다. 사실 칸트와 관련하여 많은 사람이 거론하는 말년의 규칙성은 그린과 교제한 시절로 거슬러 올라가는데, 도시 사람들은 칸트가 그린의 집에서 출발하는 것을 보고 저녁 7시임을 알 수 있었다고 한다. 물론 그린의 꼼꼼함에는 단점이 있었다. 칸트와 그린이 아침에 만나 마차를 타고 시골을 여행하기로 약속했을 때 그린은 계획한 대로 정확히 8시에 출발했다. 반면 칸트는 약간 늦게 길가에 나왔는데, 그린은 미친 듯이 손짓하는 친구를 무시하고 가던 길을 계속 갈 정도로 자신의 원칙을 엄격히 지켰다.26

칸트는 분명 길가에 버려진 데에 분개했겠지만, 그린과의 우정은 그의 삶과 사고의 전환점이 되었다. 그 전환은 적어도 부분적으로는 풍크를 잃은 고통 때문이기도 했다. 칸트는 점점 더 인간은 완전히 다른 두 영역을 동시에 점유하고 있다고 확신하게 되었다. 하나는 상대적이고 변화하는 시공간의 논리가 지배하는 영역이고, 다른 하나는 불변의 진리가 지배하는 영역이었다. 하지만 이상하게도 한 영역은 다른 영역을 필요로 했다. 게다가 인간 존재가 양립할 수 없지만 상호 필수적인 두 영역으로 이렇게 분리된 까닭에 인간의 모든 노력이 복잡해진다. 아직까지는 명확하고 통렬한 논리로 자신의 통찰을 말로 표현할 수 없었지만, 그의 글과 강의는 점점 더 하나의 생각으로 나아가고 있었다. 그것은 인간 지식의 성격을 명확히 할 뿐 아니라 더 나아가 도덕성의 기초를 어떻게 정할 것인가라는 더 실용적인 문제에도 청사진이 될 중요한 생각이었다.

그 생각의 초기 형태는 다음과 같았다. 인간 경험은 변화가 규정하지만, 심지어 변화가 변화로 지각되기 위해서는 어떤 고정점들이 존재해야 한다. 마찬가지로 우리 인간은 상충하는 믿음과 욕망의 회오리에 난타당하지만—단지 그런 상태로 존재하면서 반성하지 않고 그저 욕망하고 믿는 것과는 달리—우리의 믿음과 욕망이 상충한다고 지각한다는 사실만으로도 우리가 하는 선택의 밑바탕이자 닻이 되는 고정점, 즉 우리의 일상적인 고통을 초월하는 올바른 행동 방침이 존재함을 알 수 있다.

이 시기에 칸트는 포괄적이고 영향력이 큰 책 『아름다움과 숭고함의 감정에 관한 고찰*Beobachtungen über das Gefühl Schönen und Erhabenen*』을 썼다. 이 책에서 칸트는 그리스 사상가 헤라클레이토스로부터 유명한 이미지를 빌려왔다. "모든 것이 강물처럼 흘러가고, 수시로 변하는 취향과 다양한 인간 군상으로 인해 전체적인 일은 불확실하고 기만적이다. 자연은 인간의 손에 흔들리지 않으며, 자연에서는 인간이 들러붙을 바닷가의 표지를 가리킬 수 있으니, 거기 어딘가에서 고정점을 찾게 될까?"[27] 헤리클레이토스의 은유는 시간에 대한 묘사였다. 그 사상가에게 모든 것은 유동적이고, 안정이란 애초에 망상에 불과했다. 우리는 강이 단일한 것이라고 믿지만 사실은 같은 강물이 두 번 흐르지 않는 것처럼, 시간의 흐름 속에서 우리가 안정되고 지속적이라고 지각하는 그 어떤 것도 실제로는 이전의 그것과 같지 않다. 50대에 접어들자 칸트는 그 은유의 용도를 변경해서, 삶의 강변에 숨어 있어 잘 보이지 않는 표지들을 찾기 시작했다.

한편 아고라에서 파르메니데스는 자신이 "기이한 피조물"이라고 명명한 것, 즉 변화의 순간에 집중함으로써 자신의 이점을 강화했나.[28] 무엇인가가 변한다는 것, 운동이 발생한다는 것은 무엇을 의미하는가? 존재하는 모든 것은 운동을 하거나 정지해 있다고 파르메니데스는 추론했다. 하지만 한 상태에서 다른 상태로 넘어가기 위해서는 "운동 상태도 아니고 정지 상태도 아닌" 순간을 거쳐야 한다.[29] 바로 그 순간이 제논의 역설에 들어 있는 은밀한 요소이자 기본 동력이다.

　유한한 공간을 가로지르기 위해서는 그 공간 내부의 무한한 부분들을 건너야 하기 때문에 결국 그 공간을 가로지르지 못한다는 아킬레우스의 역설—혹은 더 일상적으로는 내가 쿠키를 다 먹기 위해서는 쿠키의 무한한 부분들을 먹어야 하기 때문에 결국 그러지 못한다는 역설—
의 경우처럼, 모든 형태의 제논의 역설은 변화의 순간에 내재하는 기이
함에서 발생한다. 이는 아킬레우스가 건너야 하거나 내가 먹어야 하는
것이 궁극적으로 똑같은 것, 즉 무한히 많은 시공간의 극미량이기 때문
이다. 변화의 순간은 바로 어떤 것이 이전의 것이기도 하고 **동시에** 곧 되
려는 것이기도 한, 시공간의 무한히 얇은 조각이다.

모든 것은 변하지만, 변하기 위해서는 이전의 것이기를 멈추고 지금의
것이 되어야 하며, 애초에 어떤 것이 존재한다는 것에 내포된 바로 그 영
속성이나 안정성을 부정해야 한다. 그것이 "변할 때에는 한순간에 변하
고, 변하는 그때 그것은 시간상 존재하지 않을 것이다."[30] 심지어 운동 그
자체도 이 문제에 부차적이라는 점이 즉시 분명해진다. 운동하지 않고 완
전히 정지해 있는 물체라고 해도 "과거에서 미래로 진행할 때 지금을 건
너뛰지는 않을 것"이라고 파르메니데스는 설명했다.[31] 그리고 어떤 것도
"지금을 비켜 갈 수 없다면, 어떤 것이 이 시점에 **있을** 때마다 그것은 항
상 앞으로의 것이 되기를 중단하고 지금 그렇게 된 그것으로 존재할 것이
다."[32] 만일 시간이 무한히 나뉠 수 있다고 가정한다면 우리는 나이가 들
거나 이동할 수 없다. 또한 만일 시간의 원자나 화소 같은 극소의 토막이
있고 어떤 것이 그 토막을 점유한다고 가정한다면 연속성이라는 것 자체
가 깨지기 때문에 **무엇**도 운동하지 않고 **무엇**도 변하지 않을 것이다. 존
재의 모든 편린이 저마다 시공간의 극미한 영원에 갇힐 것이다.

이것을 약간 다르게 표현하면, 우리는 입자에 초점을 맞추거나 **또는**
입자의 운동에 초점을 맞출 수 있지만, 두 가지를 동시에 볼 수는 없다.
현대 물리학자들이 그들의 특이한 도구를 시공간의 극미한 화소에 들이

댈 때 그 모습이 우리에게는 불가사의하게 보일지라도, 그들은 제논의 역설이 결국 무의미하지 않다는 것을 발견했다. 그것은 칸트에게도 무의미하지 않았다.

스베덴보리의 주장에서 정확히 어떤 면이 칸트를 난처하게 했는지 그가 명확히 표현하기까지는 여러 해가 걸렸지만, 그 순간이 왔을 때 깨달음은 천둥처럼 다가왔다. 문제는 이것이었다. 우리는 공간상 펼쳐져 있고 시간상 이어져 있는 세계를 지각하는 것에 너무나 익숙해서, 자연스럽게 이 두 가지 성질을 우리의 모든 지적 노력에 투사한다. 우리 자신의 개인성을 예로 들어보자. 우리는 자연스럽게 사물들이 공간상 펼쳐져 있고 시간상 지속적이라고 상상하는 경향이 있어서, 이 구조를 우리자신에게 암암리에 적용한다. 영혼이든 의식이든, 우리는 자아가 몸속어딘가에 존재한다고 생각한다. 우리는 그 자아가 특정한 시간에 생겨났다고 상상하며, 우리의 신체가 사망한 후에도 자아는 계속 살 것이라고 공개적으로 믿거나 은밀히 소망한다. 칸트는 이렇게 표현했다. "우리는 **영혼은 실체**라는 명제까지도 아주 수월하게 타당한 것으로 받아들일 수 있다. 하지만 만일 이 개념이 어떤 결과에도 이르지 못한다는 점을 우리가 인정하기만 한다면, 다시 말해서 그 개념이 영혼에 대한 어떤 일반적이고 합리주의적인 결론도 우리에게 가르쳐주지 못하고 영혼은 모든 변화를 뚫고 심지어 인간의 죽음까지도 관통하여 영원히 지속된다는 결론에 그친다는 점을 우리가 인정하기만 한다면, 그 실체는 실재로서의 실체가 아니라 단지 관념으로서의 실체임을 의미한다."[33]

사실 영혼이나 의식은 시간에 걸쳐 존속하는 통일된 자아감이다. 영혼 또는 의식이란 세계를 지각하기 위해서, 그리고 우리가 지각을 말로 표현하기 위해서 어떤 것이 **바로 이 순간**에서 다른 순간으로 연결되고, 또다시 다른 순간으로 연결되어야 한다는 단순한 사실에 불과하다. 각기 다른 시공간 조각을 이렇게 연결하는 것은 어떤 것을 알 수 있게 하는 필요조건이지만, 그 자체는 시공간상 존재하는 어떤 것, 즉 우리가 지구상에서 존재하는 시간보다 더 오래 존속하는 어떤 것이 아니다. 그렇지 않다고 믿을 때 스베덴보리 같은 사람이 유령 이야기를 지어내서 독자를 기만하게 된다.

그 위험성은 단지 영혼을 보는 자에게 홀리거나 통속적인 이야기를 교리로 받아들이는 데에 그치지 않고 대단히 심각하다. 만일 우리가 이 관념의 산물에 이끌려 미신에 빠지고 온갖 종류의 광신에 둘러싸인다면, 과학의 영역이 오류와 혼란에 빠지게 된다. 우리는 자연이 가장 작은 영역이든 가장 큰 영역이든 우리가 인간의 영역에서 익숙하게 경험하는 것과 똑같이 움직이리라고 간주하게 된다. 또한 편견을 끌어들여서 과학의 가장 큰 힘인 과학적 특성 그 자체, 즉 과학적 겸손함을 망가뜨리고, 궁극적으로 우리의 지식이 확장될 수 있다는 명시적인 승인을 언제든 뒤집을 수 있다.

칸트는 이제 우리가 인생의 사나운 강물을 경험할 수 있다는 사실이 강둑을 따라 안정된 표지들이 존재한다고 **가정하는** 데에 달려 있음을 알았다. 심지어 우리 눈으로 그 표지들을 볼 수 없을지라도 말이다. 그에 따라서 칸트는 세계에서 우리가 경험하는 것과 **그것 자체로는 경험할 수는 없지만 경험이라는 것을 할 수 있게 해주는 것**을 구분할 수 있게 되었다. 그와 동시에 칸트는 다음과 같은 사실을 깨달았다. 구불구불한 강물의 흐름을 이해할 수 있게 하는 이러한 이성을 과도하게 투사할 때, 우리는 세계에 관한 일관된 결론을 끌어내기 위해 사용하는 그 도구로부터 우상을 만들고 그 개념으로부터 유령을 만들 수 있다. 또한 영원하고 형언할 수 없는 진리를 가정하는 것은 **물리적** 세계를 정확히 이해하는 데에 절대적으로 필요하지만, 우리가 자주 그러한 가정을 변질시켜 만들어내는 유령과 우상은 과학의 성공을 방해하기만 하는 **형이상학적** 편견으로 반드시 전락한다. 따라서 우리가 어떻게 과학을 실행해야 하고, 어떻게 세계에 관한 정확한 판단을 형성해야 하는가를 항상 비판적으로 조율하고, 그럼으로써 우리가 우리의 이성에 자연스럽게 끌려 너무 멀리 가기 전에 우리 자신을 붙잡는 것이 절대적으로 중요하다. 칸트가 이성의 집을 질서정연하게 하기를 원한다는 전제하에 철학, 그리고 그의 철학은 그러한 비판을 구현해야 했다.

마지막으로 칸트는 우리가 언제 이성에 이끌려 길을 잃고 헤매는지를 가리키는 단서 가운데 특별한 모순들이 포함되어 있음을 깨달았다. 그것은 우리가 이성에 필수적인 객관화된 관념들, 변화의 강을 따라 일정하게 고정된 그 닻들을 마치 시공간상의 물체인 양 생각할 때 발생하는 모순들이다. 그렇게 생각할 때 우리는 어떤 명제를 완벽하게 밀봉 처리하고, 그런 뒤 정반대 명제를 똑같이 완벽하게 밀봉 처리한다. 두 명제를 화해시킬 방법은 없다. 예를 들어 우리는 흄과 함께, 세계는 단지 조건에 매이지 않은 인상들로 구성되어 있다고 주장할 수 있으며 어떤 사람도 이 추론을 허물지 못한다. 혹은 정반대로 합리주의자들과 함께, 세계에는 주요 암호들이 표현되어 있으며 따라서 어떤 것도 우연으로 남지 않는다고 주장할 수도 있다. 이번에도 우리의 추론은 완벽해 보일 것이다. 우리는 바로 이 순간을 파고들어 불변하는 순수한 존재의 입자와 대면할 수도 있고, 우리 발밑에서 입을 벌리고 있는 가분성divisibility의 심연으로 끝없이 들어갈 수도 있다.

바로 이것이 제논이 우리에게 준 가르침이라고 칸트는 말했다. 그리고 "제논을 평가한 사람들에게 제논은 상호 모순된 2개의 명제를 완전히 부정하려는 것으로 보였고, 그런 부정이 불합리하게 보였을 것이다." 하지만 칸트는 제논이 불합리하다고 보지 않았다.[34]

2,000여 년이 흐른 뒤 보르헤스가 말했듯이 제논은 결국 반박하기 어려운 사람으로 판명되었다. 아리스토텔레스는 제논이 자신의 역설을 종이에 쓰는 순간 스스로 그 역설을 반박했다고 생각했다. 하지만 여러 세대에 걸쳐 철학자들은 아리스토텔레스의 반응—분명 견유학파인 디오게네스의 반응보다는 더 나았는데, 디오게네스는 자리에서 일어나 일정 거리를 걸어보는 것으로 응수했다—이 문제에 정면으로 맞서지 않고 회피하는 방식이라고 생각했다. 어찌 되었든 아리스토텔레스가 보기에, 우리가 시공간의 무한한 가분성을 가정할 때 역설에 빠지는 이유는 잠재적인 가분성과 실제적인 가분성을 혼동하기 때문이었다. 이론상 우리는 공간을 반으로 자르기를 계속하거나, 시간 속으로 영원히 파고들면서 점점 더 작은 단위를 만날 수 있다. 하지만 그 가능성을 현실화하고자 할 때 우리는 항상 실패한다. 헤겔이 그답지 않게 명료하게 말했듯이, "실제 운동은 무한한 공간과 무한한 시간이 아니라 한정된 공간과 한정된 시간 속에서 일어나기" 때문이다.[35]

제논이 파악한 것, 즉 자리에서 일어나 걸어보는 것만으로 그를 반박하지 못하는 이유는 다음과 같다. 우리가 흔히 그러듯이 실재하는 물체를 그 물체에 대한 생각으로 착각할 때 운동이나 변화는 자기모순에 빠진다. 한편으로 우리는 운동이나 변화가 물체 그 자체에 발생하는 어떤 것이라고 생각한다. 하지만 다른 한편으로 그 물체의 운동은 다른 어떤 것들을 참고하지 않으면 무의미하다. 물체의 변화가 다른 시간의 그 물체를 참고하지 않으면 무의미한 것처럼 말이다. "운동은 명백히 상대적이다. 절대 공간에서는 예를 들어 관찰자의 눈이 정지해 있든 이리저리 이동하든 완전히 똑같다."[36] 하지만 바로 그 때문에, 물체가 변한다는 것이 무엇을 의미하는지 이해하기 위해 공간상 다른 장소나 시간상 다른 순간의 간섭을 배제하고 괄호로 묶는 것은 불을 끄고 색을 분석하려는 것과 비슷하다. 다시 말해서, 어떤 물체의 운동이나 변화를 **그것 자체로서** 측정하거나 규정하려 할 때, 운동이나 변화는 우리 눈앞에서 흩어지는 것처럼 보이게 된다.

결국 100여 년 뒤 하이젠베르크가 파울리에게 어떤 물체가 시공간 속에서 취하는 경로는 "이 행위, 즉 우리가 그것을 관찰한다는 사건을 통해서만 존재한다"고 말했을 때 이 말은 시공간 속의 물체가 정의상 항상 다른 물체와 관계가 있으며 그 관계를 표현하기 위해서는 어떤 사람, 관찰자가 필요하다는 뜻이었다.

그 시대의 역사는 명확하지 않지만, 엘레아가 폭군에게 굴복했을 때 제논은 폭군을 타도하기 위해서 공모를 했다. 폭군은 그를 체포해서 공모자의 이름을 불게 할 목적으로 상상할 수 없이 혹독한 고문을 가했다. 마지막 숨을 몰아쉬던 제논은 폭군을 곁으로 유인해서는 친구들의 이름을 속삭이는 대신 기대에 부푼 폭군의 귀를 물어뜯었다. 제논이 자신의 혀를 끊어서 폭군의 얼굴에 뱉은 뒤 맞아 죽었다는 이야기도 있다.[37] 제논의 삶에서는 이렇게 이상한 방식으로, 그가 자신의 역설에 이용한 바로 그 분할이 현실이 되었다. 제논은 엄청나게 추상적인 개념을 고안한 사상가로, 귀를 기울이는 모든 사람에게 어떤 종류의 변화도 환상일 뿐이라고 주장했지만, 그와 동시에 행동할 때가 되었을 때에는 대단히 결단력 있게 행동했다. 우리 모두 어떤 면에서는 제논과 같아서 우리가 결국 그 안에서 살아가고, 결정하고, 행동하고, 언젠가 죽어야 하는 이 물질세계를 이해할 목적으로 추상적인 개념들을 사용하고 있는 것은 아닐까?

문제의 역설을 지어낼 때 제논은 어떤 것을 깨달았고, 후에 칸트는 그것을 혹독하리만치 정밀하게 표현했다. 우리가 바로 이 순간 마주치는 우리의 자아는 다름 아니라 우리가 다른 어떤 순간, 즉 우리 앞에서 계속 뒤로 물러나거나 앞쪽에 나타나는 어떤 순간과 맺은 관계의 자취라는 것이다.[38] 하지만 칸트가 흄의 문제 제기로부터 알게 된 것처럼 그 자아는 적어도 시공간상 두 조각의 관계보다 더 작거나 더 짧은 어떤 것으로 축소되지 않는다. 정말 순간적인 자아는 애초에 자아가 아닐 것이다. 그렇다면 우리가 변화를 경험한다는 바로 그 사실이 어떤 것이 변하지 않고 남아 있었음을 의미한다. 우리는 불변하는 것들의 차원—즉 우리가 시간의 강에서 한 순간으로부터 다른 순간으로 이동했음을 나타내주는 안정된 표지들—을 가정해야 하지만, 그 불변의 것들을 **시각화하기** 위해서 우리가 시공간상 경험을 이해할 때 쓰는 도구를 사용하면 제논이 세상에 알린 바로 그 기이함을 만들어내게 된다.

그럼에도 제논으로부터, 플라톤으로부터, 가장 친한 친구의 죽음과 새로운 친구의 별난 집착으로부터 칸트는 똑같이 심오한 무엇인가를 배웠다. 우리가 시간의 강에서 표류하는 것은 선택지가 아니다. 변화와 운동, 시간과 공간의 궁극적인 성격을 깊이 파고드는 동안 칸트는 그것이 단지 과학자만의 문제가 아님을 깨달았다. 그것은 우리가 인간의 강한 충동을 이해하는 문제와도 관련이 있었다. 물론 스베덴보리는 협잡꾼이었다. 하지만 영혼의 연장과 불멸의 가능성을 믿고자 하는 갈망은 자연스럽고 거의 피할 수 없는 지적 실수의 결과이다. 사실 친구인 풍크가 죽었을 때 칸트는 어떤 면에서 변화의 순간을 대표하는 궁극적인 사례―삶 그 자체를 포함하여 우리가 사랑하는 모든 것은 사라지기 마련이라는 사실―를 마주하게 되었다. 어쩔 도리 없이 침식을 거듭하는 현재의 그 뿌리 깊은 본성이야말로, 우리의 삶 그리고 우리가 살면서 느끼는 애착에 그 모든 가치를 부여한다. 우리가 사랑하는 것은 우리가 잃어버리기 때문이다. 오로지 그 때문이다.[39]

그러나 의외로 우리의 성취를 이끌어온 이성의 힘 때문에 우리는 이 간단한 사실을 인식하지 못한다. 제논은 칸트에게 이 점을 깨우쳐주었다. 그러한 편견들 뒤에 놓인 역설―즉 우리는 대단히 자연스러운 본능과 욕망을 따르기 때문에 이성이 우리에게 지금 여기를 이해하도록 쥐여준 도구를 영원한 우상으로 변질시키는데, 이때 튀어나오는 이율배반들―을 드러내준 사람이 바로 제논이었다. 제논이 밝힌 것을 이해하고부터 이제 칸트의 눈에는 우리에게 두 가지가 모두 필요하다는 것, 즉 과학이 요구하는 겸손함이 필요한 동시에 불변의 이상을 가정하도록 유도하고 더 나아가 그렇게 하도록 동기를 부여할 필요가 있다는 점이 보이기 시작했다. 시간의 강둑에서 우리가 찾는 표지가 어떤 신비한 방식으로 우리에게 그렇게 하도록 동기를 부여하는 것이다. 바로 이 순간이라는 절벽에 서서 우리는 영원의 심연을 들여다본다. 그 심연을 향한 욕망이 인간의 강력한 충동—낭만적 환희, 종교적 열정, 예술 창조, 타인에 대한 연민, 더 나아가 우리 자신에게 손해가 될지라도 이기적인 성향을 초월해서 올바른 일을 하고자 하는 용기와 확신—을 부채질한다. 하지만 우리가 그 심연을 소상히 설명할 수 있고, 그것을 시공간의 언어와 논리에 담을 수 있다고 믿기 위해서는, 즉 우리가 말할 수 없이 작고, 무한히 큰 것을 시각화해서, 시작 이전이나 종말 이후의 세계를 묘사하고, 우리의 별들로 쓰인 운명을 알 수 있다고 생각하기 위해서는 그렇게 할 수 있다는 허식만으로는 길을 잃게 된다. 그로부터 100여 년이 더 지나서야 우리는 관측의 기술과 새로운 물리학의 수학에 힘입어 제논이 상상하고 칸트가 논리적으로 추론했던 관찰의 문턱에 이를 수 있었다. 그러나 물리학자들이 마침내 그 일을 해냈을 때 하이젠베르크 역시 비슷한 깨달음에 도달했음에도, 그는 가장 작은 물체—바로 이 순간의 흔적—를 다루는 방법을 고안할 때 건방지게도 선배들의 바람과는 달리 그것을 **시각화하고** 싶다는 욕망에 굴복하지 않았다.

3
시각화하라!

1922년에 닐스 보어는 이미 원자 구조 분야에서 세계를 주도하는 인물이었다. 독일 괴팅겐 대학교의 이론물리학 연구소장이자 수학적으로 엄밀한 물리학자 막스 보른은 그해에 보어를 초빙해서 일련의 강의를 하게 했다. 그림같이 아름다운 이 대학 도시는 후에 뮌헨, 코펜하겐과 함께 새로운 이론물리학의 중심지가 되었다. 막스 보른은 이 분야를 창시한 선구자 명단에 이름을 올렸지만, 얼마 후 유대인 출신의 최고 과학자들과 함께 자리에서 쫓겨났다. 보어의 괴팅겐 강의는 유럽 전역에서 물리학자들을 끌어들였고, 주요한 문화 행사로서 성대하게 치러졌다. 심지어 참석자들은 이 강연 시리즈를 "보어 축제"라고 칭하기도 했다.[1] 바로 이 괴팅겐 시에서 보어는 전자들이 에너지 준위에 의해 결정된 각각의 "껍질"에 갇혀 있다는, 원자 구조의 새로운 모형을 제시했다. 보른과 함께 한 학기 동안 일하기 위해 방문한 스무 살 학생은 이 괴팅겐 시에서 보어 축제에 참석했고, 후에 뮌헨으로 돌아가서는 박사학위 논문을 완성했다. 두 교수가 모르는 사이에 이 학생은 그후로 불과 3년 만에 고전물리학의 문에 못질을 할 일련의 발견 중 첫 번째 발견을 해낸 것이다.

요즘에는 운동을 잘하고 성실하고 야심이 있는 젊은이를 "보이스카우트"라고 부른다. 베르너 하이젠베르크의 경우에 이 단어는 비유를 넘어 실제로도 적용되는 말이었다. 뮌헨의 중산계급 가정에서 두 아들 중 차남으로 태어난 베르너는 어릴 때 병약했다. 막 다섯 살이 되었을 때 폐렴에 걸려 거의 죽을 뻔할 정도였다. 성인이 되어서도 오랫동안 알레르기로 고생했으니, 그가 야외 활동과 스카우트 활동을 무척이나 좋아했다는 것은 더더욱 이상하게 들린다. 보른에 따르면, 1922년에 하이젠베르크가 연구팀에 합류하기 위해 뮌헨을 떠나서 괴팅겐에 왔을 때 그는 "짧은 금발, 침착하고 생기 있는 눈, 매력적인 표정이 소박한 시골 아이 같았다."[2]

이 시골 아이가 보른과 함께 연구할 자격을 얻게 된 데에는 충분한 이유가 있었다. 학교에서 그는 모든 과목에서 뛰어난 실력을 보였지만, 일찍부터 수학의 아름다움, 특히 수학과 현실 세계의 상호의존 그리고 실용적인 문제를 풀고 현실의 결과를 예측하는 그 마법 같은 힘에 특히 강하게 끌렸다. 그는 나중에, 그러한 상호의존이 "유난히 신기하고 흥미로웠다"고 회고했다.[3] 아이의 수학적 능력은 금방 꽃을 피웠다. 하이젠베르크의 부모는 열여섯 살이 된 아들에게 자신들의 친한 친구의 딸이 대학에서 수학을 공부하니 그녀를 도와주라고 말했고, 하이젠베르크는 미적분을 독학으로 터득해서 그녀에게 가르쳐주었다. 하이젠베르크가 고등학교를 졸업하기 위해 자신의 실력을 증명해야 했을 때, 시험관은 학생이 "공기 저항을 고려해서" 뉴턴의 운동 방정식을 "장난을 치듯 쉽게" 풀어내는 데에 놀라움을 금치 못했다.[4]

이러한 배경에도 불구하고 보른이 받은 첫인상은 크게 틀리지 않았다. 실제로 하이젠베르크는 전쟁이 끝난 직후 경제적, 사회적으로 폐허가 된 독일에서 그 자신과 가족을 위해 농장 노동자처럼 일해온 터라 소박한 시골 소년과 별반 다르지 않았다.[5] 휴전 협정 이후 그의 고향인 뮌헨은 대혼란에 빠져들었다. 무장한 정파政派들이 거리를 돌아다니면서 도시의 구역들을 자기들의 지배 범위로 선포했다. 하이젠베르크는 "싸움이 어디에서 일어났는지도 모른 채 총성을 피해" 달아났다.[6] 그는 거리를 점령한 먼지와 분열에서 벗어나 시골 지역과 산에서 그리고 대화와 이념의 세계에서 위로를 발견했다. 특히 위안이 된 것은 플라톤의 이념이었다.

유난히 폭력적인 어느 날 아침, 그는 학교 건물의 지붕으로 올라갔다. 거리의 위험으로부터 잠시 몸을 피한 그는 그곳에 앉아 온몸으로 아침 햇살을 받았고, 두 다리를 옥상 가장자리 밖으로 떨군 채 가방에서 책을 꺼내 읽기 시작했다.[7] 플라톤의 "대화편" 중 우주의 탄생에 관한 대철학자의 사유가 적힌 『티마이오스Timaios』였다. 고전물리학 교수의 아들답게 하이젠베르크는 또래의 보통 아이들보다 그리스 철학을 읽을 기회가 더 많았는데, 플라톤의 『티마이오스』에서 그는 과학실의 단순한 도표와는 완전히 다른 관념론적 설명을 발견했다. 책 속에서 대철학자는 세계의 모든 물질은 몇 가지 원소로 축소되며, 이 보이지 않는 건축 재료의 기하학적 형태가 물질의 성질을 결정한다고 추측했다. 이 기본 입자들에 대해서 플라톤은 이렇게 설명했다. "그때 신이 가장 먼저 한 일은 형식과 수를 이용해서 입자에 각기 다른 형태를 부여한 것이었다."[8] 복잡한 분석을 거쳐 플라톤은 이렇게 말했다. 모든 고체의 기본인 흙은 사각형으로 이루어져 있고, 나머지 원소들—물, 공기, 불—은 그 크기와 형태로 인해서 상대적인 운동성과 특수한 성질을 가지게 된다. 다시 말해서, "이 모든 경우에 단면이 가장 적은 물체는 필연적으로 운동성이 가장 크다. 다른 물체들보다 그 몸체의 모서리가 더 날카롭고 모든 방향으로 자르기에 가장 적합하다는 점에서 그렇다."9

하이젠베르크는 까무러치지 않았다. 그는 나중에 이렇게 회고했다. "그 모든 것이 순전한 추측이었지만, 그리스인에게는 실증적 지식이 부족했다는 사실을 감안하면 눈감아줄 수 있는 이야기였다."10 하지만 플라톤은 씨앗을 심어놓기도 했다. 하이젠베르크가 학교에서 원자의 구조를 배웠을 때 보어의 혁신적 이론들은 아직 독일의 학교 교육에 도입되지 않았고, 그 결과 하이젠베르크는 교과서에 실린 대단히 불충분한 원자이미지에 고개를 갸웃거렸다. 그림에서 원자들은 "갈고리와 걸쇠"에 의해 "대단히 임의적인 구조"로 붙잡혀 분자를 이루고 있었고, "그 형태가 멋대로 변경되어 각기 다른 기술적 작업에 적용될 수" 있었다. 그러나 어린 사상가는 "엄밀한 자연법칙이 지배하는" 물리학을 기대했다. 작은 피라미드와 사면체로 구성된 세계도 미친 말처럼 들렸지만, 색색의 공들이 갈고리에 걸려 뭉쳐 있다는 것은 더 미친 말 아닌가? 원자를 상상할 때 우리의 일상 경험에서 추출한 구체적인 모델이 아니라, 수학적 증명을 통해 구축된 개념으로 상상하는 편이 더 합리적이지 않을까? 나중에 그는 이렇게 회고했다. "그리스 자연철학을 알지 못하면 현대 원자물리학을 한 발짝도 전진시킬 수 없다는 확신이 점점 강해지고 있었다."11

어린 하이젠베르크의 의식에 침투한 그리스 철학의 또다른 측면은 문답체 방식이었다. 거리의 폭력에서 도망친다는 것은 도시를 벗어나 시골로 간다는 뜻이었는데, 실제로 하이젠베르크는 최대한 자주 그렇게 했다. 그는 친구들과 함께 뮌헨 주변의 들판과 산으로 도보 여행을 떠나고, 재미있는 대화를 나침반으로 삼아 혼란스러운 일상의 바깥으로 길을 찾아나갔다. 나중에 하이젠베르크는 이 도보 여행들이 물리학에 대한 열정을 자극한 최초의 사건이라고 회고했다. 친구들과 함께 논의한 주제 중에는 물질세계의 성격과 그에 대한 우리의 지식이 포함되어 있었다.

맑게 갠 어느 날 하이젠베르크 일행은 슈타른베르크 호수 서쪽에 펼쳐진 구릉 지대를 걷고 있었다. 숲속의 공터를 통과하자 눈앞에 광활한 호수가 나타났고, 호수 너머로 다시 산이 이어졌다. 하이젠베르크가 나중에 회고한 바에 따르면, 자연계를 이해하고 싶은 욕구, 자연계를 구성하는 기본 요소의 수준까지 깊이 들어가 이해하고 싶은 강한 욕망은 바로 이날 싹을 틔웠다.[12] 일행은 수많은 책을 같이 읽었는데, 고전철학과 칸트의 책도 여기에 포함되었다. 이를 통해 그들은 칸트의 영향을 흡수하고 있었다. 발아래 도시의 대혼란에서 잠시 해방된 아이들이 가벼운 농담을 주고받는 동안 하이젠베르크는 후에 물리학자가 되어 연구할 내용에 결정적으로 중요한 개념을 이해하기 시작했다. 자연계를 탐구할 때 우리는 대상 그 자체를 직접 보는 것이 아니라, 먼저 그것을 심상으로 전환한 뒤 개념으로 바꾼다. 개념을 통해서 거친 인상을 여과한 후에야 우리는 그 대상을 경험했다고 말할 수 있다.

물론 개념은 말이고, 말은 대화로 주고받는다. 모든 대화는 두 사람 이상이 모였을 때에만 이루어진다. 혼자서는 누구도 진리를 소유하지 못한다. 반대로 진리는 대화에 참여한 사람들 간의 협의로부터 서서히 출현한다. 우리가 찾아야 할 것은 한 사람에게만 유효한 어떤 것이 아니다. 하이젠베르크는 이것이 "중간 지대"라고 생각했다. 이는 어느 한 요소가 아니라 요소들의 관계에서 진리가 출현하는 지대라는 뜻이다.

어느 날 하이젠베르크가 뮌헨의 레오폴트 거리를 걷고 있을 때 도시를 배회하던 다른 무리의 한 젊은이가 그에게 다가와서는, 도시의 젊은이들이 프룬 성에 모이기로 했다고 알려주었다. 프룬 성은 도시의 북쪽으로 몇 시간 걸어가야 하는 거리에 있었다. 뭔가 해야만 했다. 일상화된 싸움을 끝낼 방법을 찾아야 했다. 얼마 후 하이젠베르크는 기차를 타고 점점 늘어나는 젊은이 무리에 합류했다. 성은 알트뮐 강의 골짜기가 내려다보이는 깎아지른 절벽 중간에 있었고, 안마당에 모인 젊은이는 대부분 학생이었지만 전쟁의 공포를 견디고 살아남은 제대 군인도 있었다. 그 자리에서 젊은이들은 현재 상황으로 제기된 중대한 문제들을 놓고 여러 시간 토론했다. 민족의 운명이 더 중요한가, 외부 세계의 운명이 더 중요한가. 전쟁터에서 죽은 사람들은 헛되이 죽은 것인가. 어떻게 해야 조국과 그들의 미래에 희망이 비칠 것인가.

다양한 입장을 들으며 생각하는 동안 젊은 하이젠베르크는 중간 지대가 얼마나 부족한지 점점 더 분명히 깨닫게 되었다. 모든 무리가 저마다 자기 총을 움켜쥐고 있는 한 해결책은 나올 수가 없었다. 그때 갑자기 안마당이 내려다보이는 발코니에 한 젊은이가 바이올린을 들고 나타났다. 바흐의 파르티타 제2번 샤콘느를 여는 더블스톱(2개의 줄을 동시에 켜는 연주법/역주) 소리가 안마당으로 흘러들자 젊은이들은 논쟁을 멈추고 귀를 기울였다. 그 순간 하이젠베르크는 희망과 가능성의 불씨를 느꼈다. "사람들은 플라톤으로, 바흐로, 음악이나 철학이나 종교의 언어로 모든 진영에게 열린 중간 지대를 말할 수 있다. 우리 미래에도 그런 지대가 있어야 한다."[13]

1920년 봄, 학기말 고사를 평소처럼 가볍게 A로 통과한 하이젠베르크는 공부를 너무 많이 해서 재충전이 필요하다고 느낄 때마다 해오던 일을 했다. 친구들과 함께 도보 여행을 떠난 것이다. 그들은 이제 공식적인 스카우트 대원이었다. 그의 부대(그가 대장이라서 이름이 하이젠베르크 부대였다)는 약간의 위험을 무릅쓰는 것으로 명성을 얻었다. 최근에 하이젠베르크는 크레바스에 빠진 대원을 끌어올렸고, 다리가 부러진 다른 대원은 직접 스키로 산 아래까지 운반했다. 하지만 이번 여행에서는 본인이 거의 죽을 뻔했다. 소년들은 긴 하루의 하이킹을 마치고 한 성에 들러 안에서 자고 가도 되느냐고 물었다. 관리인의 허락을 받은 소년들은 그곳에서 하룻밤 묵었으나 그곳이 1년 전에 장티푸스 병동으로 쓰였다는 것은 까맣게 몰랐다. 다른 대원들은 병에 걸리지 않았지만, 하이젠베르크는 심한 복통과 고열 증세를 보이기 시작했다. 누가 봐도 장티푸스 증상이었다. 실제로 그는 이 치명적인 병에 감염되었고, 가정의인 삼촌이 전후 경제에 물자가 부족한 상황에서도 신선한 달걀과 우유를 매일 조카에게 가져다주며 간호한 뒤에야 간신히 건강을 되찾을 수 있었다.[14]

기적처럼 완전히 회복한 열여덟 살 소년은 그해 가을 뮌헨 대학교에 입학했다. 양자이론을 혁신하며 급성장하고 있는 중심지 중 하나였던 이곳에서 소년은 물리학을 공부할 예정이었다. 근엄하면서도 상냥한 물리학 교수 아르놀트 조머펠트가 이끄는 이 대학교에는 빈에서 최근에 도착한 또다른 젊은 슈퍼스타 볼프강 파울리도 입학했다. 2년이 채 되지 않아 조머펠트는 미국에서 교편을 잡기 위해 뮌헨을 떠났는데, 떠나기 전에 하이젠베르크를 괴팅겐으로 보내 막스 보른과 연구하게 했다. 이후 하이젠베르크는 괴팅겐에서 새로운 괴팅겐 물리학을 탄생시킬 무리의 핵심 인물이 되었다. 하지만 그에 앞서 이 물리학과 신입생은 뮌헨에서 혁신적인 물리학의 첫걸음을 내디뎠고, 그의 걸음은 양자역학의 발전에 중요한 기반이 되었다.

1900년 12월, 양자역학의 시대가 열렸다. 갈릴레오 이후 가장 중요한 과학 혁명을 출범시킨 사람은 그렇게까지 반항아는 아니었다. 오히려 그는 근면하고 다소 보수적인 과학자였다. 그리고 여러 해가 지나서야 자신이 발견한 것의 진실을 받아들였고, 죽을 때까지 거기에 내포된 의미를 회피하기 위해서 노력했다.

이미 인정받는 과학자로서 막스 플랑크는 비교적 늦은 나이인 마흔 두 살에 자신의 가장 중요한 업적을 남겼다. 그가 8년째 베를린 대학교에서 이론물리학과의 학과장직을 맡고 있을 때였고, 물리학자들을 한동안 혼란에 빠뜨린 문제를 연구하느라 지난 5년을 소비한 시점이었다. 금속관 같은 용기를 작은 구멍 하나만 남기고 양쪽을 완전히 밀폐한 뒤 열을 가하면 소량의 전자기 에너지가 구멍을 통해 새어나온다. 흑체복사black body radiation라고 하는 이 전자기 에너지는 분광 촬영으로 분석할 수 있다.[15] 온도에 따라서 금속관은 소량의 저주파와 그보다 훨씬 높은 비율의 중주파를 방출하고, 파장 스펙트럼의 정점에서부터는 방출량이 다시 서서히 줄어든다.

신기하게도 이는 과학자들이 예측한 것과 다른 결과였다. 전문가들이 입증되었다고 생각하는 것처럼 만일 빛이 파동 형태로 투과한다면, 복사량은 파장의 진동수에 비례해서 증가해야 한다. 이것이 이치에 맞는다. 어떤 표면에 퍼진 파장이 작으면 작을수록 그 표면에는 더 많은 파장이 있을 것이다. 연못 위에 이는 잔물결과, 큰 파도를 타는 서퍼들이 캘리포니아나 포르투갈 해안에서 기다리는 비교적 드문 너울을 비교해 보라. 이는 모든 종류의 파동에 해당된다. 크기가 작을수록 진동수는 높아지고—기타 줄을 세게 조이면 진동 폭이 좁아지고 공기의 파동이 빨라짐에 따라 높은 소리가 난다—그에 따라 파동수도 높아진다. 하지만 어떤 이유에서인지 빛은 이 경향을 거부한다. 그것은 또한 좋은 일이기도 하다. 만일 빛이 그렇지 않다면 우리가 전구를 켤 때마다 모든 전구가 치명적인 고주파 방사선을 우리 몸에 퍼부을 것이다. 이론적인 예측이지만 과학자들은 다소 신파조로 이것을 자외선 재앙이라고 부른다. 실제로 이런 재앙이 발생하지 않는 것은 다행이지만, 이치에 맞지는 않는다. 따라서 막스 플랑크는 그 이유를 알아내고자 했다.[16]

1900년 여름에 플랑크는 새로운 일을 시도했다. 전기역학 이론에서 열역학 이론, 특히 열역학 제2법칙으로 넘어간 것이다. 이 법칙에 따르면 닫힌계closed system의 엔트로피는 시간이 지남에 따라서 증가한다. 엔트로피는 계의 무질서를 가리킨다. 달걀은 대단히 질서 바른 계이다. 오믈렛은 질서가 덜하다. 내가 오믈렛을 씹고, 삼키고, 소화하면 할수록 오믈렛의 질서는 낮아진다. 달걀을 음식으로 바꾸기는 비교적 쉬운 반면, 그 과정을 역전시키기란 대단히 어렵다. 잘라 말하자면, 그것이 엔트로피이다.

플랑크는 전형적인 물리학자답게 법칙은 법칙이며, 법칙을 적용했을 때에는 예외 없이 적용되어야 한다고 강하게 믿었다. 엔트로피가 법칙이라면, 달걀은 항상 더 무질서해져야 하고 그 역은 절대 일어나지 않아야 했다. 이렇게 확신한 탓에 플랑크는 빈의 완고한 물리학자 루트비히 볼츠만과 치열한 논쟁을 벌였다. 볼츠만의 해석에 따르면, 열역학 제2법칙은 닫힌계의 엔트로피는 증가하는 **경향**이 있음을 의미하지, 개별적인 경우에서까지 엔트로피가 **절대** 감소하지 않음을 의미하지는 않았다. 기체 분자는 방 안에 고르게 퍼지는 경향이 있다. 하지만 어느 순간에 기체 분자들이 한쪽에 모두 모일 수도 있다. 물론 있을 법하기는 해도 거의 불가능한 일이다. 역설적이게도 플랑크는 과학적 경쟁자에게 빌린 확률론적 모형을 사용해서 우연히 흑체복사의 수수께끼를 풀게 되었다.

볼츠만의 수학을 가동하기 위해서 플랑크는 측정하고자 하는 재료의 매끄러운 양을 잠정적으로 토막 내서 그 토막들의 운동을 통계적으로 분석했다. 빛의 주파수를 매끄럽게 줄어드는 파장이 아니라 매우 작지만 그럼에도 개개인 토막들로 취급하자, 예상한 대로 실험실에서 발견한 결과와 맞아떨어지는 파장의 분포가 나타났다. 다시 말해서 전자기파에는 파장을 최소 크기 이상으로 유지하는 동시에 반대쪽에서는 주파수를 최대 크기 이하로 유지하는 일종의 내부 경계가 있다고 가정하자, 자외선 재앙은 물러가고 고주파의 파동은 점차 줄어들다가 사라졌다. 플랑크는 또한 이 이론과 실험 데이터가 일치하는 분할점의 구체적인 값을 도출했고, 당연히 이 값은 플랑크 상수Planck constant로 알려지게 되었다. 빛의 속도가 알파벳 c로 표기되는 상수이듯, 이 상수도 h라는 독자적인 기호로 표기된다. 뒤에서 보겠지만, 이 상수는 현대 물리학에서 가장 중요한 수 가운데 하나이자, 뒤이어 일어난 양자 혁명의 주된 요소가 되었다.

빛이 단지 파동으로서만 퍼져나간다고 계속 믿은 플랑크는 이 한계를 일종의 수학적 휴리스틱heuristic(알고리즘이 확립되지 않을 때 시행착오로 문제의 답을 구하는 방법/역주)으로 받아들였을 뿐, 그것이 광파 그 자체의 물리적 양상과 일치한다고는 믿지 않았다. 대신에 그는 이렇게 덩어리지는 것이 빛을 내뿜는 원자의 특징일 수 있으며, 원자는 특정한 주파수에서만 진동하는 것일 수 있고, 따라서 구체적인 크기의 뭉치로 빛을 흡수하거나 방출하는 것일 수 있다고 생각했다. 그리고 그 뭉치를 "양자quantum"라고 불렀다. 1918년에 플랑크는 이 발견으로 노벨상을 받았고, 지금도 20세기 과학의 매우 중요한 인물로 인정받고 있다. 그럼에도 그가 나중에 회고했듯이, "그 모든 과정이 처음부터 끝까지 절망스러운 행위였다. 무슨 수를 쓰더라도, 어떤 대가를 치르더라도 이론적 해석을 **찾아야만** 했다."[17] 하지만 본인에게는 불쾌했을지 몰라도 플랑크는 자신이 놀라운 것을 발견했음을 모르지 않았던 듯하다. 그해 12월에 그는 베를린에 있는 그루네발트 숲을 산책하던 중 아들에게 자신의 발견에 대해서 이렇게 말했다. "최고의 발견이지. 아마 그에 필적할 건 뉴턴의 발견밖에 없을 거야."[18]

확실히 그랬다. 하지만 우리가 플랑크의 발견을 완전히 이해하기 위해서는 뉴턴 이래로 가장 위대하다고 할 수 있는 또다른 과학자가 나타나야만 했다.

양자를 발견했을 당시의 막스 플랑크와는 달리 알베르트 아인슈타인은 과학사에 지대한 공헌을 하게 될 4편의 논문을 썼을 때 거의 무명이었다. 뉴턴이 놀라운 마법사처럼 미적분, 빛의 스펙트럼, 중력 이론을 발견한 1666년 이후로 과학사에서 가장 주목할 만한 그해에 아인슈타인은 스위스 베른의 특허청에서 사무원으로 일하던 중 불과 3개월 만에 그 4편의 논문을 완성했다. 어떤 면에서 특허청의 직위는 그에게 찰떡궁합이었다. 그는 엄청난 지성으로 특허 신청을 분석하고 남은 많은 시간을 이용해서 물리학의 발전을 따라잡을 수 있었다. 그리고 그는 몇 년 전부터 플랑크의 신기한 발견에 관심을 두고 있었다.

이제 세상에서 가장 중요한 물리학자가 될 일만 남아 있었다. 하지만 그의 영향과 믿을 수 없는 명성에도 불구하고 노벨상 위원회는 15년이 넘도록 그를 무시했다. 그리고 마침내 인정했을 때에도(당시에 아인슈타인은 여러 해 동안 이어진 냉대에 지친 나머지 여행 계획을 변경하지 않았고, 그에게 노벨상이 수여될 때 일본에서 강연하고 있었다), 노벨상은 특수상대성 이론이 아니라, 광전자 효과를 설명한 「빛의 생성과 변환에 관한 발견적 견해」라는 논문 덕분에 수여되었다.[19] 제목이 말해주듯이 아인슈타인은 그의 이론을 최종적인 답으로 제시했다기보다는, 답을 찾아가는 과학자들에게 도움이 될 도구 정도로만 생각했다. 학계의 관성을 마지못해 극복하고 그에게 상을 주기로 결정한 노벨상 위원회와 과학자들이 상대성 이론에는 상을 주지 않기 위해서 특별히 애를 쓴 것이 분명했다. 물론 후에 아인슈타인 본인도 인정했듯이, 빛에 관한 그의 논문은 그해의 다른 어떤 논문보다 특별히 혁명적이었다.[20]

흔히 혁명적인 발걸음은 돌이켜보았을 때 선명해진다. 플랑크는 동요된 원자는 일정한 범위의 주파수에서만 에너지를 방출하고 흡수한다는 점을 입증했지만, 그것은 빛이 아니라 원자와 관련이 있다고 확신했다. 그럼에도 플랑크는 1900년 말 베를린 물리학회에서 연설할 때, 그의 계산이 에너지 방출은 "매우 확정된 수의 동등하고 유한한 꾸러미들로 이루어져 있음"을 보여준다고 말했다.[21] 이 말에 아인슈타인은 아연실색했다. 나중에 그는 이렇게 회고했다. "이 정보에 이론물리학적 근거를 적용하려는 나의 모든 시도는 완전히 실패했다. 그것은 마치 눈에 보이는 어떤 단단한 기반조차 없는 상태에서 그 근거가 갑자기 발밑에서 올라온 것 같았다."[22] 1905년 논문에서 아인슈타인은 그 근거를 발견했다. 그리고 그가 그렇게 할 수 있었던 것은 플랑크의 발견에 내포된 의미를 진지하게 받아들임으로써였다. 만일 광파가 개별 꾸러미들로 방출되고 흡수된다면, 그것은 단지 수학적 장난도 아니고 그 꾸러미들을 방출하고 흡수하는 원자의 특징도 아니었다. 빛 그 자체에 파동인 **동시에** 입자로서 행동하는 신기한 능력이 있었다.

아인슈타인이 빛은 파동인 동시에 입자로 행동한다는 점을 확인해서 물리학을 뒤흔들고 있을 때, 과학자들은 이미 장악했다고 생각한 그 입자, 즉 원자의 구조를 점점 더 깊이 파헤치면서 성큼성큼 전진하고 있었다. 이 분야에서 가장 중요한 성과를 거둔 사람은 영국의 물리학자 어니스트 러더퍼드였다. 맨체스터의 연구소에서 러더퍼드는 우리가 현재 알고 있는 원자의 구조—핵을 중심으로 전자 무리가 궤도$_{orbit}$를 그리며 도는 구조—를 밝혀냈다. 젊은 닐스 보어는 1912년에 그의 연구에 합류했고, 이후 4년 동안 러더퍼드와 함께 일한 뒤 코펜하겐으로 돌아가서 연구소를 설립하고 20세기 물리학에 지울 수 없는 흔적을 새겼다.

과학자로서 보어의 가장 중요한 특징은 실용주의 노선을 따르면서 어떤 구체적인 접근법에도 목을 매지 않았다는 점이다. 러더퍼드의 원자 모형에 따르면, 태양 주위를 도는 태양계의 행성들처럼 전자들도 원자핵을 중심으로 궤도를 그리며 돈다. 이 모형의 문제는 분광 분석의 주요한 결과, 즉 수소 원자의 방출 스펙트럼을 보면 유색의 줄무늬들 사이에 뚜렷한 검은 선들이 있다는 점을 설명하지 못한다는 것이다. 여기서 보어는 깨달았다. 검은 선들은 원자의 전자에 의해 방출된 에너지가 증가하거나 감소하면서 어떻게든 궤도를 뛰어넘은 에너지 준위의 흔적이었다. 이것은 그에게 두 가지를 말해주었다. 첫째, 전자는 궤도를 바꿀 수 있다(천만다행으로, 지구와 이웃 행성들 사이에서는 그런 일이 벌어지지 않는다). 둘째, 훨씬 더 이상한 일이지만, 궤도를 바꿀 때 전자는 두 궤도 사이에 어떤 공간도 점유하지 않고 순식간에 이동한다(이 원자 모형에서 이것은 사실 궤도가 아니라 에너지 준위이다). 보어의 원자 모형은 핵 주위를 도는 개별 입자들이라는 그림에 의존한다는 점에서 러더퍼드의 고전적인 요소를 간직하고 있었지만, 또한 그것과는 달리 분광 촬영에서 나온 실험 데이터를 정확히 예측하는 모형이었다.

아인슈타인이 밝힌 광자의 경우처럼, 전자는 개별적인 뭉치로만 에너지를 방출하고 흡수했다. 이는 전자가 입자라는 생각과 맞아떨어졌다. 그와 동시에 전자가 정말 입자라면, 우리는 전자가 항상 입자로서 행동하고, 중간 상태에서도 지조를 지키면서 계속 입자로 존재하리라고 가정할 수 있다. 하지만 그러지 않았다. 전자의 행동은 수수께끼를 더했고, 복사와 물질을 연구하는 과학자들에게 그들의 분야가 어쩔 수 없이 공통의 기반으로 수렴한다는 것을 보여주었다. 전자가 에너지 준위를 바꿀 때 전자가 방출하거나 흡수하는 에너지 꾸러미는 플랑크 상수에 정비례해서 계산할 수 있었다.

1900년 플랑크의 발견이 비공식적으로 양자 혁명을 예고했다면, 보어는 전자를 역설적으로 재정의해서 새로운 물리학이 임박했음을 모두에게 분명히 했다.

양자물리학의 역사에서 보어가 중심이라는 점에는 논란의 여지가 없다. 그러나 그의 많은 동료들은 보어가 양자이론에 기여한 측면이 물리학보다는 철학에 더 가깝다고 생각했다. 또한 대부분의 동료들이 그의 상보성 이론—양자에 일어난 사건을 적절히 묘사하기 위해서는 입자와 파동이 모두 관련되어야 하며, 어느 하나만으로는 전체를 다 이야기할 수 없다—이 코펜하겐 해석의 철학적 핵심이라고 인정했지만, 가장 가까운 동료들조차 그 이론이 실제로 의미하는 바에 대해서는 저마다 의견이 다른 듯했다.

이 혼란은 어느 정도는 보어의 말하기와 글쓰기 방식에서 기인했다. 그는 어떤 이론의 세부적인 사항을 대화로 분석하기를 좋아했다. 먼저 대화자에게 가능성 있는 해석을 물은 뒤 거기에 구멍을 냈는데, 이 방법은 시간이 지날수록 분노만 자아낼 뿐 반드시 명료함을 더해주지는 않았다. 한번은 이 방법 때문에 코펜하겐 연구소까지 그를 만나러 온 에르빈 슈뢰딩거가 며칠 동안 자기 방에서 나오지 않기도 했다. 표면상으로는 아프다고 했으나, 보어의 끊임없는 장광설을 피하고자 했을 가능성이 크다. 다른 오스트리아의 물리학자 파울 에렌페스트는 슈뢰딩거와는 달리 이제 막 떠오르는 양자물리학을 둘러싼 논쟁에서 대체로 보어의 편에 섰지만, 보어의 끔찍한 중언부언이 "다른 사람은 절대로 간추릴 수 없는" 말이라고 불평했다.[23]

보어가 이상하게 도약하는 전자를 가진 원자 모형(양자 도약quantum jump)을 제시한 뒤로 몇 년이 지났을 때, 전 세계 과학자들은 초대하지도 않은 플랑크 상수가 번번이 튀어나오는 신비한 현상을 포함하여 양자의 불연속성을 이해하는 일에 진척을 이루었다. 빛은 입자로서도 행동한다는 아인슈타인의 주장에 귀가 솔깃했던 미국 캘리포니아 공과대학의 물리학자 로버트 밀리컨은 그 말이 틀렸음을 입증하기 위해서 거의 10년 동안 일련의 연구를 진행했다. 이 과정에서 그는 빛이 정말 양자—이제 광자photon라고 불렸다—로 전파된다는 것을 확실히 입증했을 뿐 아니라, 그때를 기준으로 플랑크 상수에 해당하는 가장 정확한 값을 도출했다. 한편 아인슈타인은 일반상대성 이론이라는 그 작은 문제를 마무리하고 다시 양자물리학으로 관심을 돌렸다. 이번에 그는 특히 원자들의 핵이 언제, 어떻게 자연발생적으로 "붕괴해서" 저 스스로 입자를 방출하는 것처럼 보이는가에 집중했다.

이 이상한 행동은 거의 20년 전 앙리 베크렐이 발견하고 마리 퀴리와 피에르 퀴리가 방사선이라는 이름을 붙이면서 알려졌다. 중요한 것은, 이들 원소를 통해서 입자가 붕괴하고 방출되는 사건에 외부 요인이 없다는 점이었다. 이때 아인슈타인에게는 다음과 같은 직관이 떠올랐다(그는 여러 차례 이런 방식으로 무엇인가를 깨달았다). 보어의 원자에서 에너지 준위가 갑자기 바뀌는 것은 우라늄과 라듐 같은 방사성 원소의 예측할 수 없는 붕괴와 같은 논리를 따를 수도 있었다. 루트비히 볼츠만의 수학적 모형으로 다시 돌아간 아인슈타인(볼츠만 본인은 양극성 장애와 비슷한 병으로 오랫동안 고생하다가 안타깝게도 10년 전에 스스로 목숨을 끊었다)은 주어진 에너지 준위의 방사선이 다른 준위로 이동할 확률을 예측하는 모형을 고안했다. 어쩌면 당연한 일이지만, 이번에도 수수께끼 같은 플랑크 상수가 아인슈타인의 방정식에 나타나 심장처럼 고동쳤다. 그러자 보어는 아인슈타인의 결과를 채택해서 자신의 모형을 확장시켰다. 광스펙트럼의 대역이 여럿으로 나뉘는 것은 어떤 에너지 준위가 다른 에너지 준위

보다 더 가능하거나 덜 가능하기 때문이라는 점을 입증한 것이다.[24]

아인슈타인이 양자의 행동에 볼츠만의 확률론적 수학을 도입한 것은 고전물리학의 세계를 향해 판도라의 상자를 여는 것과 같았다. 당사자인 아인슈타인은 평생 거기에 내포된 의미를 거부했지만, 당장에는 그 자신을 포함하여 모든 사람이 적어도 원자 차원에서, 확인할 수 있는 뚜렷한 원인도 없이 핵이 붕괴하고 전자들이 에너지 준위에서 위 또는 아래로 뛰어넘는다는 것을 받아들일 수밖에 없었다. 충분히 큰 표본을 통해서 물리학자들은 점점 더 가능성이 높은 결과를 확정할 수 있었지만, 개별 사례에서는 결과를 알 수가 없었다. 고전물리학에서와 달리 양자는 이유도 없이 멋대로 행동하는 것 같았다.

아인슈타인이 자신의 결과를 거부했다면, 보어는 그 결과를 소중히 지켰다. 전자구름이 다양한 에너지 준위와 다양한 수의 "껍질"을 형성하는 그의 원자 모형 덕분에 화학자들은 원소들의 유사점과 차이점을 주기율표상의 위치로 일목요연하게 나타낼 수 있었다. 원소의 상대적인 안정성은 주어진 에너지 준위에 함께 모이기를 "좋아하는" 전자의 수에 달려 있었다. 다른 경우에서도 그랬지만 보어의 재능은 왜 그런지를 고민하느라 시간과 에너지를 허비하는 대신, 그저 받아들이고 앞으로 나아가는 데에 있었다.

보어가 설계한 원자의 구조는 해마다 겹을 더해가면서 복잡해졌다. 그 구조에 새로운 의상을 입힌 사람은 주로 아르놀트 조머펠트였다. 보어는 수소의 스펙트럼 선을 분석해서 3개의 양자수quantum number를 도출하고 이 수들을 전자에 있다고 추정되는 궤도의 크기, 형태, 방향성에 배정했다. 그러나 빛의 대역들을 더 자세히 분석하자, 그 안에 훨씬 더 가는 선들이 있음이 드러났다. 양자수 혼합에 새로운 수를 하나 더 추가해서 더 세밀한 이 분할을 설명하는 것은 조머펠트의 몫이었다. 새로운 값은 실험 데이터와 충분히 일치했지만, 거기에 맞는 원자 구조상의 물리적 양상은 없는 것 같았다. 따라서 조머펠트는 그것을 "숨은 회전 hidden rotation"이라고 부르고 넘어갔다. 조머펠트의 세미나에 왔을 때 파울리는 이미 물리학 훈련을 잘 받고, 아인슈타인의 두 상대성 이론에 관해 입문서를 쓴 상태였는데, 이후 그의 입문서는 그 장르를 대표하는 고전이 되었다. 따라서 파울리는 조머펠트의 태연자약함을 그리 중요하게 생각하지 않았다. 하지만 그는 조머펠트의 접근법이 고전적인 훈련을 덜 받은 새로운 동료, 하이젠베르크의 성향에 비옥한 땅이 될 수 있음을 알아보았다. 파울리는 진지한 하이젠베르크에게 냉소적인 어투로 이렇게 말했다. "고전물리학이 중시하는 통합성에 너무 익숙하지만 않다면 새로운 길을 찾는 편이 훨씬 쉬워……하지만 그땐 아는 것이 부족해서 성공을 장담할 수 없겠지."[25]

파울리의 예상대로 하이젠베르크는 과거에 물리학이 확실하다고 한 것들과 거리를 두고 그 거리를 십분 활용했다. 조머펠트가 스펙트럼 선에서 관측된 기이한 선들을 충분히 설명하라는 과제를 주자, 새로 태어난 이 물리학과 학생은 놀라울 정도로 빠른 시간에 수학적 답을 가지고 돌아왔다. 이전의 모든 수는 플랑크의 유명한 상수의 정수배였던 반면, 하이젠베르크는 조머펠트의 불가사의한 네 번째 수를 반半정수(정수에 0.5를 더한 수로, 예를 들면 −2.5, 0.5, 1.5. 4.5 등이 있다/역주) 간격으로 곱해서 배열했다. 그러자 놀랍게도 스펙트럼 데이터와 멋지게 맞아떨어졌다.

양자의 행동에 대한 당시의 이해에 따르면 이것은 이치에 맞지 않았다. 플랑크가 마지못해 발견하고 아인슈타인이 확인했듯이 양자의 불연속성에는 일관성이 하나 있었다. 양자는 더 이상 축소되지 않는다는 점이었다. 조머펠트는 처음에 하이젠베르크의 답을 거부했다. 어쨌든 그는 공부를 시작한 지 4주일밖에 되지 않은 어린 학생에게 이 과제를 내주지 않았던가. 용감한 도전이었지만 다소 성급해 보였다. 곧 조머펠트는 프랑크푸르트의 저명한 이론가 알프레트 란데로부터 정확히 똑같은 방법을 사용한 논문을 받았다. 조머펠트는 즉시 란데에게 답장을 보내서, 그의 계산이 "내 학생이 (첫 학기에) 발견한 것과 상당히 일치하지만, 그건 발표되지 **않았다**"고 알렸다.26 지도 교수와 가까운 동료들에게 퇴짜를 맞았지만 하이젠베르크의 첫걸음은 실패가 아니었다. 후에 양자 입자를 포괄하는 전체 범주는 란데의 반정수, 더 나아가 하이젠베르크의 반정수를 이용하면 설명할 수 있는 행동을 보인다는 것이 입증되었다. 아이디어를 도둑맞은 데에 낙담한 하이젠베르크는 분명 그후로는 자신의 직관을 뒤늦게 돌아보면서 후회하는 오류를 더 이상 범하지 않았을 것이다.

1922년 6월의 향기로운 봄날 하이젠베르크가 괴팅겐에서 열린 보어 축제에 참석하기 위해서 강연장으로 들어설 때 그의 나이는 고작 스무 살이었다. 행사와 초빙 강사가 워낙 중요했던 탓에 강연징 앞줄은 교수진과 선배들이 완전히 점령했고, 하이젠베르크는 당연히 뒤쪽 자리에 앉았다. 하지만 보어의 강연이 끝난 후 신입생이 자리에서 일어나 이의를 제기하자, 모든 사람이 그를 향해 고개를 돌렸다. 보어는 조머펠트로부터 그의 조숙한 학생이 어떻게 반정수라는 진기한 개념을 떠올렸는지 들어서 이미 하이젠베르크를 알고 있었다. 적잖이 흥미를 느낀 보어는 젊은이와 산책을 하고, 그런 뒤 커피를 마시면서 물리학 이야기를 했다. 후에 하이젠베르크는 자신의 경력이 그날 본격적으로 시작되었다고 말했다.

오후가 흘러가는 동안 두 사람의 대화는 기술적인 것에서 철학적인 것으로 넘어갔다. 하이젠베르크는 보어가 그 원자의 내부 구조에 대해서 실제로 어떻게 생각하는지 알고 싶어했다. 뮌헨, 괴팅겐, 코펜하겐에서 수학적 발견들이 터져나오면서 전자가 핵 주위를 행성처럼 도는 조립 완구 같은 원자의 신빙성이 갈수록 떨어지고 있는 상황에서, 물리학자들은 원자 안에서 일어나는 일을 어떻게 **시각화해야** 할까? 보어의 대답은 전형적이었고, 하이젠베르크가 다음과 같은 생각을 하도록 자극했다. "원자에 관해서는 언어를 단지 시적으로만 사용할 수 있네. 시에서도 이미지를 지어내고 머릿속으로 연결을 짓는 것이 중요하지, 사실을 묘사하는 것과는 별로 관계가 없네."[27]

이렇듯 수학적인 값에 뚜렷한 고전적 이미지를 일부러 부여하지 않은 것은 이후 5년 동안 하이젠베르크가 마음먹고 이루어낼 일련의 특별한 발전에 없어서는 안 될 필수 요소였다. 천문학자이자 과학철학자인 아서 에딩턴 경은 하이젠베르크의 가장 위대한 발견이 나오고 2년이 지났을 때(그리고 아인슈타인의 일반상대성 이론을 명확히 입증하고 10년이 지났을 때) 이렇게 말했다. "전자 주위에는 어떤 익숙한 개념도 엮을 수 없다……**우리가 알지 못하는 미지의 어떤 것이 작동하고 있다.** 이것이 우리의 이론으로 낼 수 있는 결론이다."[28] 에딩턴의 신선하고 재치 있는 표현은 이전 세대에서 과학이 아니라 문학으로 명성을 얻은 수학자의 표현이었다. 또한 그는 전자와 양자수를 언급할 때에는 루이스 캐럴이라는 이름으로 더 잘 알려진 찰스 럿위지 도지슨이 사용한 것과 같은 단어를 쓰는 편이 훨씬 더 이해하기 쉽다고 덧붙였다. "8마리의 끈적나긋한 도마뱀이 산소 주위에서 빙글빙글 돈다."[29]("거울 나라의 앨리스』에 나오는 유명한 넌센스 시 "재버워키" 일부를 살짝 변형한 문장이다/역주) 에딩턴에게 양자물리학의 언어는 실재를 묘사한다기보다는 "재버워키"의 지어낸 허튼소리에 훨씬 가까웠다.

1924년 하이젠베르크는 괴팅겐으로 돌아와 파울리가 막 관둔 보른의 조수직을 잡았다. 원자 모형에 관한 진전은 정체된 채였다. 전년도에 보어가 예일 대학교에서 넋을 잃은 청중에게 설명했듯이, 이제 그 누구도 태양계 주위를 도는 행성처럼 전자가 핵 주위를 돈다는 이미지를 진지하게 받아들이지 않았다. 그러나 그 누구도 그것을 어떤 이미지로 대체해야 할지는 짐작조차 하지 못하고 있었다. 보어 그 자신의 시도는 당시 조수였던 한스 크라머르스, 그리고 미국의 물리학자 존 슬레이터와 공저로 발표한 논문에 담겨 있었다. 그것은 막다른 골목에서 끝이 났지만, 그들은 씨앗 하나를 심어놓았다. 논문에서 세 과학자는 개별 전자의 이미지를, "가상의 진동자virtual oscillator"라고 명명한 어떤 것, 다시 말해서 빠르게 진동하는 진자나 기타 줄처럼 행동하는 어떤 실체로 대체했다.[30] 뒤이어 크라머르스는 이 개념을 수학적으로 전개해서, 적절한 진동자 세트를 가정하면 원자에 내한 빛의 간섭을 분광 촬영해서 언은 모든 기록을 계산할 수 있음을 입증했다. 하지만 그는 고전적으로 입자를 묘사하면 양자 데이터에 고집스럽게 생성되는 간극을 설명하지 못한다는 확고부동한 사실에도 불구하고, 그 모든 것의 기초는 고전적인 방식으로 움직이는 입자들이라는 생각을 포기하지 않았다.[31] 하이젠베르크에게는 그런 꺼림칙한 문제가 없었다.

하이젠베르크는 양자를 다룰 때 과학자가 해나가야 하는 것은 오로지 실험적 관찰이라고 생각했다. 전자를 다루는 어떤 실험 상황에서도 우리는 입자 그 자체를 "보지" 못한다. 대신에 우리가 보는 것은 각기 다른 두 시점에 측정한 최초의 에너지 상태와 새로운 상태뿐이다. 이 두 상태의 전자에 어떤 이미지를 부여하든 간에 그 이미지는 발견적 견해일 뿐이며, 루이스 캐럴의 끈적나긋한 도마뱀 이상으로 우리에게 유용하지 못할 것이다. 필요한 것은 다른 그림, 다른 도마뱀이 아니라 관측 가능한 두 상태 간의 관계를 묘사하는 믿을 만한 수학적 연산이었다.

아이작 뉴턴과 고트프리트 라이프니츠는 구부러진 공간을 측정할 수 있는 미적분법을 각자 개발했다. 이런 점에서 미적분은 세계를 고전물리학적으로 개념화할 수 있는 빼어난 수학적 도구이다. 하지만 양자의 불연속적 상태에는 다른 수학이 필요하다. 기준이 되는 연속성을 가정할 수 없는 다른 종류의 시공간, 즉 단절과 불연속만 존재하는 시공간에는 새로운 수학이 필요하다. 괴팅겐에서 막스 보른은 여기에 쓰일 계산법을 만들기 위해서 열심히 연구하고 있었다. 그 옆에서 하이젠베르크는 보른의 노력이 크라머르스와 보어의 시각적 진동자에 상응하는 형식적 등가물임을 알 수 있었다. 그들은 모두 자신의 기초로서 간극과 차이를 가정하고 점이나 연속성을 가정하지 않고 있었다.[32]

이 획기적 발견에 대한 하이젠베르크의 회고는 지나치게 겸손하다. 30년 후 그는 스코틀랜드 세인트앤드루스 대학교의 한 강연에서 이렇게 말했다. "전자의 위치와 속도의 방정식이 될 역학법칙은 작성할 필요가 없다는 생각이 불현듯 떠올랐습니다." 그러나 다른 방향에서 접근할 필

요가 있었다. 즉 주파수와 진폭의 개념으로 시작한 다음 그 값으로부터 위치와 속도를 도출해야 했다.[33]

사실 이렇게 단지 "불현듯 떠오른" 생각은 20년 전 아인슈타인의 생각—시간과 공간은 불변의 기준이 아니며, 관찰자에 따라서 상대적으로 달라지는 기준계 또는 준거 틀이 빛의 속도에 점점 가까워짐에 따라서 변화할 수 있다는 생각—만큼이나 혁명적이었다. 하이젠베르크는 위치와 운동량에 대한 고전적인 개념을 아인슈타인과 비슷한 방식으로 취급해서 매우 작은 기준계에서는 오래된 개념들이 일관성을 잃어버릴 수도 있게 했다. 간단히 말해서, 그는 입자와 운동의 관계를 뒤집기로 했다. 운동은 입자에 일어나는 어떤 것이 아니다. 우리가 운동을 관측해서 도출하는 것이 입자인 것이다. 그는 이제 라인 강변의 프룬 성에서 열린 젊은이들의 모임에 참석했을 때 꿈꾸었던 "중간 지대" 개념, 즉 개인에게 속한 것이 아니라 관계로부터 출현하는 어떤 것의 관점에서 입자를 보기 시작했다.

계산을 위해서 하이젠베르크는 푸리에 급수Fourier series에 의지했다. 푸리에 급수는 진동하는 점—예를 들면 빠르게 떨리는 줄이 한 주기를 완성하는 중에 남긴 자취—의 위치와 속도를 가능한 주파수의 함수로 나타내는 수학적 표기법이다. 전자의 경우 분광 촬영으로 비슷한 값을 도출할 수 있다. 분광사진은 떨리는 줄에서 나는 음의 시각적 등가물이기 때문이다. 멋진 생각이지만, 문제가 남아 있었다. 대단히 복잡한 주파수를 기존의 방정식에 집어넣는 데에서 발생하는 수학적 처리는 이해의 범위를 넘어섰다. 게다가 꽃가루 날리는 계절이 괴팅겐을 덮치는 바

시각화하라!   107

람에 알레르기가 있는 하이젠베르크는 거의 숨을 쉬지 못했고 얼굴이 붉게 부어올랐다.

6월 7일 하이젠베르크는 괴팅겐을 떠나 헬골란트라는 북해의 황량한 (그리고 감사하게도 꽃가루가 없는) 섬에 한동안 혼자 머물렀다. 이곳에서 그는 개개의 값이 아니라 복잡한 수행렬을 곱하는 까다롭기로 악명 높은 수학에 전념했다. 양자를 측정하기 전과 후의 에너지 상태를 나타내기 위해서였다. 바닷바람에 알레르기를 말끔히 날린 하이젠베르크는 밤낮으로 미친 듯이 펜대를 놀리며 그 어려운 계산을 수행했다. 어느 날 밤에 잠을 이루지 못한 그는 책상으로 가서 다시 일했다. 그때 숫자들이 튀어나오기 시작했다. 새벽 3시경, 눈앞에 답들이 나타났다. 나중에 그는 이렇게 회고했다. "원자적 현상의 표층을 뚫고 이상하면서도 아름다운 내부를 보고 있다는 느낌이 들었다. 이제 이 풍부한 수학적 구조를 조사해야 한다는 생각에 현기증이 일었다. 자연이 내 앞에 아주 관대하게 펼쳐져 있었다."[34] 양자의 이상한 행동을 모형화하기 위해서 애를 쓰던 하이젠베르크가 돌아오자, 보른은 즉시 깨달았다. 이 젊은이가 완전히 혼자, 가장 열성적인 수학자들을 제외하고는 아무도 모르는 특별한 종류의 선형대수학linear algebra을 풀어냈음을 말이다.

괴팅겐에서 보른은 하이젠베르크와 또다른 물리학자 파스쿠알 요르단과 함께 이른바 "3인 논문"을 완성하기 위해서 열심히 연구했다. 역사상 처음으로 양자역학의 행렬 버전을 설계한 것이다. 연구 과정에서 그들은 경이롭게도, 양자라는 이상한 세계를 설명하기 위해서 사용하고 있는 새로운 행렬역학matrix mechanics으로부터 고전역학의 운동법칙이 도출될 수 있음을 알게 되었다. 하이젠베르크가 이 논문을 케임브리지의 물리학자 폴 디랙에게 보여주었는데, 수학을 잘 이해하는 디랙도 거의 동시에 이와 똑같은 것을 발견했다고 했다. 두 경우에서 모두, 뉴턴 이후로 눈에 보이는 세계의 물리법칙을 양자역학의 불가사의한 수로 바꾸는 열쇠는 하나의 숫자, 플랑크 상수로 모아졌다. 플랑크 상수를 0으로 놓자—그리고 그것은 이미 극도로 작기 때문에 거시적 운동을 측정할 때에는 0으로 놓는 것이 실용적이다—두 사람 간의 차이가 사실상 제거되었다. 아인슈타인은 우리가 한계, 즉 빛의 속도에 접근하면 외관상 항상적으로 보이던 시공간이 허물어진다는 점을 보여주었다. 마찬가지로 하이젠베르크는 인간이 또다른 한계에 접근할 때 외관상 굳건해 보이는 위치와 운동이 녹아내린다는 것을 밝혀냈다. 이 발견은 그 누가 파고든 것보다도 깊은 시공간의 균열에 묻혀 있었고, 지금도 그렇다.

하이젠베르크와 괴팅겐 팀이 새로운 불연속성 역학을 마무리하고 있을 즈음 전자의 운동을 이해하기 위한 또다른 접근법이 무르익고 있었다. 이 방법을 시작한 프랑스의 귀족 루이 드 브로이는 물리학에 마음을 빼앗겨 가문의 전통인 공직을 포기했다. 1925년에 그는 박사학위 논문을 발표했다. 이 논문에서 그는 물질의 속성과 파동의 속성이 수학적 등가를 이룬다고 주장했다. 광파도 입자처럼 행동한다는 아인슈타인의 증명을 출발점으로 삼은 드 브로이는 그전까지 입자로만 여겨지던 전자가 파동처럼 행동할 수도 있음을 증명했다.[35] 무엇보다도, 드 브로이의 공식은 모든 물질에 적용되었다. 물체의 질량이 크면 클수록 주파수의 파장은 작아지는데, 이는 현실적인 모든 면에서 우리 인간이 당연히 이 이상한 측면과 마주친 적이 없음을 의미했다. 드 브로이의 계산은 본래 아인슈타인의 광자 연구에서 나온 것으로, 그의 계산에 따르면 주파수는 물체의 질량이 극도로 작을 때에만 인자factor가 된다. 이번에도 그 크기의 기준은 플랑크 상수였다.

드 브로이가 제시한 주장의 중요성은 전자가 왜 특정한 에너지 준위에 매여 있는가를 설명할 수 있다는 점에 있었다. 궤도란 핵 주위에서 물결치는 주어진 주파수의 파동이라고 상상함으로써 드 브로이는 각각의 전자껍질이 그와 관련된 파장의 주파수에 의해서 결정된 것임을 입증할 수 있었다. 분광사진 데이터에 나타나는 가는 선들은 특정한 파장들만이 구체적인 반경의 궤도에 꼭 들어맞아 파장들 사이에 간섭이 일어나지 않는다는 점에서 이치에 맞았다. 드 브로이는 자신의 논문을 아인슈타인에게 보냈고, 아인슈타인은 즉시 그것이 하이젠베르크의 불연속성 이론에 어떤 의미를 부여하는지 알아보고 이렇게 평했다. "확신하건대, 이건 단순한 비유 이상의 것과 관련이 있습니다."36 자신의 발견에 내포된 확률론적 의미가 계속 불만족스러웠던 아인슈타인은 떠오르는 양자이론이 계속 마주치고 있는 불연속의 기초에는 실재가 있으며, 그 실재는 연속적이고 물리적인 파동으로 구성되어 있을 수 있다는 잠재적인 증거에 가슴이 설렜다.

그해에 또다른 보수적인 물리학자가 아인슈타인의 논문을 읽고 그의 열정에 감염되었다. 에르빈 슈뢰딩거는 이미 인정받는 물리학자였다. 빈에서 태어난 그는 취리히 대학교에서 몇 년 동안 물리학과장을 지냈다. 다소 방탕하고 호사스럽게 산 슈뢰딩거는 결혼을 하고 여러 명의 자녀를 두었는데, 아내가 낳은 자식은 한 명도 없었다.37 그러나 그는 물리학에서는 삶에서와 같이 자유분방하지 않았고, 보어와 신동 팀의 진전을 갈수록 불안한 마음으로 지켜보았다. 물론 전자가 중간 단계의 시공간을 점유하지 않고 나타났다가 사라진다는 개념을 진지하게 받아들이는 사람은 아무도 없었다. 그래서 드 브로이의 생각을 승인한 아인슈타인은 답을 찾고 있던 슈뢰딩거에게 즉시 알렸다. 슈뢰딩거가 1926년에 떠올린 공식을 받아 든 물리학자들은 일제히 안도의 한숨을 내쉬었다. 거기에는 하이젠베르크의 이상한 개념과 그 개념이 집약된 골치 아픈 행렬대수학 같은 것이 전혀 없었다. 그 대신 슈뢰딩거는 정갈하고 단순한 방정식을 만들어 제시했다. 게다가 물리학자들은 그것을 알아볼 수 있었다. 그것은 실제로 일어나는 것, 즉 파동을 측정하는 공식이었다.

"파동역학wave mechanics"이라는 새로운 이론을 발표한 직후에 슈뢰딩거는 그것이 하이젠베르크의 행렬 수학으로 전환될 수 있음을 보였고, 얼마 지나지 않아서 폴 디랙도 같은 일을 했다.[38] 어쩌면 하이젠베르크의 역학은 그렇게까지 이상한 것이 아니었는지 몰랐다. 어쩌면 하이젠베르크의 역학은 지금까지 드러나지 않았던 어떤 것—시공간에서 고체의 세계를 떠받치는 장場들의 파도 같은 실재—의 지나치게 난해한 판본이었을지도 몰랐다. 슈뢰딩거의 실재는 실제로 존재하고 고전적인 역학의 법칙을 따르는 실재, 물체가 그 안에서 시공간상으로 이동하고 변하는 실재, 우리의 제한된 감각에는 단지 개별적인 입자로만 보이는 실재였다. 슈뢰딩거의 방정식이 나오기 전에 아인슈타인은 양자역학이 향하고 있는 방향에 뚱한 어조로 반응한 적이 있었다. "하이젠베르크는 커다란 양자 달걀을 낳았다오. 괴팅겐 사람들은 그걸 믿고 있지요(나는 아니라오)."[39] 이제 그 알이 깨져서 사방으로 튀는 것을 피할 수 있는 길이 보이는 듯했다.

그러나 문제가 있었다. 원자 안에서 일어나는 일을 물리적 파동에 의거해 시각화함으로써 물리학을 고전역학의 단단한 기반 위로 되돌리고자 하는 슈뢰딩거의 시도는 순탄하지 않았다. 그는 보어와의 차이를 만나서 해소할 요량으로 코펜하겐을 방문했지만, 이 방문은 악몽이 되고 말았다. 장황하고 종잡을 수 없고 심오한 이 사상가가 슈뢰딩거의 가정에 바늘로 구멍을 냈기 때문이다. 파동은 어떤 것의 파동 혹은 어떤 것 안에서의 파동이다, 그렇지 않은가? 전자의 경우, "흔들림"이 있다는 것은 무슨 뜻일까? 그리고 만일 파동이 매끄럽다면, 우리는 그것을 측정할 때 왜 입자로서 기록할까? 수십 년 전 플랑크가 입증했듯이, 에너지처럼 가장 잘 알려진 파동도 충분히 깊이 분석할 때에는 양자로 전환된다. 깊이 실망한 슈뢰딩거는 나중에 이렇게 말했다. "우리가 이 망할 놈의 양자 도약에 매달리게 된다면, 그때는 내가 양자이론과 관련하여 무엇이든 알게 된 걸 후회할 것이다."[40]

보어와의 언쟁에 진저리가 난 슈뢰딩거는 1926년에 코펜하겐을 떠났다. 한편으로는 파동이 실제라는 자신의 주장에 이제 금이 갔기 때문이고, 다른 한편으로는 그의 파동역학이 행렬역학과 동등할 뿐 아니라 다루기가 훨씬 쉽다는 점이 이미 널리 인정받고 있었기 때문이다. 파동 방정식은 유효했지만, 그것은 무엇을 의미할까? 괴팅겐에서 막스 보른은 그 답을 안다고 생각하고 있었다. 슈뢰딩거의 방정식에 들어 있는 파동은 실제적인 물체의 실제적인 운동을 나타내는 것이 아니었다. 그래프용지에 찍힌 데이터 세트처럼 그 파동은 입자를 측정했을 때, 그 입자가 어디에 있을지에 대한 확률을 예측하게 했다. 입자는 점에서 점으로 이동할 수 있으며, 충분히 많을 때에는 입자의 행방을 정확히 예측할 수 있지만, 주어진 시간에 하나의 입자는 어디에서나 튀어나올 수 있었다.

아인슈타인은 분광사진의 선을 특정한 에너지 준위가 복사할 성향으로 해석할 때에는 보통 방향을 정확히 잡고 있었다. 하지만 이것이 양자역학의 의미라면, 물리학자들에게 귀중한 것이 영원히 사라지게 된다. 플랑크와 아인슈타인 같은 과학자들은 볼츠만의 통계를 십분 활용했지만, 그들에게 그 통계는 항상 발견적 견해였다. 당구공의 충돌이든 기체 분자의 충돌이든 그들은 우리 지식의 기술적 한계 때문에 통계가 필요하다고 가정했다. 만일 우리가 기체 분자 정도의 규모에 시선을 집중한다면, 당구공에 집중할 때와 똑같이 정확하게 그 분자들의 운동을 예측할 수 있고, 그에 따라서 통계적 모형에 대한 의존도를 낮출 수 있었다.

물리학은 내심 여전히 결정론적이었다. 작용은 전적으로 법칙을 준수해서 반작용을 낳았다. 그러나 확률을 도입한 보어의 조치로 무엇인가가 결정적으로 변했다. 1926년에 보어는 논문에 이렇게 썼다. "양자역학에는 개별 사례에서 충돌의 결과를 결정할 수 있는 수량이 존재하지 않는다……나 역시 원자의 세계에서는 결정론을 대체로 포기하는 경향이 있다."[41] 아인슈타인은 전혀 그렇지 않았다. 사람들은 보른에 대한 그의 반응을 무한히 인용하고 재인용하고 잘못 인용했지만(종종 위대한 아인슈타인 본인에 의해서), 골자는 항상 똑같았다. 양자역학의 인상적인 체계는 "많은 것을 전해주지만, 그것으로는 악마의 비밀에 더 가까이 다가갈 수 없다. 어찌 되었든 나로서는, **그분**은 주사위 놀이를 하지 않는다고 확신한다."[42] 물리법칙은 "아마도"로 귀결되지 않는다. 사건이 일어나는 데에는 이유가 있다.

하이젠베르크는 새로운 물리학을 전개한 논문의 처음 몇 문장에서 관찰(또는 관측) 개념을 이렇게 소개했다. "원칙적으로 관측 가능한 수량들의 관계에만 기초하여 양자역학의 이론적 토대를 얻고자 한다."[43] 얼핏보기에는 논쟁의 여지가 없지만, 사실 이 진술에는 이미 혁명의 바람이일고 있었다. 마치 20년 전 아인슈타인이 모두가 "알고 있는" 것—시간이 모든 사람에게 똑같다는 것, 나의 "지금"이 너의 "지금"과 똑같다는것—을 놓아버리기로 결심했던 것처럼, 하이젠베르크 역시 우리의 관측과 독립해서 존재하는 일관된 실재의 이미지를 놓아버리고 있었다. 하지만 그 수준에 머문다면 하이젠베르크의 선언은 어떤 사람들의 마음에철학적 난제로 멈춰 서 있는 수수께끼, "만일 나무가 쓰러졌는데 아무도몰랐다면, 쓰러지는 소리가 난 것인가?"의 한 형태에 불과할 것이다. 수학이 포함된 하이젠베르크의 논문과 그 뒤에 이어진 연구는 훨씬 더 중요한 일을 했다. 실험적 증거를 과학적으로 깊이 해석함으로써 실재에대한 그 평범한 이해는 앞뒤가 맞지 않음을 입증한 것이다.

관찰이란 무엇인가? 줄잡아 이야기할 때 관찰은 시공간상 2개의 다른 순간을 연결한다는 것을 의미한다. 칸트 그리고 보르헤스의 등장인물인 푸네스의 경우처럼, 오로지 현재 순간에 흠뻑 빠진 존재가 있다면그는 무엇도 관찰하지 못할 것이다. 어떤 관찰이든 그것은 그 대상과 최소한의 거리를 유지한다. 관찰이 발생하기 위해서는 지금 여기 있는 존재가 지금 여기 있는 다른 존재와 관계를 맺어야 하고, 그 관계가 둘 간의 어떤 자취나 이음매로 등록되어야 한다는 단순한 이유에서이다. 결정적으로 중요한 것은, 관찰 행위의 이 측면에서는 의식이 있든 없든 상관없이 인간 행위자를 전제하지 않는다는 것이다. 또한 하이젠베르크의 발견을 오해한 사람들이 말하는 것과 달리, 이는 우리가 어떤 것을 관찰하기 위해서 사용하는 도구가 관찰되는 것에 항상 영향을 미친다는 것을 의미하지도 않는다. 비록 항상 영향을 미치지만 말이다. 대단히 근본적인 차원에서, 시공간상의 두 순간을 꿰어맞추기 위한 논리적 선결 조건인 변화하는 순간의 흐릿함은 관찰의 대상인 실재 그 자체에 고유한 것으로 존재한다. 간단히 말하자면, 불확정성 원리는 다음과 같다. 우리는 입자의 위치나 운동량을 알 수 있지만, 둘 다 알 수는 없다.

그렇다면 깊은 의미에서 물리법칙, 즉 물체가 어떻게 운동하는지 묘사하는 법칙은 사실 물체가 어떻게 운동하는지를 우리가 어떻게 관찰하는가에 관한 법칙이다. 혹은 하이젠베르크가 나중에 말했듯이, "우리가 관찰하는 것은 자연 그 자체가 아니라 우리의 질문 방식에 노출된 자연이다."[44] 그리고 관찰은 항상 시공간상의 관찰이므로, 물리법칙은 시공간상의 작용을 고려한다. 우리는 시공간적 조건을 벗어난 세계를 숙고해볼 수 있으며, 실제로 다음 장들에서 여러 세대에 걸쳐 그것을 시도한 사상가와 이론가들을 살펴볼 것이다. 하지만 비시간적, 비공간적 관점은 관찰이라는 개념 자체를 제거하고, 그에 따라 우리가 세계에 대해서 알아낼 수 있는 어떤 지식과도 양립하지 않는다. 그와 동시에 매혹적인 차원에서 현대 물리학의 기둥이라고 할 수 있는 2개의 상수, 아인슈타인의 c와 플랑크의 h는 우리의 관찰 대상인 실재의 구조에 깊이 박힌 근본적인 한계임이 드러난다. 그 상수는 한편으로는 시간이 멈추는 속도 한계이고, 다른 한편으로는 시공간의 날줄과 씨줄에 우리가 얼마나 세밀하게 초점을 맞출 수 있는가와 관련된 크기 한계이다.

거의 1년 후에 발표된 두 번째 혁명적인 논문에서 하이젠베르크가 밝힌 것은 바로 이 두 번째 한계였으며, 이 발견으로 실재를 알아내는 인간의 능력에는 불확정성 개념이 하이젠베르크라는 이름과 함께 깊이 뿌리 내리게 되었다.

제2부
신이 아닌 존재

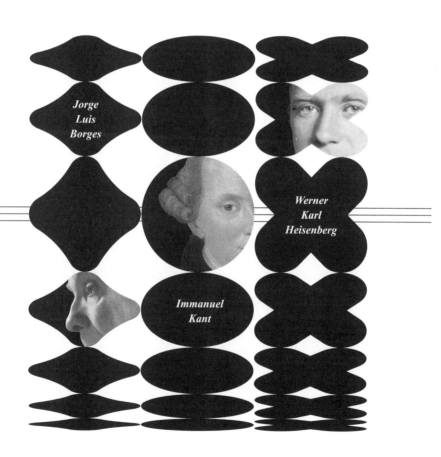

Jorge
Luis
Borges

Werner
Karl
Heisenberg

Immanuel
Kant

4

양자 얽힘

하이젠베르크는 어쩔 줄을 몰랐다. 수학을 검토하고 또다시 검토해보았다. 파울리와 편지를 주고받으면서 도움을 받기도 했다. 독일의 주요 물리학 평론지에 논문을 보냈고, 이미 받아들여진 상태였다. 당연히 보어가 이의를 제기할 것이다. 일일이 지적하고, 꼬치꼬치 참견하고, 시시콜콜 따질 것이다. 그에게 논문 발표를 철회해달라고 요청할까? 결론이 확실해질 때까지 미룰까? 젊은이의 고집이 되살아났다. 아니다. 이미 한번 반정수 개념에 대한 조머펠트의 의심에 굴복해서 최초의 명예를 빼앗기지 않았던가? 이번에는 자신의 본능을 믿고 앞으로 나아갈 때였다.

그때 보어가 그에게 무엇인가를 보여주었다. 터질 듯이 부풀어오른 풍선에서 공기가 새어나왔다. 하이젠베르크가 실수를 한 것이다.

실수는 기술적인 것이었지만, 보어의 지적은 그 실수가 지금껏 내내 그들이 다투던 문제와 근본적으로 맞닿아 있음을 보여주었다. 새롭게 도출한 불확정성 원리를 설명할 때 하이젠베르크는 친구들과 함께 슈타른베르크 호수 옆에 펼쳐진 구릉 지대를 여행하면서 만들기 시작한 방법에 호소했다. 마음속 이미지로 문제를 제기한 다음 그것을 개념으로 전환하는 방법이었다. 먼저 그는 가능한 크기 중 가장 작은 에너지 파장인 감마선을 전자에 비추고 실험용으로 제작한 감마선 현미경(여기서 "제작한"이란 "생각해낸"이라는 뜻이다)으로 충돌의 결과를 조사해서 전자의 위치와 운동량을 측정한다고 상상했다. 전자의 위치를 더 정확히 측정하기 위해서 갈수록 더 작은 에너지 파장을 전자에 집중시키면, 그로 인해 입자의 반동은 더 커지고—파장이 작다는 것은 에너지가 높다는 것이므로—운동량을 특정하기는 그만큼 어려워질 것이다.[1] 그는 또한 에너지와 시간의 변수에도 그와 비슷한 불확정성이 작용한다는 점을 깨달았다. 위치를 확인하면 그 대가로 운동량을 모르게 되는 것처럼, 정확한 측정 시간을 알면 에너지 준위는 오리무중에 빠진다.

이 구체적인 갈등이 있기 오래 전부터, 슈뢰딩거가 그랬듯이 하이젠베르크의 마음도 코펜하겐을 떠나 남쪽으로 향하고 있었다. 하이젠베르크는 협력과 대화에 익숙했다. 새로운 괴팅겐 물리학을 낳은 것도 협력과 대화였다. 코펜하겐에 오기 전 1년 반의 시간은 꿈과 같았다. 뮌헨에서 암울한 전후 시기를 보낸 이후로 그에게 위로가 되었던 좋은 친구들과 야외 활동을 즐기면서 플라톤의 향연이 연장된 듯한 시간이었다. 하이젠베르크, 파울리, 파스쿠알 요르단, 보른은 서로 아주 다른 배경을 가지고 있었지만 하나의 공동체를 형성했다. 차이가 곧 장점이었다. 의견이 다를 때—가령 파울리는 친구들이 고안한 수학을 싫어해서 "행렬은 지금까지 발명된 수학 용어 중 가장 멍청한 것!"이라고 생각했다—에도 그들은 끝없이 대화를 나누면서 하이젠베르크가 프룬 성에서 꿈꿨던 바로 그 중간 지대를 넓혀나갔다.[2]

사실 괴팅겐 물리학은 거의 캠핑에서 출현했다고 해도 과언이 아니었다. 학생들은 거의 모든 시간을 함께 보내면서, 세미나를 하는 것은 물론이고 야외에서 스키를 타고, 하이킹을 하고, 말을 탔다. 스키를 탈 때에는 하이젠베르크가 가장 빨랐다. 어느 날 친구들이 연구소의 스톱워치를 가지고 왔다. 표면상의 이유는 실험 데이터를 모으는 것이었지만, 각자의 주파 시간을 재기 위해서였다. 하이젠베르크는 시속 80킬로미터로 슬로프를 주파했고, 동료인 빌헬름 한레는 "역대 신기록"이라고 기록했다.[3] (만일 한레가 속도를 정확히 쟀다면, 하이젠베르크가 슬로프상 정확히 어디에 있는지는 알지 못했으리라고 우리는 추측할 수 있다.) 물리학은 하루도 빠지지 않는 단골 주제였다. 실제로 그들이 점심을 즐겨 먹는 카페의 점잖은 주인은 어느 날, 매일 목청을 돋워가며 물리학 토론을 계속한다면 그들은 앞으로 환영받지 못할 것이라고 말했다. 그런 이야기가 "다른 손님들에게는 참을 수 없는 소음"이었다.[4]

보어와의 시간도 처음에는 그런 분위기였다. 그들은 연구소에서 하루를 꼬박 보냈고, 만족스럽지 않으면 저녁을 먹은 뒤 하이젠베르크의 다락방에 올라가 자정을 넘기면서 대화를 이어갔다. 하지만 겨울이 깊어질 무렵 그들의 대화는 막다른 골목에 이르기 시작했다. 보어가 아내와 함께 잠시 노르웨이에서 시간을 보내기로 한 것은 이 골치 아픈 조수와 약간 거리를 두고 머리를 식히기 위해서였다. 그때 하이젠베르크는 불현듯 어떤 것을 통찰했고, 즉시 파울리에게 알렸다. 파울리의 반응은 단호했다. "이 시대의 장밋빛 서광. 양자이론에 햇살이 비쳤다."[5]

하이젠베르크는 자신의 발견에 도취한 나머지 스승이 돌아왔을 때 자신에게 쏟아질 회의주의에 미처 대비하지 못했다. 운동량과 위치 사이에서 유도해낸 불확정성과, 에너지와 시간 사이의 불확정성은 둘 다 근원적이고 정확했으나 해석으로서는 불완전했다. 보어는 이렇게 주장했다. 문제는, 양자물리학에서 보어가 기본적인 "상보성相補性"이라고 부르기 시작한 것의 파동 측면을 하이젠베르크의 이론이 인정하지 않는다는 점이었다. 보어에 따르면 상보성이란, 양자 사건에는 파동 개념과 입자 개념이 모두 유효하지만 물리학자는 오직 하나만 선택해서 측정할 수 있다는 사실이었다.[6] 불연속성을 열성적으로 믿었던(그리고 필시 슈뢰딩거와 그의 빌어먹을 파동을 떠올리게 하는 것은 죄다 밥맛이 없었던) 하이젠베르크는 입자 역시 파동처럼 행동한다는 사실과 어느 한쪽에 초점을 맞출 때 기본적으로 관찰자는 어떤 종류의 결과를 보게 될지 결정하는 셈이라는 점을 고려하지 않고서는 양자 사건에 대한 그 어떤 해석도 불완전할 수밖에 없음을 깨닫지 못하고 있었다.

조금도 과장하지 않고 말하건대, 하이젠베르크는 잘 대응하지 못했다. 그는 논문 철회를 단번에 거절했을 뿐 아니라, 보어가 이 논문을 밀쳐두었다가 그 자신의 초기 이론을 보조하는 용도로 사용하리라 여기고 혼자 불쾌해했다. 격렬한 전투가 이어졌다. 앞선 슈뢰딩거와 마찬가지로 하이젠베르크도 보어의 끊임없는 질문 공세에 시달렸고 심지어 눈물을 터뜨리기도 했다. 하지만 결국 보어의 지구전이 우세를 점한 끝에 1927년 5월, 풀이 죽은 하이젠베르크는 논문을 수정하는 데에 동의하고, 논문의 후기에 "내가 간과한 기본 요점들"을 밝히면서 그것을 지적해준 공을 보어에게 돌렸다.[7] 그 기본 요점의 골자는 이러했다. 불확정성은 양자 차원에 존재하는 실재의 기본적인 불연속성으로부터 생겨날 뿐 아니라—입자의 운동을 아무리 자세히 들여다본다고 해도, 간극을 메우고 매끄러운 경로를 발견하기란 불가능하다—관찰자는 항상 파동을 볼지 입자를 볼지 미리 결정하게 되며 그 결정이 눈앞에 나타날 실재를 결정한다는 사실로부터 생겨난다.

아슬아슬하게 데탕트가 성사되어 하이젠베르크와 보어는 동맹자로서 물리학계에 도전할 수 있었다. 둘의 해석은 달랐지만, 하이젠베르크의 원리는 변형되지 않고 모습을 드러냈다. 양자 차원에서 실재에 초점을 맞출 때 어떤 도구를 사용하든 간에 우리는 몇 가지 선택을 해야만 한다. 우리는 전자의 위치에 초점을 맞출 수도 있고 전자의 운동량에 초점을 맞출 수도 있다. 또한 사건의 에너지를 규정할 수도 있고 그 시간을 규정할 수도 있다. 하지만 어떤 경우든 하나의 인자에 초점을 맞추면 맞출수록, 나머지 인자의 불확정성이 커진다. 그의 방정식에서 좌변과 우변의 한가운데 위치한 값은 바로 우리가 잘 아는 친구, 플랑크 상수이다.

그해 여름 하이젠베르크가 코펜하겐을 떠나자 보어는 최선을 다해서 철학적인 틀을 명료하게 구축하기 시작했다. 이 틀이 있어야 새로운 양자물리학을 외부 세계에 이해시킬 수 있었다. 그에게는 하나의 일관된 그림으로 묶어야 할 몇 가지 필수 요소들—파동 입자 이중성, 불확정성, 그리고 양자역학이 고전물리학을 설명할 수는 있지만 그 역은 불가하다는 이상한 사실—이 있었다. 이는 가장 명쾌한 사상가에게도 쉽지 않은 일이었지만, 말을 모호하게 하는 보어의 성향 때문에 상황은 악화되기만 했다.

여름이 저물던 어느 날 이탈리아 북부, 목가적인 코모 호숫가에 자리한 웅장한 건물에 이론물리학계 인사들이 모였다. 그들은 전지를 발명한 이탈리아 사람 알레산드로 볼타의 탄생 100주년을 기리는 회의를 개최했다. 이 자리에서 보어는 그의 상보성 이론을 처음으로 공개했다. 하이젠베르크의 혁신적인 개념이 중요한 자리를 차지했다. 불연속성은 양자물리학의 최소한의 가정이라고 보어가 주장한 것이다.[8] 하지만 그는 슈뢰딩거를 위한 자리도 충분히 남겨두었다. 구체적으로, 보어는 하이젠베르크의 원리를 구성하는 두 가지 관계—하나는 운동량과 위치의 관계, 다른 하나는 에너지와 시간의 관계—에는 각각 예로부터 입자와 관련되어온 한 요소가 담겨 있으며, 또한 파동과 관련된 다른 한 요소도 담겨 있다고 지적했다. 따라서 양자 사건을 측정할 때에는 그 사건의 파동 같은 측면에 초점을 맞출지, 아니면 입자 같은 측면에 초점을 맞출지를 결정할 필요가 있다. 하지만 관찰 행위에서는 상호배타적인 이 두 측면이 전체 그림에는 필수적인 부분들이다.[9] 그러므로 상보성이란 다음과 같다. 우리는 무엇을 관찰하기로 정했는가에 따라서 실재의 각기 다른 측면을 볼 수 있고 두 가지 측면은 서로를 보완하지만, 실재의 전모를 파악할 수는 없다.

결정적으로, 보어는 슈뢰딩거의 파동을 인정하면서도 그의 이론에서는 슈뢰딩거가 파동으로 성취하고자 했던 모든 것을 깨끗이 제거했다. 파동 방정식은 완전히 고전적이다. 주어진 시간에 주어진 계를 측정하고 그 파동 함수를 계산하면, 나중에 그와 똑같은 함수를 조금도 불확실하지 않게 계산할 수 있다. 고전역학에서는 그렇게 측정해도 파동이 바뀌지 않는다. 하지만 양자역학에서는 그렇게 측정을 하면 이후 파동 함수의 미래의 결과가 바뀌게 된다.[10]

참석자들은 의자 뒤로 넘어가지 않았다. 많은 사람이 그들이 이미 알고 있는 것을 보어가 이야기하고 있겠거니 하고 생각했다. 어떤 것을 측정하면, 우리는 측정하는 대상에 간섭하게 된다. 하지만 보어의 요점은 훨씬 더 근본적이었다. 하이젠베르크의 원리가 보여주는 것은 다음과 같다. 양자 사건의 경우에는 측정 행위 자체가 전체적인 계로부터 우리가 무엇을 알아낼 수 있는지를 확실히 결정한다는 것이다.[11] 이는 실재의 궁극적 성격에 대해서 슈뢰딩거가 믿었고 슈뢰딩거를 통해서 아인슈타인이 믿었던 것과는 반대되었다.

그날 보어가 강연을 마치자 보른과 하이젠베르크가 차례로 자리에서 일어나 보어의 입장을 공개적으로 지지했다. 그것은 보어의 강연이었고 강연의 요지가 대부분 그의 연구소에서 나왔기 때문에, 그들의 지지로 양자역학의 코펜하겐 해석이라고 알려지게 될 이론은 이렇게 일단락되었다. 보어의 상보성 이론이 철학적 틀이 되어서 하이젠베르크의 행렬 역학, 그의 불확정성 원리, 그리고 보른이 확률론적으로 응용한 파동 방정식을 다소 어수선하지만 하나의 다발로 묶을 수 있었다. 이듬해 보어의 강연이 「네이처Nature」 지에 실렸을 때 편집자들은 공개적으로, 이것이 "이 주제에 대한 물리학자들의 최종 발언이 아니기를 바라며, 그들이 아직은 양자 가설을 그림처럼 생생하게 표현하는 데에 성공한 것이 아니기를" 바란다고 말했다.[12]

그들만 그렇게 바란 것은 아니었다. 아인슈타인과 슈뢰딩거는 코모 호숫가에 오지 않았다. 하지만 불과 몇 주일 만에 그들은 코펜하겐 판결을 뒤흔들 목적으로 최초의 포탄을 날렸다.

1911년 벨기에 사업가 에르네스트 솔베이는 세계 최고의 과학자들을 브뤼셀 회의에 초청해서 화학과 물리학 분야의 최첨단 이론에 관한 생각을 교류하는 자리를 만들었다. 모임이 대성공을 거두자 여세를 몰아 솔베이는 물리학과 화학을 위한 국제 솔베이 기구를 창설했다. 이 기구는 양차 세계대전 중에 취소한 것을 제외하고는 3년마다 정기적으로 회의를 열었다. 1927년 10월 물리학계는 역대 최고의 물리학자들이 참석한 유명한 회의를 개최했다. 제1차 세계대전이 끝난 직후 열린 회의는 독일 과학자들을 배제했다. 당시에 미국을 여행하고 있던 아인슈타인은 항의의 의미로 초청을 거절했다. 하지만 이번 해에는 그 역시 물리학계의 다른 모든 주요 인사들과 함께 참석하기로 마음을 정했다. 회의 주제는 "전자와 광자"였지만, 모든 상황을 종합해볼 때, 주제는 양자역학이었다.

브뤼셀의 메트로폴 호텔에 마련된 회의장의 분위기는 아인슈타인과 젊은 양자 혁명단의 조우를 예상하며 술렁거렸다. 하지만 처음에 아인슈타인은 망설였다. 그는 개막 연설을 하지 않기로 하고, 동료들에게 "나는 현재 상황에 어울리는 방향으로 개막 연설을 할 적임자가 아닙니다"라고 말했다.13 그해 초 그는 양자 사건을 파동으로 해석하는 논문을 준비했으나 끝내 발표하지 않았다.14 아인슈타인은 그전부터 하이젠베르크와 서신을 주고받았는데, 불확정성이 결국 극복하기 어려운 장애물로 판명되고 있을지도 몰랐다. 그의 입장을 대변해서 슈뢰딩거가 논문을 제출하기도 했지만, 그 논문은 완성도가 떨어졌고, 그는 하이젠베르크와 보른에게서 날아올 날카로운 질문에 대응할 준비가 되어 있지 않았다.

코펜하겐 팀은 준비된 상태였다. 하이젠베르크와 보른은 팀을 이루어 연구하고 공동 논문을 제출했는데, 그들의 논문은 도전적인 말로 시작했다. "우리는 **양자역학**을 기본적인 물리학적, 수학적 가설에 대해서 더 이상의 수정이 필요하지 않을 완성된 이론이라고 생각합니다."[15] 요점은 이제부터라는 듯 두 사람은 완성되었다는 말이 무슨 뜻인지 구체적으로 명시했다. 양자이론은 "불연속성이 존재하기 때문에 고전물리학과는 근본적으로 다르고" 또한 "현재 상황에서는 이후에 발전할 복사이론에 어떤 변화도 일어나지 않을 것"이라고 선언한 것이다.[16] 이 말의 요지는 무엇일까? "우리의 근본적인 비결정론 가설은 실험과 일치합니다."[17] 요즘 화법으로 옮기자면, 개별 입자의 행동에 대한 비결정론은 버그가 아니라 특징이기 때문에 양자역학은 완전하다는 말이었다. 비결정론은 가장 작은 차원에서 실재가 어떻게 행동하는가를 반영하며, 아무리 파헤쳐봤자 과학에서 이 명백한 역설은 약해지지 않을 것이다.

하이젠베르크와 보른이 타협의 여지를 거의 보이지 않고 다른 코펜하게나이츠Copenhagenites(파울리가 동료들에게 붙인 이름)가 한 배에 탑승하자, 누군가는 외교관 역을 맡아야 했다. 이 역할에 제격인 사람은, 특히 잘 이해하지 못하는 사람과 격렬하게 논쟁하는 것이 얼마나 힘든 일인지를 고려할 때, 온화한 닐스 보어였다. 강연이 진행되는 동안 아인슈타인은 주로 경청하는 태도를 유지했지만, 예정된 강연들 전후로 마련된 식사 자리에서 아인슈타인과 보어는 이상한 행보를 보이기 시작했다. 아침마다 보어와 아인슈타인이 앉아 이야기를 나누는 테이블 주위로 작은 무리가 모여들었다. 아인슈타인은 보어에게 문제를 제기했다. 대체로 이 문제는 사고 실험의 형태였는데, 이 장르의 일인자는 누가 뭐라고 해도 아인슈타인이었다. 보어는 당황하고 초조할 때마다 황급히 일어나 하이젠베르크와 보른과 상의했고, 그동안 아인슈타인은 얼굴에 낙낙한 미소를 띠고 느긋하게 기다렸다. 하지만 저녁이 될 즈음에는 전세가 역전되었다. 아인슈타인이 간과한 주요한 세부사항을 보어가 열광적으로 지적하고 비결정론을 회복시킨 덕분이었다.[18]

이 접전에서 패했음에도 아인슈타인은 그답게 사고 실험을 통해서 문제의 본질을 낱낱이 드러내 보였다. 역설적이게도 그가 제기한 문제들 중 하나는 나중에 진짜 실험이 되었고, 그 결과를 통해서 양자의 "기이함"이 결정적으로 입증되었다. 아인슈타인이 주장했다. 이중 슬릿(2개의 갈라진 틈)이 있는 가림막을 향해 전자총으로 전자빔을 쏜다고 상상해 보자(1801년에 영국의 과학자 토머스 영은 이중 슬릿을 이용해서 처음으로 빛의 간섭을 확인하고 간섭 무늬의 간격으로부터 빛의 파장을 측정했다. 1927년 미국의 물리학자 클린턴 데이비슨과 레스터 거머는 영의 실험을 개조해서 루이 드 브로이가 제안한 입자 파동 이중성을 처음으로 실험했다/역주). 슬릿 너머에는 사진 건판이 있어서 슬릿을 통과한 전자들이 만드는 무늬를 기록할 수 있다. 잘 알려진 대로, 파동이 그런 가림막 같은 장애물에 부딪칠 때 건판에는 간섭 무늬가 형성되는데, 상대적으로 밝은 줄무늬와 어두운 줄무늬는 슬릿을 통과한 파동들이 서로를 증대시키거나 감소시킨 자리를 나타낸다. 만일 입자가 하나씩 차례로 슬릿을 통과해서 다른 입자를 간섭할 수 없다면, 건판 위에는 2개의 줄무늬만 형성될 것이다.

아인슈타인이 말했다. 만일 코펜하겐나이츠가 옳고 양자역학이 정말 최종 발언이라면, 슬릿을 통과하는 전자는 실제 파동이 아니라 확률 파동의 요소로서 통과할 것이다. 다시 말해서, 물결 모양의 무늬가 어떻게 나타나든 간에 그 무늬는 시간이 지날수록 많은 전자가 슬릿을 통과한 결과로 계속 누적될 것이다. 전자가 차례로 통과한다고 해도 마찬가지일 것이다. 전자의 확률 파동이 파동 그 자체를 간섭해서 건판 위에 물결 모양의 무늬를 만들 것이기 때문이다. 하지만 개별 입자로 볼 때, 전자가 건판을 때려서 기록되고 그렇게 측정이 이루어졌다면, 그 전자가 건판 위의 다른 곳을 때릴 확률은 즉시 0으로 줄어들 것이다. 여기까지 말한 아인슈타인은 당당한 어조로 이렇게 선언했다. 그런데 이것은 불가능하다. 왜냐하면, 여기에는 펼쳐진 (분명 극미한) 시공간을 가로지르는 순간적인 정보 소통이 수반될 것이기 때문이다. 그것은 잘 확립되고 입증된 물리학의 기반, 즉 아인슈타인 본인의 특수상대성 이론을 위반한다. 특수상대성 이론은 정보가 얼마나 빠르게 전파될 수 있는가에 절대 한계인 빛의 속도를 부과한다. 아인슈타인이 보기에, 확률 파동이 펼쳐진 공간을 가로질러 측정 대상과 즉시 소통한다는 해석은 빛보다 더 빠른 소통에 대한 상대성 이론의 금지를 위반했으며, 이 사실은 양자역학의 그림에 어떤 것이 빠져 있음을 입증한다.[19] 상대성 이론에 따르면 한 장소에서의 결정이 실재의 나머지 부분에 영향을 미치는 것은 절대로 불가능하다. 하지만 양자이론의 가장 근본적인 통찰은 정확히 그것을 의미했다.

아인슈타인은 입가에 미소를 머금었다. 입자를 측정하는 것이 입자의 경로를 결정하는 원인으로 작용할 리 없었다. 하이젠베르크의 유명한 주장은 이상했다. 대신에 결정은 이미 내려져 있는 것이 분명했다. 즉, 입자는 물론 측정될 때 모습을 드러내지만, 슬릿을 통과할 때 실제 파동과 똑같은 방식으로 통과하지, 나중에 결정될 확률로 통과하지 않는다. 그리고 실제 파동은 고전적인 의미로 결정론적일 것이다. 양자역학은 불완전하다. 입자가 건판을 때리기 전에 어디에 있었는지 또는 그 형태가 어떠했는지 정확히 알아낼 수가 없기 때문이다.

보어 특유의 성격을 반영하듯이 저녁 늦게 나온 보어의 답변은 아인슈 타인의 기본 원리에 대한 심문 형태를 띠었다. 아인슈타인의 결론은 불 확정성 원리를 설명하지 못하는 것 아닌가? 전자의 경로에 대한 정보는 빛의 속도보다 더 빠르게 이동할 수 없다는 아인슈타인의 주장은 우리 가 그 상황에 대한 정보를 얼마나 많이 알아낼 수 있는가를 너무 당연 히 여긴 결과이다. 실제로, 한 입자의 시공간상 위치에 대한 지식이 정확 해지려면 그 운동량과 에너지에 대한 지식이 대단히 부정확해질 수밖에 없는데, 이는 그 입자가 측정된 위치에 이르기까지 취할 수 있었던 수많 은 경로를 0으로 줄일 수 없음을 의미한다. 실제로 현실의 어떤 실험에 서도 측정에 사용되는 장비—이 경우, 전자를 받는 스크린—에는 전자 의 충돌 위치와 시간을 불확실하게 하는 극히 미세한 움직임도 기록된 다. 따라서 전자가 어디에 있었을지에 대한 확률을 계산할 때에는 하이 젠베르크의 방정식이 허용하는 것에 비례해서만 정확하게 계산할 수 있 다. 만일 전자의 경로에 대해서 더 많은 것을 알고 싶다면, 그것을 측정 해서 어느 슬릿을 통과했는지를 결정할 수 있다. 하지만 그때 실험자는 그것을 입자로 선택해서 측정할 것이고, 스크린에는 회절回折 무늬가 나 타나지 않을 것이다. 하나의 전자로부터 이 방정식의 양변을 충분히 얻 어내기란 불가능하며, 따라서 양자이론은 정보의 순간적인 전송을 가정 하므로 상대성 이론을 위반한다는 아인슈타인의 항의는 부당하다.[20]

아인슈타인에게 건넨 보어의 답변은 책임 회피처럼 들린다. 사실 그때 아인슈타인은 어찌할 바를 몰랐을 가능성이 매우 높다. 그가 지적하고 자 한 요점은, 양자역학은 온전한 그림일 수 없다는 것이고, 그 이유에 대해서는 회의 마지막 날 연설에서 "내가 보기에 그것은 상대성 이론의 기본 원리와 모순되기" 때문이라고 말했다.[21] 보어의 답변은 양자 사건에 대한 인간 지식의 제한된 성격을 밀어붙이면서 양자역학은 하이젠베르크의 원리 때문에 **최종 발언**이라고 거듭 주장하는 것에 불과했다. 아무리 쥐어짜내봤자 미소 입자로부터 하이젠베르크의 수학이 허용하는 것보다 더 많은 정보를 얻어내지는 못할 것이라고 말이다.

아인슈타인에게는 보어에게 없는 장점이 하나 있었다. 최종적으로 옳든 그르든 아인슈타인은 상황을 명확하게 이해하고 표현할 줄 알았다. 이 경우에 아인슈타인이 아주 멋지게 명료화한 것은 다음과 같았다. 측정하는 순간까지 전자가 그린 경로의 실질적인 불확정성에 대해서 양자역학은 옳기도 하고, 그르기도 하다. 양자역학이 옳지 않다면, 경로의 결정에 대한 지식이 당분간이든 영원하게든 간에 우리의 이해를 벗어난다고 해도 물리학은 계속 결정론적이다. 하지만 만일 양자역학이 옳다면, 지금까지 실재에 대해 우리가 이해하고 있던 것은 근본적으로 틀린 것이 된다. 보어의 항변에도 불구하고, 그의 말대로라면 시공간상 한 지점에서 이루어진 관찰이 실제로 시공간상 다른 지점에 대해 우리가 알고 있는 것에 즉시 영향을 미칠 것이고, 그렇게 된다면 상대성 이론이 결정적으로 입증한 원리를 위반할 것이다. 이 원리를 국소성locality이라고 부른다. 우리가 주변 세계에 대해서 알 수 있는 것은 빛의 속도에 의해 제한된다. 나는 다른 곳에서 "지금" 벌어지고 있는 것을 절대 알지 못한다. 정보가 공간적 거리를 가로지르기 위해서는 최소한의 시간이 필요하며, 어떤 정보도 그보다 더 빨리 건너뛸 수는 없기 때문이다. 이상이다. 만일 더 빨리 건너뛸 수 있다면 모든 것이 엉망이 된다. 관찰이 시공간상 다른 지점에 즉시 영향을 미칠 뿐 아니라, 관찰이 그 관찰 결과에 도달하기 위해서 입자가 취한 어떤 경로라도 소급해서 결정할 수 있게 된다는 것은 전혀 말이 되지 않는다.

이중 슬릿 실험은 오늘날까지 여러 번 반복해서 실시되었다. 실험에서 벌어지는 일은 다음과 같다. 이중 슬릿이 나 있는 스크린에 전자빔을 발사하면 스크린 뒤에 있는 건판에 물결 모양의 간섭 무늬가 나타난다. 이상하게도, 한 번에 전자 하나만 스크린을 통과할 정도로 방출 속도를 늦춰도 무늬가 남는다. 각각의 전자는 확실한 지점에 안착하지만, 실험을 죽 진행해서 스크린에 수천 개의 전자를 도달시키면 축적되어 정확히 물결 무늬를 이룬다. 마치 2개의 슬릿이 물탱크에 설치되어 있고, 슬릿을 통과해서 뒷벽으로 나온 작은 물결들이 서로 합쳐져서 증폭과 상쇄의 패턴을 형성하는 것 같다. 다시 말해서, 논리적으로 보자면 각각의 전자는 두 구멍 중 하나를 통과해야 하지만, 한참을 기다리면 전자들의 행동은 마치 그 구멍들을 통과한 것이 유령, 즉 잠재적인 입자들이고 이것들이 서로를 증폭하거나 상쇄해서 그러한 무늬를 만든 것처럼 보인다.

더욱더 기이한 일은 실험을 변경했을 때 일어난다. 실험자는 각각의 슬릿에 감지기를 설치하고 이를 통해 전자가 어느 슬릿을 통과해서 스크린에 도달했는지를 기록할 수 있다. 이렇게 하면 간섭 무늬는 사라지고, 한 무리의 입자들이 입자처럼 행동한 패턴이 남는다. 다시 말해서, 두 슬릿 중 어느 하나만 통과하게 하면 전자들은 유령 또는 잠재적인 것들처럼 행동하기를 멈추고 개별 입자로서 제 일을 수행한다.[22] 이것은 단지 국소성을 위반하는 듯 보이지 않는다. 이것은 상식을 위반한다.

1927년 회의 이후로 여러 해 동안 아인슈타인은 몇 가지 질문으로 보어와 코펜하겐 파견대를 몰아붙였다. 예를 들어, 3년 뒤 그들은 차기 솔베이 회의를 위해서 브뤼셀에 다시 왔다. 그때 아인슈타인은 하이젠베르크의 원리를 직접 겨냥해서 엄청난 일격을 가했다. 그가 보어에게 말했다. 저울—용수철저울과 비슷하지만 극히 작은 변화도 감지할 수 있는 계기—이 달린 상자가 있다고 상상해보자. 이 상자에는 대단히 빨리 여닫히는 셔터 같은 트랩도어가 있다. 셔터가 열렸다가 닫히는 사이에 광자 하나가 빠져나갈 수 있다. 만일 광자가 빠져나가는 것을 정확한 때에 기록한 뒤 상자의 무게를 재서, 광선이 빠져나가기 전후 내용물의 질량을 비교한다면, 우리는 그 사건의 시간을 알 수 있을 뿐 아니라, 아인슈타인의 유명한 등가 원리에 따르면 질량은 에너지로 변환되기 때문에, 에너지도 함께 알 수 있을 것이다. 이는 하이젠베르크의 원리를 위배한다. 하이젠베르크의 원리는 양자 사건의 에너지와 시간을 동시에 정확히 알 수 없다고 못을 박지 않았는가.[23]

　행사에 참석한 사람들의 회고에 따르면, 그날 저녁 보어는 크게 동요했다고 한다. 아인슈타인의 문제에 사로잡힌 보어는 저녁 식사를 하러 온 모든 사람에게 그 문제를 꺼내보였고, 그런 뒤 다시 아인슈타인에게 돌아가 질문을 하고 그가 옳지 않다고 주장했다. 한편 아인슈타인은 카나리아를 잡아먹은 고양이처럼 만족스러워했다. 하지만 다음 날 아침 식사를 하러 내려온 아인슈타인은 카나리아의 주인을 만난 고양이 같았다. 전날 밤 보어는 시나리오의 문제점을 찾아냈다. 아인슈타인이 깜빡 잊고 자신의 상대성 이론을 고려하지 않은 것이다. 상대성 이론에 따르면 상자가 광자의 에너지를 잃을 때 상자에서 반동이 일어나 사건의 시간에 필연적으로 영향을 미치게 된다. 물론 미미할 것이다. 하지만 실험 자체가 아주 작은 사건을 측정하도록 설계되었으므로, 그렇게 작은 측정도 불확정성을 다시 끌어들일 것이고, 불확정성의 크기는 하이젠베르크가 계산한 바로 그 크기이다. 양자역학에 결함이 있다고 아인슈타인이 아무리 증명하려 해도 하이젠베르크의 원리가 번번이 가로막는 것 같았다.

1930년 솔베이 회의가 끝난 뒤로 아인슈타인은 가상의 물리적 장치를 상상하는 것으로는 불확정성 원리를 극복할 수 없다고 인정하는 듯했다. 고전물리학을 빌려 어떤 장치를 묘사해도, 보어가 번번이 그 장치를 통한 측정에 극미한 변화가 기록되고 이 극미한 변화가 양자 수준에서 비교적 큰 영향을 발휘한다는 점을 입증하는 듯했다. 그 이유는 보어의 상보성 개념과 관련이 있는 것 같았다. 아인슈타인은 이렇게 불평했다. "지금까지 큰 노력을 기울였음에도 불구하고 그 개념을 명확하게 공식화하지 못하겠다."[24] 이 사실에도 불구하고 어떤 것이 빠져 있다는 아인슈타인의 확신은 변하지 않았다. 하이젠베르크의 원리가 우리가 양자의 세계를 어디까지 **들여다볼** 수 있는가에 대한 일종의 한계라고 할지라도, 이는 양자의 세계가 고전물리학의 법칙을 따르지 않는다는 것을 의미하지는 않았다. 코펜하겐 해석은 입자들이 측정될 때까지 **실제로** 확정된 경로를 가지지 않는다고 주장하는데, 이것은 절대 옳을 리가 없었다.

1930년대 초, 독일에서 급부상한 히틀러가 아인슈타인의 삶을 송두리째 뒤흔들었다. 1932년 12월에 그와 그의 아내 엘사는 독일을 떠나 미국으로 향했다. 비자 발급이 지연되어 어려움을 겪었는데, 표면상의 이유는 그의 좌파적인 견해 때문이었다. 이 사건에 미국 정부는 당황했다. 「뉴욕 타임스*The New York Times*」는 아인슈타인이 여러 나라에서 짐을 쌌다 풀었다 한 경위를 보도했고, 결국 국무장관인 헨리 스팀슨이 공식적으로 사과했지만, 그는 기자들에게 아인슈타인을 "최선을 다해 예의 바르고 정중하게 대우했다"고 주장했다.[25] 다음 달 말에 히틀러가 권력을 잡았을 때 아인슈타인은 이미 캘리포니아에 있었고, 그곳에서 3월까지 머물렀다. 캘리포니아에 있을 때 아인슈타인은 「뉴욕 월드 텔레그램New York World-Telegram」의 기자에게 이렇게 말했다. "이 문제에 관해 선택을 할 수 있는 한 나는 오로지 시민의 자유, 관용, 모든 시민의 평등이 법으로 인정받는 나라에서 살 것입니다……현재 독일에는 그러한 조건이 존재하지 않습니다."[26]

다음 날 강진이 로스앤젤레스를 덮치자 아인슈타인은 기차를 타고 동부 해안으로 넘어갔다. 얼마 후 베를린에 있는 그의 아파트는 갈색 셔츠를 입은 폭력배들의 손에 부서졌고, 아인슈타인은 영원히 독일에 돌아가지 못했다. 대신에 그는 뉴저지 주 프린스턴에 새로 설립된 프린스턴 고등연구소의 초빙을 받아들였다. 그는 반년가량만 머물 생각이었지만, 눈을 감을 때까지 20여 년 동안 이곳에 머물렀다.

프린스턴으로 가기 전에 아인슈타인은 유럽으로 돌아가 오래 머물면서 브뤼셀 영사관에서 독일 시민권을 공식적으로 포기했다. 그리고 그곳에서 당시 보어의 조수였던 레옹 로젠펠드라는 물리학자의 강연을 들었다. 로젠펠드가 강연을 마치자 아인슈타인이 일어났고, 간단해 보이는 질문을 하는 소크라테스와 다소 비슷하게 다음과 같은 시나리오를 그렸다. "2개의 입자가 대단히 크고 동일한 운동량으로 서로를 향해 움직인다고 가정해봅시다."[27] 그렇게 아인슈타인은 코펜하겐 해석을 허물기 위한 최선의 노력이자 마지막 노력이 될 사고 실험을 시작했다. 코펜하겐 해석을 무너뜨리는 일은 결국 실패했지만, 이 사고 실험은 향후 50년에 걸쳐 양자 세계가 근본적으로 기이하다는 점을 명백히 입증할 일련의 실험과 발견에 시동을 걸었다.

이 사고 실험은 2년 뒤에 완전한 형태를 갖출 예정이었다. 이제 프린스턴에 안락하게 자리를 잡은 아인슈타인은 2명의 동료, 보리스 포돌스키와 네이선 로젠과 협력해서 주제를 효과적으로 알리는 제목의 논문 「물리적 실재에 관한 양자역학적 설명이 완전하다고 할 수 있을까?」를 완성했다. 저자들의 머리글자를 딴 이 EPR 논문은 코펜하겐을 원자폭탄처럼 타격했다. 로젠펠드는 후에 이렇게 회고했다. "이 맹습이 마른 하늘에 날벼락처럼 우리를 덮쳤다."[28] 파울리는 하이젠베르크에게 미친 듯이 편지를 쓰고 그 논문을 "재난"이라고 불렀다.[29]

간단히 말해서 그 논문은 1927년부터 시작된 아인슈타인의 반론을 정리하면서 문제점을 더 분명히 하고 있었다. 문제의 두 입자는 충돌해서 반대 방향으로 튈 것이다. 두 입자가 날아가는 동안 방해받지 않는다고 가정하면, 입자들은 서로의 반대쪽으로 아주 멀리 이동할 수 있다. 하지만 만일 과학자가 그중 하나를 붙잡아서 측정하면 양자역학과 하이젠베르크의 원리에 따라서 입자의 위치나 운동량을 매우 정확히 알 수 있다. 지금까지는 문제가 없다. 하지만 하이젠베르크가 입증한 바에 따르면, 입자는 사람이 관측할 때까지 운동량이나 위치를 가지지 않는다고한다. 문제는 이것이다. 한 입자를 관찰할 때 연구자는 두 입자가 서로 아무리 멀리 떨어져 있을지라도 다른 입자의 위치나 운동량을 즉시 알게 된다. 설상가상으로, 과학자는 하나를 관찰함으로써 다른 입자에 대한 관찰 정보까지 즉시 알게 된다. 아인슈타인이 로젠펠드의 강연에서 물었듯이, "첫 번째 입자에 대한 측정이 두 번째 입자의 최종 상태에 어떻게 영향을 미칠 수 있는가?"[30] 1915년 중력을 시공간의 곡률curvature로 새롭게 정의할 때 아인슈타인은 이른바 "유령 같은 원격 작용"의 심장에 말뚝을 꽂았다. 이제 여기에서 그 심장이 다시 머리를 내밀고 있었다. 아인슈타인은 절대 그것이 옳을 리가 없다고 생각했다.

코펜하겐나이츠는 다시 똘똘 뭉쳤다. 하이젠베르크가 대응서를 작성했지만, 최종적으로 공식 반론을 발표하는 일은 보어가 맡았다. EPR 논문과 똑같은 제목을 경쾌하게 내걸었지만 이 논문—이번에는 그에 대한 긍정적인 답변의 형식이었다—은 테이블을 되돌려서, 아인슈타인과 그의 동료들을 향해 옳을 리가 없는 것은 그 결과가 아니라 실재가 어떤 것인가에 대한 기본적인 가정이라고 주장했다. EPR의 저자들은 실재에 대한 부당한 가정, 즉 실재가 측정과 무관하게, 시각화할 수 있는 형태로 존재한다는 가정을 사유에 끌어들이고 말았다.[31] EPR이 생각하기에 유령 같은 원격 작용은 그 이론이 틀렸음을 의미하겠지만, "사실 모순처럼 보이는 이것은 자연철학의 통상적인 관점이 기본적으로 불충분하다는 점을 드러낸다"라고 보어는 다소 건방지게 대응했다.[32] 만일 실재가 양자역학과 충돌하는 듯 보인다면, 실재에는 너무나 안된 일이었다.

양자역학이 어떻게 해서 온전한 그림이 될 수 없는지를 보여주는 과정에서 요점을 명료화하고자 한 사람은 아인슈타인만이 아니었다. 슈뢰딩거 역시 논쟁을 주의 깊게 지켜보고 있었다. 그해 후반에 슈뢰딩거는 독자적으로 논문을 발표했는데, 그의 생각은 아인슈타인의 지지를 받는 데에서 더 나아가 양자역학으로부터 생겨나는 역설의 가장 유명한 버전이 되었다. 이 유명한 시나리오에서 슈뢰딩거는 상자, 약간의 방사성 물질,

가이거 계수기(이온화 방사선을 측정하는 장치/역주), 청산가리 약병, 의심 없는 고양이로 이루어진 "지옥 같은 장치"를 묘사했다.[33] 양자역학에 따라 전자가 측정되기 전까지는 특정한 경로를 밟고 있다고 말할 수 없다면, 주어진 시간 안에 입자를 방출할 확률이 50퍼센트인 방사성 물질도 관찰되기 전까지는 방출되었는지 아닌지 말할 수 없을 것이다. 그 결과, 그 방출의 파동 함수는 관찰이 이루어지기 전까지는 방출된 상태와 방출되지 않은 상태, 이 두 상태가 중첩된 상태로 유지될 것이다(슈뢰딩거의 고양이는 이 양자 중첩의 역설을 드러내기 위해 슈뢰딩거가 고안한 사고 실험으로, 이에 대한 코펜하겐 해석은 상자를 열 때 파동 함수가 붕괴해서 고양이가 특정 상태로 결정된다는 것이다/역주). 이 논문의 요지는 양자 세계의 비결정성이 고전물리학이 지배하는 세계와 관련되게끔 실험을 설계하는 데에 있었다(물론 사고 실험이며, 어떤 고양이도 해를 입지 않는다). 가이거 계수기가 방출을 탐지해서 망치를 가동하면 그로 인해 작은 독약 병이 깨진다. 만일 상자가 열리고 고양이를 관찰하기 전까지 이 사건이 일어났는지 알 수 없다면, 이는 고양이가 상자 안에서 중간 상태로 존재하고 있음을 의미할 것이다. 슈뢰딩거의 표현으로, 이는 삶과 죽음이 "뒤섞이거나 혼합된" 상태였다(이 표현에 대해 슈뢰딩거는 독자의 양해를 구했다).[34]

양자 사건들이 결정론적으로든 우연으로든 서로 연결되거나 고전적인 장치와 연결될 수 있다는 슈뢰딩거의 생각에는 아무런 문제가 없었다. 심지어 그는 오늘날 우리가 그러한 관계를 가리킬 때 사용하는 "얽힘entanglement"이라는 용어를 새로 만들었다. 얽힘은 아인슈타인의 원래 시나리오에서 두 입자가 충돌할 때 만들어지는 관계이다. 그는 이렇게 썼다. "예측의 얽힘은 이전 시간에 존재했던 두 물체가 진정한 의미에서 하나의 체계를 형성했다는 사실, 즉 두 물체가 상호작용을 하고 서로에게 **자취**를 남겼다는 사실에서 발생한다."[35] 그가 문제를 제기하고 불합리하다고 생각한 것은, 어떤 계를 측정할 때 비로소 그 계가 그러한 형태를 가질 수 있다는 생각이었다. 그가 말했다. 고양이는 입자의 방출과 얽혀 있으며, 약병이 깨진 순간부터는 죽은 상태 아니면 살아 있는 상태일 것이다. 두 입자가 그중 하나를 측정하기 전에도 구체적인 궤적과 속도로 운동하는 것처럼 말이다. 무엇인가를 측정할 때 우리는 거기에 이미 무엇이 있었는지 알 수 있다. 그것은 우리가 만들어내는 것이 아니다. 그것은 실재이다.

1982년이 되어서야 파리쉬드 대학교에서 물리학자 알랭 아스페(2022년에 노벨상을 공동 수상했다)와 그의 연구팀이 다음과 같은 문제를 결정적으로 증명했다. 과연 슈뢰딩거와 아인슈타인이 옳고, 이 얽힘이 단지 측정에 의해 드러나고 그에 의해 만들어지는 것이 아닌 일종의 숨은 상태를 나타내는지—즉, 아원자 차원에서 실재가 관찰과 독립해서 존재한다고 말할 수 있는지—혹은 관찰이 근저에 놓인 실재를 결정한다는 하이젠베르크의 이론이 최종적으로 우세한지를 증명한 것이다.

실재에는 참 안된 일이지만, 그들의 실험은 하이젠베르크가 옳다는 것을 입증했다.

아인슈타인의 얽힘 실험은 몇몇 사람의 진지한 관심사가 되었다. 그의 개념은 대체로 아인슈타인의 입장을 믿고 싶어하는 물리학자들이 지지했으며, 1950년대에 데이비드 봄 그리고 수십 년 후에 그의 제자 존 벨 같은 사람들이 세련되게 다듬었고, 그후로 정확성을 더해갔을 뿐 아니라 1980

년대와 1990년대까지 갈수록 더 명료한 결과로 이어졌다. 얽힌 광선 빔들의 편광을 측정하든 얽힌 분자들의 "스핀spin"을 측정하든 연구자는 두 가지 사실을 피하지 못했다. 광자와 입자의 구체적인 속성은 측정되기까지는 불확정이라는 사실, 그리고 한 입자의 측정이 다른 입자의 값을 즉시 결정하는 것처럼 보인다는 사실—그에 따라 빛보다 빠른 소통을 금지하는 특수상대성 이론의 명령을 분명히 위반한다—이었다. 이는 또한 필연적으로, 브뤼셀에서 보어가 제기한 반론은 효과적이기는 해도 진정한 결정타라기보다는 논쟁에 혼란을 끌어들인 것이었음을 입증했다.

아인슈타인이 항상 바랐던 것은 원격의 입자나 광자에 관한 이 지식이 더 이상 수수께끼가 아니라, 예를 들면 하나의 공이 담겨 있거나 비어 있는 2개의 상자 중 하나를 여는 경우처럼 결국 모든 과학자에게 명료하게 받아들여지는 것이었다. 그는 슈뢰딩거에게 이렇게 써 보냈다. 만일 2개의 똑같은 상자 중 하나의 상자에 공 하나를 넣고 상자를 뒤섞는다면 "첫 번째 상자에 공이 들어 있을 확률은 2분의 1이다. 이 묘사는 완전할까? 아니다. 완전한 진술은, 공은 첫 번째 상자에 **있다**(혹은 없다)이다."[36] 양자 "공"이 측정될 때까지 유령 같은 중간 상태로 존재하는 것이 아니라 항상 상자 안에 있다는 아인슈타인의 확신을 입증하는 데에 보탬이 되고자 벨은 다음 단락에 있는 것과 같은 독창적인 실험을 설계했다. 하지만 벨로서는 원통하게도 이 실험은 결국 보어와 하이젠베르크의 양자 달걀을 뒷받침하고 말았다. 나중에 벨은 상당히 개인적인 어조로 실망감을 털어놓았다. "나는 이 경우에 아인슈타인의 지적 능력이 보어보다 엄청나게 우월했다고 생각한다. 둘의 차이는 필요한 것을 명확히 보는 사람과 반계몽주의자 사이에 가로놓인 격차만큼 거대해 보인다. 따라서 나로 말하자면, 아인슈타인의 생각이 유효하지 않다는 점이 아쉬울 따름이다. 합리적인 것이 유효하지 않다니."[37]

벨의 실험은 일정한 스핀을 가진 입자의 측정 가능성과 관련이 있었다. 아주 간단한 형태로, 만일 스핀이 이미 존재했다면—이를테면, 상자 안에 공이 항상 있었다면—측정된 결과들 사이에 "불평등한" 형태로 어떤 통계적 패턴이 나올 것이다. 우리는 이 예측된 부등식을, 주사위 한 쌍을 여러 번 던진 뒤 특정한 합이 나타나는 횟수를 추적하는 것과 같다고 생각할 수 있다. 2와 12는 예를 들어 6이나 7보다 훨씬 낮은 빈도수로 나올 것이다. 그러한 합을 만드는 경우가 더 적기 때문이다. 반대로 2와 12가 6만큼 자주 튀어나온다면, 우리는 어딘가 수상하다고 의심할 것이다. 벨의 실험에서, 만일 양자역학이 옳고 따라서 측정 행위로 인해 입자가 어떤 상태를 띠게 된다면, 이미 존재하지만 숨어 있는 스핀을 발견해서 예측할 수 있는 부등식을 위반하는 셈이 된다.[38]

마침 1970년대에는 벨의 부등식을 위반하는 데이터, 즉 그런 값이 양자 상자 안에 발견되기를 기다리며 숨어 있는 것이 아니라, 측정을 통해서 적극적으로 생성된다는 것을 가리키는 실험 데이터가 축적되고 있었다. 하지만 문제를 매듭지은 것은 양자역학으로 해결될 독창적인 술집을 소개한 1982년의 아스페 실험이었다. 이 실험은 2개의 얽힌 광선 빔 중 하나가 광선의 원천을 떠난 後에 실험자가 스위치를 이용해서 광선을 무작위로 분극화(편광)시키는 것이었다. 결과는 폭발적이었다. 광선이 원천을 떠난 뒤 무작위로 변경될 때에도 벨의 부등식을 위반한 것이다. 양자적 실체들은 측정될 때까지 중간 상태로 남아 있다가 측정을 할 때 비로소 얽힌 쌍이 심지어 상대성 이론을 명백히 위반하고 먼 거리를 가로질러 변하는 것으로 보였다. 한 논평자가 지적했듯이, 그것은 일종의 마술 같았다. 쌍둥이 2명이 어떤 술집에 있든 그리고 두 술집이 얼마나 멀리 떨어져 있든 간에 항상 서로 다른 술을 주문하는 것 같았다. "한 사람이 '맥주'라고 말하면, 다른 사람은 즉시 '위스키'라고 말한다."[39] 그런데 더욱 불가사의하게도, 우리는 한 쌍둥이가 주문하는 순간에 그의 주문을 변화시킬 수 있는데, 앗 이럴 수가, 이때 다른 쌍둥이의 주문도 따라서 변한다.

마술처럼 들리지만, 얽힌 입자는 실제적이다. 21세기 초 이래로 수행된 일련의 실험에서 오스트리아의 물리학자 안톤 차일링거(얽힘을 확인하는 실험으로 알랭 아스페 및 존 클라우저와 함께 2022년 노벨상을 받았다)는 점점 더 큰 입자들을 얽히게 하고, 얽힌 입자들 사이의 거리를 점점 더 확대했다. 그는 2004년에는 얽힌 광자를 이용해서 깰 수 없는 암호를 만들고, 한 계정에서 다른 계정으로 3,000유로를 안전하게 송금했다.[40] 2007년에는 스페인 카나리아 제도의 한 섬에서 허공을 가로질러 약 143 킬로미터 떨어진 다른 섬으로 얽힌 입자를 보냈다.[41] 큐비트qubit(퀀텀 비트quantum bit의 줄임말/역주)라고 불리는 얽힌 입자는 떠오르는 양자컴퓨팅 산업의 심장 격이다. 양자컴퓨팅은 가까운 미래에 정보 처리 능력을 기하급수적으로 끌어올릴 가능성이 있다. 하지만 측정이 빛의 속도를 위반할 뿐만 아니라 시간과 인과 관계의 방향마저 위반하는 것으로 보인다는 점은 심히 역설적이라는 느낌을 불러일으킨다. 이것을 어떻게 설명할 수 있을까?

우리는 이 역설을 완전히 다른 방식으로 생각할 필요가 있다. 노벨상을 수상하고 양자전기역학 분야를 창시한 리처드 파인먼은 이렇게 말한 적이 있다. "그 '역설'은 단지 실재와 우리가 '마땅히 이래야 한다'고 느끼는 실재의 충돌에 불과하다."[42] 나중에 알고 보니 이 말은 베르너 하이젠베르크가 내내 말하고 있던 내용을 간결하게 표현한 것이었다.

1933년 1월 30일, 히틀러가 독일 정부를 막 지배하기 시작할 때였다. 하이젠베르크는 당시 친구이자 평생의 친구로 남을 카를 프리드리히 폰 바이츠제커의 집을 방문했다. 두 사람은 바이츠제커의 집 앞에서 거리를 바라보고 있었다. 갈색 셔츠를 입은 젊은 남자들이 일사불란하게 줄을 맞춰 행진했다. 자갈이 깔린 도로 위에 군대의 횃불이 깜빡이는 그림자를 떨구는 동안 두 과학자는 걱정스러운 눈빛을 주고받으면서 급변하는 정세가 조국의 미래에 어떤 영향을 미치게 될지 우려했다.[43]

오래 기다릴 필요가 없었다. 1개월도 되지 않아 국회의사당에 불이 났고, 당연하게도 공산주의자들이 그 장본인으로 지목되었으며, 독일의 각 주에 "질서와 보안"을 철저히 수호할 제국 정치위원들이 임명되었다.[44] 4월 1일에 나치 정권은 유대인이 소유한 기업에 불매를 선언하고, 곧이어 행정과 대학에서 유대인 임용을 제한하는 법을 시행했다.[45] 하이젠베르크는 다른 존경할 만한 비유대인 교수들과 함께 야만적인 새 정권의 "난폭한 짓"을 경멸했지만, 공개적인 비난을 하기 바로 직전에 멈춰버렸고, 한참이 지난 그해 가을에 나치의 "좋은 의도"에 대한 신중한 낙관론을 표명했다.[46]

부정한 믿음이라고까지 할 수는 없어도, 그러한 순진한 행위는 오늘날 우리에게 충격으로 다가올 수밖에 없다. 하지만 그런 태도는 당시 비유대인 교수 사회에 널리 퍼져 있었다. 하이젠베르크와 플랑크를 비롯하여 독일 과학계 최고의 자리에 있는 많은 교수들은 정치적 격변이 금방 끝나기를 바랐다. 그들은 교수에게 높은 사회적 지위가 부여되고 또한 독일 물리학이 세계적으로 훌륭한 명성을 쌓아올린 만큼 자신들과 유대인 동료들이 위해를 당하지 않으리라고 생각했다. 그들은 나치 이데올로기의 계급적 적대감이 얼마나 뿌리 깊은지를 과소평가하고 있었다. 나치는 지성과 과학을 똑같이 멸시했다.

비유대인 과학자들의 단기적인 목표는 정권이 유대인 동료들을 해고하는 사태를 막는 것, 혹은 종종 그랬듯이 이미 그런 일이 벌어졌을 때에는 동료들을 설득해서 자신들이 막후에서 정부의 결정을 번복시키는 동안 이 나라를 떠나지 않게 하는 것이었다. 하이젠베르크를 지도했던 막스 보른은 괴팅겐 행정 당국이 무기한 유급 휴가를 주자 이탈리아로 떠났다. 처음에 보른은 다시는 돌아오지 않겠다고 맹세했지만, 1933년 6월 하이젠베르크의 편지를 받고 동요했다. 편지에는 플랑크가 "정부의 최고 지도자와 이야기를 나눈 결과, 우리 과학을 규제할 새로운 행정법을 제외하고 다른 어떤 문제도 일어나지 않으리라는 확약을 받았습니다"라고 적혀 있었다.[47] 플랑크는 실제로 히틀러를 만났지만, 이에 대한 기록에는 그날 실제로 무슨 일이 일어났는지 명확하게 적혀 있지 않다. 다만 플랑크의 회고에 따르면, 히틀러는 먼저 유대인에게 악감정을 품고 있지 않다고 말해놓고는 이 존경할 만한 과학자에게 벌컥 화를 냈다고 한다.[48]

한편 오스트리아인인 슈뢰딩거는 하이젠베르크나 플랑크와는 달리 독일에 충성하는 마음이 전혀 없었다. 슈뢰딩거는 그해 여름이 끝날 무렵 베를린의 직위를 버리고 옥스퍼드의 교수가 되었다. 몇 년 후 그는 오스트리아로 돌아가 그라츠 대학교에서 학생들을 가르쳤다. 이곳에는 두 가지 이점이 있었다. 하나는 적어도 당시로서는 나치가 없다는 점이었고,

다른 하나는 현 정부情婦가 거주하는 곳이라는 점이었다. 당시 그의 정부는 한 동료의 아내였으며, 슈뢰딩거는 그녀와 딸을 한 명 낳았다.[49] 그는 그라츠에 머물다가 1938년 히틀러가 오스트리아를 합병할 때 더블린 대학교로 영원히 이직했다. 오랫동안 슈뢰딩거를 경쟁자로 생각한 하이젠베르크는 그의 결정에 특별히 기분이 상해서 "유대인도 아니고 어떤 위험에 처하지도 않은" 과학자가 왜 변절했을까 하며 의구심을 드러냈다.[50] 한편 플랑크는 그보다는 외교적인 어조로 "슈뢰딩거의 사임은 우리 베를린 물리학에 새로운 깊은 상처가 되었다"며 아쉬워했다.[51]

두 사람 중 누구도 히틀러의 집권이 독일 과학뿐만 아니라 인류 전체의 비극임을 이해하지 못한 듯했다. 사실 나치가 보기에 하이젠베르크가 대표하는 물리학 분야는 보른과 아인슈타인 같은 유대인 과학자와 관련된 탓에 더욱더 추악하고 부패한 분야였다. 게다가 아인슈타인이 자신의 막대한 대중적 인지도를 이용해서 새로운 정권을 공개적으로 공격하고 있었다. 양자역학과 유대인 과학자들을 지키기 위해서 조용히 노력한 대가로 하이젠베르크와 플랑크는 "백색 유대인"으로 분류되어 블랙리스트에 올랐다. 그들은 하이젠베르크에게 괴팅겐 대학교를 이끌게 해서 예전의 영광을 되찾으려고 했지만, 하이젠베르크를 공적인 직위에서 완전히 몰아내고자 하는 권력자들의 공개적인 비난에 가로막혔다. 그러한 비난은 심지어 1933년 11월 하이젠베르크가 전년도 노벨상을 수상했다는 통보를 받은 뒤에도 계속되었다(1932년 노벨상 위원회는 노벨 물리학상에 적합한 후보자가 없다고 판단했다가, 1년 뒤인 1933년에 전년도 수상자로 하이젠베르크를 지명했다/역주). 이틀 뒤 하이젠베르크는 라이프치히 캠퍼스에서 학생들이 주최한 나치 집회에 참석하기를 거부했다. 그러자 정신없는 학생들은 모순적인 행동을 했다. 먼저 하이젠베르크의 강의실로 행진해 들어가서 그의 강의를 방해했고, 며칠 후에는 전형적인 나치 방식에 따라 횃불 행진을 하며 새로 탄생한 노벨상 수상자를 환대한 것이다.[52]

이듬해 8월, 나치 정권은 모든 공무원을 상대로 현재 직위를 유지하고 싶다면 히틀러에게 충성한다는 서약서에 직접 서명해야 한다는 규정을 시행했다. 1935년 1월에 하이젠베르크는 서약서에 서명했지만, 계속해서 정권이 국내에서 자행하는 "난폭한 짓"을 조용히 비판하고 반대했다. 그는 1935년 가을에 어머니에게 이렇게 써 보냈다. "저는 협소한 과학 분야에서 미래에 반드시 중요해질 가치를 감독하는 데에 만족해야 합니다. 외부 세계는 추하기 이를 데 없지만, 연구는 아름답습니다."[53]

정치적 혼란을 진정시키는 바이올린의 감미로운 선율처럼 하이젠베르크에게 아름다운 연구는 중간 지대—대화, 즉 관계로부터 나올 수 있고 또 나올 수밖에 없기 때문에 어느 한 개인이자 정당이 거머쥘 수 없는 진리—에 대한 믿음을 붙잡아주는 닻이 되었다. 어쩌면 그러한 중간 지대는, 한 개인이나 정당이 확신하는 실재가 대단히 강하고 유독해서 때로는 (심지어 바흐의 음악과 같은 아름다운 예술, 그리고 하이젠베르크가 열렬히 지키고자 하는 아름다운 과학을 창조할 줄 아는) 민족을 전체적으로 오염시킬 수 있다는 하이젠베르크 자신의 이해를 넘어서는 것일 수도 있었다. 어쩌면 그러한 중간 지대는 간혹 단 하나의 사악한 믿음이 너무 강해서 제아무리 사랑스러운 소나타라고 할지라도 그 사악한 마법을 깨지 못한다는 그의 이해를 넘어서는 것일 수도 있었다.

오늘날 글을 쓰는 학자들은 하이젠베르크의 과학을 관통하는 용감하고 혁신적인 성격과 그의 신중하고 소극적인 정치 참여가 명백히 불일치하는 것에 종종 어리둥절해한다. 하지만 이 두 가지 태도는 얼핏 보기보다 서로 멀리 떨어져 있지 않다. 과학의 영역에서 하이젠베르크는 사람의 관찰 행위와 그 정보들을 서로 연결하는 해석의 노력 너머에 의심할 바 없이 확실한 실재가 존재한다는 가정을 기꺼이 무시했다. 이러한 태도를 현실에 투사하면, 1930년대에 드러날 수 있는 일종의 초자연적인 인내, 즉 세상에 실제로 만연하는 악을 인식하지 못하고 그래서 강하게 대응하지 못하는 일종의 관망적 태도로 변환된다. 이러한 태도는 정치 영역에서는 비참하게 실패했을지라도 물리학에서는 정당하다고 입증되었다. 시공간의 근본인 궁극적 실재를 시각화하지 못하는 인간 능력의 한계와 관련하여 하이젠베르크가 깨달은 직관은 오늘날에도 유효하다.

1950년대와 1960년대에 제시된 다양한 실험을 통해서 과학자들은 입자에는 실제로 유령 같은 성질이 있다는 것을 입증했을 뿐 아니라, 얽힌 입자들 사이에는 아인슈타인 본인이 물리학에서 추방했다고 생각한 "유령 같은 원격 작용"이 실제로 존재한다는 것마저 입증했다.[54] 하지만 끈 이론가인 브라이언 그린이 말했듯이, 의외로 "특수상대성 이론은 간발의 차이로 살아남았다." 이유인즉슨, 얽힌 두 입자 중에 하나를 관측한다고 해도 또다른 얽힌 입자로 정보가 전달되는 것은 아니기 때문이다. 실제로 일어나는 일은, 한 관찰자가 얽힌 입자를 관측하면 다른 위치에 있는 얽힌 입자를 관측할 경우에 또다른 관찰자가 무엇을 보게 될지 예측할 수 있는 정보를 얻게 된다는 것이다. 하지만 그 관찰자가 빛의 속도보다 더 빠르게 그 지식을 전달할 수는 없다.[55] 그 지식은 특정한 관점에서 이루어진 해석, 즉 대화의 일부로 남는다.

파인먼의 말을 기억해보자. 우리는 관점을 바꾸어서 양자역학의 역설은 사실 "실재와, 우리가 '마땅히 이래야 한다'고 느끼는 실재의 충돌에 불과하다"라고 이해할 필요가 있다. 실재가 마땅히 어떠해야 한다는 느낌은 매우 강한 느낌이다. 하지만 그 느낌 자체가 기이한 불가능성에 의존하는 것이라면 어떻게 될까? 파인먼이 언급한 그 느낌은 아인슈타인과 슈뢰딩거가 재확인되기를 바랐지만 결코 그렇게 되지 않은 것과 같은 느낌이다. 다시 한번 소개하지만, 그것은 실재가 우리의 관찰 및 측정과 독립해서 객관적으로 존재한다는 느낌이다. 하지만 결정적으로 그 느낌, 그 가정은 대단히 구체적인 이미지와 구조에 싸여 있으며, 관찰되고 있는 정보가 우리에게 어떻게 다가올 수밖에 없는가에 좌우된다. 관찰된 정보는 공간상 펼쳐져 있고 시간상 연속적인 것으로서 우리에게 다가온다.

그렇게 가정할 때 우리는 시공간의 한계를 초월하는 은밀한 관찰자를 아무도 모르게 우리 생각 속으로 들이게 된다. 이 관찰자는 몇 가지 형식을 취한다. 양자역학을 역설적으로 보이게 하는 미소한 실재와 관련하여 우리는 아룬다티 로이(『작은 것들의 신』으로 부커상을 수상한 인도 작가/역주)의 아름다운 소설 제목과 같은 아주 "작은 것들의 신"의 관점을 은연중에 채택한다. 마찬가지로 특수상대성 이론의 시공간 왜곡을 생각도 할 수 없는 것으로 여기게 하는 진부한 관점을 위해서 아주 큰 것들의 신도 맞아들인다. 각각의 경우에 그 신은 인간이 취할 수 없는 관점을 대표한다.

어떤 것을 알거나 지각하거나 상상하기 위해서는 시공간상의 점들을 가로지르는 것, 즉 다른 지점이 아닌 한 지점에 위치한 뒤 그곳에서 다른 지점으로 다리를 놓을 필요가 있다. 거울을 보고 자기 자신의 모습에 놀라는 푸네스처럼(이것은 불가능하다. 그는 구체적인 인상들을 일반화하지 못한다고 하는 사람이기 때문이다) 앎이나 지각이나 상상에는 두 순간 사이에 달라진 것과 변하지 않은 것에 대한 인식이 함께 필요하다. 앎이나 지각이나 상상에는, 칸트가 흄에게 일깨웠듯이, 최소한 2개의 식별할 수 있는 사건을 종합하는 일이 필요하다. 인간을 포함한 모든 유한한 존재가 그러한 종합을 하기 위해서는 최소한의 시공간을 가로질러야 한다. 반면에 아주 큰 것들의 신은 시공간의 두 지점(실은, 시공간의 모든 지점)에 있을 수 있고, 그래서 우리 같은 유한한 존재로서는 단지 측정하고 추론하기만 할 수 있는 것(즉, 한 지점에서 하나의 입자를 관찰하면 그것과 얽힌 입자는 다른 지점에서 특정한 값을 띨 것이라고 추론하기만 할 수 있는 것)을 그 신은 직접 **경험할** 수 있다. 이 신이 그렇게 할 수 있는 것은, 시공간에 존재하는 우리와는 달리 이 신에게는 빛의 한계 속도가 방해 요인이 아니기 때문이다. 우리는 항상 동시성 개념을 통해서 한 관찰자의 상상을 다른 장소에 투사하지만, 동시성은 그러한 신에게만 실질적이다.

마찬가지로 그 신의 공범인 아주 작은 것들의 신에게 양자 변화는 관찰하는 중에만 일어날 수 있다. 이 신에게는 변화의 양쪽에 걸터앉아 그 정보를 목격하지 못할 만큼 너무 작은 공간, 너무 짧은 시간은 존재하지 않는다. 그와 반대로 시공간에 묶인 우리로서는 관찰된 정보에 기초해서 변화가 일어났다고 추론할 수 있지만, 제논이나 양자 데이터에 자극을 받아 시공간의 틈 속으로 너무 깊이 파고든다면 그러한 변화가 우리의 관찰 정보와 양립하지 않는 지점에 도달하게 된다. 실제로, 양자 냄비는 지켜보고 있으면 절대 끓지 않는다는 말이 있다.

1990년대에도 일련의 놀라운 실험이 그 점을 정확히 입증했다.[56] 미국표준기술연구소에서 과학자들은 이온의 에너지 준위가 뛰어오를 확률이 100퍼센트 보장되는 시간 동안 전파로 베릴륨 이온들을 타격했다. 어떠한 이온과 에너지 준위에 대해서도 이온의 에너지 준위가 변할 확률이 0퍼센트인 지점과 100퍼센트인 지점 사이의 시간 간격을 세분화하고, 그렇게 해서 이온 준위의 도약 확률이 50퍼센트가 되는 시간대를 정할 수 있다. 양자 형식에 어울리게 베릴륨 이온 집단을 이렇게 가열하고 50퍼센트가 되는 중간 지점에서 측정을 하면, 이온 집단의 절반은 에너지 준위가 상대적으로 높고 절반은 낮을 것이다. 하지만 이제부터 그 시간대를 점점 더 작은 분절로 나눠보자. 그리고 일정한 시간 동안 예를 들어 10번을 보고, 그런 뒤 같은 시간 동안 20번을 보는 방식으로 추가 횟수를 늘리면서 각각의 구간에서 이온들이 변했는지 살펴보면, 도약한 이온이 점점 더 줄어드는 것을 알 수 있다. 이 실험의 유일한 제약은 관찰과 관찰 사이의 시간 간격을 과학자들이 얼마나 짧게 할 수 있는가뿐이다. "이온들을 항상 주시하는 것이 가능하다면 단 하나의 이온도 변하지 않을 것이다."[57]

이 실험 결과는 말도 안 되는 듯 들리지만, 우리는 어깨를 으쓱하고 양자 세계의 역설적인 성격을 하나 추가하고 싶은 충동을 거부해야 한다. 파인먼의 강의에서 우리는 보르헤스가 제논을 분석하면서 보여준 것의 메아리를 들을 수 있다. 보르헤스는 아킬레우스와 거북이가 거주하는 시공간상의 실재가 견고하고 연속적이라는 우리의 가정 때문에 제논의 역설이 발생한다는 점을 보여주었다. 그와 마찬가지로, 관찰의 필수조건—식별할 수 있는 시공간상 2개의 지점을 연결하는 것—에서는 성격상 이러한 실험 결과가 나올 수밖에 없다. 물론, 일상생활에서는 아킬레우스가 거북이를 따라잡을 수 있고, 견유학파인 디오게네스가 일어나 걸어봄으로써 제논의 코를 납작하게 할 수 있다. 하지만 우리 일상생활은 플랑크의 척도와 빛의 속도가 지배하는 생활이 아니다. 양자 차원에서는, 우리가 관찰하는 동안에는 베릴륨 이온의 에너지 상태가 바뀌지 않는다. 푸네스가 거울에 자기 모습이 비쳐도 그것을 생전 처음 보는 것처럼 화들짝 놀라지 않듯이 말이다. 관찰하는 중에 이온이 변하거나 푸네스가 정말로 놀라기 위해서는 시공간이 실질적인 어떤 것, 독립적인 어떤 것, 변화를 겪을 수 있는 어떤 물질이어야 한다. 하지만 그렇지 않다. 시공간은 우리가 관찰 정보를 하나의 일관된 총체로 통합하기 위해서 사용하는 도구일 뿐이다. 그리고 과학적 방법의 필수 불가결한 동력이자 요소인 겸손을 갖추기 위해서는 시공간이 실제적이라고 생각하고 싶다는 유혹을 거부해야 한다.

다음 장에서 우리는 칸트로 돌아가 그가 최고의 학문적 지위에 오르게 된 과정을 돌아본 뒤 우리가 아름다움을 경험하고 자유에 수반된 의무를 경험하는 것이 우리의 과학적 지식과 어떻게 연관되어 있는지를 살펴볼 것이다. 또한 인간적 오류의 근원에 대한 그의 깨달음이 프로이센 왕국의 종교적 검열에 어떤 의미를 띠었으며, 인간이 신의 지식을 얻을 수 있다고 가정해서 범하게 되는 지속적인 오류에 반대하기 위해서 그가 어떻게 비판적인 방법을 떠올렸는지 알아볼 것이다.

5

영원의 상 아래에서

불쌍한 칸트 교수. 칸트는 논리형이상학과 정교수 직함이라면 노동량이 줄 것이라는 희망을 품었을지 모른다. 만일 그랬다면 그는 곧 쓴웃음을 지었을 것이다. 하숙비를 내기 위해서 학생들의 수업료에 의존하는 일은 더 이상 없었지만, 그는 계속 등골 빠지는 일정에 따라 학생들을 가르쳤다. 그리고 무엇보다도 행정직 특유의 재미를 알게 되었다.

1770년 여름부터 칸트 교수는 과중한 업무로 아침 5시에 하루를 시작했다. 시간이 되면 집사이자 퇴역병인 마르틴 람페가 그를 침대에서 억지로 끌어냈다. 이 일은 람페에게 필수적이면서도 가장 힘든 과제 중 하나였다. 칸트가 맡은 바 임무에 초인적으로 헌신했다면, 늦잠을 자고 싶은 마음이야말로 그 헌신의 유일한 적이었다. 특히 어둡고 차가운 아침이면 프리드리히 김나지움에 등교하던 어린 시절이 떠올랐다. 그럼에도 칸트는 람페의 집요함에 기대 침대에서 억지로 몸을 일으켰다. 그런 뒤 묽은 차 두 잔을 마시고 담배를 파이프에 가득 채워 피우면서, 그 시간을 "명상"에 바쳤다. 그는 파이프를 한 대 이상 피운 적은 결코 없다고

자랑스럽게 강조했지만, 세월이 흐르자 파이프가 부쩍 커졌다고 슬픈 듯이 고백했다.[1]

잠이 완전히 달아나면 칸트는 1시간 반 동안 생각하거나 글을 쓰고, 또한 그날의 강의를 준비했다. 1770년 여름 학기 동안 대부분의 평일에는 아침 7시에 논리학을 강의했다. 다음으로 8시부터 9시까지 다시 한 번 논리를 가르치고, 9시부터 10시까지 윤리학과 실천 철학을 가르쳤으며, 바로 후에는 백과사전에 대해서 강의했다. 그가 해야 했던 강의의 범위는 그의 전공인 논리학과 형이상학을 훨씬 벗어났다. 칸트는 주중 이틀 동안 지리학 강의를 했고, 겨울 학기에는 심지어 광물학을 가르치라는 제안에 동의했다. 그는 일주일에 총 22시간 강의했으며, 그 밖에도 교수라면 당연히 해야 하는 정기적인 대중 강연에 시간을 들였다. 세상을 바꿔놓을 책에 열중하던 사람으로서는 놀라울 정도로 많은 시간을 소비하는 셈이었다.[2]

설상가상으로 교수는 누구나 돌아가면서 학장직을 역임해야 했다. 학장으로서 칸트는 인문학부의 학사 행정을 관리하는 일 외에도 대학교 행정을 감독하는 대학평의원회에 소속되어 분쟁과 불만, 그 밖의 잡다한 문제를 모두 처리해야 했고, 그로 인해 정신 활동이 위축되었다. 또한 해마다 약 80명의 신입생을 선발하기 위해 시험도 관리해야 했다. 이 마지막 과제는 너무 과중했던 것이 분명하다. 그는 이 일을 진지하게 고려할 노력조차 하지 않았고, 학생이 "극도의 게으름"을 피우지 않는다면 만족한다고 선언했다.[3] 그는 이 무기력함을 다음과 같은 완전한 칸트식 경구로 정당화했다. "나무는 바깥에 서서 자랄 때 더 잘 자라고, 인공으로 키울 때보다 열매를 더 많이 맺는다."[4]

1770년대 중반 칸트는 모든 주제를 다룬 저작들, 박사학위 논문과 그 논문으로 촉발된 유력한 독일 사상가들 사이의 논쟁, 그리고 강연자로서 획득한 큰 인기에 힘입어 독일 학계의 유명인이 되어 있었다. 1778년에 프로이센 교육부 장관은 그에게 쾨니히스베르크에서 버는 돈보다 2배 이상 많은 봉급을 줄 테니 그 나라에서 가장 명망 있는 대학 중 하나인 할레 대학교로 옮기는 것을 고려해보라고 통보했다. 칸트가 고사하자 장관은 제시액을 3분의 1 올리고 명예로운 조신朝臣의 칭호를 더해서 제안의 당도를 높였다. 하지만 칸트는 떠나고 싶지 않았다.[5] 그는 친구에게 이런 편지를 써 보냈다. "내가 바라는 모든 게 여기 있다네. 나에게 필요한 것이 완벽하게 갖춰진 평화로운 상황 말일세. 이곳은 일과 사색, 사교 생활에 번갈아 가면서 몰두할 수 있고, 쉽게 흔들리지만 그렇지 않을 때에는 무사태평한 마음과 그보다 훨씬 더 변덕스러운 몸이……긴장하지 않고 거주할 수 있는 곳이야."[6]

이 안락하고 안정된 분위기에서 중요한 역할을 한 것은 칸트가 사교 생활이라고 표현한 삶이었다. 칸트는 귀족 가문의 만찬에 자주 나타났고, 보통 안주인 옆에 마련된 명예로운 자리에 앉았다. 그에게는 좋은 벗들이 있었는데, 예를 들면 그는 영국인 조지프 그린과 일상적으로 어울렸다. 또한 칸트는 사회적 계급이 다른 사람들과 어울리는 것도 좋아했다. 평생 독신자였던 칸트는 인습적인 의미로서 가정을 꾸리지 않았고 항상 레스토랑이나 술집에서 식사를 했으며, 이때 합석하고 싶어하는 사람이 나타나면 누구와도 즐겁게 대화를 나누었다. 그가 유일하게 혐오하는 것은 가식, 그리고 이 교수에게 책이나 강연에 대해 귀찮게 질문해서 여가 시간에 일을 하게 하는 사람들이었다. 실제로 그는 식사 중에 사람들이 너무 자주 다가와서 그의 테이블에 합류하자 그 집에 발길을 끊기도 했다. 그들은 "초대하지 않았는데도 점심 먹는 자리에 찾아와서는 그에게 강연을 바라고 자신들의 반론에 답해주리라고 기대하는" 사람들이었다.[7]

친구가 그에게 중요한 만큼 음식도 한몫을 차지했다. 칸트는 최상품 소고기와 무엇보다도 좋은 포도주를 즐기기 위해서 레스토랑 주인과 거래를 하고는 했다. 어떤 음식이 특별히 마음에 들면 주방장을 칭찬하고 요리법을 물었다. 그는 직접 요리한 적이 없으므로, 이는 의도가 있다기보다는 호기심에서였다. 어느 평자는 아마도 칸트가 박사학위 논문의 완성을 길게 끈 것은 완전히 다른 책, 『요리 기술 비판』을 비밀리에 집필하고 있었기 때문이리라고 우스갯소리로 말했다.[8]

사실 칸트가 철학에 크게 기여하게 되기까지는 본인의 예상보다 오랜 시간이 걸렸다. 칸트는 1770년에 한 동료에게 논문 사본을 보내면서 메모를 동봉해서 "완전히 확실하고 쉬운 기준에 따라서 모든 종류의 형이상학적 문제를 조사할 수 있는 입장"이 곧 얼개를 갖추리라고 장담했다. 그가 생각하기에 그것은 "얼마 남지 않았으며", 앞으로 "몇 글자"만 더 쓰면 되는 일이었다.[9] 연기와 출간이 임박했다는 간헐적인 선언, 그리고 그 뒤를 이은 기나긴 침묵의 10년은 그렇게 시작되었다. 심지어 가족들도 초조해했다. 1773년 7월에 그의 형제는 오래 떨어져 있다는 데에 불평하면서, 칸트의 사상이 독일에 있는 모든 서점에 배포되기 전에 그가 먼저 그것을 엿볼 수는 없을지 궁금해했다.[10] 그해 말에 칸트는 이듬해 부활절까지는 최종본을 기대해도 좋다고 사람들에게 알렸다. 하지만 책이 다시 무산되자 독일어권의 지식인들은 투덜대기 시작했다. 유명

작가이자 인상학을 주도하는 세계적인 저자 요하나 카스퍼 라바터는 게으름을 피우는 이 교수에게 이렇게 써 보냈다. "몇 마디라도 말해보시오. 당신 죽었소? 쓸 수 없는 걸 쓰려는 사람이 왜 이리 많을까? 그리고 당신, 그렇게 절묘하게 글을 쓰는 사람이 왜 아무것도 쓰지 않는 것이오? 왜 말이 없는 것이오? 잠이 든 거요?"[11]

칸트는 자고 있지 않았다. 자고 있기는커녕 초과 근무를 하고 있었다. 다루고 있던 문제가 부쩍 커져버린 것이다. 논문에서 칸트는 지적 세계와 감각할 수 있는 세계를 별개의 영역으로 구분하고 있었다. 지적 세계는 무조건적인 진리로 이루어져 있고, 감각적 세계는 항상 어떤 다른 현상에 좌우되는 판단으로 이루어져 있었다. 그런데 이 문제를 파고들다 보니 만일 두 영역을 뒤섞는다면—지적 개념을 마치 공간적 연장성과 시간적 지속성을 가진 것처럼 다루거나, 보잘것없는 감각적 인상을 무궁무진하고 논쟁의 여지가 없는 진리로 착각한다면—결코 지지할 수 없는 모순에 빠질 수밖에 없었다. 후에 그는 이렇게 회고했다. "처음에는 이 이론이 그림자처럼 희미하게만 보였다. 나는 명제와 반명제를 입증하기 위해서 대단히 진지하게 노력했다. 의심스러운 이론을 입증하기 위해서가 아니라, 오성悟性(사물을 논리적으로 이해하고 판단하여 대상을 직접 받아들이는 능력/역주)에 대한 착각을 밝혀낼지 모른다는 생각에서였다."[12]

1769년, 학위 논문을 마무리하는 일에 한창 몰두하던 무렵 그 착각의 성격이 칸트에게 명확히 다가왔다. 가장 근본적인 질문들—영혼이란 무엇인가? 전체적으로 세계는 무엇인가? 신은 무엇인가?—을 생각할 때 그에 대한 우리의 답들은 완전히 상충하더라도 똑같이 설득력이 있다.[13] 그리고 이런 일이 일어날 수 있는 단 하나의 경우는, 현재 우리가 묘사하고자 하는 세계를 우리가 잘못 알고 있을 때라는 것을 칸트는 깨달았다. 다시 말해서, 그때란 우리가 감각의 세계를 이야기하고 있는지 아니면 관념의 세계를 이야기하고 있는지를 구별하지 못할 때이다.

만일 우리가 시공간을 하나의 관념으로 생각한다면, 어떤 거리나 순간도 더 잘게 쪼갤 수 있다. 그렇다면 아킬레우스는 거북이를 따라잡지 못하고, 나는 쿠키를 영원히 음미할 것이다. 반대로 시공간을 감각적 경험으로 취급한다면 아킬레우스는 몇 초 만에 경쟁자를 추월하고, 나는 텅 빈 접시를 아쉬운 눈으로 바라볼 것이다. 마찬가지로, 나는 우주 전체를 처음부터 끝까지 설계되어 필연에 따라서 존재하는 것으로 여길 수도 있고, 정반대로 내가 마주치는 것은 변덕스러운 인상일 뿐이고, 어떤 것도 필연적이지 않다고 생각할 수도 있다.

일찍이 2,000년 전에 제논이 보았던 이 역설이 칸트에게 길을 열어주었다. 아킬레우스와 그를 분통 터지게 하는 거북이는 풀어야 할 수수께끼가 아니었다. 아킬레우스와 거북이는 철학의 역사가 실재 그 자체의 성격과 관련하여 극히 중요한 어떤 것을 간과하고 있다는 징후였다. 그렇게 간과한 이유는 바로, 이성이 양립할 수 없는 두 가지 사고방식을 구분하지 못하고 뒤섞기 때문이었다. 또한 시공간적 존재의 **여기**와 **거기** 그리고 **지금**과 **그때**를 불변의 영원한 존재들과 연관된 것처럼 취급하고, 무한한 가분성이라는 피할 수 없는 수학적 사실을 마치 전사는 달리고 거북이는 기고 냉소적인 철학자는 즉시 일어나 걸어볼 수 있는 실제 세계에 적용할 수 있는 것처럼 취급하기 때문이었다.

이 진리를 이리도 명확히 파악했으니, 틀림없이 칸트는 몇 개월 후에는 하나의 통합적인 체계를 발표할 수 있으리라고 확신했을 것이다. 또한 그것은 틀림없이 대단한 체계가 되리라고 확신했을 것이다. 왜냐하면 칸트의 눈앞에는 감각의 세계와 이성의 세계를 정확하게 서술하고 그래서 과학은 객관적으로 무엇을 알아낼 수 있는지를 밝힐 책만 있는 것이 아니었기 때문이다. 지금 칸트는 이 거대한 진전도 단지 빙산의 일각에 불과함을 알고 있었다. 그러한 체계는 일단 발견이 된다면 자연 과학이 추구하는 객관적 지식의 토대를 밝히는 데에 그치지 않을 터였다. 놀랍게도 그러한 체계는 오랫동안 난감하리만치 주관적이거나 신이나 대가 또는 전통에 기인한다고 여겨지던 두 가지 영역, 예술과 도덕성에 관한 새로운 과학을 열어줄 수 있었다.

그러나 곤란하게도 아직은 어떤 것이 빠져 있었다.

1770년 9월에 칸트는 스위스의 박학다식한 철학자 요한 하인리히 람베르트에게 편지를 보내, 곧 발표할 책에는 과학에서 객관적 지식이 가능한가에 대한 논문 이상의 것이 담겨 있으리라고 암시했다. 사실 그는 이미 올겨울에 끝낼 실천적인 부분, "도덕의 형이상학"을 머릿속에 그리고 있었다. 1771년 6월에 칸트는 가까운 친구가 되어 편지를 주고받던 베를린 출신의 유대인 학생, 마르쿠스 헤르츠에게 그 책은 지금 진행 중이며 "미학, 형이상학, 도덕의 성격을 간략하게 설명하는 부분"이 포함될 것이라고 써 보냈다.[14] 몇 년 후 아직도 전체적인 구조를 뽑아내고 있던 칸트는 헤르츠에게 우선 도덕에 관한 부분을 완성하는 데에 집중하고 있다고 고백했다.[15]

왜 칸트는 인간이 세계를 어떻게 알게 되는지를 이해하고자 하는 노력에 도덕성을 포함시켜야 한다고 느꼈으며, 더 나아가 그것을 그렇게 중요한 자리에 놓았을까? 지식과 관련된 문제와 마찬가지로 도덕성과 관련된 문제에서도 칸트는 영국 사상가들, 특히 데이비드 흄에게 크게 의지했다. 흄은 타인을 위해서 선한 일을 하고자 하는 우리 마음이 일종의 도덕적 감정에서 비롯된다고 보았다. 도덕적 감정이란 어떤 행동이 우리 자신에게 불이익을 가져올지라도 우리가 타인에게 이로운 대로 행동할 때 발생하는 기쁜 느낌을 말한다.

회의주의적인 성향에 걸맞게 흄은 『도덕원리 연구*Enquiry Concerning the Principles of Morals*』에서, 어떤 상황에서도 해야 하는 올바른 행동을 알고자 하는 일에 초월적인 요인을 들이지 않기 위해서 노력했다. 그리하여 그는 "오로지 경험에서 유래한 논거 외에는 어떤 것에도 의존하지 않는" 도덕 이론을 제시했다.[16] 흄은 이렇게 말했다. 그의 경험으로 터득한 바에 따르면, 이타적인 행위는 무엇으로도 환원할 수 없는 인간 행동의 기본적인 측면이자 모두에게 감탄과 존경을 불러일으키는 행위이며, "공공선을 도모하고 사회의 평화, 조화, 질서를 희구하는 경향이 우리 사회 구조의 자애로운 원리에 항상 영향을 미치고, 그럼으로써 우리로 하여금 사회적 미덕의 편에 서게 한다."[17] 칸트가 흄의 논리에 주목한 이유는 우리가 무엇을 알 수 있는가 하는 문제를 다룰 때와 마찬가지로, 도덕법칙을 신의 의지와 연관시키면 도덕법칙이 무엇인지 자연스럽게 알 수 있다고 가정하는 합리주의적 접근법에 흄의 논리가 일종의 교정 수단이 될 수 있었기 때문이다.

그럼에도 1770년에 칸트는 이미 영국식 접근법에 심각한 결함이 있다고 판단하고 있었다. 그 무렵 칸트는 그 문제를 다음과 같이 정리했다. "도덕 감정의 원리는 객관적으로 유효한 동시에 우리가 어떤 것을 승인해야 할지 불허해야 할지를 일러주는 행동원리라기보다는, 우리가 몇몇 종류의 행위를 승인하는 현상에 대한 설명적 가설에 더 가깝다."[18] 타인의 행동을 승인하거나 불허하는 감정은 다른 어떤 것에 의존해 있어야 하는데, 그것은 바로 "외적 관점으로 우리 자신을 바라보고 느끼게 하는 필연적인 내면의 법칙"이라고 칸트는 확신했다.[19] 공감이든 분노든, 기쁨이든 아픔이든 간에 우리의 단순한 감정은 시공간에서 이리저리 뒹구는 세계의 변화에 항상 얽매여 있고 좌우되므로, 우리의 감정은 올바른 행동을 아는 데에 필요한 기초가 될 수 없다. 칸트가 보기에, 시공간적 세계의 가변성은 어떤 것이 옳거나 참되다는 개념 자체를 허물어뜨린다. 그러한 개념은 변화를 이겨내는 불변성을 필요로 하고, 더 나아가 그 불변성으로부터 발생하기 때문이다. 올바른 행위는 그것이 무엇이든 간에 무조건적이어야 한다. 헤르츠는 칸트에게 그 생각을 하면 전율이 인다고 답한 뒤 이렇게 덧붙였다. 칸트가 모든 인간에게 적용되는 도덕법칙을 발견한다면, 학자로서 연구할 가치가 있는 주제는 그것밖에 없을 것이다.[20]

1770년대 초에 칸트는 중요한 사실을 깨달았다. 하나의 문제—즉, 우리의 과학으로부터 단지 변덕스러운 인상의 연속이 아니라 객관적으로 옳은 법칙이 나온다는 것을 우리는 어떻게 아는가—에 대한 해답을 알면 다른 중요한 문제들—다양한 규범의 세계에서 무엇이 옳고 정당한지 우리는 어떻게 알 수 있는가, 또는 변화하는 취미와 유행의 세계에서 무엇이 진정 아름다운지 우리는 어떻게 알 수 있는가와 같은 문제들—도 해결된다는 점을 깨달은 것이다. 동시에 이 문제들이 똑같은 한 문제의 부분들임을 알게 되자 그 모든 문제의 기초에 놓인 공통적인 어려움에 정신을 집중할 수 있었다. 지금은 유명해진 1772년 2월의 편지에서 칸트는 헤르츠에게 이렇게 시인했다. "여전히 필수적인 어떤 것이 부족했다네. 나의 오랜 형이상학적 연구에서, 다른 사람들뿐 아니라 나 역시 그에 주목하지 못했지. 그건 결국 전체적인 비밀을 풀어낼 열쇠라네."[21]

학위 논문을 통해서 칸트는 이미 핵심적인 인간 지식은 감각 세계와 무관해야 한다고 명확히 밝혔다. 가령 삼각형에 대한 정의 그리고 삼각형의 세 변과 세 각 사이의 관계에 대해서 우리가 유도해낸 법칙들은 우리가 살면서 삼각형을 만나는가 아닌가의 여부와 관계없이 참이다. 또한 우리가 만나는 어떠한 삼각형 모양의 실체도 이상적인 삼각형에 완벽히 들어맞지 않는다. 우리가 예를 들어 수학으로부터 이끌어내는 지식은 선험적으로 참이다. 다시 말해서, 그 지식은 그것 자체로 참이며 우리가 세계 안에서 획득한 경험으로부터 후험적으로 나오지 않는다. 그러한 지적 표상은 "영혼의 본성에 기인해야 한다. 지적 표상이 그 대상에 의해 초래되지도 않고, 그 대상을 생기게 하지도 않기 때문이다." 칸트는 편지에서 이어 말했다. "나는 대상으로부터 전혀 영향을 받지 않으면서도 그 대상을 가리키는 표상이 어떻게 가능할 수 있을까 하는 또 다른 문제로 조용히 넘어갔다네……만일 그러한 지적 표상이 우리의 내적 활동에 달려 있다면, 지적 표상과 그 대상 사이에 존재한다고 하는 그 일치는 어디에서 올까?"[22]

칸트는 자신이 직접 만들어낸 문제로 돌진해 들어갔다. 그는 우리가 알 수 있는 것은 모두 우리의 감각을 통해 들어오기 때문에 언제나 조건적이고 불확실하다고 믿는 철학자들과, 영원하고 다른 어떤 것에도 얽매이지 않은 궁극적인 규준이 있으며 이것이 세계 그리고 세계를 지각하는 우리의 방식을 결정한다고 믿는 철학자들 간의 차이를 해소하고 자 노력했다. 그의 해결책은 2개의 세계가 함께 존재하며, 이 철학적 논쟁의 양측은 각자 상대편을 무시하고 있다고 말하는 것이었다. 그러나 바로 그로 인해서 칸트는 큰 문제에 부딪히고 말았다. 두 세계는 서로 어떻게 소통하는가?

그때 칸트는 철학사 전체가 바로 이 문제와 씨름해왔으며, 모든 경우에 철학자들이 요점을 놓치고 있었음을 알고 있었다. 우선 흄을 비롯한 급진적 경험주의자들은 자연의 법칙을 이끌어낼 믿을 만한 기초를 인간이 발견할 수 있다는 희망을 포기하거나, 좋은 행위를 하려는 경향은 무엇이든 "우리 인간의 자애로운 원리"에서 나오기 때문에 그저 이 세계를 구성하는 하나의 사실일 뿐이며 법과 정의 같은 엄밀한 개념들은 본능적 행동에 여분으로 덧씌워진 것이라고 가정했다.[23] 다른 한편으로 플라톤에서 라이프니츠에 이르는 철학자들, 즉 인간은 세계 그 자체를 확실하게 알 수 있고 선이나 미의 법칙을 유도해낼 수 있다고 믿는 철학자들은 암암리에 이 지식의 원천을 신에게 돌렸다. 다시 말해서, 만일 우리가 실재의 가장 깊은 본성을 알 수 있다면, 그것은 어떤 신이 애초에 불변의 것들에 대한 지식을 우리 영혼에 심어놓았거나, 우리 존재의 흐름을 "예정(된) 조화"의 길로 인도하기 때문이라는 것이다. 하지만 칸트는 그러한 기계장치의 신deus ex machina(고대 그리스 연극에서 신이 기계 장치의 형태로 갑자기 나타나서 복잡한 문제를 해결하는 기법/역주)을 용인할 수 없었다. 칸트에게 그것은 "인간 지식의 기원과 타당성을 판단할 때 떠올릴 수 있는 가장 큰 불합리"를 대표할 뿐 아니라 "온갖 종류의 엉뚱한 개념, 종교적이고 사변적인 그 모든 정신 착란"을 조장한다는 결점도 가지고 있었다.[24] 이제 칸트는, 신과 영적 세계에 대한 어떤 학설을 세우고자 하는 오만한 경향 또는 종교를 이용해서 감각 세계에 관한 의미 있는 어떤 것을 말하고자 하는 파괴적인 경향을 인간으로부터 몰아내는 것이 자신의 철학에 반드시 필요하다는 사실을 알고 있었다.[25]

헤르츠에게 이 편지를 보낼 때 칸트는 그의 체계를 구성하는 요소들이 어떻게 맞물려야 하는지 이미 알고 있었다. 그는 이렇게 썼다. "여기에서 세세하게 말할 수는 없지만, 이제 나는 실천적 지식뿐 아니라 이론적 지식의 본성을 다룰 '순수이성 비판'을 내놓을 때가 되었다네." 그런 뒤 칸트는 특유의 명랑한 어조로, 그 책을 석 달 후에 내놓겠다고 장담했다.[26] 칸트는 무엇을 알게 되었을까? 그리고 왜 원고를 인쇄하기까지 그가 말한 석 달보다 훨씬 더 오랜 시간이 걸렸을까? 칸트가 나중에 말했듯이, 그것은 그의 코페르니쿠스 혁명이었다. 코페르니쿠스가 창조의 중심에서 지구를 밀어냈듯이, 칸트는 인간이 어떻게 세계를 알게 되는가를 설명하려는 모든 시도에 공통된 하나의 기본적인 가정을 제거하기로 결심했다. 그것은 우리가 이해하고자 하는 것이 세계 그 자체라는 가정이었다. 그는 이제, 실제로 우리가 이해하고자 하는 것은 **세계에 대한 우리의 그림**이라는 것을 알게 되었다. 그렇다면 우리가 객관적인 세계를 이야기하고 있다고 생각하는 우리의 자연스러운 경향도 비판의 대상이 되어야 한다. 그리고 인간이 스스로 창조한 우상에 복종하던 관행을 마침내 몰락시킬 새로운 "비판의 시대"가 탄생할 것이다. 후세는 여기에 계몽주의라는 이름을 붙였다.[27]

칸트 혁명의 핵심은 우리가 그리는 세계의 통합성이 특정한 조건에 달려 있다는 깨달음이었다. 그 조건이란 바로 시공간에 거주하는 존재—즉, 사물들이 서로 관계를 맺은 상태로 위치하고, 사건들이 서로 잇따라 일어나는 세계의 존재—가 무엇이라도 알게 되려면 반드시 들어맞아야 하는 조건들이었다. 감각을 통해 입력된 정보가 세계에 대한 지식이 되기 위해서는 사물의 위치가 서로 상대적이어야 하고, 사건이 다른 사건의 전이나 후 또는 동시에 배열되어야 한다. 하지만 사물들을 공간상 상대적으로 놓거나 사건들을 시간상 상대적으로 배열한다는 것은 순수한 감각 지각만으로는 이룰 수 없는 일이다. 감각 입력을 통해 세계를 경험하는 존재는 입력된 정보를 통합하고 체계화할 필요가 있다. 사물의 공간적 관계에 대한 경험을 예로 들자면, 우리는 사물들이 한 공간에 동시에 존재한다고 전제함으로써 그 관계를 경험한다. 하지만 인상 속으로 뛰어든 흄이 그곳에서 그 자신을 발견하지 못한 것처럼, 주변의 공간을 탐험할 때 우리는 공간 그 자체가 아니라 공간에 걸쳐 연장된(공간상 펼쳐진) 사물을 만난다. 더 나아가 주변에 있는 것들을 하나하나 지운다고 상상해보자. 먼저 사람들과 가구가 사라지고, 건물이 사라지고, 다음으로 주변의 자연이 사라진다. 빛과 공기 그리고 모든 것이 사라진다. 이제 남은 것은 공간 그 자체이다. 하지만 만일 우리가 정말로 모든 것을 지웠다면, 남은 것은 허공뿐이다. 거기에는 그 **무엇**도 없다. 『순수이성 비판』에서 칸트는 이렇게 말했다. "공간상 물체들의 동시성은 물체들의 상호작용을 전제하지 않고서는 경험으로 인식되지 않는다."[28] 자아처럼 공간도 경험의 대상이 아니라 대상을 경험하기 위한 기본 조건이다.

칸트는 그리하여 우리가 그 조건들, 그 암묵적이고 필수적인 전제들을 다룰 때 그것이 세계에 실제로 존재하는 물질인 것처럼 다루면 문제가 발생한다는 점을 깨달았다. 가령 칸트에게 의식은 설명해야 할 어떤 신비한 실체가 아니다. 의식은 우리에게 필요하고 우리가 당연한 것으로 생각하는 통합성에 불과하며, 이 통합성으로부터 내가 지각한 것들을 스스로 정돈하고 판별할 때 잣대가 되는 시간선이 생겨난다. 이와 마찬가지로 총체적인 공간, 즉 우주는 물체를 서로 구별하고 정돈하는 데에 필요한 관념일 뿐이다. 150년 후에 보르헤스가 말했듯이, 우리는 "과연 우주가 그 어머어마한 단어의 유기적이고 통합된 의미로서 정말로 존재하는지" 의심해봐야 한다.[29]

칸트가 보기에, 통합성의 이 필수 관념들을 책임지는 정신 기능은 그 유명한 『순수이성 비판』의 제목에 있는 이성이다. 그 책의 궁극적인 목적, 다시 말해서 그가 책의 제목을 이성 비판이라고 붙인 까닭은, 시공간상의 세계를 경험하기 위해서는 이성이 통합성을 추구해야 하지만 이성의 이 능력이 자신의 힘을 잘 알지 못하기 때문이다. 이성의 놀라운 능력은 본래적 한계를 지닌 존재의 개별적이고 산만한 노출 경험을 일관된 이야기로 통합해낸다. 사물이 우리 앞에 나타나게 할 수 있을 정도로 시공간상의 차이를 흐리게 할 줄 아는 자아의 경우에, 이성은 경험을 가능하게 하는 필요조건(시간)을 독립체로 변환하고 심지어 그 독립체에 영혼의 불멸성 같은 막강한 힘을 부여한다.[30] 공간의 공유를 전제함으로써 다중적인 우리 지각을 통합하는 경우에, 이성은 그 공간을 "모든 경험을 총괄하는 종합적 통합체"로 변환한다.[31]

그러한 종합적 통합체, "모든 경험적 실재를 담는 하나의 존재",[32] 모든 것을 포괄하는 완전체—스피노자의 말에 따르면, "데우스 시베 나투라Deus sive natura", 즉 신 또는 자연—라면 완전히 무조건적이고 자기충족적이며 다른 어떤 것에도 좌우되지 않을 수 있다. 그런 존재는 모든 것을 동시에 포괄하면서 처음부터 끝까지 각각의 부분을 결정할 것이다. 영국의 철학자이자 수학자인 버트런드 러셀은 영향력 있는 저서 『철학의 문제들The Problem of Philosophy』에서 다음과 같이 선언했다. 철학의 목표는 개별적 관점의 편향으로부터 철학을 해방시키고, 세계를 볼 때 "신이 보듯이, **여기**와 **지금**이 없이, 희망과 두려움 없이……오로지 배타적으로 지식을 갈망하면서 보는 것……(세계를) 몰개성인 것으로, 완전히 사색적인 것으로, 인간이 도달할 수 있는 것으로 보는 것이다."[33] 하지만 현실적으로 그러한 지식은 무엇과 같을까? 세계를 영원의 상 아래서sub specie aeternitatis(세계의 진실을 포착하는 초시간적 인식의 조건을 말하는 스피노자의 용어/역주) 본다는 이상은 수천 년간 존재해왔지만, 이 이상을 끌어안고 씨름한 사람들은 모두 똑같은 해안에 좌초되고 말았다. 그들을 좌초시킨 암초는, 시공간의 세계를 알아야 하는 존재인 우리가 시공간에 구속되지 않은 지식이라는 개념을 생각조차 할 수 없다는 것이었다.

지식에 대한 어떤 은유로, 시각을 예로 들어보자. 시각은 우리에게 세계의 상을 허락해주지만, 물론 그 상은 대단히 부분적이다. 우리는 주어진 순간에 몇 개의 이미지밖에 볼 수 없을 뿐 아니라, 심지어 어떤 물체를 상상할 때에도 한 번에 하나의 측면만 상상할 수 있다. 이제 그 능력에 의존해서 일반화나 확장을 해보자. 심지어 단일한 물체에 대한 시각화를 단일한 측면을 넘어 그 이상으로 확장하려 해도 우리는 금세 좌초한다. 정육면체를 여섯 방향에서 동시에 바라볼 때 그것은 무엇일까? 그런 방식으로 관점의 제약에서 해방된다고 해도 정육면체에 대한 우리의 이해가 날카로워지지 않으며, 오히려 이해가 뭉개진다는 것을 우리는 즉시 알게 된다. 사실, 정육면체의 "정육면체성" 내지 "정육면체다움"

은 우리가 한 번에 3개 이상의 면을 보지 **못한다는** 것에 달려 있다. 우리가 이 생각의 한계를 넓히려 할수록, 이 한계는 더욱더 분명해진다. 모든 시각적 식별은 물론이고 우리가 세계에 대해 얻을 수 있는 모든 형태의 지식은 철저하고도 완전하게 시공간상의 한계에 의존한다. 모든 것을 동시에 보거나 눈 깜짝할 시간에 모든 시간을 안다면 앎을 구성하는 물체 및 순간의 관계 자체가 말소될 것이다. 따라서 비록 표면상 편향에서 자유로운 신 같은 지식은 바람직하기 그지없는 목표로 보일 수 있지만, 그것이 심지어 이론상 실현된다고 해도 완전한 명사 모순(의미상 서로 모순되는 두 단어가 들어 있는 진술/역주)을 낳는다.

사람의 인식은 항상 무조건적인(절대적인) 총체를 가정하지만, 이 총체는 본래 지각이나 인식의 대상이 아니며, 그 대상일 수도 없다. 내가 알 수 있는 것은 존재한다고 가정해야 하지만 결국 알 수는 없는 무조건적인 총체에 달려 있다. 달리 표현하자면, 어떤 경험이든 간에 그 최소한의 조건은 아주 작은 것들의 신이든 아주 큰 것들의 신이든 신이 되지 않는 것이다. 그리고 우주가 무조건적인 총체로서 존재한다고 객관화하고 그런 뒤 인간 행위의 제한된 영역으로 되돌아가는 이 패턴은 칸트가 지식의 문제를 도덕성의 문제와 결부시키기 위해서 떠올린 교묘한 방법으로, 이것이 그의 비판적 체계로 들어가는 문을 열어주었다.

대상이 애초에 눈앞에 나타나기 위해서는 무엇이 필요한가, 또는 애초에 도덕적 문제가 출현하기 위해서는 무엇이 필요한가의 문제로 시선을 돌린 덕분에 칸트는 모든 경우에—적어도, 기본적으로 존재하기 위해서는 시공간상에 있어야만 하고 그로 인해 보고 알 수 있는 것이 제한될 수밖에 없는 우리 같은 존재에게—적용될 수 있는 기본 원리들이 있음을 깨달았다. 세계에 대해서 우리가 말할 수 있는 것이 비록 보편적이거나 필연적이거나 정확하지는 않을지라도, 우리는 세계를 경험할 수 있게 해주는 바로 그 능력을 통해서 보편적이고 필연적이고 정확한 진술을 **이끌어낼 수 있다.** 이런 일이 실제로 일어나기 위해서는 통합된 주체를 가정해야 한다. 비록 그 통합된 주체가 시공간상의 통합된 총체로서 작동하기 때문에 우리로서는 그것을 하나의 대상으로 파악할 수 없을지라도 말이다. 우리는 마치 그 통합된 개체가 어떤 영원한 존재에게는 인식의 대상이 될 것이라고 가정하지만, 그렇게 가정한 뒤에는 그것을 우리가 알 수 있지는 않으며, 우리는 근본적으로 시공간상 제약되어 있어서 그 총체의 표상들만 얻을 수 있다는 사실을 받아들여야 한다. 그리고 우리가 과학을 할 때 연구하는 것은 세계 그 자체의 본성이 아니라 그 표상들이다. 여러 해가 지난 뒤 하이젠베르크가 사용한 표현에 따르면, 물리학에서 "우리가 관찰하는 것은 자연 그 자체가 아니라 우리의 탐구 방법에 노출된 자연임을 우리는 기억해야 한다."[34]

이와 마찬가지로, 관습을 관찰하고 어떤 관습이 도덕법칙에 근접한다고 가정하는 방식으로는 우리의 의무를 지배하는 보편적이고 필연적이고 정확한 법칙을 이끌어낼 수 없지만, 애초에 올바른 행위란 무엇인가를 물을 수 있는 조건으로부터 무조건적인 의무를 끌어낼 수는 있다. 이런 일이 일어나기 위해서는 우리의 성향을 일반화하고, 다음으로 각기 다른 관습을 조사해서 이 관습들을 그 성향과 비교하고, 마지막으로 우리가 다르게 **행동해야만 하는** 것이 있는지를 우리 자신에게 물어야 한다. 이렇게 우리는 우리 행동의 독립적이고 무조건적인 기준, 완벽한 존재라면 행동할 만한 방식, 단지 하고 싶은 행동이 아니라 그와 다르게 해야 할 행동 방식을 가정한다. 하지만 완전히 전지전능한 존재가 있으며 그에게 는 모든 시공간이 즉시 현존한다면, 그런 존재는 어떤 무지, 어떤 무분별 도 경험하지 않을 테고, 그런 이유로 윤리적이거나 비윤리적이거나 그 밖의 어떤 판단도 내리지 않을 것이다. 따라서 선택할 자유, 더 나아가 나쁜 선택을 할 자유는 신이 아닌 존재에게 주어진 고유한 권한이다.

우리의 지식은 무조건적인 총체를 전제한 뒤 그로부터 지식을 다시 끌어와서 그 총체에 좌우되거나 제약된 것으로 봐야 한다는 점을 깨달았을 때, 그리고 그와 비슷하게 우리의 도덕성은 조건적인 행동들을 판단할 기준으로서 무조건적인 의무를 가정해야 한다는 점을 깨달았을 때 칸트는 두 가지를 성취했다. 한편으로 칸트는 우리가 그 본래적 한계를 받아들인다면 과학은 측정하는 대상을 더 정확히 알게 되고, 도덕은 우리가 어떻게 행동해야 하는지를 더 정확히 밝혀내리라는 것을 깨달았다. 다른 한편으로 그는 우리의 인식론적, 도덕적 확신을 그 한계 너머로 확장하고 싶어하는 인간의 자연스러운 경향을 우리가 이해하고 제한하지 않는다면 그로부터 어떻게 옹호할 수 없는 역설이 생겨나는지를 보여주었다.

한마디로 칸트는 신이 아님과 합의를 본 것이다.

1770년대 후반 칸트는 안락한 리듬에 정착했다. 친구와 배불리 식사한 뒤에는 강이 나올 때까지 오랫동안 산책을 했고, 신선한 공기를 쐬며 즐겁게 산책하는 일만큼 중요한 생각을 위해 정신을 자유롭게 하는 것은 없다고 주장했다. 칸트의 일생을 쓴 최초의 전기 작가 한 명은 나중에 "철학적 오솔길"이라고 불리게 될 이 경로가 『순수이성 비판』이 탄생하는 데에 다른 무엇보다 큰 역할을 했다고 주장했다.[35] 그러나 한 편의 소설이 아니었다면, 즐거운 산책만으로는 칸트가 마지막 문장을 완성하기에 충분하지 않았을지 모른다. 그 소설은 테오도어 고틀리프 폰 히펠이 쓴 학문적 게으름에 대한 풍자였다. "할아버지 교수"라는 풍자적인 이름으로 불리는 주인공은 안락한 직위에 안주하고 연구 따위는 완전히 접어 이른바 "고인 물"이 된 교수였다. 처음에 칸트는 다른 독자들과 함께 그저 웃었지만, 이듬해 폰 히펠의 책 제2권이 나오자 자신이 농담의 대상이라는 것을 깨달았다. 독일에서 가장 유명한 사상가가 10년동안 침묵한 것이 부메랑이 되어 날아온 것이다.[36]

메시지는 크고 분명했다. 칸트는 빈둥거리기를 멈추고 글을 쓰기 시작했다. 출간을 앞둔 몇 달은 생산성이 회오리바람처럼 몰아쳤다. 하지만 『순수이성 비판』이 마침내 서점가에 나타났을 때 최초의 반응은 당황스러움이었다. 그의 대중이 여러 해 동안 기다린 그 책이 마침내 도착했는데, 그 내용을 이해할 수 있는 사람이 거의 없었다. 수류탄을 던진 장본인인 폰 히펠은 다른 독자에게 이렇게 써 보냈다. "칸트의 『순수이성비판』을 읽었습니까? 아무리 이해하려 해도 어둠밖에 보이지 않는군요. 나에게는 너무 거만한 책입니다. 어떻게 해야 이 어둠에서 벗어날 수 있을까요?" 한편 하만은 1781년 10월 헤르더에게 이렇게 써 보냈다. "칸트의 책을 세 번째 읽고 있는데, 충격적입니다. 한 번 더 읽어야겠다고 생각합니다."[37] 그럼에도 여러 번 읽으면 결국에는 보상받았다. 사람들은 곧 칸트가 성취한 것을 이해하기 시작했다. 칸트가 예견한 비판의 시대가 마침내 탄생한 것이다.

10년이라는 침묵의 시기를 끝내고 『순수이성 비판』을 발표한 칸트는 그후 여러 해 동안 다시는 침묵하지 않았다. 사실, 이후 10년 동안 칸트의 생산성은 그야말로 기념비적이었다. 칸트는 도덕철학의 대중적인 개론서 『도덕 형이상학의 기초Grundlegung zur Metaphysik der Sitten』—지금까지 칸트의 저작 중 가장 널리 읽히는 책일 것이다—를 썼을 뿐 아니라, 뒤이어 자신의 도덕철학을 자세히 설명하는 『실천이성 비판Kritik der praktischen Vernunft』과 『순수이성 비판』의 중요한 중판, 그리고 자연 과학의 토대에 관한 책을 썼고, 그 10년이 끝날 무렵에는 마지막으로 미적 판단의 문제에 초점을 맞춘 특별한 세 번째 비판서를 출간했다. 게다가 중간중간에는 널리 읽힌 몇 편의 산문을 발표해서 정치와 역사에 관한 철학적 토론의 기조를 전 국민에게 제시했다. 이렇게 활발한 활동을 수년 동안 펼치는 중에도 칸트는 열심히 강연을 하고, 몇 차례 학장직을 수행하는 등 교수로서의 의무도 게을리하지 않았다.

또한 칸트는 집을 샀다. 덕분에 교수가 된 후 지금까지 계속해서 이집 저집 옮겨다녀야 했던 불확실성에서 마침내 해방되었지만, 이제는 집을 소유한 사람의 두통거리가 무엇인지 알게 되었다. 이사를 준비하면서 그는 공사업자를 고용한 뒤 먼저 그에게 감사를 표하고 공사 감독을 일임하면서 이렇게 써 보냈다. "당신은 큰 걱정거리를 덜어주었습니다. 내가 그런 일에는 완전히 무지하기 때문입니다. 기능장들에게 당신의 지시를 따르라고 말해두었으니 틀림없이 토를 달지 않고 당신의 지시를 따를 것입니다."[38]

애석하게도 문제의 기능장들은 칸트의 기대에 미치는 인간들이 아니었다. 기능장들은 불가능한 수리를 제안하고 너무 많은 벽돌을 구입했으며, 아니나 다를까 약속한 마감일을 넘기는 바람에 칸트는 셋집을 비워준 뒤 어디서 살아야 할지 전전긍긍했다. 한마디로 변화의 세계에서

확실한 닻을 하나 발견한 것인데, 그것은 다름 아닌 공사업자들의 무신
뢰성이었다.

칸트의 불운한 선택은 거기서 멈추지 않았다. 그가 매입한 땅은 시 형
무소에 인접한 부지였다. 전에는 합리적인 이유로 그릇된 신을 비판했
다면, 이제는 수감자들이 기도라는 명분으로 내지르는 소리가 그를 미
치게 했다. 수감자들이 자신의 좋은 의도를 내보이고 자비를 구하기 위
해서 절박하게 외치는 소리였다. 새집에 들어온 지 며칠 만에 칸트는 항
의 서신을 썼다. 이 편지에서 칸트는 만일 수감자들이 창문을 닫고 노래
를 부르거나 "온 힘을 다해 소리를 지르지 않기만 해도", "영적으로 구원
받지 못할 위험 때문에 불평할" 이유가 줄어들 것이라고 다소 직설적으
로 제안했다.[39]

그릇된 신앙에 대한 인식은 이런 항의도 낳았지만, 한편으로는 칸트
가 보편적 도덕성을 사유하는 배경이 되기도 했다. 이미『순수이성 비
판』에서 보여주었듯이 신 같은 어떤 것, 즉 무조건적이고 절대적인 창조
주를 가정하는 것은 앎의 시공간적인 조건을 깊이 생각하는 데에 논리
적으로 필요했지만, 우리는 그러한 존재를 단지 하나의 개념—통합성을
보증하는 궁극적 존재, 따라서 그에 대해서 실질적인 어떤 것도 알거나
말할 수 없는 어떤 것—으로밖에 가정할 수가 없다. 그 이상을 요구하는
주장은 자기 자신을 위한 이기적인 광신, 또는 주체로부터 자유를 빼앗
는 일에 골몰하는 어떤 권위자를 위한 광신으로 빠져들 뿐이다. 예상할
수 있듯이, 이러한 문제를 제기하는 것은 칸트 교수가 아니라 신앙의 문
제에 대한 적절한 중재자인 자신들이라고 생각하는 사람들의 영역을 침
범하는 행위였다.

1792년 초에 칸트는 베를린에서 널리 유통되는 월간지에 「인간 본성의 근원적인 악에 관하여」라는 제목의 산문을 기고했다. 그해 4월에 산문이 공개되자 칸트는 즉시 또다른 산문 「인간에 대한 주권을 두고 벌어지는 선한 원리와 악한 원리의 투쟁에 관하여」를 기고했다. 이번에 그의 편집자는 이 논문을 왕실 검열관에게 제출했다. 검열관들은 출판을 불허하면서, 칸트의 첫 번째 산문은 철학적인 반면, 두 번째 산문은 신학의 영역을 침범했다고 설명했다. 결국 칸트는 검열을 피하기 위해서 이 두 편의 글을 『이성의 한계 안에서의 종교*Die Religion innerhalb der Grenzen der bloßen Vernunft*』라는 책에 2개의 장으로 넣고, 예나 대학교 철학부의 승인을 받아 1793년에 세상에 내놓았다.

이 책에서 칸트는 도전장을 내밀었다. 현존하는 종교들은 그가 순수 이성의 종교라고 부른 것이 역사적, 구체적 형태를 띠고 드러난 것으로 이해되어야 한다고 선언한 것이다. 그는 종교와 종교의식, 지역 신앙은 모두 갈아입을 수 있는 겉옷과 같으며, 그 안에 도덕성의 보편적 진리가 들어 있다고 말했다. 이제 칸트는 기독교의 원리를 이 보편적인 도덕적 진리들로 바꿔 설명해보자고 제안했다. 윤리에 관한 가장 중요한 두 저서에서 그가 묘사한 싸움은 개인적인 성향과 보편적인 의무의 싸움이었던 반면, 이 책에서 칸트는 두 가지 종류의 행동원리—즉, 도덕법칙을 준수하고 보편적인 목표만을 지침으로 삼는 선한 행동원리와, 우리 성향 때문에 타락하고 사악한 행동원리—의 싸움으로 초점을 이동시켰다. 문제는 이 두 종류의 행동원리를 구분하는 데에 있었다. 우리가 개인의 만족이라는 핵심을 숨기고 있는 행동원리가 아니라 이타적인 행동원리를 따르고 있음을 우리는 어떻게 확신할 수 있는가?

칸트는 순수이성을 연구할 때 본 어떤 것이 이 문제에도 있음을 알아보았다. 바로, 이율배반이었다.[40] 이는 사람의 행동원리가 개인적인 만족과 무관하게 순수하든 순수하지 않든 상관없다. 만일 행동원리가 순수하다면, 태어날 때부터 마음에 선함이 가득한 사람일 테니 올바른 길을 선택한 것으로 덕을 인정받을 수가 없다. 반면에 행동원리가 처음부터 타락했다면, 그 악한 행동원리들을 근절하겠다고 선택하는 것이 어떻게 가능하겠는가? "근절은 선한 행동원리를 통해서만 가능한데, 개인이 가진 모든 행동원리의 궁극적인 토대가 타락했다고 가정할 때 그런 일은 일어날 수 없다."[41] 칸트가 보기에 이 딜레마에서 빠져나올 길은 하나뿐이다. 비록 현실에서는 그 모든 편향으로부터 자유롭다고 생각해도 될 순간을 가리킬 수 없을지라도, 하나의 행동원리로서 사람들에게는 누구나 나은 존재가 될 책임이 있다고 상정하는 것이다. 뒤이어 칸트는 명확히 밝혔다. 우리가 이 자유를 상정하지 않는다면 개인은 "책임을 질 수 없으며…… 따라서 **도덕적으로** 선하지도 악하지도 않을 것이다."[42]

그리고 이 행동—우리가 통제할 수 없는 우발적인 세계에 파묻혀 있다고 해도 마치 자유롭고 무조건적인 행위자인 것처럼 우리의 궁극적 자유와 책임을 가정하는 것—은 기독교의 핵심 개념, 즉 신의 영원한 완전성이 현세에 인간의 모습으로 나타났다는 개념을 도덕철학의 언어로 해석하고 있다. 신이라는 무한한 이상을 유한한 인간이 육체화하듯이, 똑같은 방식으로 자유를 가정하는 개인은 치열한 노력, 수양, 뉘우침을 통해서 이기적인 성향을 버리고 보편적인 이상에 자발적으로 봉사하게 된다. 또한 칸트는 조국을 지배하는 종교적 교리에서 과학적 법칙이나 도덕법칙에 대하여 우리가 무엇을 확실히 알 수 있는가를 판단하고자 할 때 그가 이끌어냈던 바로 그 방법의 역사적인 사례를 발견했다. 사람들은 인간이 무엇을 알 수 있거나 어떻게 행동해야 하는가의 기준을 이끌어내기 위해서, 우리가 절대 완벽하게 알 수 없는 자기충족적인 우주를 가정하고, 우리가 절대 온전히 구현할 수 없는 완벽한 도덕법칙을 가정한다는 것이었다.

기독교를 도덕철학의 체계로 바꿔 해석한 덕분에 칸트는 베를린에서 검열과 비난의 대상이 되었다. 하지만 그것은 또한 그의 심오한 철학적 통찰이 어디에서 유래했는지 보여주는 단서를 드러내기도 했다. 칸트는 도덕법칙에 대한 믿음을 마르틴 루터에게서 물려받았고, 루터는 그 믿음을 성 아우구스티누스에게서 물려받았다. 루터는 이렇게 믿었다. 인간은 신의 명령을 한 치의 어긋남도 없이 따를 수는 없지만, 그럼에도 인간에게 신의 명령이 주어진 것은 아이가 아직 걷지 못하는 나이인데도 부모가 아이에게 걸음마를 시키는 것과 같다.[43] 한편 아우구스티누스는 이것을 본질적으로 인간의 일시성과 신의 영원한 진리 사이에서 빚어지는 갈등이라고 생각했다.[44]

아우구스티누스가 자신의 기독교 개종에 관해서 이야기할 때 대단히 설득력 있게 설명한 이 개념은 기독교 신앙이 간헐적으로 모습을 드러내던 기원후 처음 몇 세기에 지중해 유역을 떠돌던 철학 전통에 그 뿌리가 있다. 이 전통을 주창한 사람은 다양하고 많지만, 한 사람이 두드러진다. 그는 플로티노스라는 이름의 이집트인으로, 『엔네아데스 *Enneades*』라는 저서에서 시간의 원리를 영원성의 움직이는 상으로 설명한 사람이다. 이 개념은 아우구스티누스에게 큰 영향을 주었고, 그를 거쳐 칸트가 받은 지적 교육의 지하수에도 흘러들어간 것이다.

신기하게도, 깊은 절망 속에서 쉴 곳을 찾던 보르헤스가 이 책을 읽고 있었다. 그는 20세기의 영향력 있는 작가로 거듭나게 해줄 소설의 영감도 이 책에서 얻었다. 다음 장에서는 보르헤스가 완전하고 무조건적인 지식의 이율배반을 탐구하던 바로 그때 이 개념을 어떻게 이용해서 침체에서 벗어났는지 살펴보고자 한다.

6

눈 깜짝할 사이

325년 로마의 콘스탄티누스 황제는 오늘날 튀르키예에서 이즈니크라고 불리는 도시 니케아로 주교들을 소집했다. 지금 우리에게는 불가사의하게 보일 수 있지만, 당면한 신학적 문제는 참석자 모두에게 시급한 화두였다. 회의장 한편에는 아리우스의 가르침을 믿는 자들이 정렬했다. 이집트 출신의 장로인 아리우스는 성부를 아들 예수와 별개로 보고 그에 따라서 예수보다 우월한 존재로 여겨야 한다고 주장하고 있었다. 예수는 하느님이 창조했으며, 따라서 시간적 기원을 가진 존재이기 때문이었다. 아리우스파의 반대편에는 안티오키아의 주교인 에프스타티오스의 추종자들이 있었다. 에프스타티오스는 예수를 신의 부차적 존재가 아니라 신과 동등한 자이며 따라서 신의 속성이 인간 형상을 하고 나타난 현상, 즉 신의 영원한 현현으로 이해해야 한다고 맞받아쳤다. 에프스타티오스의 주장이 워낙 강경했던 탓에 주교들은 거의 만장일치로 이 견해를 채택하고 아리우스주의를 이단으로 선언했다.[1]

주교들이 니케아에 모인 해로부터 약 30년 후에 태어난 성 아우구스티누스는 예수는 인간의 몸으로 태어나고 살고 죽었지만, 성 삼위일체의 온전하고 동등한 주체라는 개념을 채택하고 성문화했다.[2] 사실, 아우구스티누스가 아리우스주의에 반대하는 데에는 그의 섬세한 해석이 중요한 역할을 했다. 그의 해석에 힘입어 예수는 인간인 동시에 신이 될 수 있었고, 영원히 불변하는 신이 일시적인 세계에 현현한, "하나인 당신과, 수많은 것들이 혼재되고 뒤섞인 채 살아가는 다수인 우리 사이의 중재자"[3]가 될 수 있었다.

성 아우구스티누스가 상술하고 있던 개념은 기독교 신학의 핵심인 현현Incarnation의 신비였다. 초기 교회에서 몇 세기 동안 수백만의 신도들은 매주 한목소리로 "참 하느님으로부터의 참 하느님으로서, 창조되지 않고 출생하셨으며, 성부와 동체이신 분입니다"라고 읊조리면서 이 핵심을 되새겼다.[4] 이 니케아 신경은 325년 콘스탄티누스가 소집한 회의에서 출현했지만, 아우구스티누스가 여기에 끌린 기본적인 이유는 그가 보기에 인간 존재의 근원적 신비를 밝히기(혹은 적어도, 요약하기) 때문이었다. 우리처럼 덧없고 제한된 존재가 어떻게 하느님 같은 보편적이고 영원한 총체에 참여하는가? 우리는 단지 부분적으로만 그렇게 할 수 있다고 그는 결론지었다. 완전무결하게 그렇게 할 수 있는 존재는 단 한 분, 인간으로서 태어나고 살고 고통받고 죽었지만 그와 동시에 신으로서 하느님의 보편적 존재인 하느님의 영원성을 훼손하거나 변경하지 않고 온전히 구현하는 단 한 분이다. 아우구스티누스는 플로티노스를 통해서 이 신비를 알게 되었다.

플로티노스는 기원후 3세기 초에 당시 로마 제국의 식민지였던 이집트에서 태어났다. 젊은 시절 그는 당시 새롭게 번성하던 그리스 철학을 공부했지만, 동양에 엄청난 지혜의 원천이 있다는 소문을 자주 들었다. 더 큰 배움에 호기심을 느낀 플로티노스는 고르디아누스 3세의 군대에 입대해서 실패로 끝난 페르시아 원정에 참가했다. 이후 로마에 정착한 그는 빠른 속도로 제국의 수도에서 가장 존경받는 선생의 반열에 올랐다. 플로티노스는 피타고라스 학파의 엄격한 관행을 따라 옷을 입고 육식을 완전히 거부하는 식습관을 지켰으며, 제자들을 가르칠 때에는 수수께끼 같은 의인화 방식을 사용했다.[5]

플로티노스에게 특히 흥미로웠던 주제는 나중에 아우구스티누스에게 영감을 줄 영원성 개념이었다. 플로티노스는 영원을 끝이 없고 지루하기만 한 현재의 연장으로 보지 않았다. 그가 생각하는 영원은 모든 것, 모든 존재, 모든 공간, 모든 시간이 한번에, 눈 깜짝할 사이에 포착되는 것이었다. 영원은 시간의 끝없는 연장이 아니라, 시간의 절대적 부정否定이었다. 우리 인간은 사건을 시간상으로 경험한다. 인간은 제한된 존재로서 모든 것의 절대적인 통합을 완전히 이해할 수 없다. 플로티노스는 이렇게 가르쳤다. 우리가 거주하는 시간은 영원의 움직이는 이미지, 즉 광대하고 움직이지 않는 시계의 문자반 위를 스치며 지나가는 하찮은 초침에 불과하다. 이 초침은 문자반의 극히 작은 부분만을 가리킨다. 하지만 이 영원이 존재한다는 것을 우리는 확신할 수 있다. 1,500년 후에 칸트도 깨달았듯이, 시간상으로 어느 한 순간을 경험하는 우리의 바로 이 능력에는 그 순간들을 초월하는 실재의 존재, "만물을 지탱하고, 뿔뿔이 흩어지지 않는" 더 큰 통합체의 존재가 논리적으로 꼭 필요하기 때문이다.[6]

아우구스티누스는 플로티노스의 통찰을 개인적, 실존적 탐구로 변환했다. 그는 자신의 삶을 그가 이해할 수 없는 "몇 가지 방향으로 확장되는 것"으로 불렀다.7 총체적이고 모든 것을 포괄하는 신으로서 그리스도의 현현은 그에게 구원으로 가는 유일한 길, 즉 영혼의 내장을 갈기갈기 찢는 "휘몰아치는 사건들의 폭풍"에서 빠져나와서 "내가 당신의 사랑의 불로 정화되고 주조되어 결국 당신에게로 흘러들어가 하나가 될 그날"로 가는 길을 약속해주었다.8 하지만 개인적인 절박함에도 불구하고 후에 아우구스티누스의 탐구는 보편적인 시금석이 되었으며, 그의 영원성 개념은 덧없는 삶에 활기를 불어넣고자 하는 소망의 궁극적인 형판形板이 되었다.

1934년 초에 보르헤스는 절망의 검은 늪에 빠져 있었다. 그때부터 나온 그의 시와 소설은 죽음의 악취를 풍기고, 자살에 대한 날카로운 암시가 마맛자국처럼 흩어져 있다. 한 이야기에서는, 배우가 연인에게 무대 위에서는 뜨거운 키스를 받지만 분장실에서는 거부당한 뒤 투신한다. 다른 이야기에서는 자질 부족을 느끼면서 괴로워하는 의대생이 권총을 사려고 전당포에 들어가지만, 마지막 순간에 마음을 바꿔 생을 마무리하는 데에 쓸 그 돈으로 포르노 소설을 산다.9

두 번째 소설이 예술은 구원에 이르는 길이라고 막연히 암시한다면, 보르헤스에게 구원의 길은 이후로도 몇 년 동안 지독한 괴로움의 연속이었다. 죽음의 위안이 끊임없이 손짓했다. 하지만 후세와 문학계에 천만다행으로 그는 유혹을 잘 견뎌냈다. 그리고 비록 위태로웠지만 그럼에도 그를 버티게 한 것은 작고 골치 아픈 문제, 바로 영원성의 문제였다.

실은 새로운 문제가 아니었다. (어떻게 그럴 수 있겠는가?) 보르헤스는 이미 1920년대에 아킬레우스와 거북이에 관한 산문 혹은 「지옥의 지속」

같은 글에서 시간의 무한성에 매달렸다. 이 산문들을 포함한 여러 글에서 보르헤스는 무한한 시간으로서의 영원 개념을 이해하기 위해서 노력했다. 그는 안쪽에서 시간을 더 작은 조각으로 계속 잘라 들어가거나, 바깥쪽에서 그야말로 저주가 계속 이어지는 지옥을 고심했다. 이 상상을 할 때마다 잃어버린 사랑의 잔상이 그를 괴롭혔지만, 그 이미지들은 표류하는 시간에 떠밀려 점점 더 멀어져갔다. 하지만 영원을 새롭게 생각하면서 보르헤스는 자신의 접근법에 새로운 차원을 추가했다. 그는 플로티노스를 다시 읽기 시작했다.

일상의 삶이 우울과 고통에 잠긴 상황에서 보르헤스는 영원에 관한 플로티노스의 통찰을 향해서 유성처럼 끌려갔다. 이 과정은 하루하루 고통이 이어지면서 지옥의 지속성을 숙고하게 하는 나쁜 무한성이 아니었고, 그가 보기에 그보다 더 좋지 않은 자아의 말소도 아니었다. 이제는 풍부하고도 충만한 환상이 손짓을 하고 그와 동시에 황폐해진 시간으로 통행료를 내지 않고 그 환상을 붙잡을 수 있었다. 여기에는 완벽함이 있었다. 더없는 기쁨이 있었다. 하지만 보르헤스는 플로티노스가 표현한 대로 인간이 항상 시간 속에 있다면[10] 우리가 어떻게 영원에 참여하는 것인지 아직 만족스럽게 설명할 수가 없었다. 가능한 답은 하나뿐이었다. 우리가 시간의 영역에 거주하는 동안에도 우리 내면의 무엇인가는 시간성을 벗어난다는 것이다.

닳아빠진 플로티노스의 책을 한 장 한 장 넘길 때 그의 눈에 얼핏 보였던 것이 바로 이 무엇인가였다. 보르헤스가 보기에, 인간으로 존재한다는 것은 덧없음과 영원성, 상실과 영구성의 믿기 어려운 경계에서 양쪽을 딛고 선다는 뜻이었다. 체로 걸러지고 사라지는 시간의 시점에서 우리는 손에 닿지 않는 먼 곳으로 영원 개념을 투사한다. "녹아내리는 심장"의 이미지 하나로 "행복한 예감"의 순간들을 회고하는 망명자처럼,[11] 우리는 단 하나의 이미지 안에 주어진 과거의 모든 기쁨을 채워넣는다. 영원은 향수, 즉 잃어버린 것에 대한 꺼지지 않는 욕망이다.[12]

그러나 모든 것이 다 우울하고 비관적이지는 않았다. 1932년에 보르헤스는 그보다 열다섯 살이 어린 작가, 아돌포 비오이 카사레스를 만났다. 두 사람은 작가이자 사교계 명사인 빅토리아 오캄포가 주최한 오찬에서 인사를 나누었다. 주최자에게는 몹시 불쾌하게도 그들은 즉시 다른 손님들에게 등을 돌리고 사적인 대화에 깊이 빠졌는데, 대화 주제는 당연히 책이었다. 오캄포는 그들에게 "빌어먹을 수다" 좀 그만 떨고 돌아와서 손님들과 대화하라고 다그쳤지만, 그들은 오히려 방해받지 않고 조용히 대화하기 위해서 자리를 뜨는 쪽을 선택했다.[13]

보르헤스가 도시물이 들 대로 든 사람이었다면, 비오이는 지주 가문의 자제였다. 두 사람이 만났을 당시 비오이는 부에노스아이레스에서 법학을 공부하고 있었으나 곧 학업을 내팽개쳤다. 표면상으로는 가족의 땅을 지키기 위해서였지만, 실은 자유를 얻어 그의 심장을 훨씬 더 뜨겁게 하는 읽기와 글쓰기를 하기 위해서였다. 오캄포의 오찬에서 빠져나간 뒤로 몇 년이 지난 시점에 비오이는 도시에서 멀지 않은 자신의 목장으로 보르헤스를 초대해서 머물게 했다. 보르헤스는 낯선 환경에 적응하기 위해서 최선을 다했고, 심지어는 말을 탈 줄 안다고 주장하기도 했다. 이 지어낸 이야기는 금방 들통이 났는데, 말 등에 올라타려는 순간 번번이 반대쪽으로 미끄러져서 떨어졌기 때문이다.[14]

1936년 보르헤스의 이상한 작은 책 『영원의 역사』*Historia de la eternidad*가

당황스럽다는 서평에 시달린 직후 비오이는 그 책을 산 몇몇 사람 중 하나가 되었다. 플로티노스에 관한 산문, 니체의 영원회귀 개념에 대한 산문, 그리고 『천일야화*Alflaylah wa laylah*』의 서로 다른 번역본에 대한 논의 외에도 보르헤스는 알려지지 않은 어느 인도 소설의 두 판본을 짤막하게 논평했다. 보르헤스의 서평에 매혹된 비오이는 런던의 한 서점에 그 소설을 주문했으나 거기에 그 책이 없음을 알게 되었다. 나중에 그는 보르헤스의 전문 기법이라고 인정받을 장치—출처가 불분명한 각주, 날조한 참고문헌, 꾸며낸 작가들에 대한 그럴듯한 학술 연구의 형태로 현실 세계에 허구를 삽입하는 방식—에 가장 먼저 매혹된 사람이 되었다.

비오이를 혼란에 빠뜨린 그 짧은 서평은 미르 바하두르 알리라는 작가가 썼다고 알려진 『알무타심을 찾아서*El acercamiento a Almotásim*』라는 소설을 다루고 있었다. 1932년에 이 소설이 처음 나왔을 때에는 "사실상 신문용지에 인쇄된" 염가본廉價本이었고, 봄베이 토박이가 쓴 최초의 탐정 소설이라고 홍보하는 문구가 적혀 있었다. 현지 언론의 찬사에 힘입어 바하두르는 1934년에 삽화가 들어간 최신판을 발표했다. 바로 이 판본이 당시 런던에서 "(어쩌면 자비롭게도) 삽화는 생략되었지만, 도로시 L. 세이어스의 서문이 들어간" 상태로 재인쇄되었다고 전해지는 책이었다. 비오이는 물론 이 판본을 찾는 데에 실패했다.[15]

(존재하지 않는) 이 소설은 한 법대생이 최악의 사람들, 즉 체면이라고는 눈곱만큼도 없는 사람들과 어울리게 되는 이야기를 들려준다. 그 도덕적 불결함의 한가운데에서 어느 날 학생은 단 하나의 친절한 행위를 목격한다. "혐오스럽기 이를 데 없는 이 패거리 중 한 명에게서……찰나의 친절함"을 본 것이다. 충격에 휩싸인 학생은 그가 지금 이 난폭한 사

람들 속에서 다른 어떤 사람—그 남자의 옛 친구, 그전에 또다른 친구에게 그런 식으로 감동했던 어떤 친구—이 남긴 선함의 흔적을 보고 있는 것이 분명하다고 가정했다. 그런 뒤 그는 "**세상 어딘가에 이 투명함, 이 밝음을 뿜어내는 사람이 있을 것**"이라고 결론지었다.[16] 학생은 한 사람에서 그다음 사람으로 끈질기게 그 흔적을 추적하고, 마침내 페르시아의 한 소박한 서점 앞에 당도한다. 서점으로 들어서니 안쪽에 드리워진 값싸고 화려한 커튼 뒤에서 눈부신 빛이 흘러나온다. 학생이 누군가로부터 알아낸 이름, 알무타심을 부르자 목소리가 그에게 들어오라고 명하고, 소설은 끝이 난다.

예상치 못한 고상한 행위에 충격을 받는다는 생각은 의무의 부름을 다룬 칸트의 어떤 글을 떠올리게 한다. 도덕법칙에 관해서 칸트가 정말 놀랐던 것은, 도덕법칙 덕분에 우리는 비천한 욕구에 굴종하기만 하는 하인 또는 자연이라는 거대한 기계의 톱니바퀴로만 살면서 시공간의 불안정한 흔들림에 이러저리 휩쓸려 다니지만은 않는다는 점이었다. 우리는 이 도덕법칙이 존재한다는 증거를 모든 곳에서 보게 된다고 칸트는 말했다. 그리고 이렇게 덧붙였다. 다른 인간에게 차갑기만 한 사람들, 가장 혐오스러운 사람들 속에서도 간혹 우리는 정의로운 행위, 선함의 불꽃을 언뜻 보게 되는데, 이 감정을 거부하고 초연함을 유지하기를 바란다고 해도 그 모습을 볼 때에는 존경하는 마음에 고개가 절로 숙여진다.[17]

칸트처럼 바하두르 알리의 주인공도 예상치 못한 선행을 목격하고 깊이 감동한다. 하지만 그는 거기서 멈추지 않는다. 보편적 도덕법칙의 영향을 인식하는 데에서 그치는 대신, 그 선함에는 구체적인 원천, 어떤 화신이 있다고 판단한 것이다. 그 모든 선함, 그 모든 이타심의 전형인 한 사람. 타인에게 자신의 흔적, 그 학생이 따라야 할 바로 그 흔적을 남긴 한 사람. 타락한 세계에서 선함의 화신이 된 사람.

이 불완전하고 수수께끼 같은 소설에서 고대의 생각에 뿌리를 내린 최초의 봉오리가 완전히 새로운 방식으로 꽃잎을 펼쳤다. 평론이나 학술 논문으로 위장한 이 소설은 현실과 가상의 출처가 버무려진 각주를 풍부하게 갖췄지만, 그 모든 것이 어떤 신비한 원천을 발굴하기 위해 존재하는 소설이었다. 이 신비에 이끌려 우리는 어떤 존재나 장소, 책이나 시를 찾게 되는데, 거기에는 우리가 애타게 바라지만 결코 이룰 수 없는 통합—보르헤스가 욕망의 방식으로 표현한 바에 따르자면, 영원성—이 구현되어 있다.

놀랍고도 불가피하게, 여기에서 우리 눈앞에 모습을 드러내는 것은 여러 해에 걸쳐 『순수이성 비판』을 완성하던 칸트가 그의 체계를 통합하고자 노력할 때 맞닥뜨린 바로 그 통찰이다. 즉, 시공간의 다양성이라는 개념 그 자체 때문에 우리 인간은 절대 경험할 수 없지만 그럼에도 우리가 실재성을 부여하고 가장 깊은 욕망의 대상으로 구체화한 궁극적인 통합체를 우리는 가정할 필요가 있다는 것이다. 칸트에게 욕망의 대상은 과학의 원동력인 동시에, 우리가 그것을 발견했다고 믿지 않기 위해서 이성으로 경계할 필요가 있는 것이었다. 보르헤스에게 그 대상은 문학의 원동력, 더 나아가 삶의 원동력이지만, 이야기 하나하나에서 그의 목소리는 항상 조심스럽게 들린다. 나중에 보르헤스가 알게 되듯이, 그 대상을 발견하는 것, 그 궁극적 실재에 들어가는 것은 어떤 덧없는 존재도 해낼 수 없는 일이기 때문이다.

보르헤스가 열세 살일 때 아버지인 호르헤 기예르모 보르헤스는 「추억」이라는 동일한 제목의 시 3편을 발표했다. 보르헤스의 아버지는 영국 출신의 이민자인 어머니 밑에서 자란 현실적인 변호사로, 이 시들에서 그는 시간의 경과, 즉 우리가 그리워하는 사랑과 환희의 순간은 눈 깜짝할 사이에 지나가버리고 우리는 후회와 갈망에 젖어 되돌아볼 수밖에 없음을 슬퍼했다.[18] 중년의 위기 때문이었는지 아니면 아내 레오노르 아세베도와의 낭만을 되살리고 싶어서였는지, 호르헤 기예르모는 가족을 데리고 유럽으로 이사했고, 마지막에는 외가의 나라에서 살았다. 하지만 첫 체류지는 스위스 제네바였다. 이곳에서 두 자녀, 호르헤 루이스와 그의 여동생(공교롭게도 이름이 노라였다)은 외할머니의 보살핌을 받으며 안전하게 머무를 수 있었고, 그동안 부모는 잃어버린 시간을 찾아서 유럽의 수도들을 여행할 계획이었다.

이처럼 멋들어진 계획은 세계사의 풍랑에 뒤집히고 말았다. 독일 여행 중 전쟁이 터지자 이 잉꼬부부는 급히 중립국인 스위스로 돌아와 호르헤 루이스를 장 칼뱅이 설립한 학교에 입학시켰다. 부부는 노라에게도 그런 조치가 필요하다고 생각하지는 않은 듯하다. 노라는 집에서 그림 수업을 받았고, 후에 프랑스 국립미술학교인 에콜 데 보자르에 입학했다.[19] 노라는 제노바를 사랑하게 되었으며 프랑스어를 유창하게 해서 집에서 대화할 때 프랑스어를 집어넣기 시작한 반면, 호르기는 잘해내지 못했다. 심지어 그 자신의 언어를 쓰는 아르헨티나에서도 그는 심하게 따돌림을 당하고 주로 혼자 지냈다. 이제 그는 알지도 못하고 적성에도 맞지 않는 또다른 언어의 장벽 때문에 더욱더 고립되었다.

독일어도 썩 잘하지는 못했지만, 보르헤스는 이 언어에 취미를 붙이고 아르투어 쇼펜하우어의 마법에 빠져들었다. 후에 그는 쇼펜하우어에 대해 "우주의 신비를 말로 표현할 수 있다면 그 말은 쇼펜하우어의 글에 담겨 있을 것"이라고 썼다.[20] 독일어를 깨치고 싶었던 그는 교과서 중 하나로 칸트의 『순수이성 비판』을 선택했다. 또다른 교과서는 빈의 작가 구스타프 마이링크의 소설 『골렘Der Golem』이었다. 『골렘』은 생명을 창조하고자 했지만 대신 괴물을 만들어내고 만 체코의 한 랍비에 관한 이야기였다. 칸트를 읽는 것보다는 생명의 신비한 창조를 이해하는 편이 더 수월한 도전이었다. 결국 『골렘』은 보르헤스가 끝까지 읽은 최초의 독일어 책이 되었고, 비옥한 토양에 안착했다.

이 무렵 그는 처음으로 친구를 사귀었다. 2명의 유대인 소년, 모리스 아브라모비치와 시몬 지클린스키는 둘 다 보르헤스와 똑같이 문학과 철학을 사랑했다. 이제 열일곱 살이 된 보르헤스는 가족의 삶이라는 울타리에서 벗어나서 친구들과 넋을 잃고 대화하면서 늦은 시간을 밖에서 보내기 시작했다.[21] 유대인 문화에 대한 각별한 애착은 젊은 시절의 이 우정에서 비롯했을 가능성이 크다. 실제로 나중에 보르헤스는 유대교 신비주의, 특히 유대인 철학자 게르숌 숄렘의 책에 잠깐 빠져들었다. 보르헤스는 숄렘을 개인적으로 알았고, 마이링크의 소설로부터 영감을 받아 쓴 시에서 그의 이름을 두 차례 언급했다(비록 이 철학자의 이름을 사용한 것은 단지 "골렘"과 운이 맞는 다른 단어를 찾을 수 없어서였다고 짓궂게 주장했지만 말이다).[22]

하시디즘(율법의 내면성을 존중하는 유대교 경건주의 운동/역주)의 구전에 따르면, 골렘에 생기를 불어넣기 위해서는 피조물의 이마에 히브리어로 진리를 뜻하는 단어, 에메트emet를 새겨야 한다. 이 피조물은 창조되자

마자 즉시 파괴되어야 하는데, 첫 글자를 지워 죽음을 뜻하는 메트met를 남겨놓으면 그렇게 된다. 지워야 하는 글자, 그렇게 해서 빼앗아야만 하는 생명의 첫 번째 숨결은 히브리어 알파벳의 첫 글자인 알레프였다.[23] 보르헤스의 시에서 랍비는 애정과 공포가 뒤섞인 눈으로 자신의 소름 끼치는 피조물을 바라보면서 스스로에게 묻는다. "왜 나는 무한한 연쇄에 또 하나의 기호를 더하기로 했을까? 왜 영원히 풀어야 할 헛된 타래에 또 하나의 원인, 또 하나의 결과, 또 하나의 근심을 더했을까?"[24] 영원성과 인과가 지배하는 시간적 세계의 이 긴장은 바하두르의 종말론적인 소설에 대한 보르헤스의 평론에 묘사된 긴장과 똑같았다. 그리고 그 이야기의 마지막 줄에서 보르헤스는 또다른 전통을 이 개념의 선구자로 지적하고, 거의 같은 시기에 쓴 단편 소설 「카발라에 대한 변론」에서 그 전통을 자세히 묘사했다.

　카발라는 토라(모세 오경/역주) 두루마리들을 불로 쓰인 영원한 토라의 그림자 혹은 사본으로 가정하는 랍비의 해석 관행을 가리킨다. 카발라주의자는 이렇게 생각한다. 우리 인간이 이해하기 위해서 씨름해야만 하고, 여러 시대에 흩어져 있어 어순을 알 수가 없는 토라의 철자들과는 달리, 최초의 영원한 토라의 철자는 시공간의 조건을 필요로 하지 않는다. 그 최초의 영원한 글을 재구성하고자 할 때 카발라주의자는 우화적 읽기, 수비학數秘學, 어구 전철轉綴(철자의 위치를 바꿔 새 어구를 만드는 것/역주)을 통해서 토라를 해석한다.[25] 『세페르 예치라Sefer Yetzirah』, 즉 『창조의 서』는 이렇게 가르쳤다. 히브리 알파벳의 22글자는 신의 기초 재료로서, 신은 이 재료를 조합해서 복잡하고 다양한 존재를 떠올렸다. 『창조의 서』는 다음과 같이 시작한다. "알레프는 모든 것에 있고 모든 것이 알레프에 있으며, 베트Beth는 모든 것에 있고 모든 것이 베트에 있으며, 각각의 다른 것들도 그와 똑같다……모든 창조와 모든 언어는 한 이름에서 나온다."[26] 우리 언어들은 신의 원천에서 멀리 떨어져나왔지만 그럼에도 신성한 영감의 흔적을 간직하고 있으며, 오래되고 신성한 언어일수록 그 원천에 더 가까워진다. 그에 따라서 히브리 알파벳의 첫 글자, 알레프의 첫 번째 음소에서 카발라주의자들은 이름 짓고, 창조하고, 생명 자체를 낳는 바로 그 힘을 발견했다.[27]

제네바에 거주한 시간은 호르헤 기예르모의 당초 의도보다 길었지만, 결국 끝이 다가왔다. 대개 이런 일은 호르기가 마침내 취미를 붙였을 때 일어났다. 보르헤스는 친구를 사귀었을 뿐 아니라 사랑을 발견했다. 초록의 눈과 찰랑거리는 빨간 머리를 가진 소녀, 에밀리. 최초의 순결한 로맨스는 미래의 더 파괴적인 사랑을 예언하는 틀이 되었다. 엄격하고 인정머리 없는 어머니 레오노르는 앞날의 장애들을 예고하듯 아들의 사랑을 허락하지 않았다. 이 소녀는 노동계급이었다. 책만 아는 아들이 단검을 지니고 학교에 가면 심한 따돌림 문제가 해결되지 않을까 생각까지 했던 보르헤스의 아버지는 이번에는 아들을 누군가의 침대에 보내기로 결정했다. 그는 호르기에게 홍등가의 어느 집 주소를 주고 그의 등을 떠밀었다. 젊은이는 고분고분히 아버지의 말을 따랐지만, 목표에 다가갈수록 불안이 커졌다. 정상적인 상황에서도 주눅이 들었던 호르기는 결국 임무를 수행하지 못했다. 충격과 굴욕에 빠진 그는 의사를 찾아갔고, 간이 약하다는 진단을 받았다. 호르기의 아버지는 제네바와 에밀리를 떠나 아들의 미지근한 피를 덥혀줄 지방으로 갈 때가 되었다고 판단했다. 이것이 보르헤스가 겪은 최초의 슬픈 시련이었다.[28]

시간은 상실이다. 시간은 비통함이다. 시간은 영원함에 대한 욕망이다. 그로부터 30년 가까이 지난 시점에 그보다 더 심각한 일을 겪은 뒤 보르헤스는 이 연쇄적인 영향과 생각을 묶어 이야기를 발표했다. 그것은 이야기 속 물건의 이름과 동일한 제목의 이야기이자 전 세계의 수많은 독자에게 보르헤스의 독특한 문학적 상상을 명확히 보여주게 될 이야기였다. 이 단편 소설에서 그는 부에노스아이레스의 한 별장을 상상하는데, 그 지하실 계단을 내려가면 한쪽에 신비한 물건이 숨겨져 있다. 지름이 몇 센티미터밖에 안 되는 원반이지만, 그 안에는 우주의 모든 공간이 "조금도 축소되지 않은 크기로" 담겨 있다.[29]

잘 어울리게도 그는 그 물체에 알레프Aleph라는 이름을 붙였다.

「알레프」에서 보르헤스의 또다른 자아는 속물적이고 썰렁한 사람이라는 인상을 풍긴다(어떤 면에서는 너무나 정확할 수도 있다). 남자는 세상을 떠난 연인, 베아트리스 비테르보의 집에 계속 들르고 그녀의 가족을 만난다. 그 집에는 현재 시인이자 그녀의 사촌인 카를로스 아르헨티노 다네리가 살고 있는데, 이제 그곳은 사실상 베아트리스의 묘가 되었다. 하지만 방문을 간신히 허락받은 대가로 그가 해야 할 일은 카를로스 아르헨티노의 형편없는 시를 읽고, 더 끔찍하게는 그의 시에 반응까지 하는 것이었다. 알고 보니 다네리는 시를 쓰는 일에 온 정신을 쏟고 있었는데, 존재하는 모든 것에 대하여 거의 알아볼 수 없는 순서로 방대한 시집을 쓰고 있었다. 보르헤스가 말하는 시점에는 오비 강 한 자락, 베라크루스의 가스 정제시설, 몇 헥타르에 달하는 퀸즐랜드의 땅, "그리고 유명한 브라이튼 아쿠아리움에서 그리 멀지 않은 터키탕" 같은 여러 지

역을 운문으로 묘사해놓은 상태이다.[30]

카를로스 아르헨티노의 두서없는 시 창작은 그가 주인공인 보르헤스에게 전화를 걸어 부동산 소유주가 이 집을 허물 예정이라고 말하면서 급제동이 걸린다. 전화를 받고 당황한 보르헤스는 베아트리스의 묘를 잃겠다는 두려움에 항의를 해보지만, 카를로스 아르헨티노는 그 집이 허물어지면 더 이상 시를 쓰지 못할 것이라며 넋두리를 늘어놓는다. 그러면서 보르헤스에게 그 이유를 털어놓는데, 그것은 바로 지하실 한쪽에 알레프, 즉 "공간상의 모든 점을 담고 있는 한 점"이 있기 때문이었다.[31]

보르헤스의 혼란은 곧 카를로스 아르헨티노가 미친 것이 분명하다는 의심으로 바뀌지만, 보르헤스는 카를로스의 정신병을 눈으로 확인하기 위해서 그 집으로 향한다. 하지만 카를로스 아르헨티노가 지시한 대로 어두운 계단을 내려가 지하실 바닥에 닿는 순간, 보르헤스는 자신의 어리석음을 깨닫는다. "독을 먼저 한 모금 마신 후 미친 사람에 의해 지하에 갇힌" 신세가 된 것이다.[32] 그는 잠시 눈을 감았고, 다시 눈을 뜬다. 알레프를 보는 순간, 그 생각은 즉시 사라진다.

보르헤스가 말한다. 이 순간 그의 이야기는 바위 같은 장벽, 즉 "무한의 일람표, 심지어 무한의 부분적인 일람표"에 부딪힌다.[33] 알레프는 "지름이 2-3센티미터 남짓이었지만, 그 안에 전혀 축소되지 않은 크기로 우주 공간을 담고 있었다. 각각의 사물(이를테면, 거울의 유리 표면)이 무한한 사물이어서, 우주의 모든 각도에서 똑똑히 보였다."[34]

다음으로 문학사에서 가장 눈길을 사로잡는 시 목록이 이어진다. 보르헤스는 자신의 입으로 이미 불가능하다고 선언한 것, 즉 무한을 하나하나 열거하기를 시도한다. 그는 무작위의 순간과 경험, 기억과 관점을 쌍으로 묶어 상세히 묘사한다.

나는……검은색 피라미드와 그 한가운데에 펼쳐진 은빛 거미줄을 보았
고,……적도의 볼록한 사막들과 사막의 모든 모래 알갱이를 보았고,……플
리니우스 작품의 영어번역본 초판(필레몬 홀랜드 역)을 보았고, 그와 동시
에 모든 페이지에 인쇄된 모든 글자를 보았고,……호랑이, 피스톤, 들소, 밀
물과 썰물, 군대를 보았고, 지구상의 모든 개미를 보았으며,……한때 달콤
한 베아트리스 비테르보였던 것의 무시무시한 유해를 보았고, 내 검은 피
가 도는 것을 보았고,……모든 곳에서 동시에 알레프를 보았고, 알레프 속
에서 지구를 보았고, 다시 한번 지구에서 알레프를 보고 알레프 속에서 지
구를 보았으며, 나의 얼굴과 나의 내장을 보았고, 당신의 얼굴을 보았고,
나는 현기증을 느끼고 눈물을 흘렸는데, 사람들이 그 이름을 부당하게 사
용해왔지만 실은 단 한 사람도 본 적이 없는, 가설로 존재하는 그 비밀스러
운 물체, 상상할 수 없는 우주가 나의 눈에 보였기 때문이다.[35]

눈 깜짝할 사이에 전개되는 모든 것들의 존재. 지금 이 순간 저 밖에 펼
쳐지는 상상할 수 없는 우주. 여기, 특별히 길게 쓴 이 한 문장 속에 보르헤
스는 그를 사랑과 상실이라는 친밀한 영역에서 우리가 아는 우주의 가장
자리로 쏘아올리는 철학적 통찰을 담았다. 이 통찰은 플라톤에서부터 유
대교 신비주의를 거쳐 기독교의 계시에 이르기까지, 또한 어렸을 때 독일
어를 익히기 위해서 읽었던 칸트의 『순수이성 비판』에서부터 보르헤스가
잠깐 행복을 느낀 그날 오후의 흐름을 붙잡아서 영원으로 변질시키기를
바랐던 때와 같은 시기에 베르너 하이젠베르크가 세상에 풀어헤친 바로

그 원리에 이르기까지 문화와 과학의 은밀한 맥락들을 유려하게 흐른다.

이것은 알레프가 드러낸 통찰이다. 자아를 가지고 어떤 것을 경험하기 위해서는 광대한 주변 공간이 총체성을 이루며 존재해야 하고, 흘러간 과거와 다가올 미래가 존재해야 한다. 하지만 가설로 존재하는 그 은밀한 물체, 상상할 수 없는 우주는 영원히 가설로, 비밀로 남을 운명이다.

1944년 겨울 비오이가 연 파티에서 보르헤스는 에스텔라 칸토를 만났다.[36] 기자이자 작가로서 한창 명성을 높여가던 에스텔라는 보르헤스의 작품에 경탄했지만, 그의 너저분한 외모에는 좋은 인상을 받지 못했다. 보르헤스 역시 그녀에게 관심이 없는 것처럼 보였다. 이 상황은 다른 날 저녁 비오이의 집에서 열린 모임에서 두 사람이 우연히 만났을 때 변했다. 보르헤스는 함께 몇 블록을 산책하자고 제안했다. 산책은 몇 시간 동안 계속되고 동네 술집으로 이어졌다. 대화를 나누던 중 에스텔라는 버나드 쇼의 문장을 영어로 인용했다. 이것이 보르헤스의 관심을 사로잡은 것이 분명하다. 후에 그녀가 기억하기를 "버나드 쇼를 좋아하는 여자를 처음으로 만났다"고 보르헤스가 특별히 언급했다고 하니 말이다.[37]

두 사람은 가끔 만나서 도시의 거리를 산책했다. 어느 날 산책하는 도중에 보르헤스는 "세계에 있는 다른 모든 장소를 포함하는 하나의 장소"에 대한 이야기를 쓰고 있다고 에스텔라에게 털어놓았다.[38] 다른 날에는 예고도 없이 그녀의 아파트에 선물을 들고 나타났다. 이것은 알레프인데, "세계의 모든 물건"을 보여줄 것이라고 그가 그녀에게 말했다. 그녀가 포장을 뜯었을 때 안에는 달랑 만화경 하나가 들어 있었다. 하지만 그녀의 당황에도 그는 열정을 꺾지 않았고, 이후 그녀에게 바칠 수많

은 선물 중 최초의 것들에 대해서 그가 어떤 이야기를 쓸 계획인지 중얼중얼 늘어놓았다.[39]

보르헤스는 곧 에스텔라가 그에게 단테의 베아트리체와 같다는 생각에 집착하게 되었다. 베아트리체는 단테가 사랑했으나 젊어서 죽은 여인으로, 『신곡』에서 단테 앞에 다시 나타나 이 위대한 시인을 깊은 지옥에서 이상화된 신의 낙원으로 인도한다. 그렇게 연결 지을 때 보르헤스는 분명 그녀의 이름에 도움을 받았을 것이다. 에스텔라는 "별"을 가리키는 라틴어 및 고대 프랑스어에서 파생된 이름이다. 『신곡』의 각 권은 레 스텔레 le stelle, 즉 별이라는 똑같은 단어로 끝난다. 이 생각은 1945년 3월에 절정에 이르러 만개했다. 이때 보르헤스는 수도의 남쪽에 인접한 어느 마을에 가서 산책을 하자고 에스텔라를 초대했다. 그가 유년에 가족과 함께 여름을 보내면서 드물지만 몇 차례 행복한 순간을 맛본 곳이었다. 특히 그는 그녀를 호텔 라스 델리카스라는 여관에 데려가고 싶어했다. 여관은 전성기가 지난 지 오래였다. 에스텔라는 나중에 이렇게 회고했다. "식당은 엄청나게 크고 조명이 흐릿했으며 거의 텅 비어 있었다. 정가로 제공되는 음식은 하숙집에서 기대할 법한 음식만큼이나 형편없었다." 그럼에도 그는 어느 것 하나 개의치 않았다고 그녀는 회고했다. "과거의 영광이 벗겨져나간 이 낡은 식당에서 그는 그저 행복하고 만족했다."[40]

두 사람이 저렴한 가격으로 식사를 한 뒤 그에 못지않게 황폐한 정원을 산책하던 중에 보르헤스는 단테의 「천국」에서 베아트리체가 신의 영원한 천국 한가운데에 있는 신비한 장미 앞으로 시인을 인도하는 구절을 인용했다. "우주에서는 중심이 정지된 채 그 중심이 / 다른 모든 것들을 돌려줍니다."[41] 이렇게 상상하는 중에 단테는 모든 창조의 중심을 올려다보는 장면을 묘사한다. "저는 아주 날카로운 빛을 발하는 점을 / 하나 보았습니다. 그 빛이 너무나도 날카로워서 / 누구라도 그 힘을 똑바로 마주하면 눈을 감을 수밖에 없을 것입니다. 지구에서는 아주 작아 보이는 어떠한 별도 그 점 옆에 자리하면 별과 별이 합쳐짐으로써 달처럼 보일 것입니다."[42] 단테의 청명한 시구에 취해서 보르헤스는 무릎을 꿇고 그 질문을 내뱉었다.

에스텔라가 대답했다. "그렇게 된다면 난 정말 기쁠 거예요, 호르기. 하지만 내가 버나드 쇼의 문하생이라는 걸 잊지 마세요. 먼저 잠자리를 하지 않으면 우리는 결혼할 수가 없어요."[43]

처음에 보르헤스는 에스텔라의 답을 긍정으로 생각했지만, 곧 제 일을 하기가 쉽지 않음을 깨달았다. 에스텔라는 그의 구애 분위기에 이끌려 모자가 함께 사는 집에 가서 차를 마셨지만 이내 노부인의 속물근성에 넌더리를 냈다. 결국 에스텔라는 노부인의 행동과 보르헤스의 지긋지긋한 애착을 탓하면서 그로 인해 그들의 관계가 더 발전할 수 있는 "모든 가능성이 파괴되었다"고 선언했다.[44] 하지만 에스텔라가 그의 삶에 들어온 기간에 보르헤스는 상상력의 날개를 펴고 마침내 『알레프*El Aleph*』라는 제목의 선집을 성공적으로 완성했다.

영원에 관한 산문을 시작할 때 보르헤스는 여담으로 약 20년 전 스위스 베른의 특허청에서 일어난 일을 잠깐 언급했다. 특허청에 "상대주의에 대한 두려움"이 폭발해서, "모든 사람의 개인적인 시간과 수학자들의 일반적인 시간을 동기화"하는 문제가 불거진 일이었다.[45] 실제로 1905년에 아인슈타인이 발견한 가장 심오한 진리 중 하나는, 우리의 보편적 시간 개념은 어떤 실재에도 기초해 있지 않다는 것이었다. 인간의 모든 지각과 행동의 뒤편에는 신의 시계가 재깍거리며 돌아간다는 이미지로 뉴턴이 못을 박은 보편적 시간 개념은 얼핏 보기에는 너무나도 확실한 가정 같았다. 사람들은 광대하고 동시적인 **지금**now이 "저 바깥에" 존재한다고 믿었다. 각 사람에게 이 광대한 지금은 바로 지금, 바로 이 순간 세계에 다른 어떤 일이 일어나고 있든 상관없이 우리가 형성하는 심상의 형태로 이루어진다. 내가 이 글을 쓰는 동안 내 아이들은 2층에서 잠을 자고, 보스턴에 있는 내 친구는 모닝커피를 내리고, 오스트리아에 있는 내 아내는 한참 전에 일어나 도시를 돌아다니고, 제임스웹 우주망원경은 거울로 시공간의 기원을 관측하고 있다. 문제는 광대한 지금이 언제나 마음의 구성물에 불과하다는 점에 있다. 정보, 더 나아가 모든 정보는 이동하는 데에 시간이 걸리기 때문이다. 그래서 만일 내가 천장을 뚫고 내 아이들을 볼 수 있다면 아이들이 자고 있다는 정보는 나에게 도달하는 데에 약간의(분명 터무니없이 짧은) 시간이 걸릴 것이다. 만일 보스턴에 있는 내 친구가 커피를 내리는 동안 나와 영상 통화를 한다면, 내 경험은 감지할 수 없을 만큼 지체되고, 오스트리아에 있는 내 아내의 경우에는 약간 더 지체될 것이다. 지구에서 150만 킬로미터 떨어져 있는 제임스웹 우주망원경은 감지할 수 있을 정도의 시차를 두고 정보를 보낼 것이다. 한편 화성 탐사 로버의 조사 정보는 지구와 화성이 궤도상 어디에 있는지에 따라서 내 컴퓨터 화면에 도달하기까지 20분 이상이 소요될 것이다.

따라서 이 광대한 현재 순간은 거의 무한히 넓고 무한히 얇은 시공간의 디스크처럼 우리 주변에 펼쳐져 있는데, 다만 우리는 그것을 볼 수가 없다. 그렇지 않은가? 절대 그렇지 않다. 뉴턴의 고전적인 우주관에서는 안정된 실재가 바로 지금 공간 전체를 공유하고 있다고 보는 것이 합당하겠지만, 아인슈타인이 보여준 바에 따르면 사실 이 생각은 시간을 측정하고 그 측정값을 다른 측정값과 비교하는 우리 능력에 달려 있다. 따라서 우리가 두 사건을 측정하고 그 측정값을 소통할 때까지는 두 사건이 정말 동시에 일어나고 있는지 또는 연속해서 일어났는지 묻는 것은 이치에 맞지 않는다. 하지만 측정하고 비교하는 데에는 시간이 걸리기 때문에 두 사건이 동시적인지 그렇지 않은지에 대한 판단은 단지 사후에 가능할 뿐 아니라, 만일 측정하고 있는 두 당사자 중 한쪽이나 양쪽이 상대방에 대해서 이동하고 있다면, 두 사건이 실제로 동시적인지 그렇지 않은지는 뒤바뀌기 마련일 것이다.[46] 다시 말해서 우리가 상상하는 저기 바깥 공간의 현재 순간과 일치하는 안정된 실재는 존재하지 않는다. 하이젠베르크의 전자처럼 그것도 우리가 목격하기 전에는 존재하지 않는다.

그럼에도 우리는 그렇게 상상한다. 계단 아래 숨어 있는 알레프처럼, 우리는 생각하고 관찰할 때마다 광대하고 상상할 수 없는 우주를 바깥 공간에 투사한다. 우리의 출처인 과거와 우리의 도착지인 미래가 우리에게 필요한 것과 같다. 그러한 투사는 임의적이지 않으며, 최소한의 경험을 가능하게 한다. 하지만 이 객관화된 관념을 마치 독자적인 형태로 존재하는 어떤 것인 양 취급한다면, 우리가 우주에 모든 시공간이 담겨 있다고 상상으로 지어낸 이미지를 마치 시공간상 실제로 존재하는 어떤 것인 양 취급하게 된다. 다시 말해서, 그것을 마치 실제인 양 취급하게 되는 것이다.

그것은 실재하지 않는다. 그럼에도 태초부터 그 실재성에 대한 꿈이 세계를 매혹했으며, 오늘날에도 우리에게 계속 마법을 펼친다.

새로운 가능성을 희망적으로 바라보면서 보르헤스는 상실의 기억이 가득한 어두운 거리에서 빠져나와 시적, 과학적, 철학적 전망을 만들어 내고, 그 힘으로 어두운 마법의 사슬을 산산조각 낼 수 있었다. 그것은 물리학과 윤리를 하나로 묶어 우주를 낯선 방식으로 새롭게 조직하고 궁극적으로 인간의 자유를 변론할 수 있게 해줄 귀중한 전망이었다. 하지만 그 지점에 도달하기 전에 보르헤스는 이 전망을 따라서 새로운 이율배반으로 진입했다. 그리고 진행되는 실명으로 인해 갈수록 어두워지는 시야와 외견상 무한한 도서관의 복잡한 통로를 뚫고 불현듯 어떤 우주, 무한한 우주의 역설적인 가장자리를 보기 시작했다.

제3부

우주에 끝이 있을까?

Jorge
Luis
Borges

Werner
Karl
Heisenberg

Immanuel
Kant

7

다른 사람들이 도서관이라고 부르는 우주

C. S. 루이스는 세계적으로 사랑받는 아동 소설 작가라는 명예를 얻기 전 오랫동안 중세 문학자로서 명성을 쌓고 있었다. 처음에는 옥스퍼드 대학교에서 중세 문학을 가르쳤고, 1954년에 케임브리지 대학교로 옮겨 새로 만들어진 중세 르네상스 학과장직을 맡고 평생 그 자리를 지켰다. 루이스가 유서 깊은 두 학교에서 강의한 과목 중 하나는 중세 사람들이 우주를 상상한 방식을 다루었다.

칸트와 마찬가지로 루이스는 별이 빛나는 밤하늘을 바라볼 때마다 경외감에 사로잡혔다. 때로는 학생들을 초대해서 그들과 함께 밤길을 걷고 하늘을 바라보았으며, 천체를 인습적이고 근대적으로 보는 방식을 내려놓으라고 학생들을 고무했다. 그는 이렇게 말하고는 했다. "밤하늘을 보면서 다른 어떤 감정을 느끼든 간에 근대인은 분명 **바깥**을 보고 있다고 느낄 것이다. 거실 입구에서 캄캄한 대서양을 바라보거나, 햇빛이 비치는 현관에서 어둡고 쓸쓸한 황야를 바라보고 있다고 느낄 것이다." 하지만 이어서, 중세의 시인들과 자연철학자들의 눈에 우주는 그렇게 보이지 않았다고 말했다. 만일 중세의 눈으로 볼 수 있다면, "**안**을 들여다보고 있다고 느끼게 될 것이다."[1]

밤하늘이든 그 밖의 어떤 하늘이든, 하늘을 볼 때 안을 들여다본다고 느낀다는 것은 무슨 의미일까? 그렇게 되기 위해서는 먼저 우리가 딛고 선 지구 표면이 볼록하게, 즉 발바닥 면에 맞게 휘어져 있지 않고 그 대신 사발의 안쪽 면처럼 약간 오목하게 휘어져 있다고 상상해야 한다. 그렇게 하면 눈에 보이는 지평선 너머로 지구 표면은 완만하게 **위**로 휘어져서 결국 우리가 보는 모든 것을 에워싸게 된다. 이 거꾸로 된 우주에서는 우리가 지구 표면의 어느 곳에 서 있든 간에 똑바로 위를 응시하면 정확히 같은 지점을 가리킬 수 있다. 하지만 우리가 이런 방식으로 우리 생각을 왜곡한다고 할지라도, **왜** 누군가가 그런 기이한 우주의 구조를 꾸며냈을까 하는 의문은 지워지지 않을 것이다. 중세 사람들이 그렇게 상상한 이유는 우주가 **어딘가**에 존재한다는 것이 무엇을 의미하는지에 관한 오래된 논쟁과 맞닿아 있다.

13세기 유럽의 대학가는 오늘날 스콜라 철학이라고 불리는 지적 운동이 지배하고 있었다. 스콜라학자들의 일차적인 목표는 아리스토텔레스의 가르침과 유럽 문화의 기독교 신학을 조화시키는 것이었다. 이 시기는 아리스토텔레스의 저작이 아랍 철학자들의 번역물과 주해서를 통해서 유럽에 들어온 후였다. 그들이 아리스토텔레스로부터 받아들인 개념 중 하나는 천체의 물리적 모형이었다. 이 모형에 따르면 지구는 거대한 구슬이고, 완벽하게 매끄러운 여러 개의 유리 층이 지구를 차곡차곡 감싸고 있으며, 각각의 층이 아래층과 독립적으로 움직이면서 우리가 고개를 들면 하늘에서 볼 수 있는 것과 같은 구체들—해, 달, 위성, 밤하늘의 별들─을 운반한다. 맨 바깥층은 자신의 운동을 다른 층들에 전해줄 뿐, 그 층에 운동을 전달해주는 또다른 층에 둘러싸이지 않았다. 이 제 10천ㅊ 또는 제1운동자primum moblile는 그 개념을 먼저 받아들인 무슬림 들에게 그랬듯이 기독교도들에게도 강한 호소력을 발휘했다. 그것이 신 의 존재를 대중적, 직관적으로 증명하는 증거의 물리적 구현체로 보였 기 때문이다(무엇보다, 신은 다른 어떤 원인이 필요하지 않은 궁극적 원인으 로서 꽤나 적합한 후보였다).

신이 제1운동자라는 주장은 그럴듯한 계책이었지만, 아리스토텔레스 의 모든 가르침을 기독교 사상과 조화시키기는 다소 억지스러웠다. 특 별히 곤란한 문제의 발원지는, 물체가 존재하는 공간은 무엇으로 구성 되어 있는가에 대한 아리스토텔레스의 규정이었다. 아리스토텔레스는 어떤 것이 점유하는 장소는 "둘러싸는 물체의 정지한 맨 안쪽 표면이며, 둘러싸인 물체의 표면과 이 표면이 맞닿아 있다"고 믿었다.[2] 이 규정은 운동 개념, 즉 장소와 관련된 물체의 변화를 설명해주기 때문에 중요했 다. 하지만 우주의 맨 바깥쪽 용기가 다른 용기에 담겨 있지 않다면, 그 것이 움직인다고 어떻게 이야기할 수 있을까? 더욱 신경이 쓰이는 것은, 만일 우주를 전체적으로 둘러싸고 있는 것이 없다면 누구라도, 심지어 신이라도 그것을 움직일 수는 없으리라는 추론이 가능하지 않을까?

1277년에 에티엔 텡피에르라는 이름의 파리 주교가 스콜라학자들을 대신해서 답을 내놓았다. 주교는 대학교수들에게 신이 할 수 없는 일을 더 이상 신에게 지시하지 말라고 공표했다. 주교의 법령에 포함된 219개 의 규탄문은 수많은 주제를 다루고 구체적인 서적들을 금지했지만, 상 당히 많은 부분이 자기들이 신의 한계를 판단할 위치에 있다고 생각하는 (권위 있는 성직자들이 보기에) 괘씸하고 짜증 나는 철학자들의 자만심을 다루고 있었다.

따라서 비록 우주 바깥에는 **우주를 움직이는 것**이 없을지라도 신은 우주를 움직일 수 있다고 여겨졌다. 그러자 또다시, 우주가 도대체 무엇을 기준으로 돌고 있는가 하는 골치 아픈 문제가 튀어나왔다. 운이 좋게도 스콜라학자들에게는 도움을 청할 수 있는 사상가가 많이 있었고, 특히 아리스토텔레스의 가르침을 유럽에 들여온 아랍 주석자와 번역자들이 꽤 있었다. 그들 중 가장 영향력이 컸던 이븐 루시드는 12세기 스페인 남부 출신의 박식가로, 아리스토텔레스를 해석한 글이 널리 읽히고 인정받은 덕분에 아랍의 아리스토텔레스라고 알려지게 되었다.

젊은 시절 이븐 루시드는 술탄을 알현하기도 했는데, 학식을 겸비했던 술탄은 심오한 신학적 문제를 논의하는 데에 관심이 많았다. 학자의 가족과 출신에 관한 재미있는 농담과 일반적인 질문을 던진 뒤 술탄은 갑자기 심오한 차원으로 뛰어들었다. 술탄은 그에게 사람들은 천체에 대해 어떻게 이야기하고 있는지 질문하고, 특히 "천체는 영원한가, 창조되었는가?"라고 물어 젊은 학자를 깜짝 놀라게 했다.3 당연히 이븐 루시드는 이에 대해서 어느 정도 생각하고 있었다. 실제로 그의 대답은 결국 이슬람 신학뿐 아니라 기독교 신학에도 영구적인 자국을 남겼다. 아리스토텔레스는 지구와 지구를 에워싼 투명한 구들의 체계가 항상 존재해왔다고 믿었다. 하지만 이븐 루시드와 그의 술탄 같은 일신론자는 신이 우주를 창조했다고 믿었는데, 이는 우주에 시간적 출발점이 있음을 가리키는 것 같았다. 이 명백한 모순에 대한 이븐 루시드의 대응은 기본적으로 두 마리의 토끼를 다 잡는 것이었다. 우주는 영원한 **동시에** 신에 의해 창조되었다는 것이었다.

결정적으로, 이 대답은 우주의 위치에도 영향을 미쳤다. 투명한 구체들이 차곡차곡 포개진 아리스토텔레스의 거대한 체계에는 주변에 그 무엇도 없었다. 하지만 그 무엇도 **없는 것**nothing은 존재할 수가 없었다. 이 철학자의 가르침에 따르면, 자연은 진공을 싫어한다. 그렇다면 어떻게 해서든지 가장 바깥층으로 가서 그 너머로 손을 내민다면 과연 무엇을 발견하게 될까? 이븐 루시드의 접근법은 이 까다로운 문제도 해결했다. 우주가 영원하며—그래서 시간상 출발점이나 가장자리가 없으며—신에 의해서 창조된 것과 마찬가지로, 또한 우주는 바깥쪽에 아무것도 없이 공간적으로 존재하면서도—그래서 공간상 **가장자리**가 없으면서도—신에게는 객관적으로 움직일 수 있는 어떤 것이었다. 우주는 외부의 어떤 물리적 용기가 그 위치를 결정하기 때문에 움직이는 것이 아니었다. 그보다 우주의 위치는 주변의 것들을 빙빙 돌리는 바로 그 중심에 의해서 결정되었다.[4] 우주가 우주의 중심점에 의해서 통제되는 것이었다.

신학자들에게 전적으로 채택되지는 않았지만, 이븐 루시드의 모형은 놀라운 생명력을 보여주었다. C. S. 루이스가 천체를 보는 중세의 관점을 학생들에게 심어주려 했을 때 염두에 둔 것도 그 모형이었다. 단, 그는 이븐 루시드가 아니라 단테를 각색해서 자신의 버전을 완성했다.『폐기된 이미지The Discarded Image』에서 루이스는 이렇게 말했다. "『천국』의 놀라운 몇 문장이……이 이미지를 영원히 마음에 각인시켰다……따라서 우리 마음이 감각으로부터 충분히 자유로울 때 우주는 안과 밖이 뒤바뀐다."[5]

이 이탈리아 시인의『신곡』은 시인의 또다른 자아가 경험하는 신비로운 여행을 일인칭 시점으로 들려준다. 지옥문으로 떨어진 주인공은 지옥의 아홉 층을 통과한 뒤 그야말로 루시퍼의 아랫도리라 할 수 있는 창조의 가장 낮은 곳으로 떨어져 눈 속에 거꾸로 파묻힌다. 사탄의 음낭인 천저天底에서 시인은 지구 표면으로 올라가고, 연옥의 산을 오른 뒤, 제3권에서는 그곳에서 가장 높은 천국으로 올라가는 과정을 묘사한다. 거짓말처럼, 그리고 당혹스럽게도 단테는 이 여행을 통해서 우주의 중심이 우주 자체의 그릇인 모형을 그려낸다.

지구에서 천체의 중심점으로 가기 위해서는 방향이 거꾸로 뒤집히는 지점, 즉 위아래가 뒤바뀌는 곳을 지나야 한다. 더 본질적으로는, 말로 표현하기는 더 어렵지만, 바깥쪽으로 향한 운동이 뒤집혀서 안쪽으로 향한 운동이 되어야 한다. 그 안에서는 어느 방향을 택해서 바라본다고 해도 그는 같은 중심점을 보게 된다. 「천국」의 중요한 구절에서 단테는 이 두 가지를 모두 해낸다. 하늘의 상층에 도달한 단테는 한 지점을 묘사한다. 그 지점에 이르자 "우리의 대기에는 얼어붙은 수증기가 송이송이 눈으로 내려왔지만" 어느덧 눈이 아래로 내리는 대신 "나는 함께 있었던 승리의 영혼들의 눈송이들이 올라가면서 하늘의 정기가 빛나는 것을 보았다."6 그 높이의 그 지점에서, 어느 방향으로 내릴지 결정하지 못하고 허공에 떠 있는 눈송이들 사이에서 순례자가 아래를 보자 그의 발밑에서 태양이 질주한다. 그는 모든 것을 맡기고서 사랑하는 베아트리체를 바라보고, 베아트리체는 "가장 빠르게 돌아가는 원동천으로 나를 밀어올렸다. 원동천의 부분들은 가장 빠르거나 가장 높거나 모두 똑같았기 때문에 나는 베아트리체가 나의 머무를 곳을 어디에 정했는지 말할 수가 없다."7

사실 단테가 가장 빠른 하늘인 제10천 중 어디에 당도했는지는 중요하지 않고 중요할 수도 없다. 이 여행을 위해서 그가 창조한 구조물에서 바깥으로 향한 모든 길은 한 점으로 수렴하기 때문이다.

우주에서는 중심이 정지된 채 그 중심이
다른 모든 것들을 돌려주므로
우주의 본성은 바로 이곳,
회전하는 말뚝 같은 곳에서 시작합니다.
이 원동천에는 **하느님의 마음**만 있을 뿐
다른 어떤 것도 없는데, 그곳에서
우주를 돌아가게 하는 사랑과
빗발치듯 쏟아져 나오는 힘이 함께 피어오릅니다.
오직 한 원의 빛과 사랑만이 나머지를 에워싸듯
그 하늘을 에워싸고⋯⋯그 구역은
그것을 둘러싼 그분만이 이해합니다.
그 하늘은 나머지를 측정하는 척도가 되는 반면
다른 어떤 하늘도 이 구체의 운동을 측정하지 못합니다.[8]

단테가 위쪽으로 멀리 시선을 보내자 주변을 에워싼 둥근 하늘들이 점점 작아지고 빛과 기쁨이 점점 강렬해지며, 결국에는 무한히 작고 무한히 밝은 하나의 중심점이 눈에 들어오는데, 역설적으로 그 점은 존재하는 모든 것을 제 품 안에 에워싼다.

보르헤스가 새로운 직무에 따라서 구시대의 목록을 관리해야 하는 시립도서관에서 나란히 정렬한 먼지 낀 서가마다 빼곡히 꽂혀 있는 책들, 책 속의 페이지들, 페이지에 새겨진 단어들의 끔찍한 무한성을 숙고하는 동안 그의 마음이 도피한 곳도 바로 이 영원한 위로—"경계에 이르기까지 사랑과 빛이 가득한 이 놀라운 천사들의 성전", 공간상 바깥이나 시간상 이전과 이후를 전혀 모르는 자기충족적인 우주—였다.9

1938년 1월 8일 보르헤스는 미겔카네 시립도서관에서 일하기 시작했다. 문학 잡지사에서 박봉에 시간제로 글을 쓴 것을 제외하고 학위나 경력이 전무했으니 까다롭게 굴 처지가 아니었다. 그리하여 보르헤스는 10개 블록을 걸어 전차를 타고 부에노스아이레스의 어느 달갑지 않은 동네에 닿은 뒤 종일 빈약한 장서의 목록을 작성했다. 그만의 공간이 있다면 감지덕지겠건만, 보르헤스는 혼자일 때가 거의 없었다. 나중에 이야기한 바에 따르면, "15명이면 쉽게 할 수 있는 일을 50명가량이 하고 있었다."10 설상가상으로 그의 직장 동료들은 엄밀히 말해서 책벌레가 아니었다. 그들은 여자 이용객에게 집적거릴 때가 아니면 축구와 경마 이야기로 수다를 떨면서 하루를 보냈다. 보르헤스는 동료들에게 노여움을 사기도 했다. 처음에 그가 너무 많은 일을 처리하자 동료들이 모두의 밥줄이 끊어지는 것을 바라지 않는다면 일하는 속도를 늦추라고 경고한 것이다.11

이러한 새 직업에도 긍정적인 면이 하나 있었다. 모험이나 흥미, 보수 면에서는 부족했지만 자유 시간이 그 아쉬움을 넘치게 채워주었다. 아침에 도착해서 얼마 되지 않는 작업 할당량을 해치우고 나면 그는 남은 시간을 느긋하게 문학적인 가치가 있어 보이는 제목의 책을 골라 읽거나 자신의 생각을 메모하며 보냈다. 실제로 1940년대 초 보르헤스의 문학적 폭발을 유도한 토대 중 하나는 부에노스아이레스 남부의 한적한 도서관에서 읽히지 않는 책들에 둘러싸여 보낸 이 시절에 다져졌다. 또한 보르헤스는 적어도 문학계와의 연결점이 되어준 또다른 위치를 한동안 점유했다. 「엘 오가르*El Hogar*」지에 격주로 실리는 도서란을 편집한 것이다. 하지만 그해 12월에 일어난 일은 이 작은 축복마저 빼앗아갔다.

보르헤스는 어머니 레오노르가 죽을 때까지 그녀와 한 아파트에 살았다. 크리스마스이브에 어머니는 저녁 식사를 함께할 한 젊은 여자를 데려오라고 아들을 보냈다. 약속 시간에 늦을 것 같았던 보르헤스는 그녀의 어두운 아파트 계단을 힘껏 뛰어올라가던 중 계단통에 튀어나와 덜렁거리던 창문에 머리를 세게 부딪혔다. 처음에 그는 집에서 회복하려 했으나, 곧 열이 났고 심지어 말하는 능력까지 사라졌다. 병원에서 의사들은 그가 패혈증에 걸렸다고 진단했다. 한동안은 살아남으리라는 전망조차 분명하지 않았다. 심지어 회복한 후에도 보르헤스는 자신의 정신 능력이 영구적으로 손상되지 않았을까 걱정했고, 그에 따라서 새로운 어떤 글, 홀로서기를 할 수 있는 어떤 글을 쓰는 일에 더욱 집중했다.[12]

보르헤스가 이 회복기에 쓴 작품은 학술 논문으로 가장한 소설로, 이 가짜 논문의 주제는 최근에 발굴된 프랑스 무명작가 피에르 메나르의 글이었다(소설 「피에르 메나르, 『돈키호테』의 저자」를 말한다/역주). 터무니없게도, 문제의 논문은 세르반테스의 위대한 소설 『돈키호테*Don Quixote*』중 2개의 장과 또다른 장의 일부분을 소개하고 있었다. 이야기의 저자가 주장하기를, 그것은 단지 스페인 대가의 작품을 근대적으로 옮긴 것이 아니었다. 그대로 베낀 사본은 더욱 아니었다. 피에르 메나르는 여러 해 동안 심혈을 기울여 많은 분량의 원고를 썼는데, 그의 목표는 "미겔 데 세르반테스의 작품과 (행 대 행, 단어 대 단어까지) 일치하는 페이지를 많이" 생산하는 것이었다.[13]

보르헤스가 말했다. 메나르는 이 목표를 달성할 수 있는 몇 가지 방법을 곰곰이 생각했다. 예를 들어, 자신의 민족성, 자신의 언어를 잊고 300년의 역사를 거슬러 올라가 미겔 데 세르반테스가 **되고자** 노력할 수도 있었다. 아니, 그것은 너무 쉬울 거야. 그는 마음을 고쳐먹었다. 아니 그보다는, 불가능해 보이는 방법 중에서 그 방법이 가장 덜 흥미로울 것 같았다. 20세기 프랑스어를 고수하고 그렇게 해서 문화적 차이와 그 사이에 흘러간 역사와 모든 문학적 사건—무엇보다 난처하게도, 『돈키호테』의 출판 그 자체를 포함하여—을 극복하면서도 세르반테스의 정확한 언어에 도달하는 것이 그의 도전 의식을 훨씬 더 강하게 자극했다. 역설적인 최후의 일격으로 보르헤스는 세르반테스의 원작 소설 중 한 구절을 옮겨 쓴 뒤 그것을 피에르 메나르의 동일한 구절과 나란히 놓고서는, 문장들이 완전히 되풀이되고 있음을 무시하고 메나르의 글이 더 낫다고 크게 칭찬했다. 가령 그는 메나르가 외국어로 고어체를 사용한 데에 감탄했다고 말하면서 "당대의 스페인어"에 의존한 세르반테스의 상대적 진부함을 대비시켰다.[14]

「피에르 메나르」에서 보르헤스는 그에게 대단히 중요한 주제, 즉 창의성 또는 독창성의 본질을 파고든다. 소설 초반에 서술자는 프랑스 저자가 쓴 각주들을 인용하면서, 자기 자신이 창조한 작품을 역사상 가장 위대한 작품들 그리고 가장 지대한 영향을 미친 철학적, 신학적 증거들과 나란히 놓는다. 그러한 증거를 칭하는 궁극적인 말, 그 단어가 무엇이든 간에—"우리를 둘러싼 세계, 혹은 신, 혹은 우연, 혹은 우주의 형상—나의 계시적인 소설이 그보다 더 최종적이고, 더 특이하지 않다."[15] 메나르는 이어서 유일한 차이를 설명한다. "철학자들이 발표하는 기분 좋은 작품에는 중간 단계들이 담겨 있는" 반면, 그는 자신이 완성한 작품, 다수의 원고, 더 나아가 헤아릴 수 없이 많은 원고를 지워 없앴다.[16] 다시 말해서 메나르는 원숭이와 타자기의 유명한 우화(1913년 프랑스의 수학자 에밀 보렐은 "원숭이에게 타자기를 두들기게 하면 언젠가는 프랑스 국립도서관에 있는 모든 책과 동일한 내용을 쳐낼 수 있다"라고 이야기했다. 이 우화의 단상은 『걸리버 여행기』 속 이야기에 있다/역주)를 이해하고, 원하는 결과를 얻기 위해서 단지 무한한 시간만을 응축시킨 것이다. 그는 "내가 착수한 그 일은 **기본적으로** 어려운 것이 아니다. 내가 불멸이라면, 그것을 해낼 수 있다"고 말했다.[17] 개성, 문체, 독창성 등은 중요하지 않다. 시간만 충분하다면, 쓰일 수 있는 모든 책이 무작위 확률로 존재할 것이다. 확률적으로 모든 것이 생겨날 수 있으니 우주에는 정말 독창적인 것은 없을 것이다.

몇 개월 동안 부상에서 서서히 회복하고 있을 때인 1939년 5월에 보르헤스는 그의 이야기를 발표했다. 그해 여름 그는 「엘 오가르」의 편집부에서 해고되어 보조 사서라는 초라한 직업과 훨씬 더 초라한 봉급만을 바라보는 처지가 되었다. 「피에르 메나르」를 발표한 직후 보르헤스는 전작과 마찬가지로 예술적 독창성에 대한 불안을 노골적으로 드러내는 산문을 쓰기 시작했다.

이 산문에서 보르헤스는 전에 카발라에 관한 책들을 읽고 알게 된 주제를 선택했다. 카발라에 따르면, 신은 글자의 조합으로 우주를 만들었다. 아리스토텔레스 이후 사상가들은 일련의 동질적인 요소들이 위치, 순서, 형식만 바뀌고 시간이 충분하다면 우주 전체를 구성할 수 있다는 생각에 매혹되었다고 보르헤스는 지적했다. 잘 알려져 있듯 그리스 철학자 레우키포스는 이 동질적인 요소들을 원자라고 부르면서, 존재하는 모든 것은 그러한 기본 요소들의 무작위적인 충돌에서 유래한다고 주장했지만, 이후에 다른 사상가들은 그의 생각을 조롱했다. 가령 로마의 웅변가 키케로는 "만일……알파벳 21자를……땅 위에 한꺼번에 던지면……그 확률로부터 읽을 수 있는 시가 단 한 줄이라도 만들어질 수 있을지 의심스럽다"고 반박했다.[18]

이후 세대들은 키케로의 문제 제기에 발톱을 드러냈는데, 그들의 비난은 "원숭이 몇 마리에게 타자기를 주고 영원히 두드리게 하면 영국박물관에 있는 모든 책을 쳐낼 것"이라는 가장 유명한 사고 실험으로까지 이어졌다.[19] 조합의 수가 엄청나기는 해도 유한하기 때문에 쓰일 수 있는 책의 수에는 분명 상한선이 있다고 지적한 사람은 루이스 캐럴이었다. 충분한 시간이 있다면, 문제는 결국 나는 **어떤** 책을 쓰게 될까가 아니라 나는 이미 쓰인 무한한 책들 중 **어느 것**을 쓰게 될까가 된다. (코미디언 조지 칼린은 이렇게 물었다. 다른 모든 사람이 그 빌어먹을 언어를 똑같이 쓰고 있는데, 왜 사람들은 나한테 나 자신의 언어로 해보라고 계속 요구할까?)

시립도서관에 파묻히고 또 삶에 파묻힌 보르헤스는 자신이 어떤 것을 그 자신의 말로 표현할 수 있을까, 자신이 과연 중요한 어떤 것을 쓸 수 있을까 질문하기 시작했다. 명백히 무한한 시간에 걸쳐 몇 되지 않는 재료가 결합하는 어떤 세계에서는 새로운 것이 전혀 만들어지지 않을 수 있었다. 사실, 보르헤스는 독일 철학자 프리드리히 니체를 읽던 중 이 골치 아픈 개념을 만났다. 보르헤스가 태어난 이듬해에 실성한 상태에서 폐렴으로 사망한 니체는 그의 예언서인 『차라투스트라는 이렇게 말했다*Also sprach Zarathustra*』에서 이 개념을 제시했다. 니체는 이렇게 말했다. 세계에 존재하는 원자의 수는 유한하므로, "**시간을 무한대로 늘리면 가**

능한 순열의 수가 소진되어 우주는 **되풀이될 것이다.**"20 사실 우주는 되풀이될 수밖에 없으며, 실제로 영원히 되풀이되고 있다.

니체가 이 논리적 동화(혹은 보는 관점에 따라서는 악몽)를 고안할 때 생각한 요점은 그의 유명한 실존주의적 원형인 초인Übermensch의 배경을 만드는 것이었다. 니체의 초인은 똑같은 것이 영원히 반복되는 우주적 부조리에 용감히 맞서거나, 더 나아가 자신의 운명을 받아들이고 똑같은 삶을 기꺼이 반복적으로 영원히 사는 존재였다. 하지만 보르헤스는 보르헤스이기 때문에 그렇게 영웅적인 것은 염두에 두지 않았다.

시간의 상상할 수 없는 천문학적 길이를 깨달았다면, 심지어 유한한 입자들이 다시 한번 완벽하게 배열되기 전이라고 해도 받아들여야 할 것이 있다. 보르헤스는 이 혼합물에 작지만 결정적인 교란 요소를 추가했다. 영원한 회귀의 지지자들이 잊은 것이 있다고 지적한 것이다. "기억이 새로움을 불러들여 그 가설을 부정할 것이다."21 순간을 인지하기 위해서는 그 순간과 다른 순간을 연결하고 그렇게 해서 정의상 그 순간에 결코 있을 수 없는 자아가 필요하듯이—어떤 기억이 과거의 순간을 완벽하게 재현하기 위해서는 그것이 기억이기를 중단하고 과거의 그 순간이 **되어야** 하듯이—모든 것의 완벽한 재현은 두 순간에 동시에 존재하면서 그 재현을 인지할 수 있는 누군가가 없으면 완전히 무의미하다. 하지만 바로 그 존재가 재현의 완벽함을 파괴한다. 똑같은 것이 무한히 재현된다는 환상을 가능하게 하는 바로 그 요소가 어쩔 수 없이 새로운 어떤 것이고, 그렇게 해서 재현이 아니게 되는 것이다.

그런 뒤 보르헤스는 자신의 이점을 더욱 밀어붙인다. 니체의 사색을 허락하는 무한한 시간, 그리고 그 연장선상에서 무한한 공간을 가정한다는 것은 그 자체로 모든 재현, 모든 회상에 불가피하게 새롭고 색다른 어떤 것을 끌어들이는 관찰 당사자의 환상에 불과하다. 어떤 사람도 무한을 관찰한 적이 없기 때문이다. 무한이란 시간과 공간에 거주하는 존재가 그 시간과 공간의 테두리, 경계, 말단을 상상할 수 없음을 의미한다. 만물이 결국 회귀하고 마는 무한한 시간에 대해 논한다는 것은 "내 오른쪽에 펼쳐진 무한"에 대해서 말하는 것 못지않게 무의미하다. 다시 말해서 "우리의 직관에 시간이 무한하다면, 공간도 무한하다"라고 보르헤스는 덧붙인다.[22]

이 새로운 시각과 함께 보르헤스는 이마누엘 칸트를 끌어들였다. 칸트에 따르면, 시간과 공간은 자칫하면 혼란스럽게 유입될 수 있는 감각 데이터를 질서 있게 받아들이기 위해서 우리의 **직관**이 채택한 필수 형식이다. 그렇다면 왜 보르헤스가 다음 단계에서 칸트의 첫 번째 이율배반—우주에 시간의 시작이나 공간의 끝이 있는가의 문제—에 도전했는지가 설명된다. 칸트가 보여주었듯이, 만일 우주를 시공간상의 물체인 것처럼 생각한다면 답이 없는 모순에 정면으로 부딪힌다. 우주가 유한하다고 상상할 때 우리는 시간상 또는 공간상 우주의 가장자리에 가닿는다. 이때 그 가장자리는 어딘가에 있어야 하기 때문에, 우리는 그 너머에 있는 어떤 것을 상상하게 된다. 한편 우주에는 경계가 없고 모든 시간과 모든 공간을 아우른다고 상상해보려고 할 때 우리의 상상은 실패하고, 우리는 여전히 우주는 **어디**에 있을까 또는 그전에는 **무엇**이 있었을까 하고 묻게 된다. 하지만 우주는 시공간상으로 유한하거나 무한한 물체가 아니다. 우주를 그렇다고 생각할 때 문제의 이율배반이 튀어나온다. 질문자, 즉 관찰자는 시공간상 지각을 할 때마다 고유한 것, 즉 유한한 자아를 끌어들인다. 그리하여 바로 이 관찰자는 모든 지각에 필요한 순간들과 장소들의 제한적인 연결을 모든 것의 모든 시간이라는 무한의 영역으로 변형시키려 하고, 그럼으로써 아주 큰 것들의 신을 대신하려는 순간 잘못된 무한들을 만들어내고 만다.

그리고 이 방법, 이 부당한 확장은 니체가 똑같은 것의 영원한 회귀를 상상할 때 사용한 수단과 대단히 유사하다는 것을 보르헤스는 깨달았다. "꾸준히 기록하는 특별한 대천사가 없다면, 우리가 1만3,514번째 주기를 거치고 있으며, 지금 주기가 그중 최초가 아니거나 322의 2,000제곱 번째가 아니라는 것이 무엇을 의미하겠는가?"[23] 물론 그런 특별한 대천사, 우리의 관찰을 평가할 외부의 독립된 기준 같은 것은 존재하지 않는다. 하지만 우리의 삶, 변화의 강을 따라서 고정된 칸트의 지주들처럼 그렇게 근저에서 표준이 되는 관점을 가정하고자 하는 우리의 욕구는 과학의 추진력이 된다. 그와 동시에 우리가 결코 그 궁극적인 위치를 점유할 수 없다는 사실은 지식을 향한 우리의 충동이 결코 끝나지 않으리라는 것을 보장한다.

어떻게 하면 우리는 아주 큰 것들의 신이 시간상, 공간상 존재한다는 생각의 덫을 피할 수 있을까? 어떻게 하면 우리는 시간의 시작을 상상함으로써 인간의 모든 노력을 집어삼키고 분해해서 무작위적이고 균일한 우주의 배설물을 뱉어내는 역설적이고 소름끼치는 회귀를 피할 수 있을까? 어떻게 하면 원숭이로 구성된 오케스트라가 마구잡이로 자판을 두드려 은하에 퍼뜨리는 멍청하고 무의미한 소음을 몰아낼 수 있을까?

보르헤스는 끝없이 반복되는 출퇴근 시간에 이 미스터리를 곰곰이 생각했다. 통근의 우울함을 표면상 밝혀주는 것은 노동자들이 연말 보너

스로 받는 900그램의 마테차 세트였다. 아르헨티나 사람들은 어디를 가든 강한 허브차, 마테를 호리병박에 담아 다니면서 강박적으로 홀짝홀짝 마셨다. 허브차를 들고 기차역에서 그의 외로운 침대까지 10개 블록을 이동할 때면 보르헤스의 눈에서 눈물이 흘러내렸다. 이 하찮은 선물이 그의 비천한 삶을 강조할 뿐이라는 깨달음에서였다. 어깨를 짓누르는 견디기 힘든 지루함은 고용주의 의도된 친절로 더욱 가중되었다. 그의 문우들은 무슨 일이 일어났느냐며 궁금해했다. 이것은 어떤 역설적인 놀이겠지? 위대한 작가가 삶의 페이지 위에 재치 있는 농담을 적고 있는 것이겠지? 불행하게도 그렇지 않았다. 이 당시 보르헤스에게 그 힘들고 고된 노동은 붙잡을 수 있는 유일한 끈이었다.[24]

도서관 지하실, 축구와 여자에 관한 시시한 농담, 그리고 그것으로부터 벗어난 한적한 옥상, 어두운 거리를 따라 어머니와 함께 사는 아파트로 덜컹거리며 달려가는 저녁 전차 안에서 그를 구원해주는 것은 책 읽기였다. 특히 단테의 『신곡』, 즉 중간점에 해당하는 한 인간의 구체적인 시간과 장소에서 시작해 시간의 날줄과 씨줄 바깥에 존재하면서 모든 것을 아우르는 신의 보편적이고 중심적인 존재로 나아가는 여행을 시적으로 묘사한 그 글은 그에게 인생의 "가장 생생한 문학적 경험 중 하나"를 안겨주었다.[25] 사실 그 이야기 외에 우주의 위치에 관한 문제를 풀어낸 단테의 구조 역시 보르헤스에게 문을 열어주었다.

그는 이렇게 생각했다. 아주 큰 것들의 신을 대신하고자 할 때 발생하는 무한 퇴행을 끊어낼 방법은 하나뿐이다. 그것은 단테와 함께, 성 아우구스티누스와 함께, 그들보다 앞선 플로티노스와 함께, 창조는 시간 속에서가 아니라 시간과 함께 시작된다non in tempore sed cum tempore incepit creation는 점을 이해하는 것이다. 미겔카네 도서관의 단조로운 서가에서 영감을 받은 산문에서 보르헤스가 말했듯이, 우리 세계가 다음에 찾아올 공포, 즉 "광대하고 모순된 도서관, 수직의 황야를 이룬 책들이 다른 책들로 변하여 섬망 상태의 신처럼 모든 것을 긍정하고 부인하고 혼동할 위험이 늘 도사리고 있는 상태"를 피할 기회는 하나뿐이다.[26] 그 방법은 이러하다. 우리는 그것을 대신할 건축물을 묘사해야 한다. "그 역설적인 기하 구조의 표기법은 19세기 말에야 의미가 밝혀졌지만, 그 개념들은 태초부터 시인과 철학자들의 신비하고 신학적인 묵상에 스며들어 있었다." 맞다. 그 세계, 우리의 도서관은 유한하지만 동시에 무한하며, 건축 구조는 거꾸로 뒤집혀서 중심이 모든 곳에 있고, 둘레가 어디에도 없었다.

1941년에 보르헤스는 몇 년에 걸쳐 써온 이야기 8편을 묶어 모음집을 발표했다. 몇 년 전에 나온 『영원의 역사』 이후로 처음 발표된 이 책은 즉시 아르헨티나 문학계에 파문을 일으켰다. 그가 자주 글을 기고했으며 이사진에도 그를 칭찬하는 사람이 많았던 문학 잡지 「수르Sur」는 이 책의 출간을 중요한 문학적 사건으로 취급했다. 직후 발표한 서평에서 비오이는 보르헤스의 새로운 문체가 "형이상학의 문학적 가능성"을 발견했다고 극찬했다.[27] 보르헤스는 희망에 부풀어 이 책을 아르헨티나 국가 문학상에 출품했다.[28]

「수르」의 작가들보다 더 보수적이었던 선정 위원회는 이 이상한 단편 선집을 어떻게 평가해야 할지 몰랐다. 이것이 과연 소설일까? 『돈키호테』의 몇 장을 따라 쓴 프랑스 작가에 관한 논문, 가상의 세계를 만들어 낸 은밀한 사회에 대한 조사. 적어도 보르헤스가 선집의 표제작으로 선택한 「두 갈래로 갈라지는 오솔길들의 정원」은 과거에 독일과 영국이 겪은 갈등을 배경으로 한 스파이 소설로, 허구임을 알아볼 수 있는 어떤 장치들이 있었다. 하지만 책 전체로부터 식별할 수 있는 하나의 장르는 인정을 받지 못했고, 그에 따라 위원회는 다시 한번 보르헤스를 제외시켰다. 심사원들은 더 익숙한 주제를 선호했다.[29]

「수르」의 동인 작가들 중 많은 이가 아르헨티나 작가협회에 소속되어 있었다. 이들은 보르헤스 주위에 모여 그의 작품을 집중 조명하는 특별호를 발행하고 만찬을 개최해서 그에게 경의를 표했다. 사실 이 시기에는 제2차 세계대전의 그림자 속에서 아르헨티나에 출현하기 시작한 정치, 문화적 분열 때문에 얇고 희미한 전선이 형성되고 있었다. 기성 문학계는 교묘하게 위장된 반유대주의의 언어로 보르헤스를 냉대했다. "이국적이고 퇴폐적인 작품"에서 "현대 영문학의 일탈적인 경향들"이 드러난다고 평한 것이다.[30] 민족주의적인 정치 노선을 따르는 작가들로 꾸려진 선정 위원회는 보르헤스의 국제주의적, 지적인 문체가 엘리트주의적이고 지나치게 "세계주의적"이라고 보았다.[31] 그 반대편에서 보르헤스는 대중적인 성명을 통해서 기꺼이 맞대응했다. 그는 이미 연합국 편에 서서 히틀러에 반대하고 아르헨티나의 친독파와 제5열 같은 민족주의자들을 비난했다.[32]

갈등은 곪은 채로 계속되었고, 이듬해 초에 보르헤스의 경고는 현실이 되었다. 1943년 6월 장교들로 구성된 친추축국 무리가 쿠데타를 일으키자, 민족주의 분파들은 즉시 쿠데타를 지지했다. 그들은 거리를 몰려다니면서 영국인 기업과 가정을 짓밟았다. 며칠 후에 구성된 군사 정부는 문학과 문화가 추구해야 할 민족주의적 주제를 최우선으로 정하

고, 아르헨티나의 바람직한 주제에 도통 관심이 없는 보르헤스 같은 자들을 공개적으로 비난했다.[33]

이 정치적 소용돌이 속에서 보르헤스는 자신의 예술적 선택을 더 강하게 밀어붙이고, 전체주의를 지지하는 것으로 보이는 문학에 격렬히 반대했다. 1944년에 그는 「두 갈래로 갈라지는 오솔길들의 정원」을 발표한 이후에 쓴 새로운 이야기들을 『기교들』이라는 제목의 선집으로 묶었다. 그리고 이 책을 발간한 후 그는 이 책과 이전의 선집을 묶어 2부로 구성된 책 『픽션들』을 발간했다.

『픽션들』은 결국 가장 유명하고, 가장 많이 재발행되고, 가장 많이 번역된 보르헤스 선집 중 하나가 되었다. 또한 이 책에 힘입어 거의 20년 후에 보르헤스는 "선정 위원회가 보기에 현재까지의 작품으로도 현대문학의 발전에 지속적으로 영향을 미칠"[34] 작가에게 수여하는 국제출판인협회 작가상의 첫 수상자가 되었다. 이 책의 제1부는 보르헤스가 1941년에 발표한 이야기들로 구성되어 있는데, 그중 한 이야기는 미겔카네 도서관에 있을 때 구상한 주제로 쓴 것이다. 이 이야기는 후에 논쟁과 모방의 대상이 되었을 뿐 아니라 유명한 미술가가 삽화를 그리고 철학자들과 수학자들이 똑같이 깊게 사유하는 글이 되었다. 또한 줄거리나 성격 묘사가 거의 없음에도 지울 수 없는 인상을 남기는 첫 줄에서부터 실존주의 및 부조리 문학의 고전이 되었다. 바로 "다른 사람들이 '도서관'이라고 부르는 우주"였다.[35]

「바벨의 도서관」에서 보르헤스는 지옥의 풍경을 건축학적인 세부묘사로 절묘하게 그려낸다. 화자의 목소리는 "사서"의 목소리로 밝혀진다.

여러 명의 사서 중 한 명인 이 사람은 과거부터 존재했고 미래에도 항상 존재하면서 이 도서관의 육각형 방들을 돌아다니며 생을 보낸다.[36] 전시실의 여섯 벽 중 네 벽에는 책들이 나란히 꽂혀 있고, 다른 두 벽에는 통로로 들어가는 현관이 있는데, 이 현관을 지나 나선 계단을 올라가거나 내려가면 똑같이 생긴 위층 진열실이나 아래층 진열실이 나온다. 진열실의 네 벽에는 각각 5개의 책장이 비치되어 있고, 각각의 책장에는 32권의 책이 꽂혀 있다. "각 책은 410페이지이고, 각 페이지는 40행으로 되어 있으며, 각 행은 대략 80자의 글자로 이루어져 있다."[37]

곧 밝혀지듯이 책들에는 25개의 기호가 체계적으로 조합을 이룬 행들이 담겨 있는데, 25개의 기호란 22개의 문자와 띄어쓰기 공간, 쉼표, 마침표이다. 『창조의 서』의 카발라주의자들처럼 이 도서관의 방들을 배회하는 사서들 역시 우주의 모든 다양성은 이 기호들이 조합된 결과라는 사실을 알게 된다. 도서관 어딘가에는 오로지 a만 적혀 있는 책이 있고, 아무도 모르는 다른 곳에는 단 하나의 b를 제외하고 모든 페이지에 a만 적혀 있는 다른 책이 있다. 그리고 이렇게 끝없이 계속된다.

수백 년에 걸쳐 사서들은 헤아릴 수 없이 많은 책을 연구해왔고, 그 결과 이 도서관의 성격에 관한 일련의 이론에 동의하게 되었다. 사서들이 합의한 내용에 따르면 두 가지 기본 원리가 도서관의 모든 책을 지배한다. 첫째, 도서관에는 특정한 기호 체계로 구성될 수 있는 일정한 길이의 모든 책이 있으며, 둘째, 어떤 두 권의 책도 동일하지 않다는 것이다.[38]

그것이 전부이다. 매우 간단해 보인다. 하지만 그러한 장서의 전체적인 규모가 얼마나 되는지 알아볼 수 있을까? 위대한 기호학자이자 소설가인 움베르토 에코는 이 질문이 그 소설의 의미와 맞지 않는다면서 무시했다.[39] 그래도 한번 알아보자. 수학자인 윌리엄 골드블룸 블로흐가 계산한 바에 따르면, 그 규모는 완전히 놀랍다.

블로흐는 순열 조합과 과학적 표기법을 사용해서 보르헤스의 도서관에 있는 책들의 수를 $25^{1,312,000}$으로 계산했다. 1 뒤에 0이 183만4,097개 달린 수보다 약간 큰 수이다.[40] 추상적인 숫자는 수학을 전공하지 않은 독자들에게 와닿지 않으므로, 블로흐는 계속해서 그렇게 많은 책을 수용하는 데에 필요한 크기를 우주학자들이 우리 우주에 대해 추정하는 크기와 비교한다. 한마디로 말해서, 우주도 비좁다는 것이다. 우리 우주의 공간으로는 단 10^{84}권의 책—우주가 최대한 촘촘하게 쌓은 책더미로만 이루어져 있다면—을 수용할 수 있다. 하지만 만일 이것이 사실이라면, 우리가 아는 우주는 보르헤스의 도서관에 $10^{1,834,013}$번 들어갈 수 있다(이 도서관에는 책 이외에도 커다란 공간들이 있으며, 이 결과는 그런 공간들 때문에 도서관이 훨씬 더 클 것이라는 사실을 고려하지 않은 것이다). 만일 우리가 아는 우주에 광자를 빽빽하게 채운다면 이 아원자 입자를 10^{124}개 구겨넣을 수 있다. 다시 말해서, 보르헤스의 도서관과 비교할 때 우리가 아는 우주는 광자 한 개보다도 훨씬, 아주 훨씬 작은 셈이다.[41]

보르헤스의 도서관은 그 크기가 경외심을 불러일으키고 상상할 수 없을 정도로 광대하지만, 다음으로 주목할 만한 사실은 그럼에도 무한하지 않다는 점이다. (우리가 자주 언급하듯이 똑같이 생긴 눈송이가 없는 것처럼) 도서관에 있는 어떤 두 권의 책도 동일하지 않으며, 이는 비록 광대하기는 해도 도서관의 크기에 상한선이 있음을 의미한다. 이 사실은 또한 어딘가에서, 몇 광년 곱하기 몇 광년 떨어진 곳에서, 위나 아래에서, 오른쪽이나 왼쪽에서 도서관은 끝이 난다는 것을 의미한다. 위로 계속 올라가면 어떤 층이 나올 텐데, 그 위쪽은 육각형 진열실이 아닐 것이다. 거기에는 마지막 방이 있고, 벽에 뚫린 구멍도 없을 것이다.

그러나 보르헤스가 묘사한 건물의 기본 구조에 따르면, 그런 경계는 불가능하다. 모든 방이 형태와 크기가 같고 책의 권수도 동일하다. 도서관은 균일한데, 이는 심지어 이론상으로도 위쪽이나 옆쪽 경계가 막혀 있어서 다른 모든 방과 차이가 나는 방은 존재하지 않음을 의미한다. 중세인들처럼, 고대인들처럼 보르헤스는 모든 것을 에워싸고 있다고 사람들이 추정하는 우주의 끝과 씨름해야 한다. 중세인들처럼, 고대인들처럼 그는 공간을 휘어서 그 문제를 해결한다.

육각형의 방은 절대적인 공간, 혹은 적어도 우리의 공간 **지각**을 위해서 반드시 필요한 형태라고 관념론자들은 주장한다. 그들은 삼각형이나 오각형 같은 방은 상상조차 할 수 없다고 주장한다. (신비주의자들은 환희의 상태가 되면 엄청나게 크고 둥그런 책이 들어 있는 원형의 방이 보이는데, 끊김 없이 이어진 책등이 벽을 따라 빙빙 돈다고 주장한다. 하지만 그들의 증언은 의심스럽고, 그들의 말들은 모호하다. 그 원형의 책은 유일신이다.) 지금으로서는 다음과 같은 고전적인 격언을 되풀이하는 것으로 충분하리라. **도서관은 하나의 구체이고, 그 구체는 한가운데가 어찌 되었든 육각형이며, 구체의 바깥 둘레에는 도달할 수 없다.**[42]

이 "고전적인 격언"은 신비주의자들과 철학자들이 종종 신의 정의라고 언급해오던 말이다. 그들의 정의에 따르면 신은 중심이 모든 곳에 있고 둘레가 어디에도 없는 구체이다. 이 격언은 또한 단테가 자신의 우주를 위해서 발명한 구조와 정확히 상응하는데, 단테는 우주의 위치는 어디이며 신은 우주를 움직일 수 있는가 하는 수수께끼에 대한 신학적이고 우주론적인 해답을 토대로 그런 구조를 쌓아올렸다. 하지만 현대 수학자들은 여기에 또다른 이름을 붙였다. 바로, 초구超球(4차원 이상에서 정의되는 구의 일반화된 개념/역주)라는 이름이다.

보르헤스가 그의 도서관에 적용한 수학이 광대하듯이, 4차원의 물체인 초구 역시 3차원 공간에 거주하는 우리 같은 존재로서는 상상할 수 없는 대상이다. 하지만 우리는 더 낮은 차원의 물체들로부터 추론해서 느낌을 얻어낼 수는 있다. 우선 구체, 이를테면 농구공의 표면을 상상해보자. 이제 그 표면에 한정된 채로만 살아가는 미생물이 되었다고 상상해보자. 당신의 세계에서 가능한 방향은 전후와 좌우이지만, 위쪽과 아래쪽—이 경우, 고무로 된 공 표면의 안쪽과 바깥쪽—은 당신에게 존재하지 않을 것이다.[43]

이제 당신이 용케 우주론을 공부했으며 망원경으로 당신의 공간을 멀리까지 보는 훈련을 받았다고 상상해보자. 빛이 아주 먼 곳에서 당신에게 도달하는 동안 그 빛의 광원들은 처음에는 서로 떨어져 있지만 어느 지점에서는 빛이 하나로 합쳐지기 시작한다. 당신이 망원경의 초점을 충분히 멀리 맞추면 **시선을 전후좌우 어느 쪽으로 돌리건 간에** 결국 당신은 공간상 똑같은 한 점(즉, 농구공의 정반대쪽)을 바라보게 된다.

우리가 상상한 것은 2차원의 물체이고, 그러므로 3차원에서 완벽하게 이해된다. 남은 단계는 단 하나, 이 모형으로부터 다음과 같이 추정하는 것이다. 당신과 관점을 공유했던 2차원의 생물이 이제 3차원이라고 상상하고, 그와 동시에 당신이 충분히 먼 곳으로부터 정보를 얻는다면 당신이 어느 방향을 보고 있든 간에 똑같은 지점을 보고 있게 된다는 이상한 사실을 계속 상기하라. 다시 말해서, 중세인들이 하늘을 올려다볼 때와 같이 당신은 이제 안쪽을 향해서 어떤 중심점, 즉 역설적이지만 존재하는 모든 것을 에워싸는 한 점을 보는 것이다.

사서는 이렇게 말한다. 그가 죽으면 "자비로운 사람들이 나를 난간 밖으로 던져버릴 것이다. 내 무덤은 깊이를 헤아릴 수 없는 허공이 될 것이고, 내 육체는 끝없이 떨어질 것이고, 썩을 것이며, 내가 아마도 무한하게 떨어지면서 만들어낼 바람 속에서 분해될 것이다."[44] 엄청나지만 유한한 장서와 무한한 추락. 유일한 해법은 초구, 즉 크기는 유한하지만 형태는 무한한 구체이다. 하지만 보르헤스의 상상과 단테의 상상에는 중요한 차이가 하나 있다. 결정적으로, 단테의 우주를 고정시키는 확실성은 모든 것을 에워싸는 중심, 즉 "하느님의 마음만 있을 뿐 다른 **어떤 것**도 없는" 원동천이며, 바로 "그곳에서 우주를 돌아가게 하는 사랑과 빗발치듯 쏟아져 나오는 힘이 함께 피어오른다."[45] 반면에 끝없이 절망적이고 부조리한 도서관에서 길을 잃은 보르헤스에게는 당신이 어디에 있든 그곳이 중심이고, 그 둘레, 그 불가능하고 모든 것을 감싸는 점이자 기원은 어디에도 없거나, 적어도 도달할 수가 없다.

어쩌면 그것은 도달할 수는 없을지라도 경건한 마음으로 기원해야 할 완벽의 경지일 것이다. 그리고 이것이 단테의 우주에 대한 보르헤스의 영리한 되찌르기였다. 그것은 번번이 사랑을 거부당하고 구원을 거부당한 "가엾고 버려진 사람", 앞선 시대의 칸트처럼 의미와 법칙이 없는 세계, 우연한 사건들이 던지는 덧없는 인상의 세계에 직면한 사람, 전통과 유혹에 맞서 완전한 절망의 길과 맹목적 신앙의 길을 동시에 거부한 사

람의 반항이었다.[46]

　무질서하게 뒤섞인 인상들을 인생의 한 오후의 흐름으로 응집하기 위해서는 그 복합적인 감각들에 완전히 빠져버리지 않고 그것을 초월하는 존재가 필요하듯이, 존재의 범위가 시공간상 광대하고 무한해 보인다는 것을 인식하는 데에는 그 광대한 황야에 질서, 엄밀함, 필수적인 구조를 부여할 필요가 있다.

　그 질서는 우리가 창조하지만, 우리는 그것이 우리보다 선재한다고 상상한다. 시공간의 잘못된 무한에 빠져 선 채로 헤엄을 칠 때에는 끝이 보이지 않는다. 우리는 죽은 사서들과 비슷한데, 그들은 존재의 의혹을 풀어줄 최후의 변론서를 찾으면서 "비좁은 복도에서 다툼을 벌였고, 험악한 분위기의 욕설을 내뱉었으며, 신성한 계단에서 서로의 목을 졸랐고, 의심이 드는 책들을 통풍구로 내던졌으며, 먼 지역에서 찾아와 행패를 부리는 남자들에게 공격당해 죽었다."[47] 미신이 출현하고 사라진다. 대표적인 것이 책의 사람Book-Man에 관한 미신이다. 전인미답의 이 광대한 도서관 어딘가에는 "**다른 모든 책들**을 해독하는 책이자 그것들에 대한 완벽한 개론서가 틀림없이 존재하는데, 분명 어떤 사서가 그 책을 살펴보았고, 그래서 그는 신과 유사하다"고 사람들은 주장했다.[48] 이 구원을 필사적으로 바라고, 자신의 삶이 방대한 순열 조합에 따라 무작위로 제거되는 것보다 나은 삶이 되기를 간절히 바라는 마음으로 보르헤스의 사서는 이렇게 기도한다. "비록 저의 자리가 지옥일지라도 천국이 존재하게 하소서. 제가 고문과 매질을 당하고 굴욕에 처할지라도 당신의 거대한 도서관이 정당한 이유를 빛낼 수 있는 단 한 순간, 단 한 사람이 존재하게 하소서."[49]

그러한 정당성이 없다면 어떤 사람도 존재하지 않고, 어떤 것도 창조되지 않으며, 어떤 것도 새롭지 않을 것이다. 보르헤스는 "말한다는 것은 동어반복에 빠지는 것이다"라고 말한다. 왜냐하면 말할 수 있는 모든 것이 이미 무수히 많은 책에 무수히 여러 번 언급되었기 때문이다.[50] 그러나, 그러나……보르헤스는 심지어 길을 잃었다고 느끼는 데에도 어떤 체계적인 원리, 일말의 자유, 극소량의 구원이 필요하다는 것을 깨닫는다. 사람들은 "세계가 무한하다고 상상하지만 가능한 책의 수는 **그렇지 않다**는 점을 잊고" 있기 때문에, 보르헤스는 희망을 제시하는 말, 니체의 영원한 회귀를 가리키는 말로 끝을 맺는다. 유한한 수의 책을 체계화하는 방법은 유한하기 때문에, 어느 영원한 순례자가 있다면 언젠가는 똑같은 순서로 반복된 똑같은 책을 발견할 테고, "그러한 무질서가 반복되면 질서가 된다."[51] 하지만 보르헤스는 그러한 질서만으로는 충분하지 않다고 생각한다.

흄의 절망에 자극을 받아 희망을 밝힌 칸트처럼 보르헤스 역시 반복이 반복이라는 것을 아는 데에 필요한 바로 그 순간은 필연적으로 외계의 순간이어야 함을 깨달았다. 그렇게 발견된 질서, 토대가 되는 그 엄정함은 천사들의 엄정함이 아니라 체스 장인들의 엄정함이다. 하지만 그럼에도 그 역시 엄정함이다. 단테의 우주처럼, 다른 사람들이 도서관이라고 부르는 우주는 그 중심에 안겨 있다. 단테의 우주와 달리, 그 중심은 신이 아니다. 그것은 신이 아니라, 바로 관찰자이다. 이 관찰자가 소용돌이와 난타, 무작위와 우연을 통해서 시공간의 존재를 생성하는 그 무엇 속으로 흡수되는 데에는 애초에 길을 잃고 흡수되었다고 느낄 수 있는 최소한의 추상화, 극소량의 질서, 한 톨의 엄정함이 필요하다.

사실 그 관찰자가 어떤 것이라도 알게 되려면 우주가 거꾸로 뒤집혀서 중심점이 모든 존재를 감싸안는 초구가 되어야 한다.

1964년, 보르헤스가 『픽션들』을 발표한 뒤로 20년 남짓 흐르고, 단테가 『신곡』을 쓴 뒤로 500년 이상이 흘렀을 때 뉴저지 주 홈델의 연구시설에서 일하는 2명의 천문학자가 그들의 전파망원경이 수행하는 고감도 판독으로 먼 우주에서 나는 거슬리는 잡음을 감지했다. 잡음의 출처가 부근에 둥지를 틀고 반사판 위를 날아다니는 비둘기일 것이라고 생각한 두 과학자는 망원경 위로 기어올라가 정성스레 반사판을 문질러 닦았다. 하지만 아무 소용이 없었다. 알고 보니 그들이 들은 소리는 비둘기 배설물 때문에 생긴 잡음이 아니라 시간의 기원으로부터 생겨난 마이크로파 복사의 잔류물이었다. 하지만 거대한 폭발의 이 흔적들에는 특정한 출처가 없었다. 망원경을 어떤 쪽으로 돌려봐도 우주의 배경 복사는 동일했다. 그들의 발견은 단테가 옳았음을 입증했다. 별이 빛나는 하늘을 향해 우리가 어느 쪽으로 시선을 돌린다고 해도 우리의 눈은 시공간의 바로 그 기원을 향해 안쪽을 향하게 된다. 마음을 감각으로부터 해방시킬 때 우리는 우주가 실제로 뒤집혀 있음을 알게 된다.

8

엄숙함

1922년 여름, 한 젊은 물리학도가 위대한 사람의 강연을 듣기 위해서 뮌헨에서 라이프치히행 기차에 올랐다. 강연자인 알베르트 아인슈타인은 이미 과학적 성취와 명성이 정점에 오른 최고의 과학자였다. 그는 빛의 성질에 관한 오래된 생각을 뒤집었고, 시간과 공간에 관한 인류의 기본적인 이해를 재구성했으며, 중력의 작동 원리를 설명해서 200년 동안 시험을 견뎌온 방정식들을 훨씬 더 정확한 이론으로 대체했다. 따라서 스타를 동경하는 베르너 하이젠베르크가 강의실에 들어섰을 때 그의 눈앞에 펼쳐진 광경은 충격적일 수밖에 없었다. 아인슈타인을 "유대인"이라고 비난하면서 그의 사악한 이론이 간결하고 우아한 고전물리학을 훼손했다고 주장하는 소책자가 여기저기에서 배포되고 있었다.

라이프치히에 올 때만 해도 하이젠베르크는 흥분에 휩싸였고 과학이 진리를 추구하는 완벽한 도구라고 굳게 믿고 있었다. 그가 강연장에서 발견한 소책자는 독일의 최고 과학자 중 한 명이자 노벨상 수상자인 필리프 레나르트가 작성한 것이었다. 그의 반유대주의적인 박해가 크게 작용한 탓에 아인슈타인의 노벨상 수상은 그의 상대성 이론과는 다른 공로로, 게다가 몇 년이나 뒤로 미뤄질 터였다. 현대 과학의 사제를 겨냥한 이 공격에 마음이 산란해진 하이젠베르크는 강연장을 빠져나왔지만, 그날의 강연자가 아인슈타인이 아닌 다른 사람으로 바뀌었다는 점은 알지 못했다. 아인슈타인이 레나르트의 만행에 분노해서 여행을 취소한 것이다. 싸구려 여인숙으로 돌아온 하이젠베르크는 도둑이 들어 그의 변변치 않은 소유물마저 털어간 것을 발견했다. 젊은이는 비애에 젖어 그날 밤 뮌헨으로 돌아왔다. 다음 날 그는 잃어버린 물건을 보충할 돈을 벌기 위해서 임시직으로 나무꾼 자리를 찾아보았다.[1]

하이젠베르크가 아인슈타인을 만난 것은 그로부터 4년이 더 흐른 뒤였다. 그 무렵 하이젠베르크는 신출내기가 아닌 과학적 아방가르드의 핵심 인사가 되어 자신의 새롭고 기이한 양자역학으로 물리학에 돌풍을 일으키고 있었다. 아인슈타인과 그의 연장자 동료인 막스 플랑크는 베를린 대학교의 높은 자리에서 여전히 물리학을 지배했는데, 하이젠베르크는 그곳을 "독일 최고의 물리학 성채"라고 불렀다.[2] 코펜하겐과 괴팅겐의 반란을 자세히 알고 싶었던 권위자들은 하이젠베르크를 초대해서 그의 연구에 대해 강의하게 했다. 강의가 끝난 뒤 아인슈타인은 하이젠베르크를 집으로 초대해서 그에게 다정하면서도 비판적인 질문들을 퍼부었다. 선배 물리학자는 실험자의 관찰과 관찰 사이에 해당하는 시간에 원자 내부에서 실제로 벌어지는 사건에 대해 하이젠베르크가 무관심하기만 하다는 점을 특히 걱정하는 듯했다.

우리의 도구가 닿을 수 있는 곳 너머에서 무슨 일이 일어나는지는 사실 중요하지 않다고 하이젠베르크는 태평스럽게 주장했다. 중요한 것은 우리가 측정할 수 있는 것뿐이다. "좋은 이론은 직접 관찰할 수 있는 크기들에 기초를 둬야 하기" 때문이다.3 아인슈타인은 젊은이에게 정말 관찰할 수 있는 크기만이 물리 이론에 속한다고 믿느냐며 반격했다. 바로 이때 하이젠베르크가 자신의 관점을 아인슈타인의 관점에 비유했다는 것은 유명하다. 아인슈타인의 경우에, 모든 사람이 시간과 공간에 대해서 알고 있다고 생각하던 것, 즉 시간과 공간이 관찰자의 구체적인 특성과는 무관한 절대적인 배경이라는 것을 무시하기로 결심했을 때, 상대성 이론을 가능하게 한 혁명적 통찰이 떠올랐다. 하이젠베르크가 그와 비슷한 추론을 사용했을지 모른다는 점에도 불구하고 아인슈타인은 이 젊은이의 비유를 단박에 거절했다.4

아인슈타인과 하이젠베르크가 자주 교류하지는 않았지만, 그들의 언쟁은 20세기에 이루어진 물리학의 진보에 도전하는 특별한 균열의 축소판이 되었다. 아인슈타인의 특수상대성 및 일반상대성 이론은 장대한 규모로 돌아가는 우주의 운행을 놀라울 정도로 정확하게 설명한다. 이 이론 덕분에 우주인들은 항성과 은하의 운동을 이해하고, 블랙홀의 심연을 깊이 탐구하며, 우주의 나이와 팽창 속도를 측정한다. 한편 양자역학은 물질의 최소 단위를 고찰하는 능력이 천하무적임을 입증했으며, 이후에 더욱 발전하여 새로운 근본 입자의 출현을 놀라울 정도로 정확하게 예측해냈다. 하지만 그렇게 각자의 타당성이 독립적으로 입증되었음에도 불구하고 현대 물리학의 두 기둥은 또한 좀처럼 양립할 수 없음을 스스로 증명했다.5

이 비양립성의 기초에 놓인 세부 사정은 대단히 복잡하지만, 전체적인 이유는 아인슈타인과 슈뢰딩거가 아주 불쾌하게 여긴 양자역학의 어떤 측면에 있었다. 양자역학의 발견에 따르면, 실재는 아원자 차원에 이르면 불확정성 원리로 넘어가고, 자연에 충분히 접근해서 볼 때면 물질의 매끄러운 연속 운동은 사라지고 그 대신 양자의 난폭한 요동이 그 자리를 대신하며, 전자를 비롯한 입자들은 우리가 관찰하지 않거나 관찰하기 전까지는 뚜렷한 경로를 따르지 않는 듯하다는 것이다. 1916년 아인슈타인이 중력을 성공적으로 구체화해서 최종 형태를 제시했을 때 그의 이론이 묘사한 시공간은 연속체였다. 그 방정식들은 복잡하고 휘어진 시공간의 직물fabric을 따라 물체의 운동을 설명했는데, 그것은 결국 매끄러운 직물이었다. 끈 이론가 브라이언 그린의 말을 빌리자면, 아인슈타인의 방정식은 "광분해서 날뛰는 양자 거품을 다루지" 못한다.[6]

사람들은 이 극적인 분열에 두 과학자가 각기 근본적인 역할을 했다고 말하지만, 하이젠베르크는 자신의 발견이 아인슈타인의 발견과 비슷한 정신에서 나왔다고 믿었다. 그만 그런 것이 아니었다. 아인슈타인의 친구인 필리프 프랑크 역시 아인슈타인이 즐겨 칭하던 물리학의 "새로운 유행"에 그가 끝끝내 반대하면서 측정할 수 없거나 볼 수 없는 것을 실재로 인정하지 않으려고 한다며 친구를 나무랐다. 프랑크는 "자네가 말하는 그 유행을 1905년에 바로 자네가 발명했다네!"라고 상기시켰다. 여기에 아인슈타인은 "좋은 농담은 너무 자주 반복하지 말아야 한다"라며 냉소적으로 대꾸했는데, 이 답변은 후대에 남을 아인슈타인의 수많은 명언들 중에 하나가 되었다.[7]

하이젠베르크에 앞서 아인슈타인은 시간과 공간에 대해 모든 사람이 믿는 것을 데이터가 보여주는 바에 따라서 기꺼이 무시했다. 하이젠베르크에게 그것은 결코 농담이 아니었다. 거기에는 그가 앞으로 평생 옹호합 과학적, 지적 접근법이 구현되어 있었다. 또한 그것은 갈등의 역사에도 불구하고 상대성과 양자역학이 지배하는 두 영역이 근본적으로 어떻게 연관되어 있는지를 알 수 있는 가장 좋은 방법이었다.

19세기 말에 이르자 과학자들은 이미 진공상태에서 빛이 얼마나 빠르게 전파되는지 매우 정확하게 측정하고 있었다. 아인슈타인이 그의 특별한 1905년 논문에서 풀고자 했던 난제는 역설처럼 보이는 수수께끼 하나를 어떻게 설명할 수 있을까 하는 것이었다. 이상하게도 빛은 항상 같은 속도를 기록했다. 측정기가 광원에 대해 상대적으로 얼마나 빨리 이동하는가, 누가 측정하고 있는가와는 상관이 없었다.

　분명 이것은 일반적인 속도 측정과는 다르다. 만일 당신이 시속 10킬로미터로 달리는 기차 위에서 전방을 향해 야구공을 시속 20킬로미터로 던지면 공의 속도는 시속 20킬로미터로 측정되는 반면, 철로 근처에 선 친구가 측정하면 공의 속도는 시속 30킬로미터일 것이다. 빛은 완전히 다르게 행동한다. 만일 화성으로 날아가는 우주선의 승무원들이 초속 3만 킬로미터, 즉 광속의 약 10퍼센트로 이동하는 도중에 광원을 화성 방향으로 맞추면, 그 광선의 속도는 초속 30만 킬로미터로 측정될 것이다. 하지만 어떤 소행성에 앉아 핑 소리를 내며 지나가는 관찰자들 역시 그 빛의 속도가 초속 33만 킬로미터가 **아니라** 빛의 정상 속도인 초속 30만 킬로미터라고 측정할 것이다.

　2명의 관측자가 확연히 다른 속도로 움직이고 있는데도 광선의 속도가 동일하게 측정된다면, **둘 다** 옳을 수는 없을 것이다. 혹은, 둘 다 옳을까?

이제 우리는 2개의 완벽한 결론이 정면으로 맞부딪히는 상황, 각각의 진술이 **참이지만** 둘 다 **참일 수는 없는** 상황을 인정하게 되었다. 칸트는 이것을 이율배반이라고 불렀고, 결국 빛의 전파라는 이율배반을 풀기 위한 아인슈타인의 전략도 칸트의 전략과 동일했다. 이율배반을 해소하기 위해서는 특정한 문제를 제시하고 숙고하는 방식으로부터 신의 눈과 같은 관점에 대한 가정을 포기해야 한다는 것을 칸트가 깨달았듯이, 이제 아인슈타인도 문제는 기본적으로 "중립적인" 관찰자를 가정하는 것, 주로 그러한 관찰자가 보편적인 불변의 시간 경험을 확보할 수 있다고 가정하는 것에 있음을 알게 되었다.

뉴턴은 시간이 절대적이라고 가정했다. 이제 아인슈타인은 예측 속도와 측정 속도의 명백한 차이가 이 부정확한 시간 개념에서 나온다는 것을 깨달았다. "상대성 이론이 도래하기 전까지 물리학에서는 시간에 대한 진술이 절대적으로 중요하다고, 즉 시간에 대한 진술은 그와 관련된 천체의 운행 상태로부터 항상 독립적이라고 암암리에 가정해왔다⋯⋯ 이 가정을 무시한다면 **진공 속** 빛의 전파의 법칙과 상대성 원리의 충돌은⋯⋯사라진다."[8]

우리의 빠른 화성 탐사선과 그 탐사선을 중립적으로 관찰하는 존재의 경우, 양쪽의 속도 차이는 엄청나지만 그럼에도 광선의 속도는 동일한 값으로 측정된다. **각자의 시간 경험이 다르기 때문이다.** 행성 위의 관찰자는 여행자들이 광선의 속도를 초속 27만 킬로미터로 측정하리라고 상상하지만, 우주선 승무원들도 초속 30만 킬로미터로 측정한다. 양쪽 모두 똑같은 속도로 측정하는 것은, 승무원들이 사용하는 시계가 행성 위의 관찰자들이 사용하는 것보다 느리게 가기 때문이다(그들의 거리 측정

단위도 더 짧을 테지만, 여기서는 건너뛸 수 있다). 그래서 광선의 속도는 양쪽 모두에게 정확히 똑같아진다.

과학자들이 세계에 접근할 때에 사용하는 가정들에서 뉴턴의 보편 시계를 제거함으로써 아인슈타인은 기본적인 이율배반 하나를 해결하고 물리학에 대단히 정확한 새 이론을 제공했다. 하지만 여전히 빠진 것이 있었다.

17세기 중반에 아이작 뉴턴 경은 이례적으로 정확한 방정식들을 만들었고, 그후 200여 년 동안 그의 방정식들은 우주에서 운행되는 커다란 천체들이 서로 어떻게 영향을 미치는지를 예측하는 일에 사용되었다. 우주에 있는 각각의 천체는 우주에 있는 다른 모든 천체를 질량에 비례하고 거리의 제곱에 반비례하는 힘으로 끌어당긴다. 그렇게 간단할 수가 없다. 뉴턴이 건드리지 않고 남겨둔 것은 그 인력의 매개였다. 그는 이렇게 표현했다. 천체들이 서로를 연결하는 어떤 매개도 없이 진공 속에서 작용한다는 생각은 "나에게는 너무나 터무니없어서 철학적인 문제를 사고할 줄 아는 어떤 사람도 그런 부조리에는 빠지지 않으리라고 나는 믿는다." 실제로 그는 그 매개가 무엇인지 추정하기를 거부하고 이 미스터리를 "독자 여러분의 생각에" 맡겼다.9 게다가 뉴턴은 중력이 순간적으로 작용한다고 가정했다. 만일 지구가 갑자기 사라진다면 달은 지구의 중력에 더 이상 휘둘리지 않고 즉시 궤도를 바꿀 것이라고 말이다. 하지만 왜 그럴까? 달이 어떻게 그것을 알까?

다시 말해서 중력의 영향에 대한 뉴턴의 완전히 기능적인 설명은 이론으로서는 부족했다. 그로 인해 커다란 구멍들이 남았는데, 뉴턴 본인도 그 점을 충분히 인식하고 있었다. 뉴턴은 실험을 통해서 그런 종류의 또다른 구멍을 특별히 생생하게 보여주었다. 물이 반쯤 찬 양동이를 줄에 매달고 양동이를 돌리면, 양동이 안의 물도 결국 양동이의 안쪽 면과 함께 돌기 시작한다. 회전 속도를 높이면 물은 양동이의 가장자리로 쏠리는데, 이 현상은 이른바 원심력을 증명한다. 이 현상은 완전히 정상적이고 예측과 맞아떨어지지만, 어떤 조건 아래에서는 갈릴레이 상대성과 충돌한다는 것을 뉴턴은 깨달았다. 갈릴레이 상대성 원리에 따르면, 물리법칙은 물체가 서로에 대해서 상대적으로 똑같이 운동하는 좌표계에서는 똑같이 적용된다. 이것이 의미하는 바는 다음과 같다. 하나의 좌표계, 가령 항해하는 배의 갑판 위에서 관찰자는 또다른 배가 똑같은 속도로 일정하게 움직이고 있는 한, 그 배의 좌표계보다 자기 자신의 좌표계에 특권을 부여할 어떤 실험도 할 수가 없다. 다른 배가 움직이는 동안 이 배는 정지해 있다고 어느 쪽도 주장할 수가 없다.

얼핏 보기에도 이 양동이는 그렇지 않다. 양동이는 빙글빙글 돌고 있으므로 그 운동은 중립적인 관찰자에 대해서 균일하지 않다. 균일하지 않다는 것은 양동이의 가장자리로 쏠리는 물을 통해서 드러난다. 우리는 나머지 세상과 차단되어 있지만 양동이가 돌고 있음을 알 수 있다. 물이 원심력의 효과를 **느끼기** 때문이다. 하지만 물은 어떻게 그 효과를 느낄까? 양동이가 완전히 비어 있는 공간, 즉 양동이가 돌고 있다고 결정할 만한 것이 주위에 전혀 없는 허공에 떠 있다면 어떻게 될까? 그래도 물은 원심력을 느낄까? 느낀다면, 왜 그럴까? 신이 우주를 움직이는 장소를 기준으로 삼지 않고 아리스토텔레스의 우주를 움직이는 경우처럼, 텅 빈 공간에서 양동이를 돌린다는 것은 무슨 의미일까?

추정에 입각한 뉴턴의 대답은 이러했다. 양동이가 있는 공간이 (세계에서 변화를 측정할 수 있는 기준인 시간처럼) 보편적이고 정지된 배경일 때 양동이는 자기가 돌고 있는지 아닌지 알 수 있다. 공간과 시간은 둘 다 엄청나게 크고 텅 비어 있어서 통과하는 어떤 물체든 담을 수 있는 용기 역할을 한다. 뉴턴의 시계와 마찬가지로 그의 보편적이고 무한한 3차원 공간 모형 역시 오래 존속했다. 하지만 과학에서는 흔히 한 문제가 해결되면 다른 문제가 튀어나온다. 이 경우에는 아인슈타인이 나타나서 절대적인 시간을 부정하고 어떤 것도 빛보다 빠르게 이동할 수 없음을 분명히 보여줌으로써 중력에 대한 뉴턴의 잠정적인 설명까지 깨끗이 해치웠다. 아인슈타인의 이론에 따르면 양동이에게 양동이가 돌고 있는지 아닌지를 자동적이고 즉각적으로 말해주는 중립적인 공간 배경은 있을 수 없기 때문이다. 만일 양동이가 자신의 운동과 관련된 어떤 것을 느낀다면 이 느낌은 어딘가로부터 전달되어야 하는데, 어떤 전달이든 전달에는 시간이 걸린다. 요컨대, 절대적이고 경직된 배경으로서의 시간과 공간을 포기하고부터 아인슈타인은 등속 운동의 경우에 국한되는 특수 이론이 아니라, 등속 운동이든 아니든 물리법칙을 모든 좌표계에 돌아가면서 적용할 수 있는 일반 이론을 필요로 하게 되었다.

아인슈타인이 나중에 그의 가장 행복한 생각이라고 부른 것을 떠올린 것은 바로 이 엄청난 문제와 씨름하던 동안이었다. "베른의 특허청 의자에 앉아 있을 때 갑자기 어떤 생각이 떠올랐다. '만일 어떤 사람이 자유낙하를 한다면 그는 자신의 무게를 느끼지 못할 것이다.'"[10] 일반상대성 이론의 등가 원리라고 알려질 이 원리는 뉴턴의 두 가지 열린 질문의 조합으로부터 출현했다. 중력이란 무엇인가? 그리고 양동이는 어떻게 자기가 돌고 있음을 아는가? 아인슈타인이 나중에 공식화했듯이, 텅 빈 우주에서 밀폐된 상자에 갇혀 일정한 가속도로 끌려가는 승객은 그 가속도의 느낌과 지구의 중력에 의해 끌리는 느낌을 구분하지 못할 것이다.

그 생각은 행복했을 테지만, 그로부터 결실이 맺히기까지는 다시 8년이 흘러야 했다. 우선 아인슈타인은 처음 접하는 새로운 수학과 씨름해야만 했다. 특수상대성 이론에서 아인슈타인은 이미 시간과 공간은 서로 독립된 것이 아니며 하나의 휘어진 시공간에서 나오는 두 가지 양상이리라고 선언했지만, 이제는 그 4차원의 시공간을 어떻게 묘사해야 할지를 두고 씨름해야 했다. 그는 19세기 독일의 수학자 게오르크 프리드리히 베른하르트 리만이 개발한 기하학을 사용했다. 다차원의 휘어진 공간들을 기하학적으로 계산할 수 있는 기하학이었다. 아인슈타인에게 이 새로운 수학은 쉽게 다가오지 않았다. 친구이자 일반상대성 이론을 경쟁적으로 연구하던 다비트 힐베르트는 후에 (다소 과장을 섞어서) "괴팅겐 거리를 오가는 어떤 아이라도 4차원 기하학을 아인슈타인보다 더 잘 이해했다"고 말한 뒤, "그럼에도 아인슈타인은 문제를 해결했다"라고 정중히 인정했다.[11]

리만에게서 빌린 수학으로 이제 아인슈타인은 중력과 가속도가 둘 다 4차원 시공간 연속체의 휘어짐 또는 왜곡으로 설명될 수 있음을 실험적 증거를 통해서 주장할 수 있게 되었다. 구체적으로 그는 먼 별에서 다가오는 빛은 태양 주위를 지날 때 약간 휠 것이라고 말했다. 아인슈타인은 자신의 이론을 사용해서 그 곡선의 각도를 산출하고, 만일 별빛이 태양 주위를 지날 때 천문학자들이 그것을 포착할 수 있다면, 그 빛을 방출하고 있는 별은 "태양으로부터 바깥쪽으로 1.7각초arcsecond만큼 빗겨나 보일 것"이라고 예측했다.[12]

태양의 밝기 때문에 그런 별빛을 보는 것은 불가능하지만, 개기일식 중에는 예외이다. 그래서 세계는 기다려야만 했다. 1917년에 우크라이나에 도착한 최초의 원정대는 제1차 세계대전의 압박 속에 관측을 중단해야 했다. 따라서 아인슈타인이 그의 이론을 공표하고 3년이 더 지난 1919년에야 아서 에딩턴이 원정대를 이끌고 아프리카 해안의 포르투갈령 프린시페 섬으로 가서 개기일식을 관찰할 수 있었다. 그곳에서 찍은 사진들과 브라질 연안에서 자매 원정대가 찍은 사진들을 종합한 결과는 아인슈타인이 옳았음을 입증했다. 베를린에서 아인슈타인은 짐짓 태연한 체하며, 당시 만나던 대학원생 일제 슈나이더에게 "난 그 이론이 옳다는 걸 알고 있었소"라고 말했다.[13] 하지만 만일 실험 결과로 그가 틀렸음이 입증되었다면 어찌 되었을까 하고 그녀가 묻자, 아인슈타인은 이렇게 대답했다. "그랬다면 하느님에게 유감을 느꼈겠지."[14]

특수상대성 이론과 함께 아인슈타인은 19세기 말 과학자들이 빛의 속도를 측정한 뒤로 그들 앞에 드러난 모순을 설명하는 일에 착수했다. 빠르게 이동하는 여행자가 광선을 쏠 때 중립적인 관찰자는 두 속도의 합을 보고 있어야 함에도 여행자와 관찰자는 같은 속도로 측정한다. 그렇다면 여분의 속도는 어디로 갔을까? 아인슈타인은 여기서 빛나는 통찰을 제시했다. 그 여분의 속도는 어디로도 가지 않았다. 단지 차이가 있어 보이게 만드는 시간의 성격 때문에 우리가 오해한 것일 뿐이다. 그 오류를 제거하기 위해서는 시간을 관찰의 객관적인 조건으로 보는 대신, 우리가 사건을 어떻게 목격하는가의 한 양상으로 간주해야 하며, 그 자체도 다른 관찰자에 대한 우리의 속도와 함께 상대적으로 변한다고 생각해야 한다.

이제 아인슈타인은 일반상대성 이론을 통해서도 그와 비슷한 일을 했다. 뉴턴은 그의 양동이 실험이 절대 공간의 존재를 가리킨다고 믿었다. 아인슈타인의 새로운 이론은 그 부동의 보편적인 용기를 치워버리고 그 자리에 이른바 중력장gravitational field이라는 것을 들여놓았다. 중력장이란 우주에 보편적으로 퍼져 있으며 우주에 있는 모든 천체가 다른 모든 천체에 미치는 중력의 영향을 말하는데, 비등속 운동을 하는 모든 천체가 이로부터 생기는 관성을 느낀다. 아인슈타인은 이렇게 말했다. "나의 이론에 따르면, 관성은 관찰된 질량과 무관하며, '공간' 그 자체와 관련된 효과가 아니고, 질량들 간의 상호작용에 불과하다."15 뉴턴의 양동이가 돌 때 물이 가장자리로 쏠리는 것은, 우주에 있는 나머지 물체들의 중력이 그 물에 준 관성 때문이다. 그런 물체들이 없으면 양동이가 돈다고 말하는 것은 무의미하다. 중력과 가속도가 둘 다 시공간 곡률의 표현이라는 점을 이해하지 못하는 이유는 우리가 우주를 텅 비어 있고 무한히 펼쳐진 경직된 배경으로 간주하고 그 속에서 우리가 사건과 운동을 지각한다고 생각하기 때문이다.

종합하자면, 특수상대성 및 일반상대성 이론은 물질세계에서는 관찰을 수행하는 상황과 무관하게 똑같은 법칙이 똑같이 적용된다는 그림을 구출해냈지만, 그 대가로 서로 충돌하는 측정치들—예를 들면 물체의 길이나 사건의 시간—에 대해 판결을 내릴 수 있는 특권적이고 중립적인 지점의 개념을 영원히 폐지했다.16 실재에 대한 이 새로운 이해의 핵심은 관찰의 개념 자체를 근본적으로 수정하는 데에 있었다. 아인슈타인에게 관찰은 측정 기구, 즉 "시곗바늘 및 문자반 위의 점들"과 그 기구가 측정하고 있는 사건들의 일치에 불과하다.17

만일 시간을 사건의 발생을 떠받치는 보편적인 흐름으로 보지 않고, 애초에 사건의 발생을 관찰하기 위한 최소한의 조건 가운데 하나로 이해한다면, 우리는 시간과 공간이 근본적으로 어떻게 연관되어 있는지 알 수 있다. 시간은 모든 일이 동시에 일어날 수 없게 한다는 고전적인 사고는 성의 없기는 하지만 시간과 관찰의 강력한 연계를 분명히 보여준다. 사건들의 선후는 사건들을 관찰할 수 있는 기본 조건이다. 적어도 인간 관찰자에게는 모든 일이 일어난다는 것은 터무니없는 난장판이나 다름이 없다.

그러나 사건들을 전후로 표시하기 위해서는 공간적 경험의 양상이 필요하다. 내가 어떤 시계를 상상하든 그 시계는 시간상의 순간들을 최소한 공간적인 어떤 것—진자 운동, 물체의 구별할 수 있는 변동, "시곗바늘과 문자반 위에 찍힌 점의 일치"—으로 변환된다. 시간은 그 자체로는 존재할 수 없으며 공간과 함께해야 한다. 그리고 그와 똑같은 것이 공간에도 해당된다. 여기와 저기—3시 14분에 옆모습으로 본 개와 3시 15분에 정면으로 본 개—를 구분하려면, 최소한 그 두 표식을 가로지르는 데에 필요한 시간 동안 그 표식들을 비교하고 그것들을 연결 지을 수 있는 관찰자가 필요하다.

시간과 공간이 관찰자에게 달려 있고 불가분으로 연결되어 있다는 사실은 우주의 제한 속도가 왜 존재하며 그것이 어떻게 작용하는지를 설명해준다. 공간의 3차원은 더 큰 4차원 시공간 구조의 일부분이기 때문에 운동은 항상 더 큰 4차원에서 공유되어야 하며, 어떠한 시간 측정이라도 공간적이므로, 관찰자의 이동으로부터 영향을 받는다. 공간 측정도 마찬가지인데, 어떠한 공간 측정이라도 시간적이기 때문이다.

이 점을 더 잘 이해하기 위해서 다음과 같이 상상해보자. 골프 카트가 들판의 오른쪽 측면을 따라 덜덜거리고 있다. 들판의 길이는 시간을 나타내고 들판의 폭은 공간을 나타낸다고 하자. 카트가 가장 빨리 달릴 수 있는 속도는 시속 25킬로미터라고 가정해보자. 이제 카트가 오른쪽 선상에 머물러 있는 한에서(즉, 공간상 정지해 있는 한에서) 카트는 들판 위에서 일정한 속도로 전진할 수 있다. 이는 카트의 시계가 정상적인 속도로 재깍재깍 흘러가고 있음을 의미한다. 하지만 문제가 있다. 시간과 공간은 서로 연관된 측정 기준이고 들판 위에서 어느 방향으로 향하든 카트의 총 속도는 시속 25킬로미터를 초과하지 못한다. 그러므로 만일 카트가 왼쪽으로 방향을 틀어 반대쪽을 향해 간다면(즉, 공간상 이동하기 시작한다면), 그 방향으로 적용되는 속도는 고스란히 결승선을 향한 카트의 전진을 줄이고 그에 따라 시간의 진행을 측정하는 시계는 느려질 것이다. 실제로 카트 운전자가 들판의 오른쪽에서 왼쪽으로 최대한 빨리 이동하고자 한다면 카트는 들판의 길이 방향으로는 전혀 나아가지 못하게 된다. 다시 말해서, 시계는 재깍거림을 멈추고 모든 속도를 공간적인 움직임으로 바꾸게 된다. 광자처럼 카트는 전속력으로 공간을 횡단하지만 그 대가로 시간상으로는 완전히 정지하게 된다.[18]

아인슈타인은 나머지 우주의 움직임을 측정할 수 있게 하는 공간의 특권과 시계의 재깍거림을 관장하는 시간의 특권을 폐위했지만, 절대적이고 변함이 없는 어떤 것을 발견했다. 시간과 공간을 지렛대로 삼을 때 관찰할 수 있는 변화의 궁극적 한계, 다시 말해서, 하나의 통합체가 정해진 시간에 얼마나 많은 공간을 가로질렀다고 관찰될 수 있는가의 상한선을 발견한 것이다. 그것은 바로 진공상태에서의 빛의 속도였다. 물론 시속

25킬로미터는 아니며, 다행히(실재에 대한 우리의 경험상으로) 그보다 훨씬, 매우 빠르다. 물론 이 상한치는 법적 제한 속도와는 다르게 작동한다. 제한 속도의 경우, 시속 50킬로미터 이하로 정해진 골목길에서도 시속 80킬로미터로 **달릴 수 있다.** 하지만 그러면 위험할 뿐 아니라 경찰이 길가로 유도해서 비싼 딱지를 끊을지도 모른다. 반대로 물리법칙의 경우, 우주의 제한 속도를 향해 속도를 높이면 높일수록 당신이 시간을 측정하기 위해 사용하는 시계는 다른 관찰자들에 비해서 상대적으로 느려진다. 그 제한 속도에 가까워질수록 시계는 더욱 느려지고, 그러다 결국 당신과 함께 여행하고 있지 않은 사람들의 관점에서 당신이 차고 있는 시계는 재깍거림을 멈추게 된다. 당신의 관점에서 보면 당신이 관찰할 수 있는 것은 단지 당신의 우주여행이 순식간인 것처럼 보인다는 점뿐이다. 당신이 우주의 제한 속도로 여행하고 있다면 당신의 시계는 재깍거리지 않고 당신은 출발한 바로 그 시간에 도달한다. 반면 당신을 떠나보냈던 이들은 당신이 없는 동안 꽤 늙었을 것이다.

물론 이 우주에서 우리는 그 한계에 접근하는 것을 상상으로만 할 수 있다. 광자와 그 밖의 질량이 없는 전자기 복사만이 빛의 속도로 여행하고, 말할 필요도 없이 그것들은 그 무엇도 경험하지 않는다. 광자의 관점(즉, 관점이 아예 없다)에서는 시간이 흐르지 않는다. 우주가 탄생한 직후에 방출되어서 지금 내 사무실 창문에 도달한 광자에게는 130억여 년이 순식간에 흘렀을 것이다. 모든 일이 동시에 일어나지 않게 하는 것이 시간이라면, 그 일들이 일어날 수 있는 것은 단지 아무 일도 일어나지 않는 제한 속도에 도달하지 않았기 때문이다.[19]

우리가 시공간을 모든 존재가 생겨나게 하는 빈 용기가 아니라 관찰자가 두 실체나 사건의 상호작용을 측정할 수 있는 지표로 이해할 때, 본질적이고 필연적인 한계들이 출현한다. 하나는 그 사건들이나 실체들이 별도의 실체들이기를 멈추기 이전(즉 관계를 맺기 이전/역주)에 얼마나 작을 수 있고 얼마나 근접해 있을 수 있는가를 결정하는 하한선이며, 다른 하나는 어떤 관계라도 존재할 수 있기 위해 얼마나 멀리 떨어져 있고 얼마나 빨리 움직이고 있어야 하는가를 결정하는 상한선이다. 실제로 이와 정반대를 상상해보면(그리고 상상에 실패하면) 이 두 한계의 필연성을 금방 이해하게 된다. 관찰에 그러한 한계가 없는 우주, 아주 작은 것들의 신과 아주 큰 것들의 신이 경험하는 우주를 상상해보라. 그런 관점에서 "바라본" 그런 우주에서는 모든 것, 모든 곳이 동시에 지각되기 때문에 어떤 일도 일어나지 않는다. 또한 어떤 운동이나 변화도 일어날 수가 없다. 주어진 어떤 것이라도 지금 여기에 있는 것과 동일할 수밖에 없기 때문이다.

그리고 결국 이 한계들—정해진 시간에 얼마나 큰 공간을 횡단할 수 있거나 우주에서 이동하는 계시기計時機의 측정으로 얼마나 많은 시간을 잴 수 있는가의 상한선, 또는 시공간의 편린에 대한 관찰은 얼마나 작거나 짧을 수 있는가의 하한선—은 칸트가 그의 이율배반을 통해서 발견했던 바로 그 해소할 수 없는 역설에 속한다. 또한 그것은 1917년 아인슈타인이 그의 새로운 이론을 이용해서 우주 전체를 설명하고자 했을 때 발견한 역설이다.

1915년 11월 4일, 아인슈타인은 프로이센 국립도서관 대강당에 도착해서 프로이센 과학 아카데미에서 주최한 네 차례의 강연 중 첫 강연을 시작했다. 그가 마지막 순간까지 혼신의 힘을 다해 계산을 끝냈음을 아는 사람은 거의 없었다. 사실 그는 이후로도 계속 매달린 끝에 연구의 정점인 11월 25일에 중력장 방정식들을 발견했다. 결과는 그야말로 혁명적이었다. 아인슈타인의 전기를 쓴 월터 아이작슨은 이렇게 썼다. "일반상대성 이론은 단순히 실험 자료를 해석한 것도 아니고, 더 정확한 법칙을 발견한 것도 아니었다. 그것은 실재를 완전히 새롭게 보는 방식이었다."[20] 막스 보른은 후에 이것을 "자연에 관한 인간의 사유 중 가장 위대한 업적"이자 "철학적 통찰, 물리적 직관, 수학적 능력의 가장 놀라운 조합"이라고 말했다.[21] 당연히 물리법칙을 그렇게 찬탈한 것은 우주 연구에 근본적인 후유증을 남겼다. 1916년 극심한 노력 끝에 성공을 거둔 직후에 아인슈타인은 모든 문제 중에서 가장 근본적인 이 문제로 관심을 돌렸다.

뉴턴은 우주가 텅 빈 무한한 공간에 떠 있는 유한한 물질의 섬과 비슷하다고 믿었다. 중력의 성질로부터 뉴턴은 문제의 그 섬이 유한할 것이라고 추론했다. 우주에 무한한 양의 물질이 있다면 우주 안에 있는 모든 구체의 표면에서 무한한 중력이 생성될 터인데, 무한한 중력은 불가능하다. 아인슈타인은 중력과 빛에 대한 자신의 이론에서는 근본적으로 다른 결론이 나온다는 것을 즉시 깨달았다.

우선 특수상대성 이론의 결과 중 하나는 질량과 에너지의 등가이다(역사상 가장 유명하고 권위 있는 방정식, $E = mc^2$으로 정립되어 있다). 이 방정식에 따르면, 무한한 허공의 바다에 떠 있는 질량의 유한한 섬은 에너지를 방출하고, 그럼으로써 시간이 지남에 따라 질량을 잃고 "서서히, 그러나 체계적으로 힘을 빼앗기게 된다."[22] 게다가 이것은 일반상대성 이론과도 충돌한다. 양동이 실험은 물체가 절대 공간 중 어디에 있는지를 반드시 안다는 것을 보여준다고 뉴턴은 해석했다. 앞에서 보았듯이, 아인슈타인의 이론에서 공간 장에 있는 물체의 관성질량은, 휘어진 시공간 연속체의 형태로 표현될 수 있는 중력장의 우주 전체에 펼쳐진 확산에 달려 있었다. 하지만 유한한 물질량이 무한한 공간에 퍼져 있다면 그러한 장은 나올 수가 없고, 따라서 뉴턴의 양동이는 자기가 돌고 있음을 모른다는 결론으로 돌아온다.[23]

그러나 공간 자체를 유한하게 해서 이 문제를 해결하고자 하면 모든 것을 아우르는 우주에 경계가 있다는 것은 무엇을 의미하는가 하는 해묵은 문제가 튀어나왔다. 만일 경계가 있다면 그 너머에 무엇이 있을까? 게다가 우주의 경계라는 개념은 그 자체로 상대성 이론을 완전히 위반했다. 우주에 구체적인 경계가 있다고 가정하면 어떤 측정이나 관찰이라도 우선권을 가지게 될 절대적인 장소를 부과하게 되고, 그럼으로써 상대성 이론이 물리법칙의 보편적인 적용을 위해서 간신히 제거한 특권적인 측정 위치가 복귀하게 된다.

다시 한번 2개의 선택지가 절대적으로 불가피한 동시에 완전히 불가능한 것으로 보이는 그 이율배반 앞에서, 아인슈타인은 근본적인 해결책을 제시하기 위해서 그의 이론이 옳다고 입증했던 바로 그 시공간의 곡률을 이용했다. 자신의 해법이 불신을 유발할 수 있다고 생각한 아인슈타인은 친구인 파울 에렌페스트에게 자기가 "정신병원에 갇힐 위험이" 있기 때문에 그것을 공개하기가 망설여진다고 썼다.[24] 그의 근본적인 해답은, 유한한 동시에 경계가 없는 우주의 형태를 제시하고, 그럼으로써 우주가 정확히 어디에 떠 있어야 하고, 왜 그 내용물이 주위를 둘러싼 또다른 무한한 허공 속으로 퍼져나가지 않는가 하는 문제를 해결하는 것이었다. "공간의 곡률은 시간과 공간 속에서 물질의 분포에 따라 변하지만, 구형 공간을 이용하면 그 곡률에 근접할 수 있다."[25]

아인슈타인이 말하는 구형은 구체적으로 3차원 초구, 즉 우리가 단테의 우주와 보르헤스의 도서관에서 보았던 "리만이 발견한" 공간을 의미했다. 그 공간들처럼 이 둥그런 우주에도 바깥쪽 경계가 전혀 없다. 아인슈타인은 이렇게 썼다. 그런 우주에서 중심점으로부터 바깥쪽으로 이동하는 사람에게는 "원의 둘레가 처음에는 '우주의 둘레'에 도달할 때까지 중심점으로부터의 거리(반경)와 함께 증가하고, 그후로는 반경의 값이 계속 증가함에도 불구하고 원의 둘레는 서서히 0으로 줄어든다."[26] 단테의 우주처럼 당신이 있는 곳에서 바깥쪽을 본다면 당신의 시선은 결국 중심점을 향해 안쪽을 보게 되는 지점에 도달한다. 단테의 우주처럼 그 우주의 법칙들은 모든 곳에서 똑같고, 그래서 단테가 제10천에 올라가 자신의 여정을 다르게 끝낼 수도 있었을 장소는 존재하지 않는다. 보르헤스의 도서관처럼 다른 방과 조금이라도 다른 육각형 전시실은 존재하지 않는다.

그러나 아인슈타인의 숫자들은 전혀 말이 되지 않았다. 그의 계산에 따르면, 전체적인 우주는 시간이 흐름에 따라서 줄어들든지 커지든지 반드시 변해야 한다. 아인슈타인은 자신의 계산을 선뜻 받아들이지 못하고, 이른바 우주 상수cosmological constant라는 것을 끼워넣어 얼버무렸다. 그에 따르면 우주 상수는 "물질의 준정적인quasi-static 분포를 가능하게 할 목적으로만 필요한" 용어였다. 다시 말해서, 그것은 그의 계산을 안정시켜주고 우주가 변함없는 크기로 남을 수 있게 해주는 수였다.

아인슈타인이 그의 우주 모형을 제시하고 몇 년이 흘렀을 때, 러시아의 기상학자 알렉산드르 프리드만이 일반상대성 이론의 방정식을 적용해서 우주가 실제로 팽창하고 있다고 주장했다. 10년 후에는 천문학자인 에드윈 허블이 먼 은하들을 관측해서 이것이 사실임을 입증했다.[27] 아인슈타인은 이 결과를 마지못해 인정하고 우주 상수를 추가한 것이 자신의 가장 큰 실수라며 비통해했다(여러 해가 흐른 뒤 우주를 훨씬 더 빨리 팽창하게 하는 새로운 힘이 발견되었는데, 그 값은 아인슈타인의 실수와 놀라울 정도로 비슷했다).

아인슈타인의 3차원 초구는 4차원의 시공간에서 펼쳐지기 때문에 그것을 오로지 공간적인 조건으로만 생각하는 것은 말이 되지 않는다. 그보다는 공간의 한 부분에 대한 정보가 공간의 다른 부분에 도달하는 데에는 항상 시간이 걸린다는 점을 고려할 필요가 있다. 이것은 우리가 망원경으로 밤하늘을 볼 때 "거실 입구에서 캄캄한 대서양을 바라보거나, 햇빛이 비치는 현관에서 어둡고 쓸쓸한 황야를 바라보고 있는 것처럼" 바깥쪽을 바라보고 있는 것이 아니라 안쪽을 바라보고 있다는 것을 의미한다. 아우구스티누스가 우리에게 일깨워주었듯이, 우리는 시간 속에서가 아니라 시간과 함께 시작된 우주의 기원을 향해 안쪽을 바라보는 것이다. 우주의 경계는 공간상 시간상으로 있는 것이 아니며, 공간과 시간 그 자체에 본질적이다.

바로 이것이 두 천문학자 아노 펜지어스와 로버트 윌슨이 우주의 신호를 방해하는 잡음을 제거할 목적으로 전파망원경 위에 쌓인 비둘기 배설물을 닦아냈을 때 확인한 것이다. 두 사람은 그 실패를 통해서 자신들이 감지하고 있는 소리가 우주 배경 복사cosmic microwave background radiation, 즉 우주가 생겨나는 순간 거의 무한한 밀도와 온도가 남긴 흔적이라고 추론할 수 있었다. 단테가 제10천에 오를 때 "가장 빠르거나 가장 높거나 모두 똑같았기 때문에 나는 베아트리체가 나의 머무를 곳을 어디에 정했는지 말할 수가 없다"고 선언한 것처럼, 이 복사의 분포도 대단히 균일해서 우리가 어느 방향으로 망원경을 돌린다고 해도 똑같은 기록이 남아 있을 것이다.[28] 더 나아가 단테의 우주처럼 시공간상으로 팽창하는 우주는 그 자체의 중심에 담겨야 하는데, 그 점이야말로 시간과 공간의 출발점이며 존재하는 모든 것을 감싸고 존재할 수 있게 한다. 또한 보르헤스의 도서관처럼 어느 때든 우리가 있는 곳이 그 점으로 결정된다. 이 4차원의 건축물은 지금 여기의 관찰자, 즉 공간상 바깥쪽을 바라보는 동시에 특이점singularity(일반상대성 이론에서 부피가 0이고 밀도가 무한대가 되는 이론상의 점을 말한다/역주)을 향해 안쪽을 바라보는 관찰자를 의미하기 때문이다. 그것은 시간 속의 기원이 아니라 시간의 기원, 공간 속의 기원이 아니라 공간의 기원이다.

이 건축물은 아인슈타인의 상대성 이론이 구출한 원리, 즉 이 세계에는 각기 다른 측정법들을 판정할 특권적 장소가 있을 수 없다는 바로 그 원리에서 유래한다. 그것은 어떤 운동, 심지어 뉴턴의 양동이에 담긴 물의 운동도 절대적인 의미로서의 운동이 아니라, 항상 어떤 다른 기준점에 대해서 상대적으로 이루어지는 운동이라는 원리이다. 우주는 어디에도 위치해 있지 않으며, 여기—신의 마음속에 있는 것이 아니라 애초에 어떤 것을 관찰할 수 있게 하는 최소한의 조건—가 아닌 다른 **어떤 장소**도 존재하지 않는다. 이 특별한 진리—우주를 향해 **바깥쪽**을 바라보고 있을 때 우리는 또한 모든 시간과 공간의 기원을 향해 **안쪽**을 바라보게 된다는 것—는 우주론의 흥미로운 평계가 아니다. 그것은 애초에 우주를 존재할 수 있게 하는 기본 조건이다.

1926년 봄, 베를린에서 하이젠베르크를 연사로 초청했다. 그러한 초청은 누구에게나 겁나는 일이었을 것이다. 베를린 대학교는 물리학의 성채, 아인슈타인과 플랑크 같은 권위자들의 고향일 뿐 아니라 대학의 물리학 세미나는 모든 교직원이 참석하는 일종의 종교 행사였다. 스물네 살의 연구 보조원은 이 존엄한 사람들 앞에 서서 그들의 세계관을 구성하는 근본적인 가정들이 왜 틀렸는지 설명했다. 나중에 하이젠베르크는 특유의 겸손한 어조로 자신의 "비관습적인 이론"이 간신히 "아인슈타인의 관심을 자극했다"고 묘사했다.[29]

하이젠베르크와 필수적인 한담을 나누면서 학교에서 자신의 집으로 걸어온 아인슈타인은 관찰에만 의존하는 이론을 지지하는 것이 왜 충분하지 않은지를 설명하기 시작했다. 그는 이론에 의해서 가공되지 않은 날것의 데이터는 없다고 말했다. 그보다는 "우리가 무엇을 관찰할 수 있는지를 이론이 결정한다."[30] 하이젠베르크는 자신이 발견한 것과 아인슈타인이 뉴턴의 시간 개념을 가지고 했던 것의 유사성을 강조한 반면, 아인슈타인은 그 둘을 확실히 구분했다. 이제 2명의 관찰자는 단지 어떤 사건을 보고 그것이 특정한 시간에 발생했다고 동의할 수 없다. 그들은 시계를 가지고 각자의 관찰 시간을 일치시킬 뿐이며, 관찰된 사건의 시간은 시계의 상대적인 운동에 달려 있다. 시간에 대한 "과거의 묘사적인 언어"는 새로운 이론으로 바뀔 필요가 있다.[31]

양자역학의 경우에 전자는 안개상자 속에서는 경로를 그리며 나아가지만, 원자 내부에서는 경로를 그리지 않는 것으로 보였다. 아인슈타인이 보기에 하이젠베르크는 단지 원자 안에서 전자가 운동의 연속성을 보이지 않는다고 주장함으로써 실패를 준비하고 있었다. 그는 하이젠베르크가 "아주 얇은 살얼음판을 걸어가고 있다"고 했는데, 그 이유는 바로 문제의 낡은 묘사적 언어에 의지하기 때문이었다.[32] 하이젠베르크는 무엇을 관찰할지 결정할 새로운 이론을 찾지 않고 말도 안 되는 관찰 결과에 매달리고 있었다. 그 관찰 결과들이 관찰과 관찰 사이에 일어난 사건의 실재성을 설명하지 못하기 때문이었다.

아인슈타인과의 대화는 베를린 방문 이후로 오랫동안 하이젠베르크를 괴롭혔다. 사실 그 대화는 거의 1년 동안 의식의 깊은 곳에 잠복해 있다가 괴팅겐 대학교에 와 있을 때 다시 수면으로 떠올랐다. 괴팅겐에서 보어가 스키 여행을 떠나 그의 성가신 그늘에서 벗어나게 되었을 때, 하이젠베르크는 안개상자 속에서 전자가 이동하는 경로를 모두가 볼 수 있는 지도로 표시하겠다는 생각에 다시 몰두했다. 한편 그 자신의 수학적 틀을 사용해서 원자 내부에서 전자가 보이는 불연속성을 입증한 데에는 오류가 없었다. 이 모순은 해결이 불가능한 것처럼 보였다.

그러던 어느 날 하이젠베르크는 아인슈타인과의 대화를 다시 생각했다.[33] 밤이 깊도록 잠을 이루지 못한 하이젠베르크는 추위를 무릅쓰고 펠레드 공원을 거닐면서 그 생각에 몰두했다. 아인슈타인은 원자 내부에서 경로를 허락하지 않는 그의 이론과 안개상자 속에서 분명히 관찰되는 경로 사이의 모순을 지적했다. 그날 그는 이렇게 말했다. "만일 자네 이론이 옳다면, 원자가 한 정지 상태에서 다음 정지 상태로 넘어갈 때 그 원자가 무엇을 하는지 조만간 나에게 말해야 할 걸세."[34] 다시 말해서, 하이젠베르크의 이론은 아니라고 말할지라도, **실제로는** 안개상자 안에서 그러하듯 전자는 항상 이동한다는 뜻이었다. 추운 밤 공원을 산책하던 중 하이젠베르크는, 아인슈타인은 이론이 관찰을 이끈다는 점에 대해서는 옳았지만, 어떤 이론이 어떤 관찰을 이끌고 있는가에 대해서는 틀렸음을 깨달았다.

과학자들이 안개상자 안에서 확실한 경로를 관찰한다고 생각할 때, 어쩌면 그들의 이론은 그들에게 상자 안에서 무엇을 보라고 말하고 있었을 것이다. 그들은 경로 같은 것을 전혀 보지 못하고, 그 대신 "전자가 지나간 일련의 개별적이고 불분명한 점들"을 보았을 것이다. 어쨌든 상자 안에서 경로를 형성한 그 미세한 물방울들은 전자보다 훨씬 컸다. 하이젠베르크는 연구소로 달려가 숫자를 휘갈겨 쓰면서 계산에 매달렸다. 그 결과 전자의 위치와 속도의 근삿값만으로도 안개상자 안에서 지각된 경로가 쉽게 설명된다는 점이 명백해졌다. 또한 그 계산의 결과로 전자의 위치나 속도에 대한 관찰이 얼마나 정확할 수 있는가의 하한선이 밝혀졌다. 그가 발견한 것은 불확정성 원리였다.[35]

이론이 관찰을 이끈다. 이는 칸트가 했을 법한 진술이다. 모든 인상에는 정보가 있고, 모든 직관에는 형식, 즉 그 직관을 애초에 관찰로 만들어주는 조건이 있다. 아인슈타인은 하이젠베르크에게 이 통찰을 깨우쳐서 관찰의 밑바탕에 깔린 기본적인 실재에 대한 감각을 무너뜨리지 말라고 설득한 것이다. 아인슈타인에게 이론은 애초에 실재가 정상적으로 기능할 수 있게 해주는 "자연법칙에 관한 지식"이었다.[36] 하이젠베르크가 이론과 무관하게 관찰에 대해서 말할 때, 그가 살얼음판을 걷고 있었던 것은, "갑자기 자연에 대해 우리가 알고 있는 것을 말하면서 자연이 실제로 무엇을 하는지에 대해서는 말하지 않고 있었기" 때문이다.[37] 그는 자연법칙에 관한 그의 지식을 이용해서 자연에 대한 우리의 **지식**을 자연의 **실재**로 변환하지 못하고 있었다.

하이젠베르크는 이 교훈을 다르게 받아들였다. 그가 깨달은 것은 이러했다. 우리의 관찰 뒤에는 항상 **어떤** 이론이 있다는 것, 바로 그런 이유에서 우리는 항상 자연 그 자체가 무엇을 하는지가 아니라 우리가 자연에 대해 무엇을 알고 있는지를 말하는 데에 그치게 된다. 우리가 안개상자 속에서 전자의 경로를 보는 까닭은 입자들이 시간과 공간을 가로질러 연속으로 이동한다고 우리의 이론이 일러주기 때문이다. 하지만 그 연속성은 전자의 실재를 구성하는 일부가 **아니라** 우리의 실재를 구성하는 일부일 수 있다. 푸네스가 거울에 비친 자기 자신을 인식하듯이, 어떤 관찰이든 관찰에서는 관찰자가 시공간의 순간들을 가로질러 연속성을 만들어낼 필요가 있다. 이 때문에 사람들은 길을 잃는다. 어떤 관찰에서든 관찰자와 그의 이론, 그가 세계를 보는 방식, 직관의 필수 형식은 관찰의 핵심 자리에 있으며, 그 자리에서 그것들을 제거한다는 것은 절대 있을 수 없는 일이다. 우리에게 최선의 방책은 그것들의 영향을 고려하는 것, 그리고 우리의 경험이 가능한 모든 경험의 한계에 도달했을 때, 우리가 시공간적인 경험에 적합한 가정을 계속 유지하면 길을 잃게 된다는 점을 이해하는 것이다. 이것이 바로 우주론 학자들이 우주의 끝, 그리고 창조의 맨 처음 순간으로 관심을 돌렸을 때 발견한 진실이다.

우주론은 우주의 크기와 형태, 까마득한 시간에 걸쳐 진행된 우주의 역사와 같은 가장 큰 문제를 다룬다. 반대로 양자역학은 상상할 수 없이 작은 것들과 극미한 시간에 가물거리는 그것들의 덧없음을 마주한다. 이처럼 평면과 야구공에 대한 우리의 현실 세계의 경험에 영향을 미치지 않는 양자 세계의 역설은 시간과 공간의 상상할 수 없는 광활함 다음으로 완전히 사소해 보일 수 있다.

우주가 팽창하고 있다는 사실의 발견으로 모든 것이 변했다. 만일 우리가 시간을 거슬러 팽창하는 우주를 역추적한다면, 불가피하게도 상상할 수 없이 큰 것들을, 웬걸, 상상할 수 있게 되는 순간에 이른다. 그전에는 상당히 작고, 다시 그전에는 상상할 수 없이 작다. 그리고 갑자기 우리는 아원자 세계의 불연속적이고 확률론적인 성격이 최초의 몇 마이크로초 사이에 우리 우주에 엄청난 영향을 끼쳤을 가능성에 직면하게 된다. 게다가 만일 입자가 관찰되기 전까지 단일한 경로를 그리지 않는다는 것, 즉 입자의 경로는 입자 그 자체의 성질이 아니라 우리가 수행하는 관찰의 한 성질이라는 것을 받아들인다면, 우리는 그와 똑같은 이야기가 우주에도 맞아떨어질 불안한 가능성을 떨쳐내지 못하게 된다.

물리학자 존 휠러는 이중 슬릿 실험과 비슷한 장치를 우주의 규모로 확대하는 사고 실험을 제안했다. 준항성체quasar 같은 강력한 광원이 수십억 광년 밖에서 빛을 방출하면, 그 빛이 은하 같은 중력체 주변을 지난 뒤 지구에 도달할 즈음에는 초점이 달라질 수 있다. 아인슈타인이 예측하고 에딩턴이 확인했으며 오늘날 우리가 중력 렌즈 효과gravitational lens effect라고 부르는 바로 그 과정이다. 이론상 은하의 양쪽 측면은 실험에서 슬릿 같은 역할을 한다. 지구 둘레에 탐지기들을 무수히 많이 설치할 수 있다면, 우리는 준항성체에서 방출되는 빛의 간섭 무늬를 탐지할 수 있어야 한다. 게다가 만일 지구로 향하는 빛의 경로에 어떤 장치를 놓아서 그 광자들이 어느 경로로 오는지 탐지한다면, 그 무늬는 사라져야 한다. 그 광자가 은하의 어느 쪽을 넘어오고 있는가에 대한 "선택"은 수백억 년 전에 이루어졌을 테지만 말이다.[38]

사실 광활한 시공간을 횡단하는 광자는 작은 실험 장치에서 슬릿을 통과하는 광자와 같은 법칙에 따라서 행동해야 한다. 이 말은 다음과 같은 것을 의미한다. 현재의 우리 관찰이 과거의 궤적을 결정한다. 혹은 몇 가지 선택지를 제한하거나 제거하는 측정이 수행될 때까지 광자는 가능한 모든 경로를 취한다. 혹은 측정을 수행하기 전까지 광자는 경로를 전혀 취하지 않는다. 혹은 각각의 측정이 현재의 우주를 둘로 나누는데 각각의 "선택"은 광자가 해야만 한다. 양자역학 분야의 이 실험자처럼 스티븐 호킹과 레오나르드 믈로디노프 역시 우주의 현재 상태에 대한 우리의 관찰이 우주의 역사를 결정한다고 주장했다.[39]

우리가 양자역학으로부터 배운 가르침을 받아들여 아인슈타인의 상대성 이론이 지배하는 우주에 적용할 때, 특별한 일이 발생한다. 우선 아인슈타인이 처음에는 거부했지만 결국에는 받아들였듯이, 일반상대성 이론은 우주의 팽창을 예측하지만, 그 이론은 똑같은 법칙을 적용해서 우리가 시간을 거슬러 올라간다면 우주가 무한한 밀도와 온도를 가진 극미한 점이었던 순간을 만나게 된다고 예측한다.[40] 그 점은 단테가 묘사한 것과 매우 흡사하다. "저는 아주 날카로운 빛을 발하는 점을 하나 보았습니다. 그 빛이 너무나도 날카로워서 누구라도 그 힘을 똑바로 마주하면 눈을 감을 수밖에 없을 것입니다. 지구에서는 아주 작아 보이는 어떠한 별도 그 점 옆에 자리하면 별과 별이 합쳐짐으로써 달처럼 보일 것입니다."[41] 단테의 우주에 있는 이 중심점처럼, 일반상대성 이론에 요구되는 특이점도 시공간상 어느 지점에 위치한 것이 아니다. 오히려 특이점에는 다른 **어떤 곳**이 없다. 그 이유는, 현대의 우주론 학자들이 말하듯이(의식적이든 아니든 아우구스티누스와 맥을 같이 하면서) 우주는 시간 및 공간 **속에서** 시작한 것이 아니라 시간 및 공간과 **함께** 시작했으며, 따라서 그 전에 무슨 일이 있었는지 묻는 것은 무의미한 질문이기 때문이다.[42] 단테의 중심과 마찬가지로 시간과 공간의 출발점이었던 그 극미한 점은 창조된 모든 것을 감싸안고 있으며, 따라서 그것은 우리가 바깥을 향해 시선을 돌려도 내내 안쪽을 바라보게 되는 지평선이다.

우주를 하나의 전체로 그려보고자 할 때 우리는 시간과 공간의 가장자리라는 역설을 고려하지 않을 수 없다. 게다가 극도로 작은 공간 속에 무한한 열과 밀도라는 조건이 특이점 속에 결합되어 있다면, 이는 상대성 이론이 더 이상 양자 세계의 논리를 피하지 못한다는 것을 의미한다. 지금쯤이면 독자 여러분도 알았겠지만, 대우주macrocosm의 피할 수 없는 법칙은 관찰자를 기준으로 정보가 주어진 시간에 가로지를 수 있는 공간의 최대량이다. 이와 마찬가지로 소우주microcosm의 법칙은 다름 아닌 하이젠베르크의 불확정성 원리이다. 이 원리에 따르면, 관찰자가 입자의 위치에 대한 불확정성을 0으로 줄이면 그 운동량은 무한히 불확실해지고, 그 반대도 참이다. 또한 관찰자가 사건의 시간에 대한 불확정성을 0으로 줄이면, 사건의 에너지는 무한히 불확실해진다. 당연히 우주의 기원을 상상한다는 것은 시간이 무無인 순간에 초점을 맞춘다는 것을 의미하므로, 불확정성 원리에 따르면 그 순간에는 에너지가 그야말로 전부여야만 한다. 불확정성은 창조의 여명에서 우리를 기다린다.[43]

이중 슬릿 실험의 결과는 역설적으로 보인다. 한 지점에서 입자를 관찰하는 것만으로 어떻게 다른 곳에서 간섭 무늬가 사라지는 일이 일어날까? 휠러의 사고 실험에는 특별한 이점이 있다. 두 곳에서의 관찰, 즉 슬릿(또는 은하)에서의 관찰과 스크린(또는 탐지기)에서의 관찰은 별개의 관찰이며, 그 결과가 단지 빛의 속도로 전달될 뿐이라는 사실—실험실에서는 관찰의 규모가 작고 쉽게 전달되기 때문에 잘 드러나지 않는 사실—을 멋지게 드러낸 것이다. 이중 슬릿 실험에서 느껴지는 기이함은 관찰자들은 똑같은 사람이며 그들의 관찰은 동일하다는 믿음에서 나오는데, 사실 그들은 같거나 동일하지 않다. 관찰자들이 서로 다른 좌표계에 있을 때 "지금"에 해당하는 기록이 달라지는 상대성 이론의 경우처럼, 이 관찰자들도 실재를 다르게 묘사하게 된다. 그들이 실험에서 측정한 시공간상 점들의 관계는 각각의 측정 조건에 해당하는 특유한 관계이기 때문이다.

아킬레우스가 거북이를 따라잡지 못하거나 지켜보고 있으면 양자 냄비가 끓지 않는 경우처럼 위와 같은 결과가 역설적으로 보이는 까닭은 간단하다. 우리가 실재에 대한 기대—실재는 단일하고 지속적이고 안정적이리라는 기대—를, 시공간상 다른 점들을 연결하는 것일 뿐인 관찰에 투사하기 때문이다. 그리고 그런 뒤 실재가 우리의 기대와 다르게 행동하면 놀란다. 한 관찰이 다른 관찰을 변화시키는 것처럼 보일 때 우리가 놀라는 이유는 그 관찰들이 이루어지는 동안 실재는 통합성을 유지한다고 우리가 자연스럽게 가정하기 때문이다. 그 관찰들이 동일한 시공간의 토막, 동일한 실재의 재료에 속한다고 믿는 것이다. 그래서 우리의 놀라움은 거울에 비친 자기 얼굴을 보는 푸네스의 놀라움과 비슷하다. 우리는 순간 얼어붙는다. 푸네스의 놀라움은 잘못된 가정의 산물이었다.

우리의 관찰은 지금의 흐릿함, 시공간의 연속체를 항상 수반하고 요청한다. 하지만 그런 뒤 우리는 그 연속체를 관찰의 수단이 아니라 우리가 관찰하는 대상의 속성으로 돌리고, 그 결과에 놀란다. 푸네스가 자기 얼굴을 보고 놀라는 이유는 그가 그 관찰에 끌어들인 시공간의 연속성이 그가 관찰하고 있는 실재의 속성이라고 생각하기 때문이다. 그의 자아가 가진 통합성은 실재에 속한 어떤 것이 아니라, 어떤 것을 관찰할 수 있게 하는 수단이다. 우리는 아킬레우스가 거북이를 따라잡는 동안 시공간을 가로지르면서 아킬레우스의 경로를 매순간 따라갈 수 있다고 생각하지만, 그렇지 않다. 그의 경로는 실재에 속한 어떤 것이 아니라, 그의 경주를 관찰할 수 있게 하는 수단이다. 우리는 입자의 경로를 본다고 생각하지만, 그렇지 않다. 입자의 경로는 실재에 속한 어떤 것이 아니라, 그 위치나 운동량을 관찰할 수 있게 하는 수단이다.

관찰은 시공간상의 사건들을 연결 짓기 때문에 지식의 근본적인 한계를 피하지 못한다. 우리가 마음을 펼쳐 모든 것을 감싸안을 때 우리는 불가피하게 포괄할 수 있는 것의 한계, 즉 관찰 그 자체에 내재된 한계에 부딪힌다. 우주론 학자 마르셀로 글레이서가 말했듯이, 시간과 공간은 "자연계의 변화를 수량화하기 위해서 우리가 만들어낸 묘사 수단"이다.[44] 우주의 잣대로 볼 때 "우리는 정보의 동그란 물방울 안에서 산다."[45] 그리고 양자의 잣대로 볼 때 우리가 세계로부터 추출할 수 있는 정보에도 그와 비슷하게 넘을 수 없는 한계가 있다. 오래 전에 보르헤스는, 적어도 우리가 우주라는 말에 부여하는 기본적인 의미의 우주는 없지 않은지 의심해야 한다고 결론지었다.[46] 우리가 우주에 부여하는 그 모든 실재성에도 불구하고, 그 우주는 인간의 구성물이다.

어떻게 그렇지 않을 수 있었을까? 바로 이것이 좀처럼 틀리지 않았던 아인슈타인이 틀렸던 지점이다. 아인슈타인은 하이젠베르크가 자연에 대한 우리의 지식을 이야기하고 있을 뿐, 자연이 무엇을 하는지 이야기하지 않고 있다고 경고했다. 역사상 가장 위대한 과학자는, 하지만 과학은 자연이 무엇을 하는가에만 관심을 기울여야 한다고 주장했다.[47] 이 지적에 하이젠베르크는 전혀 동의하지 않고서 우리가 관찰하는 것은 자연 그 자체가 아니라 우리가 질문하는 방법에 맞춰서 자연이 드러내주는 것이라고 끝까지 주장했다.[48]

과학은 세계가 우리에게 드러나는 방식인 시간과 공간 속에서 세계를 탐구하는 것이다. 하이젠베르크는 이 깨달음의 결과를 회피하지 않았다. 상대성 이론은 우리 주위의 더 큰 세계에 대해서 우리가 지금 여기에서 알 수 있는 것은 기본적으로 빛의 속도의 제약을 받는다는 점을 대단히 정확하게 가르쳐주었다. 마찬가지로 불확정성 원리는 아주 작은 것들의 세계에도 그러한 지식의 한계가 있음을 대단히 정확하게 가르쳐주었다. 그 한계는 실재에 반영되어 있다. 우리의 지식도 실재에 함께 반영되어 있기 때문이다. "위치"와 "순간"을 결정하는 측정자, 그것을 아는 사람을 배제한다면 "위치"와 "순간"은 무엇을 의미할까? 마찬가지로 시공간상 우주의 형태가 시공간에 위치한 사람—우주가 처음부터 형태를 가질 수 있다는 사람—과 무관하다면 무엇을 의미할 수 있을까?

하이젠베르크처럼 아인슈타인도 칸트를 읽은 상태였다. 심지어 일반상대성 이론의 공식화라는 극심한 노고를 잠시 내려놓고 1918년 발트해로 여름휴가를 왔을 때에는 가벼운 읽을거리와 함께 칸트의 『형이상학 서설*Prolegomena zu einer jeden künftigen Metaphysik*』을 가져오기도 했다.[49] 하지만 칸트는 이 문제에 있어서는 요점을 인식하지 못했다. 만일 칸트가 어떤 것을 말하고 또한 그것을 여러 번 말했다면, 그 말은 다음과 같았다. 우리는 **절대로** 자연이 무엇을 하는지에만 관심을 기울이지는 못한다. 즉 우리는 **항상** 우리가 자연에 대해서 아는 것을 이야기한다.

그러나 하이젠베르크는 다른 것을 파악했다. 칸트처럼 하이젠베르크도 우리가 그 근본적인 사실을 간과할 때 어떻게 되는지를 이해했다.[50] 다음 장에서 설명하겠지만, 자연의 모습을 상상할 때 이성이 하는 역할을 칸트가 깨우쳐준 덕분에 우리는 과학적 지식과 심미적 경험의 관계를 이해하는 열쇠를 쥐게 되었다. 또한 현대 우주론에서 가장 곤란한 난제에 속하는 것, 즉 우주는 어떻게 진화해서 생명을 지탱하게 되었을까 하는 문제를 풀 수 있게 되었다.

9

측정하기 좋게 만들어진 우주

우주론 학자들이 존재의 기원을 이해하기 위해서 과거의 가장 깊은 곳으로 시선을 돌리자, 판도라의 상자가 열리고 철학의 수수께끼들이 뛰쳐나왔다. 그중 하나가 유독 눈에 띈다. 만일 자연의 근본 법칙들이 자연의 실제적인 값들과 아주 미세할 정도밖에 차이가 나지 않는다면, 우주는 우리와 닮은 어떤 생명체를 지탱해주기 위해 진화한 것은 아닐까? 요컨대 우주는 측정할 수 있도록 만들어진 것처럼, 즉 우리와 같은 존재가 생겨나서 우주를 측정하고, 그 신비한 면들을 연구하고, 우리 자신의 기원에 관한 근본적인 질문을 던질 수 있게 할 목적으로 구성된 것처럼 보인다.

우주가 팽창하고 있으며 그래서 시간상의 출발점이 있어야 한다는 점이 분명해지고 얼마 되지 않아서 인간 존재의 불가능성(있을 법하지 않음/역주)이라는 수수께끼가 고개를 들기 시작했다. 일찍이 1951년에 천문학자 프레드 호일이 입증한 바에 따르면, 산소와 탄소가 생명을 지탱하는 데 필요한 수준으로 생성되기 위해서는 원자핵을 뭉치게 하는 힘(핵력/역주)이 그 실제 값의 1,000분의 1 이내여야만 한다고 한다.[1] 또한

1999년에 우주론 학자들은 다음과 같은 점을 발견했다. 만일 초기 우주가 더 균일했다면 은하들 그리고 거기에 포함된 항성과 행성들은 결코 형성되지 않았을 것이고, 초기 우주가 덜 균일하고 에너지와 물질의 잔물결이 더 컸다면, 결국 우주는 크게 덩어리져서 오늘날 우주의 대부분은 블랙홀들로 이루어져 있을 것이다.

생명이 출현하기 위해서 정확히 맞춰져야 하는 또다른 "다이얼"은 아인슈타인이 일반상대성 이론을 사용해서 우주 전체를 묘사했을 때 그 모습을 드러냈다. 앞에서 보았듯이, 아인슈타인은 자존심이 있는 우주라면 반드시 그래야 한다는 생각으로 4차원의 시공간 구체는 시간이 흘러도 안정적인 상태를 유지한다고 믿었다. 그리고 이 점을 확실히 하기 위해서 그는 특별한 수를 계산에 슬쩍 끼워넣었고, 나중에 후회했다. 하지만 여러 해가 흐른 뒤 과학자들은 아인슈타인이 생각해낸 값과 얼추 비슷한 신비한 힘이 우주 팽창을 떠밀고 있음을 발견했다. 그 값이 조금만 커도 우주는 안쪽으로 휘어져서 부서지고, 조금만 작아도 바깥쪽으로 휘어져서 찢어질 것이다.[2]

자연의 법칙이 구사했어야 했을 미세 조정의 추정치는 설명하기를 바라는 결과가 무엇인가에 따라서 엄청나게 달라진다. 어떤 종류의 존재를 지탱할 수 있는 평범하고 흔한 우주는 불가능성이 1,000분의 1 정도인 반면, 우리 우주에서 아주 가까운 곳에 맞춤으로 제작된 우주는 뒤에 붙은 0의 개수가 우주의 모든 원자보다 많을 정도로 대단히 비싼 가격표를 달고 나온다.[3]

지각 있는 인간으로서 우리가 존재하는 데에 우연의 공이 크다는 깨달음은 철학적 문제를 출현시켰고, 그 탓에 몇몇 과학자는 이른바 인류 원리Anthropic Principle(지구의 환경이 인간을 비롯한 복잡하고 다양한 생명체가 생존할 수 있는 최적의 환경인 것은 결코 우연이 아니며, 현재의 물리법칙이 적용되지 않았다면 지구는 결코 존재하지 못했을 것이라고 설명하는 원리/역주)에 도달하게 되었다. 이 원리는 두 가지 형태를 띤다. 과학자들이 흔히 옳을 가능성이 높다고 인정하지만 계시로서는 특별히 감동적이지 않다고 보는 "약한" 원리, 그리고 대부분의 과학자들에게 간교한 말장난이라는 인상을 주는 "강한" 원리가 그것이다. 강한 인류 원리는 "설계"라는 이름으로도 통용된다. 지적인 생명체처럼 대단히 있을 법하지 않은 어떤 것이 어떻게 그토록 불친절한 가능성의 숲을 뚫고 출현했을까를 설명하기 위해서는 엄청난 힘과 지능을 가진 존재가 그런 방식으로 계획한 것이라고 가정할 필요가 있다. 이와 대조적으로 약한 인류 원리는 우주가 지적인 생명을 유지하기 위해서 출현했다는 것은 있을 법하지 않을지라도, 그렇게 지탱해주지 않는 우주에서 생명이 사는 것은 그보다 더 있을 법하지 않다고 조심스럽게 시인한다.

과학자들은 대체로 강한 인류 원리가 제시하는 것과 같은 형이상학적 해답을 마음속으로 혐오하는 반면, 약한 인류 원리로부터 나온 우주이론에는 어느 정도 관심을 보인다. 다중우주multiverse라고 알려진 이 이론은 가능한 모든 우주가 실제로 존재하고, 우리 우주는 무한히 다양한 크기, 형태, 지속 기간을 가진 수많은 우주 집단 중 하나이며, 각각의 우주에는 자체적인 법칙과 상수가 있다고 가정한다. 지지자들은 만일 이것이 사실이라면 생명을 지탱하는 우주의 불가능성 문제가 풀릴 수 있다고 말한다. 이 이론을 주장하는 한 사람은 이렇게 묘사한다. 만일 당신이 진열대에 옷이 한 벌밖에 걸려 있지 않은 옷 가게에 들어갔는데 마침 그 옷이 맞는다면, 당신은 당연히 놀랄 것이다. 만일 당신이 옷이 가득 걸린 옷 가게에 들어갔는데 그중 하나가 맞는다면 덜 놀라울 것이다. 다중우주 이론은 사실상 옷 한 벌이 걸린 가게를 여러 벌이 걸린 가게로 바꿔놓는다.[4]

강한 이론에서든 약한 이론에서든 옷 가게에서 맞는 옷을 발견한다는 비유는 인류 원리를 설명하기에 매우 적합하다. 우리 존재를 지탱해줄 물리법칙은 대단히 있을 법하지 않은데, 이는 인간 존재라는 엄연한 사실과 비교가 되지 않는다. 우리는 이 긴장을 해소할 필요, 그런 불가능한 법칙이 어떻게 생겼는지 설명할 필요를 느낀다. 그래서 셜록 홈스처럼 우리도 조사를 통해서 일련의 설명을 내놓는다. 우리는 그 신비에 대한 답을 찾기를 원하지만, 또한 확정적으로 매듭짓기를 원한다. 다시 말해서, 우리는 새로운 것을 알고 싶어하지만, 동시에 또한 말이 되는 것, 이미 알고 있는 것과 맞아떨어지는 것을 알고 싶어한다.

우주의 초기 상태들은 여차하면 달라졌을 수도 있는 무작위 집합이었다는 발견은 너무 투박하고 적절하지 않으며, 추리 소설을 열심히 읽었는데 앞에서 만난 적이 없는 어떤 엉뚱한 인물이 살인자인 경우와 흡사하다. 우리는 심미적으로 더 만족스러운, 더 아름다운 답을 갈망한다. 인류 원리는 두 가지 형태 모두 그 갈망을 채워주기 위해서 우리를 초기 상태의 불가피한 결과로 보여주고자 애를 쓴다. 무한한 우주들이 존재하는 가운데 우리 자신의 존재가 우리를 지탱하는 조건을 보고 선택한 것이거나, 단일한 우주가 생명을 지탱할 목적으로 창조된 것이라고 말이다. 달리 표현하자면, 우리는 우리가 도달한 다양한 수학적 모형들이 우주를 설명한다는 생각을 채택한 뒤 실제로 다중우주의 형태로 존재할 특권을 그 우주에 부여하거나, 현실적인 실재를 궁극적 이념의 차원,

즉 신의 설계로 격상하는 것이다.

우주의 형성에 설계나 의도의 요소가 있다는 믿음은 역사적으로 오래
되었다. 중세 신학자 토마스 아퀴나스는 세계가 명백히 질서정연하다는
것을 근거로, "자연에 있는 모든 것이 하나의 목표를 향하도록 한 어떤
지적인 존재가 있는데, 그 존재를 우리는 '신'이라고 부른다"라고 추론
했다.5 아퀴나스의 추론의 핵심은 목적의 개념이다. 그는 이렇게 생각했
다. 모든 일은 목적 없이, 그리하여 무작위적 우연으로 발생하거나 혹은
목적을 향해 나아가거나 한다. 생명, 더 나아가 인간의 생명처럼 특별한
것은 맹목적인 우연이 지배하는 무작위 흐름 속에서는 거의 생겨날 수
없으니, 결론적으로 우주에는 인간 생명의 창조와 유지라는 목적이 있
다고 볼 수밖에 없다.

목적 개념은 단지 우리가 자연에서 발견하는 엄밀함의 원인을 신의
마음으로 돌리는 데에서 그치지 않고 그 너머로 나아간다. 칸트가 살았
던 시대에는 생명체로부터 나온 증거를 마주하면 그것을 단순하고 기계
론적인 관계를 초월하는 인과 관계의 증거로 보는 것이 철학적 관행이
되었다. 칸트도 어느 정도까지는 이 주장을 인정했다. 그는 위대한 저작
의 마지막 권(제3비판서인 『판단력 비판』을 말한다/역주)에서 이렇게 추론했
다. 시계의 다양한 부품은 서로 마주치고 운동을 전달함으로써 움직임
을 전달받는 반면, 유기체—예를 들면 흙과 태양에서 영양분을 취해서
시간이 지나면 거대한 참나무로 자라는 씨앗—는 완전히 다른 종류의
인과력을 보여준다.6 씨앗이 발달하는 동안 세포에서 세포로, 성장에서
성장으로 복잡하게 이어진 인과의 사슬은 씨앗이라는 것의 이념에 따라
서 인도되는 듯하다.

칸트의 시대에는 그가 유기 물질의 속성이라고 보았던 특별한 종류의 인과 관계가 모든 세계에 보편적으로 작동한다고 여겨지고 있었다. 라이프니츠의 생각은 크리스티안 볼프의 가르침에 큰 영향을 받아서 다소 단순해지고 심지어 퇴보하기까지 했다. 그럼에도 라이프니츠의 생각을 물려받은 제자들은 거의 모든 곳에서 궁극적 목적을 찾았다. 볼프는 이렇게 주장했다. 햇빛은 목적을 드러내는데, 그 이유는 햇빛이 있을 때 "우리가 편하게 일을 할 수가 있으며, 밤에는 전혀 일을 할 수 없거나 낮만큼 편리하고 어렵지 않게 일을 할 수가 없기 때문이다."[7] 이 정도로 엄청난 확증 편향은 칸트에게는 경멸의 대상밖에 되지 않았다. 실제로 그는 볼테르가 희곡 『캉디드, 혹은 낙관주의_Candide ou l'optimisme_』에서 라이프니츠를 겨냥해서 쓴 유명한 풍자문을 즐겨 인용했다. 볼테르의 주인공 캉디드는 엄숙한 표정을 유지하면서 신이 인간에게 코를 준 것은 안경을 편하게 받칠 수 있도록 하기 위해서였다고 주장한다.[8]

칸트는 지금 아슬아슬한 길을 걸어가고 있었다. 한편으로는 자연을 지적 설계의 결과로 돌리는 가장 요란한 사례들을 조롱하고, 다른 한편으로는 엄밀한 기계론이 아닌 다른 어떤 인과 관계의 가능성을 지지하고 있었다. 그 다른 인과 관계가 무엇일 수 있는지, 그리고 기계론적 인과 관계의 필연성과 그것의 관계를 어떻게 이해해야 할지가 그의 마지막 걸작의 중심 과제였다. 자연계에 대한 우리의 이해 못지않게 궁극적으로 예술 창조를 중요하게 다룬 이 책에서, 칸트는 과학과 예술에 함께 존재하는 수수께끼를 풀어냈다. 그것은 아인슈타인이 시간과 공간의 미묘한 기하학으로부터 중력에 대한 설명을 조심스럽게 끄집어낼 때 그의 천재성을 인도한 수수께끼였고, 하이젠베르크가 바람이 몰아치는 헬골란트 섬에서 어두운 밤 자연의 수학이 눈앞에서 장엄하게 펼쳐지는 것을 볼 수 있게 해준 바로 그 수수께끼였다. 그들이 자신의 이론을 옳다고 느낀 것은 그 이론이 아름답게 느껴져서였다.9

어떤 물체, 사람, 경험이 아름다운 것은 무엇 때문일까? 오래 전 고대인들은 이 질문의 답을 알고 있었다. 우리가 미적 평가는 덧없고 무의미한 쾌(감)의 표현에 불과하다는 개념에 빠지지 않는다면, 미적 인식은 그 기초에 놓인 더 고상하고 변하지 않는 이념을 가리켜야만 한다. 플라톤이 보기에 사람의 아름다움이 선하고 지혜로운 영혼의 존재를 가리키듯이, 자연의 조화로움과 수학의 조화로움은 물질세계가 덧없음 속에서도 자신을 인도하고 형성하는 영원하고도 완벽한 이념을 표현한다는 증거였다. 그것은 또한 자연계가 신의 예정된 조화를 표현한다고 믿었던 합리주의 철학자들의 입장이었고, 이마누엘 칸트가 (자주 그랬듯이) 문제에 개입하기로 했을 때 독일을 지배하던 입장이었다.

　1786년 봄 칸트는 지적 능력의 절정에 있었다. 또한 그는 학계의 록스타 같은 존재였다. 이미 칸트의 철학에 헌정된 세 번째 책이 그해 출간을 앞두고 있었다. 독일의 수많은 대학에서 그의 철학에 관한 강좌가 생기고 있었고, 이전 세대의 가장 유명한 철학자 모제스 멘델스존은 그에게 "모든 것을 압도하는" 자라는 별칭까지 부여한 터였다.10 가장 두드러진 현상으로, 사람들은 칸트의 철학이 위험할지 모른다고 의심하기 시작했다. 그의 글은 어렵기로 악명이 높아서 최소한 학생 한 명이 실성했다는 소문이 돌았고, 어느 유명한 심리학자는 심한 욕설과 함께 칸트의 책을 연구하지 말아야 한다고 주장하면서 칸트의 책은 "참된 학문에 대한 사랑을 무디게" 할 수 있으며, "인간이 살아가는 문제로부터, 그리고 마음을 덥혀주고 상상력을 높여주는 예술 및 자연의 작품으로부터 우리의 관심을 다른 쪽으로 돌릴" 수 있다고 경고했다. 또한 그는 칸트와 같은 부류의 책을 읽으면 "이해력이 흔들리고, 좋은 원칙이 망가지고, 행복의 원천이 오염될" 수 있다고 불평했다. 그런 선정적인 비난 외에도 칸트의 저작은 실제로 위험할 수 있는 어떤 행동을 유발했다고 여겨졌다. 예나 대학교에서 한 학생은 다른 학생이 겁도 없이 칸트를 언급하려고 하자 그 철학자를 이해하기 위해서는 30년 동안 연구해야 할 것이라고 슬쩍 말했다. 그러고는 그 친구가 그 주제에 대해서 입을 열기까지는 또다시 30년이 걸릴 것이라고 덧붙였다. 결투가 벌어질 만했다.[11]

칸트는 학장의 직무를 수행하는 것은 물론, 토론에도 적극 관여하고, 비판적인 평론을 막아내고, 걸작의 증판을 마무리하느라 쉴 틈이 없었다. 하지만 그의 마음은 다른 곳에 가 있었다. 가장 친한 친구, 조지프 그린의 건강이 심각하게 악화된 탓에 많은 시간이 소요되었다. 매일 오후 칸트는 그린의 병상 옆에 앉아, 그의 집에서 함께 저녁을 먹었다면 식사를 마치고 집을 나섰을 시간까지 병든 친구 곁에서 시간을 보냈다. 그러던 중 6월 27일에 그린이 눈을 감았다. 칸트는 큰 타격을 받았다. 그 순간부터 그는 레스토랑과 카페에 발을 끊고, 사교 모임을 줄였다. 몇몇 친구의 집을 계속 방문하기는 했지만, 식사는 대부분 요리사를 고용해 집에서 혼자 먹기 시작했다.[12]

이듬해 칸트는 이런 식사 방식을 습관으로 만들기로 마음먹었다. 그래서 또다른 친구이자 과거에 제자였던 크리스티안 야코프 크라우스와 함께 식사 모임을 결성하고 칸트의 집에서 정기적으로 만나기로 했다.

의식은 천천히 시작되었다. 1787년 부활절에 하만이 자기 아이들을 데리고 크라우스의 집을 방문했는데, 여기서 칸트의 집에 가면 크라우스를 볼 수 있다는 말을 들었다. 하만의 가족이 칸트의 집에 도착하자 "독신남 2명이 추운 방에서 완전히 얼음이 되어 떨고 있었다."[13] 그들을 보고 기쁜 마음이 든 칸트는 고급 포도주를 내오게 하고, 하루를 활기차게 보냈다.[14] 그다지 상서롭지 못한 이 불씨에서 사회적 불길이 타오르기 시작했다. 쾨니히스베르크의 많은 유명 인사들이 칸트의 집에 모여 식사를 했고, 위대한 철학자에게 경의를 표하기 위해서 도시를 찾아온 더 많은 방문자들이 놀라고 기뻐하면서 그의 테이블에 앉았다.

칸트는 이 만찬을 진심으로 즐기고, 손님들이 도착하는 시간을 목이 빠지게 기다렸다. 그는 식사가 시작되면 은식기를 직접 돌리고 재치 있는 말솜씨로 손님들을 매혹하는 등 주인의 역할을 즐겁게 수행했다. 식사는 마치 음식의 순서가 윤리적 격률에 따라 정해진 것처럼 확실한 형식을 취했다(칸트가 생각한 격률은 이러했을 것이다). "단 세 접시, 하지만 훌륭하게 요리된 대단히 맛있는 음식, 포도주 두 병, 그리고 제철 과일과 후식."[15] 손님이 식사 전에 기도를 올리려고 하면 칸트는 지나친 독실함에 짜증을 내며 기도를 끊었는데, 이 때문에 사법관들은 갈수록 그를 멀리했다. 또한 철학적 성향을 가진 사람이 식사 중에 자기 위주로 이야기를 끌고 가면 말을 중단시키고 화제를 돌렸다. 하지만 그는 최고급 영국산 머스타드를 곁들인 연한 소고기와 함께 당대의 흥미로운 정치적 소문을 내놓는 사람이기도 했다. 이 식사에 참석한 핵심 무리가 칸트의 생명줄이 되었다. 17년 후 그가 죽었을 때 식사 모임에서 남은 24명 정도가 그의 관을 운구했다.[16]

1787년은 또한 칸트가 『순수이성 비판』 중판을 출간한 해였다. 자신의 주장들을 분명히 하고 몇 군데에서는 수정이 필요하다는 생각에 칸트는 이 일에 시간과 노력을 쏟아부었지만, 이제는 진지하게 다음 계획으로 넘어갔다. 그해 6월 편지에 썼듯이, 그는 전작에 대한 평가나 논쟁에 더는 대응하지 않을 필요가 있었다. "취미 기초 비판"을 내는 일에 집중하기 위해서였다.

비판적인 방법을 미적 인식의 문제에 적용하는 것은 부차적인 일이 아니었다. 칸트는 미를 이성적으로 논의하는 우리의 능력에서 그의 전 체계에 안정성을 부여하는 핵심축을 보았다. 제1비판서에서 칸트는 우리가 어떤 것을 지각할 수 있는 조건은 우리의 선천적 능력임을 입증했다. 그 능력은 자칫 당황스럽고 혼란스러울 수도 있는 감각 정보를 변환해서 인과 관계가 객관적으로 입증될 수 있는 시공간상의 질서 있는 사건으로 만드는 것이었다. 시간상 다른 순간들을 이어 붙이는 우리 능력에는 의식이 통합되어 있다는 가정이 필요하듯이, 그러한 객관성에는 물질세계가 전체적으로 통합되어 있다는 가정, 즉 과거에서 미래로 인과 관계가 기계론적인 사슬을 이룬다는 가정이 필요했다.

결정적으로 칸트는, 비록 우리가 우주의 통합성을 경험으로 직접 확인할 수 없고, 시공간상 하나로 통합된 우주를 직접 볼 수 없으며, 의식에 의해서 하나로 합쳐지는 경험의 흐름과 독립되어 있는 자아 그 자체를 볼 수 없을지라도 우리는 그러한 통합을 가정해야만 함을 깨달았다. 또한 이제 칸트는 더 일반적인 진리를 깨달았다. 둘 이상의 구체적인 주장을 더 일반적인 진리의 사례, 두 주장을 모두 수용하는 한 개념의 사례로 볼 때마다, 바로 그 판단의 통일성을 위해서 우리는 각각의 구체적인 사례를 새롭게 창조된 전체와 연관 짓는 연결의 망을 가정할 필요가 있음을 깨달은 것이다. 비록 그 전체는 우리가 따로 경험할 수 있는 대상이 아닐지라도 말이다.

바로 여기에 고대인들이 미의 원천이라고 밝힌 조화가 있다고 칸트는 말했다. 세계로부터 무질서하게 들어오는 정보를, 근저에서 그것을 통합하는 어떤 개념에 의해 연결된 것으로 지각할 때, 우리는 그 결합물이 그 자체로 아름답고 조화롭고 완전하다고 알아본다. 그 이상을 설명하고자 하는 욕구는 눈 녹듯 사라지고, 우리에게 그 이상의 어떤 것도 요구하지 않는 어떤 장면, 그 자체로 자신의 목적을 완벽하게 수행하기 때문에 어떠한 외부의 목적도 가미할 필요가 없는 그 어떤 것을 우리는 넋을 잃고 바라보게 된다. 바로 이것이 우리가 위대한 예술 앞에서 하게 되는 경험이라고 칸트는 믿었다. 한때 지휘자 마린 올솝은 구스타프 말러의 한 교향곡에 대해, 모든 음이 이유가 있어서 존재한다고 말했다.[17] 각각의 요소가 정확히 있어야 할 곳에 있고 다른 곳에는 있을 수가 없으며 그래서 그 곡은 필연적이고 불가피하게 느껴지는데, 우리는 결코 혼자 우연히 그 곡을 지어낼 수 없었으며 그랬다고 할지라도 낡고 진부하다는 느낌이 들었을 것이다.

따라서 자연의 소란스러운 다양성의 기저에서 그 다양성을 통합하는 공통의 원리를 발견할 때 우리는 그 원리에 마음이 끌리고 아름다움을 느낀다고 믿은 고대 철학자들은 틀리지 않았다. 플라톤은 우리가 자연 속에 표현된 수학적 법칙을 발견하는 순간 기쁨이나 쾌(감)를 느낀다고 주장했다. 이때 그는 자연의 합목적성—자라서 강인한 참나무가 되는 씨앗 속에서 드러나는 그 목적성, 이것은 이렇게 설계되었어야 했다고 우리에게 말해주는 듯한 그 목적성—을 알아보고 이해하는 우리의 기본적인 인식 능력을 언급한 것이다.

우리가 어떤 것에서 합목적성 같은 것을 알아볼 때에 그것을 아름답게 느낀다는 데에는 칸트도 동의했다. 하지만 칸트는 그러한 합목적성이 자연 그 자체의 본질적 측면이라고 본 고대인들의 생각은 잘못이라고 믿었다. 그는 이렇게 말했다. "목적이 있는 듯 보이고 마치 우리가 사용할 수 있도록 의도적으로 배열된 것처럼 보이지만 우리의 사용과 무관하게 원래부터 사물의 본질에 속해 있다고 여겨지는 것의 필연성에는 자연에 대한 큰 감탄의 근거가 놓여 있다."[18] 여기에서 중요한 것은 "마치 ……인 것처럼"이다. 우리가 감탄하게 되는 근거는 바깥 세계에 있는 것이 아니라 우리의 이성과 우리가 세계를 보면서 그린 그림의 관계에 있다. 그 그림의 통일성이 끌어당기는 힘이 너무 강력한 나머지 고대인들은 그 그림을 외부 세계로 투사하고 합목적성에 대한 내면의 감지를 실질적인 목적으로 변화시켰다. 우리가 그리는 자연에는 실제로 합목적성, 구조, 엄밀함이 있지만, 그것을 공급하는 것을 우리 자신의 이성이라고 칸트는 대답했다.

칸트가 보여준 바에 따르면 우리는 비록 우주 전체를 하나의 사물로 파악할 수 없을지라도 어떤 전체의 존재, 즉 개별적인 관찰들이 서로 부합하는 통일된 우주의 존재를 가정해야 한다. 하지만 하나의 체계를 이루는 부분들의 조화와 그것을 주도하는 내적 원리는 최종적으로 입증될 수 있는 경험적 사실이 아니라 애초에 법칙을 끌어내는 데에 필요한 가정이다. 씨앗이 어떻게 발달해서 참나무가 되는지 통일성 있게 파악할 수 있으려면, 씨앗 속에서 참나무를 보고, 어떤 최종 목적이 씨앗의 성장을 이끈다고 상상해야만 한다. 그러한 조화를 발견할 때 우리는 아름다움을 느끼고 그 감정에 이끌린다. 예술작품이나 자연에 대한 이해에서뿐 아니라 과학 그 자체에서도 말이다. 실제로 과학자들이 그들의 선호 성향―자연법칙을 과하게 쓰기보다 경제적으로 사용하기를 선호하는 성향, 뉴턴의 운동법칙에서부터 중력의 아름다운 단순성과 통합성을 밝혀낸 아인슈타인의 발견에 이르기까지 과학을 지배하는 단순성의 이상―을 자극한다고 보고하는 기준이 말이 되기 위해서는 그 법칙들을 자연 그 자체에 속한 것이 아니라 우리가 자연을 이해하기 위해 자연에 부과한 것으로 봐야 한다.[19]

이러한 측면에서, 예술작품을 감상할 때 우리는 자연의 합목적성을 탐지하는 데에 유용한 어떤 모형을 제공받게 된다. 말러의 교향곡 같은 예술작품에서 우리는 각각의 음이 그 자리에 있을 이유를 아는 대가의 손을 알아본다. 우리는 거기에 목적이 있음을 알며, 교향곡이 흘러가는 동안 그 목적을 귀로 듣고 그 완벽함에 경이로움을 느낀다. 자연에서도 우리는 작은 씨앗에서 싹이 터 높이 자란 참나무를 바라볼 때, 혹은 밤하늘을 가로지르는 거대한 물체의 움직임을 몇 번의 계산으로 묘사하고 예측할 수 있음을 알았을 때 그와 비슷하게 경이로움을 느낀다. 하지만 자연에서 우리는 실제로는 아무것도 없을지라도 어떤 인도하는 손이 있다는 것을 감지하면 마음이 끌리는 반면, 예술에서는 그 관계가 거꾸로 뒤집혀서 어떤 인도하는 손이 만든 것에서 손이 보이지 않게 되었을 때 마음이 끌린다. 예술적 기교가 분명히 보이는 예술작품은 경이를 유발하는 힘을 잃는다. 그런 작품은 재미가 없고 예측이 가능하다. 예술과 자연 양쪽 모두에서 우리는 목적 없는 합목적성, 자연스러운 기교를 본다. 하지만 둘 사이에는 중요한 차이가 있다. 자연에서는 우리가 예술가역할을 하는 반면, 예술에서는 반대로 작품이 자연스럽다는 느낌, 즉 기교를 드러내지 않고 작품이 만들어졌다는 느낌을 우리가 제공한다.

자연적인 것과 예술적인 것의 이 구조적 유사성은 상상력의 산물을 평가하고 취미 논쟁을 판단하는 기준이 된다. 사실 우리는 항상 취미를 평가하고 판단한다. 추리 소설의 예로 돌아가보자. 당신이 300여 쪽이나 되는 소설을 완독했는데 알고 보니 범인은 앞에서 만난 적이 없는 엉뚱한 인물이다. 놀라운가? 물론 놀랍다. 하지만 제정신을 가진 사람이라면 누구나 이것이 소설의 훌륭한 마무리라고는 판단하지 않을 것이다. 이제 당신이 읽고 있는 추리 소설에서 각각의 단서가 피할 수 없이 최종적인 폭로로 이어지고, 그래서 끝이 나기 100쪽 전쯤에 당신이 그 비밀을 알게 된다고 생각해보자. 분명 이것도 만족스럽지 않을 것이다. 처음 경우에서 당신은 무작위 사건을 마주친다. 즉 이유도 없이 엉뚱한 요소가 끼어들어 소설의 통일성, 소설의 합목적성을 느끼지 못하게 하는 것이다. 그 소설은 분명 놀랍기는 해도, 필연적인 것이 전혀 없고, 사건들이 무작위적, 무목적적이라고 느껴진다. 하지만 후자의 경우에 당신은 전체를 관통하는 작가의 수세공을 보았다. 그 모든 것이 필연적이고 놀랍지 않으며, 기교로 가득하고 자연스럽지 않다. 말러의 경우와 달리 우리의 첫 반응은 우리도 대본대로만 하면 그쯤이야 할 수도 있겠다는 것이다. 결국, 이는 아무도 시간을 들이고 싶지 않은 "예술" 작품이 된다.

목적 없는 합목적성은 예술작품의 미학적 가치를 주장할 수 있는 기준점이다. 마치 작품에서 자연스럽게 출현한 **것처럼** 조화로움을 드러낼 때 우리가 그 예술을 아름답게 보기 때문이다. 이렇게 해서 목적 없는 합목적성은, 어떤 작품의 가치에 대해서 모두가 당당하게 자신의 견해를 낼 수 있으며 어떤 주장에도 합리적 근거가 없는 완전한 주관성의 늪에서 우리를 구조한다. 그러한 주관성에는 역설이 있다. 충분히 일관성 있게 들리지만(실제로 어떤 사람이 이것 봐, 이건 내가 아름답다고 느끼기 때문에 아름다운 거야 하고 우긴다면 그의 주장을 어떻게 꺾을 수 있겠는가?), 실은 아무도 그것을 믿지 않을 수 있다. 칸트가 말했듯이, 취미의 문제에서 무엇인가를 좋아한다고 말하는 것과 그것이 아름답다고 말하는 것은 실제로 완전히 다르다. 후자의 경우에 당신의 진술은 암묵적으로 동의를 요청하지만, 전자의 경우에는 동의조차 요청하지 않는다.[20] 목적 없는 합목적성은 왜 우리가 어떤 작품을 다른 작품보다 아름답다고 느끼는지를 논할 수 있는 객관적 기준이 되어준다.

목적 없는 합목적성은 자연계를 과학으로 설명하는 것이 왜 호소력이 있는지를 이해할 수 있는 기준점이기도 하다. 우리는 구체적인 관찰과 일반적인 설명의 조화를 마치 설계를 통해서 그 조화가 거기에 놓이게 된 **것처럼** 드러내는 이론에 마음이 끌린다. 세계에 대한 앎의 가능성과 그 세계를 아는 우리 능력 간의 이 일치는 심미적 쾌(감)를 낳는다. 그것은 개인의 이익이나 식욕을 채우는 쾌(감)가 아니라, 별개로 보이는 자연의 양상들이 어떻게 하나의 법칙으로 설명되는지를 찰나에 경험하는 순수한 기쁨이다.

만족스러운 예술작품에서는 요소들의 전체적인 효과가 작품의 내적 원리, 즉 그 작품을 이끄는 하나의 개념에 순응한다. 따라서 소설의 결말에 이를 때 마지막에 무엇이 다가오는지 보이지 않을지라도 그와 같은 결말은 불가피해 보인다. 그와 마찬가지로 무작위처럼 보이는 자연계의 사건들을 하나의 이론으로 설명할 때 우리는 잘 짜인 줄거리나 훌륭하게 작곡된 교향곡에서와 똑같은 심미적 만족을 느낀다. 자연이 자체적인 질서, 그 자체의 엄밀함을 얼마나 다양하게 표현하는가에 전율하는 것이다. 하지만 창작자가 인위적인 기교의 흔적을 지웠을 때에만 그 예술작품이 우리의 미적 판단에 불을 붙이는 것처럼, 자연계에 대한 우리의 이해도 우리 눈앞에 모습을 드러내는 우주가 어떤 결말이나 목적을 향해 있다는 조용한 확신을 길잡이로 삼는다. 다시 말해서, 은하의 가장 거대한 격변에서부터 우리가 지각할 수 있는 가장 내밀한 틈에 이르기까지 모든 곳에서 우주가 표현하고 있는 목적, 하지만 천사나 신이나 인간의 마음이 의도하거나 계획한 것이 아닌 어떤 목적, 바로 우리 자신의 목적을 말없이 확신할 필요가 있는 것이다.

새로운 10년이 열리는 동안 칸트는 조급함을 느끼고 있었다. 놀라울 정도로 생산적이었던 지난 10년 동안 칸트는 앞선 그 누구보다 더 폭넓은 주제에 관하여 경천동지는 아닐지라도 대단히 중요한 철학 저서들을 발표했다. 하지만 그의 저서 중 가장 널리 읽히는 책 두 권, 『도덕 형이상학의 기초』와 『실천이성 비판』의 인쇄가 예상보다 많이 지연되어 세상에 나오지 못하고 있었다. 이 상황에서 자신의 비판 철학 중 세 번째 주요 부분이 서점가에 나와 논의를 촉발하는 모습을 애타게 보고 싶은 마음에 칸트는 출판사를 바꾸기로 결심했다. 1790년 1월에서 3월 사이에 그는 네 묶음으로 마무리한 『판단력 비판Kritik der Urteilskraft』 원고를 베를린의 새로운 편집자에게 보냈다. 편집자는 상황을 명확히 인지하고 있었다. 4월에 이르자 칸트는 교정쇄를 한 장 한 장 넘기면서 확인할 수밖에

없다며 불평하고 있었고, 책은 얼마 후 세상에 나왔다.[21]

이렇게 바쁜 와중에 다른 과제들이 그의 발목을 붙잡았다. 칸트는 단하루도 젊어지고 있지 않았고, 돌봐야 할 그 자신의 철학적 유산이 있었다. 칸트에게 지금 쏟아지는 관심을 받는다면, 누구라도 부정적인 평가의 대상이 될 수밖에 없었을 것이다. 한 사람이 본의 아니게 칸트의 심기를 건드렸다. 요한 아우구스투스 에베르하르트라는 사람의 비판서는 3년에 걸쳐 4권으로 출간되었다. 칸트가 제3비판서를 바삐 마무리하던 바로 그 시기에 날카롭게 들려오는 공격음이 그를 짜증나게 했다. 기본적으로 에베르하르트는 칸트가 독창적이지 않다고 비난했다. 그는 라이프니츠가 칸트보다 먼저였으며, 라이프니츠가 더 나은 체계를 완성했다고 주장했다. 게다가 두 사람이 차이를 보이는 몇 가지 문제에 있어서는 칸트가 틀렸다고 떠들어댔다.[22]

칸트는 순순히 넘어가려 하지 않았다. 그는 3월 22일에 제3비판서의 서문과 서론을 편집자에게 보내고 한 달 뒤 교정쇄를 받았는데, 그 짧은 틈새에 비판에 대한 대응으로 짧은 책을 발표했다. 이 책, 『이전의 비판서 때문에 새로운 어떤 순수이성 비판도 완전히 불필요했다고 말하는 어떤 발견에 관하여 *Über eine Entdeckung, nach der alle neue Kritik der reinen Vernunft durch eine ältere entbehrlich gemacht werden soll*』를 보르헤스가 보았다면 시간의 곡예와 멋스러운 반어를 알아보고 가슴이 뿌듯했을 것이다. 칸트는 이렇게 반격했다. 라이프니츠의 철학이 칸트의 것보다 더 좋은 순수이성 비판이며 심지어 칸트보다 먼저 순수이성을 분석했다는 것을 "발견했다"고 에베르하르트는 주장하는데, 그 발견을 할 때 실은 칸트가 말하고 있는 내용을 전혀 이해하지 못했을 뿐 아니라 그 과정에서 라이프니츠를 그야말로 난도질해서, "그를 변론하고 있다고 생각하는 바로 그 순간에 오히려 그를 조롱의 대상으로" 만들고 말았다는 것이다.[23]

분명 칸트의 체계와 라이프니츠의 체계는 상당히 일치한다고 칸트도 인정했다. 구체적으로, 두 체계는 모두 자연계와 도덕계 사이에 일종의 조화가 있다고 주장했다. 하지만 생각하는 사람이 어떻게 그곳에 도달하는가에 차이가 있는데, 이 차이가 결정적으로 중요하다. 라이프니츠의 경우, 우리가 물리법칙을 신뢰할 수 있는 이유는 궁극적인 도덕법칙이 존재한다고 믿는 이유와 똑같다. 신의 손이 물리법칙을 지배하는 것과 똑같이 도덕법칙을 지배하기 때문이다. 자연과 도덕의 합법칙성은 설계자의 법전에서 출현했으며, 우리가 할 일은 그것을 읽는 일뿐이다. 칸트의 비판 철학은 이 사고방식을 영원히 뒤집었다. 자연의 궁극적인 합법칙성, 원인과 결과의 필연적인 연계, 유와 종을 연결하는 덩굴손, 이 모든 것은 개개의 사물을 시공간상으로 지각하는 능력이 우리에게 있다는 필수적인 추정에서 유래할 수 있다. 물론 시간과 공간은 인간 지식의 양상이지만, 또한 필연성과 객관성을 지닌 양상이다. 그와 마찬가지로 다음 장에서 더 자세히 보겠지만, 선택을 할 수 있는 인간 주체의 궁극적인 자유와 도덕적 의무의 본질은 그 어떤 교리나 지상의 전통에 의존하는 것이 아니라, 도덕적 선택과 마주해야 하는 존재의 필수 전제이다. 정말로 부자유스럽고 단지 인과의 흐름 속에서 표류하기만 하는 존재는 주어진 성향에 따라서만 행동한다. 선택에 직면한다는 사실만으로도 자유를 가정해야만 한다.

따라서 자연계와 도덕계 사이, 인과 관계에 대한 실증적 판단과 자유로운 도덕적 선택 사이에는 조화(일치)가 존재하지만, 라이프니츠가 이해한 것과는 달리 이 조화는 신의 법전에서 흘러나오는 것이 아니라 시공간상 물체의 운동을 지각하고 그에 대해 생각할 줄 아는 우리 능력, 그리고 사회적 세계에서 판단을 내릴 줄 아는 우리 능력의 필수 조건이다. 칸트의 책은 사실상 라이프니츠를 옹호하는 변론—에베르하르트 본인과 같은 피상적인 옹호자들에 대한 변론—인 셈이다.[24]

칸트의 글은 불운한 비판자를 초주검으로 만들었다. 칸트 혁명에 이르는 다른 철학적 경로가 행여 젊은 사상가들 사이에서 관심을 끌었다면, 이 한 방으로 싹이 잘렸을 것이다. 18세기의 마지막 10년대가 밝아올 무렵 독일 철학은 실질적으로 한 사람의 작품에 대한 주석이 되어 있었다. 그는, 어느 존경하는 방문자의 말에 따르면 쾨니히스베르크의 왕이라는 지위를 얻은 자였다.

칸트가 이 비판자를 이토록 혹독하게 비판할 수 있었던 이유 중 하나는, 자신이 방금 마무리한 책『판단력 비판』이 마침내 궁극적 목적을 알아냈다고 주장하는 형이상학적 떠벌림으로 흐르지 않고 자연의 합법칙성을 정확히 어떻게 구출해야 하는지를 분명히 했기 때문이다. 사실 보이지 않는 손이 자연을 지배한다는 가정은 널리 퍼져 있다. 과학자들이 경제성이나 단순성이나 아름다움을 근거로 이 이론이 저 이론보다 훌륭하다고 말할 때 우리는 그 가정을 볼 수 있고, 물리학자들이 자연의 베일을 들추고서 자연에 체계를 부여하는 수학법칙을 발견할 때에도 그 손을 볼 수 있으며, 가장 위대한 사람인 아인슈타인이 우주에는 주사위 놀이를 하는 신이 없다고 말할 때에도 그 손이 움직이는 것을 보게 된다.

칸트 역시, 특히 생물계에 접근할 때에는 이 보이지 않는 손의 주도를 명확히 보았다. 실제로 자연사를 더 집요하게 파고들어 "다양해 보이는 수많은 종을 추적하면 하나의 동일한 속에 이를 것"이라고 썼을 때[25] 칸트는 반세기 이후의 다윈을 암시하는 듯하다. 그러나 다른 이들은 자연에서 작동하는 더 큰 힘의 증거를 신학적 인과 관계의 현시에서 찾은 반면, 칸트는 자연의 인상들을 질서 있게 배치하는 두 가지 방식이 우리의 이성이라는 능력 안에서 갈등하는 것을 보았다. 첫 번째는 시공간적인 사건들의 인과 관계를 정확히 파악하는 방식이다. 하지만 이성이 그 방식을 사용해서 사건들을 시공간상으로 극한까지 추적하면—가령 시공간의 가장 짧은 편린, 우주의 끝, 모든 것의 궁극적 원인, 자유롭게 선택할 가능성 등과 같은 궁극적인 질문을 던진다면—이성은 기계론적인 설명으로는 닿지 못하는 지점에 도달한다. 그러한 질문들은 다른 방식의 사고를 요구한다. **왜** 이 법칙일까, **왜** 전반적인 구조가 이것일까, **왜** 초기 조건이 어떤 다른 것들이 아니라 이것들일까, **왜** 이것을 선택하지 않고 저것을 선택할까?

각각의 사고방식—내부적으로 일어나는 기계론적인 단계에 관심을 두는 방식과 목적에 대한 전체론적인 질문에 관심을 두는 방식—은 각각의 영역에서 필요성과 정당성을 지닌다. 하지만 그것을 혼동하면 오류가 발생하고 심지어 광신이 뛰쳐나온다. 어쩌면 캉디드처럼 낙천주의자가 되어 우리는 가능한 모든 세계 중 가장 좋은 세계에 거주하고 있다고 태평하게 주장할지도 모른다. 그렇지 않다면 신이 왜 우리를 위해서이 세계를 선택했겠는가? 더 한심하게는, 세계는 우리가 생각하는 궁극적 목적의 현현이며, 따라서 우리는 '화염과 분노fire and fury'(도널드 트럼프의 백악관 시절 뒷이야기를 다룬 책의 제목이기도 하다/역주)로 세상에 개입해서 틀어진 것을 바로잡을 필요가 있다고 확신할지 모른다. 혹은 합리주의 과학자들처럼 자연법칙이 우리의 존재를 허락할 만큼 대단히 정교하게 조율된 데에 경이를 표하면서 이 만족스러운 어울림을 설명하기 위해서는 인색한 이론들마저 거추장스럽다고 느낄지 모른다.

그러나 우리의 놀람은 존재하는 것만이 존재한다는 단순한 사실, 우리 앞에 놓인 세계가 우리가 행하는 조사의 출발점이어야 한다는 사실과 모순된다. 사실 우주 존재의 불가능성을 설명하려는 것은 80억에 달하는 우리의 가능한 영혼 중에서 당신이 운 좋게 당신으로 태어났다는 기쁨을 표현하는 것과 같다. 당신이 태어나기 전까지는 당신이 행운이라고 느낄 당신이라는 존재가 없었듯이, 우리의 우주로 진화하지 않은 그 모든 우주의 운명은 상상할 필요가 없다. 라이프니츠 같은 합리주의자들과 다중우주를 주장하는 현대인들이 제시하는 신의 손은 그러한 상상의 결과이다. 그들은 우리 앞의 세계를 시공간적으로 설명할 수 있는 수학적 추론을 변형해서 우주를 조건과 무관한 하나의 전체로 보고 창조 이전의 사막 한가운데에 그 우주를 심어놓은 뒤 그것이 이렇게 성장했다는 데에 경외심밖에 느끼지 못한다.

반면 칸트의 통찰은 다음과 같았다. 우주가 설계에 의해서 출현했다고 믿는 이신론자와 우리 자신의 창조가 극도로 불가능하다는 점을 설명하기 위해서 다중우주 같은 이론에 기대는 무신론적인 물리학자는 둘 다 틀렸다. 그들이 틀린 이유는 시공간상의 개별 사건들을 마치 기계 속의 유령이 지배하는 것처럼 다루기 때문이며, 또한 그들이 틀린 이유는 존재의 전체성을 시공간상의 어떤 것으로, 원인과 결과의 부침을 겪는 것으로, 아주 큰 것들의 신이 주무르는 것으로 상상하기 때문이다. 하지만 이신론자들과 과학자들도 우리 존재의 불가능성 앞에서 경외심을 느낄 때만큼은 잘못이 없다. 그들의 잘못은 그들이 그 감정의 원천이라고 생각하는 것, 그 감정을 설명하기 위해서 지어낸 시나리오에 있다. 그들과 달리 우리가 정확히 이해하고 한계를 설정할 때 우리의 판단력은 잘 짜인 예술작품에서와 마찬가지로 자연의 법칙에서도 아름다움을 본다. 그와 마찬가지로 우리의 판단력은 우리가 제한된 감각으로 파악할 수 있는 것과 완전히 거대하거나 압도적으로 강력한 것, 인간의 지각을 완전히 벗어나는 거대한 우주 현상 간의 비교 불가능성에 직면할 때 또 다른 미적 감정을 불러일으킨다.

우주 전체, 우주의 끝이나 기원이 우리의 인식과 부조화한다는 사실 또는 정반대로 시공간상 가장 미세한 변화가 우리의 인식과 부조화한다는 사실에 직면할 때 우리는 심미감이 아니라 칸트가 숭고라고 부른 감정에 빠진다. 극미한 것 앞에서 우리는 현기증을 느끼고, 우주 또는 우리의 감각으로는 도저히 파악할 수 없는 격렬하고 무시무시한 블랙홀의 상상할 수 없는 수학 앞에서 우리는 경외감에 사로잡힌다. 이런 것들에 직면할 때 우리는 자연의 엄청난 범위와 힘을 감지하고 그 느낌에 압도당한다. 하지만 이 감정, 이 기쁨과 고통의 번쩍이는 결합의 원천은 그 물체 자체가 아니라 인간 영혼의 성향이라고 칸트는 명확히 말한다. 어떤 현상이 그것을 전체적으로 파악하는 인간의 능력을 벗어나면 그 현상과 관계를 맺는 바로 그 순간 우리는 또한 우리가 가진 인식 수단의 무궁무진함을 느끼게 되고, 그럼으로써 우리의 제한된 장소를 초월하여 우주의 끝으로 뻗어나간다.[26] 과학이 블랙홀의 밀도나 자연의 기본적인 상수를 계산할 수 있다는 것은 측정 이상의 능력이다. 자연이 숭고하다는 우리의 감정은 우리의 지적 능력에 헌사를 바친다.

미처럼 숭고 역시 자연적인 것이든 만들어진 것이든 외부의 대상 속에 있는 것이 아니다. 숭고는 우리가 만든 세계 표상에 대하여 우리가 내리는 판단의 반작용이다. 어떤 것이 그 진실성을 확인하는 우리의 능력을 능가할 때, 우리는 표상의 통일성을 유지하기 위해서 더 큰 질서를 가정해야 한다. 그러한 질서를 국소적으로 확인할 때 우리의 판단은 미의 감정, 즉 부분들이 전체의 이상—존재의 놀라운 다양성을 포괄하고 존재에 의식이나 목적을 부여하는 듯 보이는 존재의 중심—과 잘 맞아떨어진다는 느낌으로 우리를 채워준다. 이와 대조적으로, 어떤 현상이 감각을 통해 그것을 파악하는 우리의 능력을 압도적으로 능가할 때 그 앞에서 이성은 그 총체의 가장자리, 크고 작은 우주의 경계 조건을 이해하고자 시도하는데, 그와 동시에 우리는 그 도전을 해내기에 부족하다는 깨달음, 그리고 있을 법하지 않은 그 불가능성을 애초에 개념화할 수 있게 해주는 이성의 위대한 힘에 매혹된다.

종에서 유로, 구체적인 것에서 보편적인 것으로 정교하게 흐르는 일관성은 애초에 우리가 입자들을 만나고 구분할 수 있게 하는 필수적인 전제이다. 그러한 일관된 패턴을 발견할 때 우리는 그 패턴의 필연성을 경험하고 쾌(감)를 느낀다. 그러한 합목적성을 숭고하는 동안 우리는 그 조화에 마음의 진정을 얻지만 그와 동시에 전체를 이해하기 위해서 노력하는데, 우리가 해소하기를 간절히 바라는 어떤 부조화가 사라지지 않고 영원히 존재하는 것처럼 그 전체의 불가해성도 그와 똑같은 욕망을 불러일으킨다. 그 불가해성을 해소하기 위해서 우리 자신을 벗어날 때 우리는 결국 세계 안에서 우리 자신을 발견하고 우리 자신 안에서 세계를 발견한다. 칸트가 "내 위에 별이 빛나는 하늘과 내 안의 도덕법칙"

을 생각할 때 그의 마음을 가득 채운 것은 경외, 즉 안쪽을 바라보든 바깥쪽을 바라보든 똑같이 자신이 측량할 수 없는 심연을 바라보고 있다는 깨달음으로부터 일어나는 경외였다.[27]

물질세계의 상태는 이전 시간에 그것을 구성했던 입자들의 위치와 운동량에서 직접 흘러나온다는 개념을 칸트는 진지하게 받아들였다. 그 사건의 사슬에 다른 종류의 인과 관계를 몰래 들이려는 시도는 모두 "그 대상의 성격에 목적이라는 과도한 개념을 부여하는 관념의 마술"일 뿐이다.[28] 칸트가 보기에 육체에서 분리된 영혼은 기댈 만한 해답이 아니었다. 칸트는 시공간의 세계에 대한 우리 지식을 지탱하는 인과의 사슬이 필요하다고 보았지만, 자신의 이성을 사용해서 시공간의 사슬을 풀어헤치고자 할 때 장애물과 마주쳤다. 인간의 인식이 시공간상 차이를 식별하는 능력의 한계 너머로 시공간의 논리를 적용하려고 할 때마다 막다른 골목이 앞을 가로막은 것이다.

정확히 그 지점, 순간과 순간을 잇는 연속성의 가장 미세한 시점들에서 칸트는 이율배반이 고개를 드는 것을 보았다. 한편에는 역사의 과정에 의도가 개입할 여지가 전혀 없는 완벽히 기계론적인 사슬이 있다. 다른 한편에는 역사와 살아 있는 모든 순간을 통해 입증될 뿐 아니라 실천이성 그 자체가 요구하는 선택의 자연발생적 자유, 모든 사회 조직의 토대가 되어 자기 자신과 타인을 판단하는 행위 자체에 본래부터 내재한 자유가 있다. 어느 쪽 주장도 흠잡을 데 없이 완벽할 수 있다. 시공간상의 모든 행동에는 동력인動力因이 있으며 어떤 것도 자연발생적이지 않다. 또는 모든 사건의 연속에는 기원이 있지만 그 기원은 원인이 없으며, 따라서 자연발생이 존재해야 한다.

그러나 여느 이율배반과 마찬가지로 칸트는 이것 역시 한쪽의 오류에서 발생한 것이 아님을 알 수 있었다. 오류는 그보다 인간 지식의 기본 구조와 한계를 이해하지 못하는 것, 그리고 자연과 그에 대한 지식을 생각하는 두 가지 방식을 우리가 쉽게 뒤섞는 데에 있었다. 한편으로는 아무리 작은 변화라고 해도 우리가 그것을 식별하기 위해서는 우리의 관찰이 적어도 두 순간을 가로지름으로써 관찰되는 사건에 완전히 흡수되는 것을 피할 필요가 있다. 따라서 인과적 사슬의 개별 고리를 파고들 때 우리는 그 일이 제3자, 즉 그 사슬이 깨지지 않은 것처럼 보이도록 슬그머니 개입해야 하는 중재자에게 달려 있음을 알게 된다. 마치 응결된 방울들이 안개상자 안에 전자의 경로를 그리기 위해서는 물리학자의 이론이 필요하듯이 말이다.[29] 다른 한편으로는 세계를 분석하는 우리의 행위 자체를 고립시켜야 할 듯한 그 순간에도 우리는 그 외부적 영향을 분리하거나 고립시키지 못한다. 시공간의 사슬을 아무리 깊이 파고든다고 해도 자유로운 선택 때문에 거기에 놓이게 된 고리는 발견할 수가 없다. 우리는 절대 의식의 입자, 영혼의 물질적 구현체를 발견하지 못한다. 우리가 하나의 시공간 단위에서 다음 단위로 넘어가는 변화의 순간을 기록하기 위해서는 차이를 기록할 수 있는 어떤 닻, 무엇을 관찰할지를 **선택할** 기준이 되는 축이 존재해야 한다. 하지만 아무리 노력한다고 해도 우리는 그 닻을 찾아내 인식의 대상으로 삼을 수 없다.

이 자유와 결정론의 이율배반 앞에서 우리 시대의 많은 과학자와 사상가들이 이 방정식에서 한 변, 즉 자유가 빠질 필요가 있다고 결정했다. 자유가 과학과 충돌하면 자유는 그만큼 더 불리해진다. 하지만 이 해결책은 핵심을 완전히 벗어난다. 기계론적 인과 관계와 자유의 이율배반은 과학적 사고와 관행의 전반에, 심지어 자기 자신이 자유를 가정하고 있다는 것을 인식조차 하지 못하는 과학자들 사이에 널리 퍼져 있다. 자유는 선택을 의미하고 택일을 수반한다. 시공간에 존재하는 개인들에게 자유가 있음을 부정하고 기계론적 인과 관계만을 믿는다고 공언하는 과학자와 철학자들은 그 인과 관계를 다른 곳에 재도입한다. 즉 존재의 가장자리, 우리가 출현하고 진화하고 결국에는 우리의 자궁인 우주를 관찰할 수 있게 해준 마법 같은 조건들에 그대로 적용하는 것이다.

강한 인류 원리에서 이 방식은 명백히 드러나지만, 약한 인류 원리인 다중우주 개념도 이 방식과 미묘하게 관련이 있다. 원인 없는 어떤 것이 인과의 사슬에 들어가는 경우가 바로 자유 의지가 아니라면 무엇이 자유 의지일까? 인류 원리의 경우에 우리는 시공간 안에서, 인과의 사슬 안에서 원인 없는 원인을 가지고 나와서 시공간 바깥에, 우주의 탄생 이전에 놓는다. 그렇게 하면 모든 초기 환경이 모든 가능한 우주를 낳는다고 말할 수 있고, 우리 존재의 불가능성을 해명할 수 있다. 우리는 시공간의 바깥에서 온갖 우주가 시험을 거쳐 자신의 시공간적인 현시가 선택되기를 기다리고 있다고 암암리에 상상한다. 손님이 입어보기를 기다리는 다양한 치수의 옷이 가게에 가득 걸려 있는 것처럼 말이다.

그러나 원인 없는 인과 관계는 시공간의 외부에 속하지 않으며, 인식할 수 있는 대상으로, 즉 확정할 수 있는 상수를 가진 구체적인 우주로서 존재하지도 않는다. 원인 없는 인과 관계는 결코 발견될 수 없고, 대상으로 변환될 수도 없다. 다음 장에서 보겠지만, 우리는 원인 없는 인과 관계를 인간의 선택이라는 맥락에서만 가정할 수 있고, 사실 그렇게 가정해야만 한다. 왜냐하면 그렇게 하지 않을 때 우리는 인간을 계산할 수 있는 실체로 가정하고, 인과의 한 고리에서 다음 고리로 가는 수단으로 취급하게 되며, 최후의 인과적 사슬에 대해서도 그 사슬을 처음부터 끝까지 알 수 있다고 부적합하게 가정하게 되기 때문이다.

과거와 현재에 존재하는 모든 것의 가장 바깥쪽 경계는 가장 안쪽의 지점과 일치한다. 그것은 한 순간이 다음 순간으로 슬며시 넘어가는 지점이며, 여기가 저기와 미세하게 달라지고 그래서 세계 경험 같은 어떤 것이 애초에 형태를 취할 수 있게 하는 지점이다. 둘 다 인과 관계가 어긋나는 자리이다. 인과 관계는 시공간상으로 발생하기 때문이다. 또한 시공간의 끝과 변화의 순간은 둘 다 시공간에서는 발견할 수 없는 관념적인 가정이다. 그 끝과 그 순간을 외부로부터 만났다고 하면서 알 수 있는 대상으로 받아들여야 한다고 주장할 때마다 우리는 유령 우주들을 낳거나 인간의 자유를 말살하는 방식으로 형이상학의 도를 넘게 된다.

칸트는 존재의 가장자리와 자유의 심연 간의 이 결합을 확인하고 자신을 경탄과 경외로 가득 채우는 두 가지는 내 위에 별이 빛나는 하늘과 내 안의 도덕법칙이라고 말했다. 두 경우에서 우리는 숭고와 직면한다. 숭고라는 미학적 감정은 우리가 시간과 공간과 우연성에 둘러싸인 존재의 울타리를 벗어나 절대적인 어떤 것—광활한 크기의 우주, 우리의 피할 수 없는 선택의 의무—을 그려볼 수 있다는 깨달음에서 생겨난다. 아름다움이 우리의 이해력이 받아들이는 만큼 자연의 통일성을 향해서 우리를 인도한다면, 숭고는 우리 능력이 그 목적에는 부적당하지만 그와 동시에 우리가 쓸 수 있는 인식 수단이 무궁하다는 점을 가리킨다. 다시 한번 하이젠베르크의 말을 빌리자면, "인간의 이해력은 무한하다. 우리가 말로

286

설명할 수 없는 궁극적인 것들에 관해서까지도."[30]

따라서 자유와 결정론의 이율배반은 우리가 우주를 연구하고 이해하기 위해서 사용하는 바로 그 도구들에서 발생한다. 자유를 가정한다고 해도 그 이율배반을 피할 수는 없으며, 창조의 출발점에 전지전능한 신을 놓아서 역사의 모든 순간에 우리의 모든 결정을 유도하게 한다고 해도 그것을 피할 수 없기는 마찬가지이다. 자연이 우리의 이성과 비슷한 어떤 것으로부터 자신의 질서를 얻는다고 믿을 때, 우리는 자연에 선택—무작위적이고 심지어 무한히 많은 선택지 중에서 택일하는 것—을 투사한다. 다시 말해서 우리 자아에 자유가 없다고 부인하는 바로 그때 최초의 자유로운 선택이라는 유령을 가정하는 것이다.

우리 인식에는 세계와 마주하는 동안 그 세계에 질서를 부여하는 두 가지 양식이 있으며 그 둘에는 각자의 자리가 있음을 우리가 받아들일 때 비로소 우리는 그 이율배반을 이해할 수 있다. 하나는 국지적이고 개별적인 시공간상의 변화를 설명하는 양식이고, 다른 하나는 우리가 지식의 가장자리를 탐험할 때마다, 즉 이 모든 것은 어디에서 왔으며 나는 무엇을 해야 하는지, 그리고 나는 이것을 자유롭게 선택하고 있는지 아니면 어딘가에 구속되어 있는지와 같은 큰 질문을 던질 때마다 활동을 개시한다. 두 번째 영역에 첫 번째 양식을 적용할 때나 우리의 의무나 전체적인 창조를 기계론적으로 생각할 때 혹은 자연 현상을 파고들면서 신학적인 사고를 적용할 때 우리는 오류에 빠진다.

하이젠베르크의 급진적인 깨달음도 그와 같았다. 우주에는 궁극인이 있어야 하며 신은 주사위 놀이를 하지 않는다고 본 아인슈타인의 믿음에 자극을 받은 하이젠베르크는 시공간의 작은 편린들 사이를 기계론으로 중재하려고 하면서 안개상자 내부에 전자의 경로처럼 찍힌 점들 간의 보이지 않는 공간 속으로 깊이 뛰어들었다. 하지만 칸트는 이렇게 경고했다. "**인간 이성**은 이 행동원리를 고수하고 이 선들을 따라 진행하므로" 우리가 기대하는 모습으로 자연의 그림을 완성해줄 "근원적 입자를 절대 발견하지 못할 것이다."[31] 아인슈타인과 그의 추종자들은 그러한 입자, 즉 말썽 많은 양자 달걀을 제거하고 세계를 믿음직한 발판 위에 다시 올려놓을 입자를 지치지 않고 계속 찾았다. 하지만 하이젠베르크는 존재 그 자체의 역설적인 가장자리처럼 그러한 궁극적인 입자는 우리가 꿈꾸는 세계가 하나로 합쳐지도록 조각들을 이어 붙여주는 바늘땀이며, 그렇지 않다고 우리에게 말하는 비이성의 허술하면서도 영원한 균열이란 것을 직관으로 깨달았다.

마지막 4부에서 우리는 칸트, 보르헤스, 하이젠베르크를 따라서 자유와 결정론 사이에서 싹을 틔운 비이성의 마지막 균열을 파헤칠 것이다. 그들을 위대하게 만든 그 선택에 책임을 묻는 비이성의 마지막 균열을 말이다.

제4부
자유의 심연

Jorge Luis Borges

Werner Karl Heisenberg

Immanuel Kant

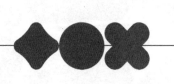

10

자유 의지

아니키우스 만리우스 세베리누스 보에티우스가 열세 살이던 해에 훗날 그를 고문하고 처형할 사람이 서로마 제국의 통치자 자리에 올랐다. 그 사람, 동고트 왕국의 테오도리쿠스 대왕은 이후로 오랫동안 전형적인 폭군의 방식으로 서로마를 지배했다. 이탈리아를 오래 지배한 플라비우스 오도아케르(서로마 제국을 멸망시킨 게르만 용병 대장이며 이탈리아에서 최초로 이민족의 왕이 되었다/역주)와 여러 해 동안 전투를 벌이면서 승리와 패배를 주고받던 중 테오도리쿠스는 이탈리아의 정치적 중심인 라벤나에 맹공을 퍼부었고, 이후 화평을 제안해서 경쟁자를 놀라게 했다. 기원후 493년 운명의 그날 밤, 두 사람과 수행원들은 의견 차이를 해결하고 서로마를 양분하기 위해서 만찬장에 모였다. 하지만 건배를 위해 자리에서 일어난 테오도리쿠스는 잔을 높이 드는 대신 검으로 오도아케르의 목을 내리쳤고, 그와 동시에 그의 병사들은 살해된 왕의 수행원들에게 달려들어 취기로 정신을 차리지 못하는 그들을 칼로 베었다.

이후 30년 동안 테오도리쿠스는 야만적인 주먹을 개화된 관습과 제도라는 부드러운 장갑으로 감추고 서로마 제국을 지배했고, 젊은 보에티우스는 운명에 따라서 집정관이 되었다. 로마 귀족의 자손이었던 보에티우스는 학문에 대한 고귀한 숭배의 모범이 되었지만 그와 동시에 이미 서로마 교회를 지배하던 가톨릭교를 믿는다고 고백했다. 하지만 정치적인 역할을 기꺼이 수행하면서도 보에티우스는 세속이 아닌 학문에 야망을 두고서 고대의 지혜들을 보존하거나 해석하고, 플라톤과 아리스토텔레스의 충돌하는 철학적 규범을 통일하고, 신학 논쟁을 저울질하고는 했다.

보에티우스가 처음으로 중요한 지적 공헌을 한 것도 그러한 종교 논쟁에 개입해서였다. 아리우스주의자들의 주장에 따라 신학자들은 성부를 성자인 예수와 별개인 동시에 우월한 존재로 보아야 하는가? 혹은 그 둘을 동일한 존재, 동일한 하느님으로 보아야 하는가? 어릴 적부터 신플라톤주의를 흡수했던 보에티우스는 이 문제에서 두 조건의 동일성을 진술하기 위해서는 두 조건이 어떤 최소한의 차이를 드러내야 한다고 보았다. 다시 말해서 아버지 하느님과 아들 그리스도가 같다는 말에는 그들이 또한 어떤 면에서 다르다는 것이 포함되어야 한다. 이렇게 해서 그는 서로마 교회와 동로마 교회의 신학적 명제를 화해시켰다. 그리스도는 성부와 동일할 수 있고 더 나아가 동일해야만 하는 **동시에** 성부와 구별될 수 있고 구별되어야만 한다.

종교 논쟁에 개입한 것을 계기로 고대 학문을 그의 시대에 적합하게 하는 그의 재능이 만천하에 드러났다. 애석하게도 바로 그 재능이 그의 운명을 재촉했다. 테오도리쿠스는 종교적 관용을 베풀어 그의 영토에서 가톨릭교뿐 아니라 예수를 믿는 것도 허용했다. 하지만 동로마 제국에서 새로운 황제로 유스티누스 1세가 즉위하면서 정책을 재고할 이유가 생겼다. 자신의 영토에서 몇 년 동안 아리우스주의자들을 박해하던 유스티누스는 이제 서로마에 접근해서 제국 전체의 힘의 균형을 뒤집겠다고 위협했다. 이 위험한 상황에서 보에티우스는 영리하고 독창적인 방법으로 그 신학적 간극을 메우고자 시도했다. 그러나 다른 맥락에서 보면, 평화를 도모한 보에티우스의 행동은 떠오르는 동로마의 황제 유스티누스의 신학적으로 통일된 제국이라는 망령으로 동고트의 왕 테오도리쿠스를 위협한 셈이었다.

테오도리쿠스는 보에티우스에게 반역죄를 뒤집어씌우고 사형을 언도한 뒤 파비아의 감옥에 가두고 운명을 기다리게 했다. 감옥 문 앞에 도달할 무렵 보에티우스는 이미 집행자들 몰래 모종의 탈출을 그리고 있었다. 그것은 육신이 아닌 정신의 탈출이었다. 죽음을 기다리는 동안 그는 또다른 책을 썼다. 그 책에서 그는 두렵고 절망적인 죽음의 뙤리에서 철학이 어떻게 그를 자유롭게 했는지 이야기했다.

운명의 날에 왕의 집행자들이 그의 감방에 들어가 보에티우스의 관자놀이와 눈에 굵은 철사를 두른 뒤 천천히 조였다. 보에티우스는 온몸을 비틀고 비명을 질렀다. 그다음 집행자들은 무거운 나무 방망이로 죽을 때까지 그를 내리쳐서 집행을 마무리했다. 하지만 보에티우스와 서양 세계 위로 암흑이 드리우고 유럽이 고대인들의 당당한 문학적 전통과 단절된 동안에도 그의 『철학의 위안De consolatione philosophiae』은 살아남아 그리스 철학의 잃어버린 보물들을 현대에 전해주었다. 『신곡』에서 단테는 보에티우스를 제4천 태양천에 올려놓았고, 9세기의 앨프레드 대왕과 14세기의 제프리 초서와 16세기의 엘리자베스 1세 여왕은 보에티우스의 위대한 책을 번역하는 일에 도전했다.

『철학의 위안』에서 보에티우스는 감방에 앉아 죽음을 기다리는 동안 그의 불안이 어떻게 당혹으로 바뀌었는지 이야기했다. 모든 것을 아는 신이라면 보에티우스 같은 미천한 인간이 내리는 모든 결정을 미리 알고 있지 않을까? 만일 그렇다면, 그는 어떻게 자신의 선택이 자유롭다고 생각할 수 있을까? 논리의 회오리에 갇힌 보에티우스는 "인간의 행동, 심지어 의도에는 자유가 없다"라고 부르짖었다. 또한 여기에 그치지 않고 그런 자유가 없으면 정의라는 개념 자체가 사라진다고 탄식했다. "어쩔 수 없이 한 일 때문에 악한 자가 처벌받거나, 통제할 수 없는 행동 때문에 선한 자가 상을 받는다는 것은 말이 되지 않기 때문이다."[1]

고대 말 죽음을 앞둔 이 기독교 철학자의 침울한 묵상은 자유 의지를 구시대의 미신, 종교적 믿음과 함께 우리가 거부해야 할 환상이라고 믿는 자칭 합리주의자들의 말 속에서 오늘날에도 메아리치고 있다. 2007년 2명의 낯선 남자가 제니퍼 프티와 그녀의 딸들을 강간하고 끔찍하게 살해한 사건 이후에 무신론자 겸 신경과학자이자 인기 작가인 샘 해리스는 가해자들의 행동을 도덕적으로 판단하는 경향에 의문을 제기했다. "나 역시 그들의 행동이 구역질 나지만, 내가 그들 중 한 명과 원자 대 원자 단위로 자리를 바꾼다면 내가 그 사람이 **되리라는** 점을 인정하지 않을 수 없다. 나를 구성하는 어떤 특별한 부분이 있어서 세계를 다르게 보거나 타인을 해치려는 충동을 거부하라고 명령하지는 않기 때문이다."[2] 그가 이 깨달음으로부터 내린 결론은 "자유 의지는 **환상이다**"라는 것이었다.[3]

6세기 이탈리아의 열렬한 신자와 21세기의 소신 있는 무신론자 겸 뇌과학자가 자유 의지는 환상인가 하는 문제에 의견이 일치하다니 그 얼마나 신기한가. 그러나 결정적으로, 보에티우스의 이야기는 거기에서 멈추지 않는다. 모든 희망을 포기하는 순간에 보에티우스는 방문을 받는다. 방문자는 천사가 아니라 이교도의 여신이다. 사형수의 인격화된 대화자, 철학의 여신이 지하감옥의 돌벽을 뚫고 나와 공중에 뜬 상태에서 그와 소크라테스식 대화를 나눈다. 그 짧막한 대화들에서 그녀는 그의 사고가 오류에 시달린다고 알려주는데, 자유 의지에 대한 현대의 비판들을 보면 그 오류는 여전히 바로잡히지 않고 있다.

철학의 여신은 이렇게 설명한다. 보에티우스는 신의 예지가 선택의 자유를 무너뜨린다고 가정하는데, 이는 본래 시공간에 갇힐 수밖에 없는 인간의 지식과 신에게만 적합한 그와 다른 종류의 지식을 그가 구분하지 못하기 때문이다. 만일 어떤 사람이 미래를 내다볼 수 있다면 그가 예견하는 일들은 아직 일어나지 않았기 때문에 그 예지는 자유 의지와 충돌할 것이다. 하지만 신에게는 모든 시간과 공간이 지금과 여기로서 동시에 존재하고, 그래서 미래에 대한 지식은 이미 일어난 일과 앞으로 일어날 일의 구분과는 아무 상관이 없다. 나는 지금 비가 내리고 있다는 사실에 한 치의 필연성도 부여하지 않고도(비가 오지 **않았을** 수도 있다) 그 사실을 알 수 있듯이, 신의 지식은 어떤 일이 일어나야만 한다는 필연성을 전혀 가정하지 않고도 지금까지 일어난 모든 일과 앞으로 일어날 모든 일을 알 수 있다. 신은 내가 앞으로 취할 모든 조치와 모든 판단을 알지만, 그럼에도 나는 여전히 자유롭게 선택할 수 있다.

다시 말해서 우리는 한 순간에서 다음 순간으로 넘어가면서 살아야 한다는 사실에 구속되지 않은 존재를 상상할 수 있는데, 그러한 상상은 시간 속에서 실제로 일어나는 것과는 완전히 무관하다. 어떤 일들은 완전히 필연적으로 발생하고, 어떤 일들은 다양한 선택으로부터 발생한다. 우리는 신이 존재하는 모든 것, 즉 과거에 일어났고 현재 일어나고 있으며 미래에 일어날 일 모두를 알기 때문에 지금부터 죽을 때까지 우리가 내리는 모든 선택은 이미 결정되어 있다고 가정할 수도 있고, 다른 한편으로는 지금부터 죽을 때까지 우리가 내리는 모든 선택은 기계론적 인과율의 법칙을 따르는 물리적 과정에서 나오므로 그 모든 선택이 이미 결정된 것이라고 가정할 수도 있는데, 어느 쪽이든 결과는 똑같다. 하지만 결정적으로 다음과 같은 문제가 있다. 앞의 두 가정은 암암리에 시간의 제약을 피하고 있으므로, 어느 것도 자유로운 선택의 토대를 허물어뜨리지 못한다는 것이다.

신이나 인과 관계의 사슬이 자유 의지를 부인한다는 믿음은 사고의 오류를 은연중에 드러낸다. 그러한 믿음은 대상에 대한 우리의 지식이 대상 그 자체와 동등하다는 가정에 의존한다. 하지만 어떤 것에 대한 우리의 지식은 우리가 알고자 하는 그 대상과는 시간과 공간에 의해 분리된 일종의 그림이다. 실제로 철학의 여신은 보에티우스에게 정확히 이렇게 말한다. "우리가 대상을 아는 것은 대상의 본성에 따른 것이 아니라 대상을 이해하려는 자의 본성에 따른 것이다."[4] 역설적이게도 자유 의지에 대한 믿음을 모독하는 비정한 합리주의자들이 바로 이 오류를 범한다.

수십억의 가능한 사람 중에서 운 좋게 **나**로 태어난 데에 경외심을 표하는 유물론적 과학자들처럼 자유 의지를 부인하는 사람들은 그 대가로 그들이나 다른 그 누구도 점유할 수 없는 신 같은 유리한 위치에 서게 된다. 해리스가 두 남자 중 한 사람과 자리를 바꾼다면 세계를 다르게 볼 수 있는 잔여 부분이 전혀 남지 않고 완전히 그 사람이 **되리라고** 주장할 때, 사실 그는 **자기 자신이 허락하지 않은 일**을 정확히 하고 있다. 그 자신에게 특별한 부분이 있으며 이 부분이 둘의 차이를 잰 다음 돌아와서 보고할 수 있다고 가정하는 것이다. 마찬가지로 보르헤스가 영원한 회귀에 대해서 "꾸준히 기록하는 특별한 대천사가 없다면, 우리가 1만3,514번째 주기를 거치고 있으며, 지금 주기가 그중 최초가 아니거나 322의 2,000제곱 번째가 아니라는 것이 무엇을 의미하겠는가?"라고 물은 것처럼, 그러한 대천사가 없다면 해리스와 다른 사람이 교체된 것을 해리스 본인도, 상대방도, 우주에서 그 누구도 영원히 모를 것이다. 따라서 그 역시 똑같이 행동하리라는 그의 주장—다시 말해서, 그 행동은 어떤 깊은 차원에서는 알 수 있는 것이며, 따라서 필연적이고 자유롭지 않은 것이라는 주장—은 그 자신의 은밀하고 특별한 부분, 그가 추방했다고 생각하는 그 결정하는 영혼 못지않게 공상적이다.[5]

　유물론자와 예정론자, 모두가 그러한 방책을 구사한다. 그들은 자유의 환상을 끝내야 한다고 주장한다. 하지만 그들이 이렇게 주장할 수 있는 것은 우리에게는 불가능한 위치, 즉 시간과 공간의 관점에 예속되지 않은 위치를 점유한 덕분이다. 한마디로, 그들은 질문 방법에 노출된 자연이 아니라 자연 그 자체를 알 수 있다고 믿는다. 하지만 그 위치를 점유하기 위해서는 존재하는 것만이 존재한다는 점, 우리 앞에 놓인 세계가 우리가 행하는 조사의 출발점이어야 한다는 점을 잊어야 한다. 우리는 우주를 투명한 전체로 파악하기는커녕 시공간 속에서 표류하면서 앞을 보지 못하고 더듬어가며 찾는 탐구자들이다. 따라서 자유 의지는 형이상학적인 이식물이나 위대함에 대한 망상이 아니라, 알 수 없는 미래 앞에서 우리가 잘못을 저지르기 쉬움에 대한 인정이다.

1792년 베를린에서 칸트는 왕의 검열관들을 우회하기 위해서 그들이 금지한 논문을 저서에 포함시켰다. 칸트는 그것으로 되었다고 생각했다. 하지만 종교적 신앙의 문제에 개입하지 말라는 왕명의 위반은 심각한 반작용을 낳았고, 결국 자신의 도덕철학에 표명한 원칙에 따라 삶을 영위하고자 했던 칸트의 바람은 위기를 맞게 되었다.

칸트와 프로이센 왕국의 갈등은 몇 해 전, 사람들이 흔히 프리드리히 대왕이라고 부르던 프리드리히 2세의 사망과 함께 시작되었다. 칸트는 프리드리히 대왕을 계몽 군주의 전형으로 칭송했다(다소 아첨하는 투로). 널리 읽힌 1784년의 글 「계몽이란 무엇인가에 대한 답변」에서 칸트는 그의 시대가 아직 계몽되지는 않았지만 사실은 "계몽의 시대"라고 주장하고는 뻔뻔스럽게도 "혹은 프리드리히의 세기"라고 덧붙였다. 칸트가 프리드리히에게 이 칭호를 붙인 것은 주로 종교적 다양성에 대한 프리드리히의 관용에서 기인했다. 칸트가 보기에 프리드리히는 계몽 군주였다. 그는 "양심의 모든 문제에서 사람들이 [그들] 자신의 이성을 사용하도록……완전한 자유를 허락하는 것을 그의 **의무**로 여기기" 때문이었다.6 칸트는 일종의 시험 사례로 종교의 자유를 선택했지만, 사실 그는 모든 사람이 프로이센의 법에 복종하는 동시에 각자의 의견을 생각하고, 주장하고, 공개적으로 표현할 권리를 옹호하고 싶어했다.

2년 후 프리드리히가 후사를 남기지 않은 채 사망하자, 그의 조카인 프리드리히 빌헬름 2세가 왕위를 계승했다. 새 국왕은 칸트가 계몽 군주라고 칭할 특징을 삼촌보다 훨씬 적게 보여주었다. 그는 즉위하자마자 문화와 교육을 담당하는 장관을 요한 크리스토프 폰 뵐너라는 사람으로 교체했다. 선왕은 뵐너를 높이 평가하지 않았다. 사실 선왕은 그를

"부정하고 교활한 성직자"로 보았다.[7] 전임자보다 종교적 순수성에 훨씬 더 집착한 신임 장관은 베를린에 검열 위원회를 만들어 새로운 종교적 칙령을 시행했다. 그 칙령은 백성들의 신앙에 대한 관용을 이 땅의 법으로 선포하면서도 여기에 결정적인 유보 조항을 달았다. 그것은 바로 "각 사람이 국가의 선량한 시민으로서 조용히 자신의 의무를 수행하되, 모든 경우에 자신의 특수한 견해를 표명하지 않고, 그것을 선전하거나 타인을 개종시키지 않으며, 타인을 오류에 빠지게 하거나 그들의 신앙을 흔들지 않도록 주의하는 한에서"라는 조항이었다.[8]

이러한 정치적 분위기 속에서 칸트는 1788년 칙령을 명백히 무시하고 공식 검열관이 분명히 승인을 거부했음에도 종교적 견해를 드러냈다. 처음에 국가의 대응은 미지근했다. 어쨌든 칸트는 독일에서 가장 유명한 철학자 아닌가. 새 국왕은 칸트와 함께 공부한 조신에게 자기 아이들의 교육을 맡기기까지 했다.[9] 하지만 그때 칸트는 훨씬 더 직접적인 도발로 생애 첫 범죄를 저지르고 말았다.

1794년 6월에 그는 「모든 것의 끝」이라는 제목의 글을 발표하고, 글속에서 국민의 견해에 대한 검열은 기독교의 핵심과 정면으로 충돌하는데 그 기독교의 핵심이란 바로 신자들이 자유롭게 복종을 선택하는 것이라고 주장했다. 정치적 명령으로 기독교 신앙의 법칙을 보완하고자 한다면, 자유로운 선택이라는 핵심은 사라지고 공허한 순종의 껍데기만 남으리라는 말이었다. 그런 뒤 칸트는 다음과 같이 마무리했다. "기독교의 가르침이 효과적이라고 기대할 수 있는 것은······**자유로운** 사고 때문이다. 그 힘으로 인해 사람들의 마음을 얻을 수 있으며, 사람들의 이해는 이미 의무를 법칙으로 생각하는 데에서 빛을 발한다."[10] 종교적 칙령이 기독교 신앙의 대의를 해친다는 이 명백한 비난의 말에서 칸트는 도를 넘어서고 말았다.

같은 해 10월에 칸트는 국왕으로부터 직접 답변을 받았다. 칸트가 지위를 남용하여 "성서에 적힌 주요하고 기본적인 여러 가르침을 왜곡하고 절하했으니"[11] 즉시 자신의 행동을 "최대한 양심적으로 해명해야"하고,[12] 이후로는 모든 수업과 출판을 자제해야 한다. 그렇지 않고 "계속 불복종한다면 반드시 불쾌한 결과가 뒤따를 것이다."[13] 칸트는 그러한 결과가 어떤 것인지 명확히 알고 있었다. 70세에 접어드는 나이에 그는 대학의 직위를 잃고, 연금도 없이 노년을 보내고, 평생을 보낸 유일한 고향에서 추방될지 모를 위험을 감수할 마음이 없었다. 그러나 양심과 표현의 자유를 지키는 수호자라고 자처해온 만큼 "내적 확신을 완전히 철회하고 배반하는 것"에는 동의할 수 없었다. 결국 칸트는 "한 사람의 모든 말이 필연적 진리일지라도 모든 진실을 공식적으로 밝힐 의무는 없다"라는 생각에 도달했다.[14]

칸트는 즉시 화근의 싹을 확실히 제거했다. 먼저 그는 종교를 모욕하고 젊은이들을 타락하게 한다는 기본적인 비난을 격렬하게 부인하면서, 오히려 자신은 모든 종교, 특히 기독교를 깊이 존경한다고 말했다. 또한 젊은이들을 가르치는 일은 그의 직무 범위를 벗어나므로(젊은이들을 가르치는 일은 교회와 성직자들의 몫이라는 뜻이다/역주) 그럴 수조차 없으며, 그가 쓴 글은 다른 철학자들에게 보이기 위해서 요청을 받아서 쓴 학술 논문이라고 주장했다. 다른 한편으로 그는 이 문제를 비롯한 모든 문제에서 왕이 지니는 권위를 전적으로 인정하고 그에 복종하며, "**폐하의 가장 충직한 신하로서**, 차후로는 강연이나 글에서 자연종교든 계시종교든 종

교에 관한 공식적인 담화를 철저히 금하겠다"고 맹세했다.[15]

칸트의 부인에서 우리는 그의 진정성을 약간 의심해볼 수도 있다. 그가 삽입한 구절, "폐하의 가장 충직한 신하로서"는 분명 형식적인 경어로 해석되지만, 또한 칸트의 마음속에서 유보 조항으로, 즉 **"내가 당신의 신하인 한에서** 그렇게 하는 것을 자제하겠다"로 쉽게 바뀔 수 있었다.

음흉한 유보 조항이었든 무엇이었든 간에 처음에 칸트는 약속을 지키는 듯 보였다. 왕에게 답변을 보낸 뒤 얼마 되지 않아서 칸트는 그에게 글을 요청한 한 편집자에게, 실은 종교에 관한 새로운 산문을 완성했으나 베를린의 검열관들 때문에 출판을 자제할 것이라고 써 보냈다. 칸트는 어느 정도 자제심을 보이면서 그 글을 보류했지만—프리드리히 빌헬름 2세가 죽고 이듬해에야 출판했으니 약속은 지킨 셈이다—마지막 위대한 윤리서이자 오래 전에 약속했던『도덕 형이상학의 기초』의 출판을 추진했다. 그리고 이 책은 종교적 문제를 전혀 비켜 가지 않았다.

이 책에서 칸트는『이성의 오롯한 한계 안의 종교*Die Religion innerhalb der Grenzen der bloßen Vernunft*』에서 밝혔던 금지된 사상을 계속 다루었고, 심지어 검열당했던 주장을 인용하고 2배로 늘렸다. 그는 이렇게 선언했다. 종교적 의무는 교리나 전통의 명령에 따른 것이므로 도덕적 의무의 진로를 결정해서는 안 된다. 사람은 도덕적 의무를 어떤 외부적인 힘에 의해서가 아니라 그 스스로 받아들여야 한다. 우리는 간혹 우리의 참된 도덕적 의무를 신에게 봉사할 의무로 표현하는데, 그것은 우리가 내면의 도덕적 의무에 종교라는 역사적 의복을 입힘으로써 그것을 "우리가 제 힘으로 쉽게 의무(도덕적 제약)를 직관하지 못하는" 경우를 위한 일종의 휴리스틱적 장치로 삼기 때문이다.[16]

칸트에게는 다행스럽게도 프리드리히 빌헬름 2세는 이 말이 발표된 직후에 사망했고, 덕분에 그의 약속 위반에 대한 공식적인 대응은 전혀 이루어지지 않았다. 이듬해 칸트는 보류하고 있던 책 『학부들의 논쟁*Der Streit der Fakultäten*』을 출판했는데, 이 책의 제1부는 왕권과의 갈등에 불을 지핀 검열에 대한 답변으로 이루어져 있었다. 칸트는 이렇게 선언했다. 종교에 대한 생각을 출판하는 것은 정당한 일일 뿐 아니라, 국가가 철학자에게 성서에 적힌 신앙을 지키라고 요구하는 것은 원칙적으로 잘못된 일이다. 철학은 정치적 영향력이나 사람들의 삶에 대한 실질적 권위를 쥐고 있지 않으므로, "그 가르침과 관련하여 정부의 명령"에서 항상 자유로워야 한다.[17]

생애 말년에 이어진 칸트와 정부의 갈등은 그의 철학에 자세히 기술된 자유 개념에 관한 문제들을 드러냈다. 칸트는 평생 표현의 자유는 본질적으로 정치적 미덕이라고 주장했다. 표현의 자유를 위반하면 결국 모든 이성적 존재를 규정하며 그 핵심에 해당하는 자율성을 부정하게 되기 때문이다. 하지만 여기에서 칸트는 딜레마에 붙잡혀 버둥거렸다. 왕의 금지 명령에 대응할 때 칸트는 현명함을 보였을까, 비겁함을 보였을까? 왕이 서거할 때까지 출판을 자제함으로써 칸트는 표현의 자유를 옹호하는 그 자신의 신념을 배반했을까? 표면상 폐하의 충직한 신하로 남는 동안 종교에 대해 함구하겠다는 약속을 깸으로써 칸트는 자신의 의무를 위반하고 그렇게 해서 자율적인 자기입법의 원리를 위반했을까? 다시 말해서 그는 강요에 굴복함으로써 자유에 대한 그 자신의 철학적 옹호를 훼손했을까?

자신의 마지막 위대한 윤리서의 서론에서 칸트는 "인간의 선택은 충동으로부터 **영향을 받을 수는** 있지만 **결정되지는** 않는다"고 말했다. 그리고 선택의 자유란 "본인이 느끼는 충동에 따라 **결정되는** 것으로부터 독립한 것"이라고 말했다.[18] 자유 의지가 착각이라고 주장하는 사람들은, 충동에 따라 결정되는 것으로부터 이렇게 독립해서 선택하는 경우는 절대 존재하지 않는다는 식으로 주장할 것이다. 즉 우리는 감각이 있는 존재이고, 일정한 방식으로 자극에 반응하므로, 우리에게 명령의 사슬에 매이지 않은 어떤 행위 능력이 있다고 생각하는 것은 환상에 불과하다고 말이다. 현대의 뇌과학이 제시하는 정보도 이러한 결론을 뒷받침하는 듯 보일 수 있다. 연구를 통해 입증된 바로는, 결정을 내릴 때 우리는 그 결정에 부수되는 신경 활성이 먼저 일어난 뒤에야 그 결정을 의식하는데, 심지어 어떤 경우에는 제3자가 그 활성을 감지할 수도 있다.[19] 하지만 PET(양전자 방사 단층 촬영법)로 우리의 신경 활성을 촬영하는 과학자가 우리가 의식적으로 결정하는 것보다 먼저 우리의 결정이 무엇인지를 안다면, 이것은 충동으로부터의 자유에 관한 그 어떤 이야기보다도 훨씬 더 기이하지 않을까? 그것은 선택을 하는 바로 그 역학이 충동으로만 이루어진다는 점을 보여주는 것 아닐까?

사실 그런 실험이 우리에게 알려주는 것은 우리가 이미 직감으로 알 수 있는 것, 즉 결정을 내리는 데에는 시간이 걸리며 우리는 현재의 기술 덕분에 그 활성을 실험 대상자가 인식해서 보고하는 것보다 더 빠르게 엿볼 수 있다는 점뿐이다. 우리가 평생 느끼는 모든 충동과 모든 반응을 기록하는 그런 기술의 음울한 망령—신경학적 과정을 들여다보는 것과 선택의 자유는 반비례한다는 주장의 암묵적인 연장—은 신의 예지가 인간의 선택을 결정한다는 보에티우스의 걱정을 재활용한 데에 불과하다. 하지만 철학의 여신이 보에티우스의 걱정을 이내 잠재웠듯이, 이번에는 칸트의 사유가 똑같은 역할을 한다.

철학의 여신은 보에티우스에게 이렇게 가르쳤다. 그는 알 수 있음과 불가피함을 혼동하고 있는데, 사실 이 둘은 서로 관계가 전혀 없다. 방금 일어났거나 바로 지금 일어나고 있는 일에 대한 나의 지식이 그 일의 필연성과 아무 관계가 없듯이 어떤 일이 이제 막 일어나려고 하는지, 아니면 지금으로부터 8개월 후에 일어날지에 대한 가정된 지식은 이성적 선택이 그 일을 유발했는가 아닌가와는 아무 관계가 없다. 이 모든 것은 시간과 결부된 결정과 사건을, 시공간 바깥에서 세계를 바라본 그림—모든 시간을 단일한 순간으로 은밀히 통합한 그림—과 혼동한 데에서 발생한다. 우리는 대상을 아는 우리의 방식을 대상 그 자체에 투사하기 때문에 이러한 혼동에 빠진다.

냉철한 합리주의자든 완고한 이신론자든 간에 이 혼동은 사람을 쉽게 집어삼킨다. 이 점에서는 해리스도 예외가 아니다. 그는 이렇게 썼다. "모든 사람에게 불멸의 영혼이 있다고 믿는다고 해도 책임의 문제는 그대로 남는다. 나는 나에게 사이코패스의 영혼이 없다는 사실로 인정받을 수는 없다."[20] 이 생각은 폭넓은 지지를 받고 있다. 영국의 유력한 철학자 갈렌 스트로슨 역시 마음과 몸의 총체적 상태, 판단을 내릴 때 그 사람의 상태를 묘사하는 "나인 것how one is"을 설명하고자 하는 모든 시도에서 그와 똑같은 무한 퇴행에 빠진다. 그는 이렇게 말한다. "나인 것에 대한 궁극적 책임은 불가능하다. 그러기 위해서는 선택의 무한한 사슬이 실제로 완성되어야 하기 때문이다."[21] 나는 내가 지금 하는 어떤 주어진 선택에 대해서도 책임을 질 수가 없다. 그 선택을 한 사람이 된 것에 대해서 책임질 수 없기 때문이다.

그러나 "나인 것"의 무한 퇴행을 이용해서 책임을 얼버무리려 하는 사람은 칸트가 명확하게 본 어떤 것을 이해하지 못한다. 바로 인과 관계의 무한 퇴행처럼 책임의 무한 퇴행도 이율배반을 낳는다는 점이다. 내가 나인 것이 주변 환경 때문이든 부모의 유전자 때문이든 혹은 결국 이렇게 되게끔 태초에 신이 나에게 어떤 영혼을 줬기 때문이든 간에, 본인의 행동에 대한 책임을 논박하도록 유도하는 그런 주장들은 궁극적 책임이 있다는 주장에도 똑같이 이용될 수 있다. "내가 내린 결정은 모두 내가 책임진다"(해리 트루먼 대통령의 말이다/역주)라는 식이든, 그 책임은 나 혹은 신 혹은 진화에 있다는 식이든 상관없다. 이 이율배반이 발생하는 이유는 시공간을 벗어나지 않는 어떤 것, 즉 선택을 시공간의 경계 너머로 투사해서 마치 결정들의 총합을 인지의 대상으로 삼을 수 있는 것처럼 착각하는 데에서 비롯된다.

우리에게 불멸의 영혼이 있다는 확신과 우리는 기계론적으로 결정되어 있다는 확신은 종교적인 광신도와 자유 의지를 부인하는 유물론자 모두에게 공통되는 방책에서 발생하는 이율배반의 두 얼굴이다. 여기에서 공통되는 방책이란, 시공간상의 인과 관계에 대한 판단을 확대해서 그것이 감각만이 아니라 지성에 의해서도 이해할 수 있는 어떤 것, 다시 말해서 어떤 사람이 어떤 것을 하기로 선택한 궁극적인 이유라고 부풀리는 것이다. 우리는 다음 구절에서 스트로슨이 그렇게 하고 있음을 분명히 볼 수 있다. "그 어떤 정신적인 면에서라도 내가 나인 것에 궁극적으로 책임을 지기 위해서는 내가 그 정신적인 면에서 나라는 사실을 [다른 이가 아닌] 내가 초래했어야만 한다. 그리고 단지 그 정신적인 면에서 내가 나인 것을 나 자신이 초래했을 뿐만 아니라, 또한 의식적으로 명료하게 그 정신적인 면에서 내가 나인 것이 되기로 선택했으며, 또한 내가 지금 이런 사람인 것을 초래하는 데에 성공했어야만 한다."22 이 구절은 혼란스럽지만 재미있게 반복되는 철학풍의 문체를 여실히 보여준다. 그러나 그 영리한 밑그림은 "궁극적으로"라는 단어를 통해 처음부터 완성되어 있다. 우리는 나인 것을 초래할 수 없었기 때문에 자신의 판단에 "궁극적으로" 책임질 수 없다는 것이다. 하지만 교묘한 속임수는 바로 거기, 총체적이고 알 길이 없는 원인의 역사를 책임의 필수 조건으로 가정한 데에서 나온다.

이율배반의 양 팀은 시공간을 벗어난 관념적이고 궁극적인 원인을 책임을 부과하거나 부정하기 위한 전제 조건으로 상상한다. 그들과 유사하게도, 우주의 초기 상태와 관련된 질문에 인류 원리로 답하기를 좋아하는 사람들 역시 시공간을 벗어나 관념적이고 궁극적인 원인을 상상한다. 한 팀은 신의 설계라는 형태로 그 원인에 의도를 부여하고, 다른 팀은 설계를 부정하기 위해서 실질적인 우주를 무한히 축적한다. 이 두 가지 인류 원리는 모두 우리가 이 우주에서 부딪히는 실존적 사실에 대한 난처한 해명을 회피하기 위해서 딴 세계의 시나리오들에 의존하는데, 이 시나리오들은 결국 우리가 우리의 측정 결과로부터 얻어낸 가치 기준들이다. 한편 자유로운 영혼을 기계론적인 세계에 이식하거나 인간 행위자의 책임을 완전히 부정하는 딴 세계의 시나리오들도 그와 같은 전략에 의존한다. 시공간 바깥에 원인 없는 원인을 창조한 뒤 그것이 지금 여기를 붙잡을 수 있는 진정한 지렛대인 양 제시하는 것이다. 우리는 모든 움직임 하나하나가 시공간의 기계론적인 흐름 속에서 발생할 수밖에 없는 물리적 존재인 **동시에**, 선택지들을 머릿속에서 시각화하고 그중 하나를 선택할 수 있는 이성적인 행위자이다.

자유 의지의 부인과 인류 원리가 같은 논리를 공유한다는 점은 자신의 모든 원자와 살인범의 원자를 교환하는 해리스의 조건법적 시나리오에서 명확해진다. 이 시나리오에 내포된 의미는 "내가 그런 상태가 되지 않았다니 얼마나 다행이야!"에서와 같은 안도이다. 이 안도는 만에 하나, 문제의 "내"가 나중에 될 그런 "상태"보다 선재했고, 그런 뒤 나중에 도덕적으로 될 확률이 적은 우주의 복권 속으로 던져진 경우라면 비로소 말이 된다. 하지만 우주의 문자반이 조율될 수 있었던 무수히 많은 상태와 마찬가지로, 내가 될 수도 있었던 무수히 많은 상태 역시 우주의 경계를 넘고, 그 이념들에 지각할 수 있는 실재의 시공간 직물을 입히며, 시공간적인 측정 방법을 확대해서 영원하고 존엄한 어떤 이상에 들이댄 결과이다.

이와 대조적으로 칸트에게 자유 의지는 일견 놀라워 보이는 존재의 합목적성과 마찬가지로 이성의 필요조건이다. 『도덕 형이상학의 기초』에서 칸트는 자유 의지에 관한 유명한 논의를 시작할 때, "모든 인간은 자기 자신이 자유 의지를 가지고 있다고 생각한다"라고 썼다.[23] 이 가정이 없으면 가정법적 사고, 즉 우리가 최종적으로 선택한 행동과 반대되는 과정을 숙고한 뒤 그것을 후회하거나 수긍한다는 사실을 설명할 길이 없다. 해리스의 이야기에서 제니퍼 프티를 강간한 다음 그녀의 집에 불을 질러 그녀와 그녀의 딸들을 살해한 두 사람, 스티븐 헤이스와 조슈아 코미사리옙스키는 "어떻게 할지 잠시 생각한" 다음 잔혹한 범죄를 저

질렀다.24 나중에 코미사리옙스키는 자신의 행동이 "너무나 놀라웠다"고 고백했다.25

지금쯤이면 자유 의지를 부인하는 사람들이 (정당하게) 비판하는 자유 의지의 허수아비 버전과 칸트의 입장이 무관하다는 점이 완전히 명백해졌을 것이다. 브라이언 그린은 이렇게 묘사했다. "모든 입자 운동—뇌에서든 몸에서든 야구공에서든—은 물리학의 통제를 받음으로써 수학의 명령에 완전히 복종한다. 방정식들이 우리 입자들의 어제 상태에 기초해서 오늘의 입자 상태를 결정한다. 그 어떤 사람도 수학을 우회해서 법칙적인 전개를 자유롭게 끌고 가거나 주조하거나 변화시킬 기회를 얻지 못한다."26 사실 칸트에게 우리가 다수의 선택지를 숙고하고 하나를 선택한다는 사실은 우리의 온전한 존재가 원자 대 원자 수준으로 물리적 현상의 세계에 존재하고 시공간적인 인과 관계의 조건에 복종한다는 사실과 불일치하지 않는다. 이것을 칸트는 다음과 같이 표현했다. "일어나는 모든 일은 예외 없이 자연법칙에 따라 결정된다."27

또한 우리가 추가해야 할 중요한 점이 있다. 이렇게 자유를 옹호하는 것이 양자의 불확정성을 근거로 인간의 뇌가 물질세계의 결정성을 면제받을 수도 있다고 생각하는 것과는 완전히 무관하다는 점이다. 막스 보른은 결정론을 거부하고 확률론적 범위의 결과들을 승인했으며, 이 책에 담긴 어떤 내용도 자유 의지에 대한 주의주의적(지성보다는 의지를 존재의 본질 또는 실체를 보는 생각/역주) 개념에 구조의 손길을 내밀지 않는다. 우리는 현재를 완벽하게 측정할 수 없기 때문에 미래를 완벽하게 알기란 불가능하다는 하이젠베르크의 주장도 마찬가지이다. 또한 이 책에 담긴 어떤 내용도 기계 속에서 결정을 내리는 유령을 구해내지도 않는다. 그린은 이렇게 썼다. "법칙이 결정론적인가(고전물리학에서와 같이) 확률론적인가(양자역학에서와 같이) 하는 문제는 실재가 어떻게 진화하며 과학이 어떤 종류의 예측을 할 수 있는가에 근본적으로 중요하다. 하지만 그 차이는 자유 의지를 평가하는 일과는 무관하다."[28]

그러나 자유 의지를 부인하는 사람들의 오류는 그들이 자유 의지의 기초를 훼손하기 위해서 지어낸 바로 그 시나리오가 터무니없다는 점, 그리고 그 터무니없는 시나리오를 토대로 삼아서 현실 세계에서 발생할 결과를 추론한다는 점에 있다. 해리스가 살인범과 원자 대 원자로 교체되는 것을 상상했듯이, 그린은 자유 의지의 불가능성을 입증하기 위해서 "하루하루의 실재를 기초 성분의 차원에서" 분석할 수 있는 "초인적인 시각"을 가정한다.[29] 하지만 그들의 결론은 칸트의 근본적인 통찰을 외면한다.[30] 자유 의지는 착각이 아니다. 착각 또는 망상은 이것이다. 선택한다는 것과 같이 너무 사실적이고 너무 일상적이고 너무 실제적인 어떤 것은 우리가 가장 거창한 형이상학적 허세로 지어낸 신의 눈 같은 불가능한 관점의 영향을 전혀 받지 않는다. 보에티우스가 깨달았듯이, 우리가 하는 모든 행동의 모든 과정을 아는 신이 있다고 해도 순간순간 결정을 내리는 우리의 능력과 의무에는 영향을 미치지 못한다. 우리가 선택을 통해서 자유 의지를 보고 또한 책임을 볼 때는 그것과 다른 질문—**당신은 어떤 화학 반응이나 일련의 입자 충돌 때문에 그렇게 했는가가 아니라 당신은 왜 이렇게 하기로 선택했으며 왜 그것이 올바른 선택인가?**—에 대응해서 그렇게 하는 것이다.

자유는 경험적으로 확증하거나 부인할 수 없는 이성 이념(지성의 개념으로부터 생겨나서 우리가 경험할 수 없는 개념/역주)이다. 하지만 우리는 자유를 가정해야 한다. 우리가 지식의 오만에 이끌려 자유라는 것을 제거할 수 있다고 생각할 때마다, 그리고 감각계에 놓인 물리적 대상으로서의 우리 자신과 지적 세계(가지계可知界)에서 결정하는 주체로서의 우리 자신이 다르다는 것을 무시할 때마다 당혹스러운 이율배반이 고개를 들기 때문이다.

보에티우스는 우리가 성부와 성자를 하나로 여길 때 그와 동시에 그 둘을 구분한다고 밝혔다. 그와 마찬가지로 우리는 우리 자신을 자연법칙에 의해 결정되는 물리적 존재이자 자유 의지를 가지고 결정하는 행위자라고 **동시에, 어떠한 모순도 없이** 생각할 수 있고, 생각해야만 한다. 그때 비로소 우리는 우리 자신을 감각을 통해 외부의 영향을 받는 객체로 볼 때와 우리 자신을 세계 내에서 결정을 내려야 하는 지성적 존재로 볼 때에 다른 기준과 다른 질문이 적용된다는 것을 알게 되며, 우리가 둘 다라고 말하는 데에 "전혀 모순이 없음"을 알 수 있다.[31]

왕의 칙령을 위반했을 때 따를 결과를 숙고하는 중에 칸트는 도덕적 판단에 대한 그의 결정을 궁정에 설명해야 함을 알았다. 칸트는 자신이 스스로 법을 세우는 자유롭고 이성적인 존재로서 자신의 의무에 따라서 행동할 수도 있고 그 의무를 어길 수도 있다는 것을 알고 있었다. 하지만 그는 다른 것도 알고 있었다. 우리의 자유를 정치적 백성으로 묶어두는 제약 요인들은 의지의 자유까지는 연장되지 않는다. 다양한 환경과 다양한 정치 체제에서 자신의 욕망과 성향을 추구할 자유는 그 조건에 따라서 클 수도 있고 작을 수도 있다. 하지만 우리의 기본적인 도덕 구조는 변하지 않는다. 칸트는 왕에게 복종하거나 왕에게 도전하는 것을 선택할 수 있었다. 그리고 자신의 판단이 불러올 결과를 걱정할 수도 있었다. 하지만 칸트가 복종을 했든 반항을 했든, 압력에 굴복했든 왕의 불쾌함을 감수했든 간에 그의 행동은 양쪽 다 자유 의지의 행동이었을 것이다.

가브리엘 가르시아 마르케스의 유명한 소설 『백년 동안의 고독Cien años de soledad』에서 어느 날 비시타시온Visitación(방문자라는 뜻의 스페인어/역주)이라는 적절한 이름을 가진 여자가 마콘도 마을에 온다. 그녀는 전염병을 들여오는데 마을 주민들은 이 사실을 까맣게 모른다. 전염병이 퍼지자 먼저 사람들은 잠을 자지 못한다. 그들은 이 지루함이 쌓이면 그토록 열망하는 잠이 오리라는 헛된 희망을 품고 놀이를 반복하면서 깨어 있는 무수한 시간을 흘려보낸다. 하지만 불면증에 이어서 훨씬 큰 재앙이 찾아온다. 곧 마을 사람들은 주위에 놓인 물건들의 정체를 잊어버리기 시작한다. 완전한 기억 상실이 온 마을을 덮치리라는 예상에 사람들은 일상적으로 접촉하는 물건에 이름표를 써 붙여 그 목적을 떠올릴 수 있게 한다. 한 동물에는 "이것은 소"라는 표지를 붙여놓는다. 곧 사람들은 소를 어떻게 해야 하는지 알 도리가 없음을 깨닫고서 "젖을 짠다"라는 설명을 추가한다. 다음으로 사람들은 젖을 가지고 무엇을 해야 할지 몰랐기 때문에 "젖을 커피와 섞어서 밀크 커피를 만든다"라고 더 자세한 설명을 덧붙인다. 이 급락하는 퇴행이 정점에 달했을 때에는 주민들의 기억을 되살리기 위해서 "신은 존재한다"라는 표지가 등장하기 시작한다. 화자는 이렇게 설명한다. "그런 식으로 그들은 체로 거른 현실, 잠시 말에 포획된 현실에서 계속 살아갔지만, 급기야 글의 의미를 잊었을 때에는 그마저도 돌이킬 수가 없었다."[32]

역사를 통틀어 생각의 그릇이 가장 큰 지식인 중 한 명이 생애 말년에 접어들었을 때, 가르시아 마르케스가 지어낸 마을 주민들과 비슷한 운명을 겪은 것은 철학사에 슬픈 역설로 기록되었다.

1796년 일흔두 살이 된 칸트는 "노쇠하고 몸이 불편해서" 강의를 자제할 수밖에 없다고 보고했다.[33] 그럼에도 그의 아침 일과는 변함없이 계속되었다. 그는 오전 5시에 일어나 진한 차 두 잔을 마시고 파이프 한 대를 피웠다. 이 시간을 대단히 좋아했던 칸트는 방문한 친구에게 이렇게 말했다. "그 시간이 가장 행복하다네. 그땐 전혀 피곤하지 않아. 천천히 정신을 가다듬으면 마침내 오늘 하루 무엇을 하고 어떻게 보내야 할지가 명확해지지."[34]

강의와 행정의 부담을 내려놓은 칸트는 자신이 직접 세운 야심 찬 철학서 목록을 완성하는 일에 많은 시간을 썼다. 1797년에는 『도덕 형이상학의 기초』, 이듬해에는 『학부들의 논쟁』을 발표하고, 더불어 인류학 강의들을 편집해서 선집을 출간했다. 마음속으로 칸트는 그의 체계 전체를 포괄해서 하나로 묶은 최고의 책을 기획하고 있었다. 지적 능력이 위축된 상태로 보아 어느 누구도 그 일이 잘 진행되리라고 예상하지 않았다. 한 친구는 이렇게 말했다. "나는 그가 살아서 끝을 볼 것이라고 믿지 않아. 그건 절대로 출판될 수가 없어."[35] 칸트의 좋은 친구, 크라우스는 훨씬 더 비관적이었다. "칸트가 죽기 전에 마지막으로 쓴 메모들은 어떤 의미나 이해도 담고 싶어하지 않는다."[36]

칸트의 몸과 마음이 쇠락해가는 과정은 빨랫줄에 걸린 속바지처럼 누구나 볼 수 있었다. 그는 여전히 산책을 거르지 않았다. 하지만 이제는 허약한 데다가 넘어질 우려가 있어서 그는 발을 끄는 듯한 이상한 걸음걸이를 개발했다. 그렇게 하면 보행이 더 안정적이리라는 생각에서였다.

하지만 오산이었다. 그는 곧 자주 넘어졌고, 얼마 후 사고가 나고부터는 산책을 완전히 중단했다. 집 주위를 비틀거리며 걸어다니던 시기에는 단기 기억이 말을 듣지 않기 시작했다. 마콘도의 주민들처럼 그도 기본적인 것들을 잊지 않도록 메모를 했다. 한 친구는 이렇게 회고했다. "결국 그는 다른 사람에게 듣거나 머릿속에 떠오른 자질구레한 것들을 빠짐없이 적어놓았다."[37]

칸트가 그 자신에게 쓴 메모들은 기억과 지각이 마구 뒤섞인 늪에서 정신이 표류하는 상태, 마음이 실재를 빠르게 체질해서 순간적으로 포획한 것들을 보여준다. 한 메모에는 그의 학생들이 코를 풀거나 기침하는 것을 자제해야 한다고 적혀 있다. 다른 메모에서 그는 우리가 쓰는 "발자국"이라는 표현은 틀렸다고 주장한다. 또다른 메모에는 "질소는 질산염의 기초이며 산성을 띤다"라고 적혀 있다.[38] 어떤 이유에서인지는 알 수 없지만, 칸트는 앙고라 양과 심지어 몇몇 돼지 종의 겨울 외피 안쪽에 폭신한 솜털이 있다는 것을 기억해야 했다.

나중에 이 메모들을 충실히 모아서 편찬한 유언 집행자이자 친구인 에레고트 바지안슈키는 철학자의 주거지에 너저분한 쪽지가 넘쳐나지 않도록 그에게 가지고 다닐 수 있는 공책을 제공했다. 바지안슈키는 칸트가 책을 읽다가 옆으로 굴러떨어져서 의자 옆에서 무기력하게 버둥거리고 있을 때도 친구를 구조하러 오고는 했다. 그리고 마침내 칸트가 독서하는 의자 옆에 물컵을 놓아두어야 한다고 주장했다. 마시기 위해서가 아니라 벌써 세 번이나 양초에서 그의 취침용 모자로 옮겨붙은 불을 끄기 위해서였다.[39] 1804년 2월 11일 바지안슈키는 물과 포도주를 섞어서 친구이자 스승에게 건넸다. 칸트가 "그만하면 됐네Es ist gut"라고 중얼거렸다. "그만하면 됐어."[40] 이것이 칸트의 마지막 말이었다.

기억 상실은 나이가 들면 오기도 하지만, 급격히 올 때도 있다. 오늘날 심각한 뇌질환으로 알려진 이 알츠하이머 병은 이성적 존재에게는 매우 잔인한 병이다. 다른 어떤 철학보다도 칸트의 철학이 이성의 본질에 초점을 맞췄다는 사실은 그 잔인함을 더욱 두드러지게 한다. 나이가 들어 기억을 잃어가는 동안 칸트는 인상을 연결하고 체계화하는 능력을 함께 잃었다. 다시 말해서 칸트는 그 자신의 철학에 따르면 여러 가지 감각 입력을 종합해서 개념 아래에 정리할 수 있게 함으로써 세계를 이해하는 바로 그 능력을 잃은 것이다. 이상하게도 기억을 잃어버리는 중에 칸트는 다른 사람, 가상의 주인공—기억하지 못해서가 아니라 잊지 못해서 고통받은 주인공—이 경험한 것과 같은 세계에 서서히 근접하고 있었다.

푸네스처럼 말년의 칸트도 세계를 흡수해서 그로부터 추상화하는 능력을 잃어버렸다. 기억력이 완벽했던 푸네스도 같은 문제를 겪었다. 보르헤스는 이렇게 썼다. "그는 영어, 프랑스어, 포르투갈어, 라틴어를 손쉽게 배웠다. 그럼에도 생각을 그리 잘하지는 못한 것 같다. 생각한다는 것은 차이를 무시하고(또는 잊어버리고) 일반화하고 추상화하는 행위이다."[41] 마찬가지로 위대한 철학자 칸트도 바지안슈키의 말을 빌리자면, "생각을 중단했다."[42]

완벽한 기억은 장애가 되기도 한다. 솔로몬 셰레솁스키를 연구하던 알렉산드르 루리야는 그의 뇌에는 "구체적인 것과 마주칠 때 그것을 일반적인 것의 사례로 변환하는 능력이……부족하다"는 점을 알아냈다.[43] 사실 극단으로 가면 완벽한 기억과 완전한 망각은 하나로 수렴할 테고, 그 결과 개별적인 인상들을 시간의 흐름과 공간의 뼈대 속으로 종합하는 능력 없이 지금 여기 속에서 표류하는 존재일 것이다. 그런 존재는 본능에 이끌려 세계를 배회하고 기계론적인 충동에 따라서만 행동하는데, 또한 칸트가 실천이성의 핵심이라고 본 반성의 능력을 가지지 못할 것이다. 자유 의지가 부족한 존재가 될 것이다. 사실 이 측면에서는 돌이나 신도 마찬가지일 것이다. 선택에 직면하고 어느 것을 선택할지 또는 선택해야 할지 모르는 것은 자유와는 아무런 관계가 없다. 그 우유부단의 순간, 인상의 흐름에 흠뻑 빠진 상태에서 어떤 것을 추출하는 그 순간이 바로 **자유**인 것이다. 시간과 세월의 담요에 감싸이기 전에 칸트는 이 자유를 마음껏 누렸다. 생각한다는 것은 자유롭다는 것이다. 그것을 돌이킬 방법은 없다.

자연에 존재하는 다른 모든 것들처럼 인간도 물리법칙이 지배하는 인과 메커니즘에 실려 흐른다고 칸트는 믿었다. 그와 동시에 자연계에서 흡수한 것으로부터 최소한의 것을 뽑아내고 추상하는 능력은 그 존재에게 자유를 그 세계 안에서 자기 자신을 보고 행동 과정을 결정하고 그 선택을 판단하는 능력을, 더 나아가 필요성을 부여한다. 칸트의 탁월함은 다른 이들이 보지 못하고 지나친 것을 보았다는 데에 있었다. 그는 이 딜레마의 뿔(딜레마의 두 가지 선택지/역주)이 우리가 세계에 대하여 잘못된 것을 가정할 때, 즉 시공간 연속체—우리가 세계를 경험하고 우리에게 주어진 선택지 중 하나를 결정하는 장소—가 실재의 궁극적 성격이라고 믿을 때 모순을 일으킨다는 것을 알았다.

보르헤스가 보여주었고 우리도 다음 장에서 살펴보겠지만, 이 점을 파악하지 못할 때 인류는 가장 무절제한 사고와 가장 역설적인 상상에 빠진다. 하이젠베르크가 발견했듯이, 다른 과학자들은 이 사실을 받아들이지 않고 터무니없는 생각을 계속 선호한다. 그러나 세계에 대한 우리의 지식으로부터 선택의 순간을 완전히 배제할 방법은 없다. 관찰이 자연 속에 자유를 끼워넣으므로, 우리가 발견하고 있는 이 세계에서 앞으로도 영원히 우리는 적극적인 참여자로 남을 것이다.

11

두 갈래로 갈라지는 오솔길들

현기증이 일 정도로 놀라운 복잡성—모호한 고양이, 얽힌 입자, 버키볼 (축구공 모양으로 결합한 탄소/역주), 벨의 부등식 등—에도 불구하고 양자 역학은 궁극적으로 하나의 핵심적인 수수께끼로 요약된다. 이 수수께끼 가 가장 잘 표현된 곳은 하이젠베르크가 몹시 흥분해서 파울리에게 자 신의 발견을 알린 편지였다. 양자가 취하는 경로는 "우리의 관찰, 오로 지 이것을 통해서만 생겨난다." 이 한 줄의 놀라운 표현이 나머지 모든 것의 토대가 된다. 다시 말해서, 파동 입자 이중성(입자를 관찰하지 않고 그래서 입자의 가능한 경로가 서로 간섭하게 될 때 간섭 무늬가 생긴다), 슈뢰 딩거 고양이의 부조리해 보이는 경계 상태(고양이를 관찰하기 전에는 원자 가 입자를 방출하지 않기 때문에 고양이는 생과 사의 중간에서 흐릿하게 머문 다), 시간 역설(입자가 여기까지 오기 위해서 선택한 경로를 입자에 대한 관찰 이 결정하는 것처럼 보인다), 아인슈타인이 실제로 고민한 역설, 즉 한 장 소와 시간에서 한 입자를 관찰하는 것이 나머지 실재와 관련된 어떤 것 을 즉시 변화시킨다면 상대성의 초석이자 물리법칙이 우주 전체에서 변함이 없음을 보증하는 국소성locality 등은 봄날 창유리 위에 앉은 안개처럼 사라진다는 역설까지 말이다.

관찰 행동이 입자의 경로를 즉시 불러낸다면, 고전물리학의 토대는 물론이고 많은 사람이 물리적 실재라고 간주하는 것의 토대도 우리 눈앞에서 허물어진다. 이 사실은 아인슈타인이 다른 해석에 매달렸던 이유를 설명한다. 경로는 존재하지만 다만 우리가 그것을 보지 못한다는 해석이다. 그가 슈뢰딩거에게 보낸 편지에서 묘사한 상자 속 공의 우화처럼, 두 상자 중 어느 하나에서 공을 발견할 확률 50퍼센트는 상자를 열어보기 이전의 공의 실재를 묘사하기에는 부족하다. 그것은 단지 공의 소재에 관한 우리 지식이 부족함을 말해준다.

그러나 많은 실험을 통해서 입증되었듯이, 관찰하기 전까지 상자 안에는 공이 없다. 얽힌 입자들을 적당한 거리로 떼어놓고 한 입자를 관찰하면 다른 입자와 관련된 어떤 것을 즉시 알 수 있다. 바로 **그것을 관찰하는 바로 그 순간까지는 그렇지 않았던 어떤 것**이다. 맥주 또는 위스키를 선택하는 쌍둥이처럼, 한 명이 주문하기 전까지 우리는 1나노초까지 완전한 무작위 상태를 유지할 수 있고, 한 명이 주문하기로 결정하면 그것이 몇 광년 떨어져 있더라도 다른 사람의 주문을 즉석에서 결정한다.

얽힘이라는 피할 수 없는 사실은 우리에게 실재, 그리고 실재와 우리의 관계에 대한 근본적인 측면을 말해준다. 당신이 쌍둥이 중 한 명인데 이제 막 음료를 주문하려 한다고 상상해보자(얽힌 두 입자 중 이제 막 관찰되려고 하는 한 입자라고 상상하기보다는 이 편이 더 편하겠지만, 기본 개념은 똑같다). 당신의 관점에서 당신은 위스키나 맥주를 주문할 수 있다. 그것은 50 대 50의 선택이며, 그 무엇도 당신의 선택을 강요하지 않는다. 하지만 당신이 까맣게 모르는 상태에서 저 멀리, 은하 너머에서 당신의 쌍둥이 형제가 당신을 위해서 지금 막 음료를 선택했다. 쌍둥이 형제는 당신에게 이것을 말해줄 수 없고 어떤 방법으로도 알려줄 수가 없지만, 지금 당신이 완전히 무작위적인 확률, 열린 선택이라고 생각하는 것은 사실 완전히 제약되어 있는 것이다. 당신은 맥주를 주문할지 위스키를 주문할지 모르지만, 당신이 주문하면 어쨌든 둘 중 하나가 된다. 당신의 형제가 1광년 밖에 있다면, 당신이 결정을 내리는 그 시간은 거기에는 아직 존재조차 하지 않는다. 당신의 형제가 당신으로부터 받는 어떤 신호 또는 당신이 보내는 어떤 신호가 목적지에 도착하기까지는 1년이 걸린다. 그러나 지금 이 순간 두 사람은 각자 알고 있다. 1년 후에야 확인할 수 있겠지만, 당신은 확신할 수 있고 전 재산을 걸 수도 있다. 다른 은하에서 무작위로 동전을 던진 것이지만, 당신이 그 결과를 이미 안다는 것이다.

하이젠베르크의 출발점으로부터 발생하는 수수께끼들은 존재에 관한 가장 활발한 질문을 구성하는 듯 보일 수 있다. 하지만 양자역학의 특별한 성공이 낳은 신기한 부작용 중 하나는, 그 질문들 앞에서 우리가 보이는 일종의 정숙주의일 것이다. 이 모든 것이 무엇을 의미하는지를 결정하는 양자역학 해석은 "입 다물고 계산하라"고 가르치는 진지한 물리학과들과 그들을 지원하는 기관들이 알아차리지 못하는 곳에서 이루어지는 경향이 있다. 그 결과, 양자역학 해석은 주로 철학과 안에서 이른바 물리학의 토대이자 하위 분야인 과학철학으로 자리 잡았다. 하지만 그런 고립에도 불구하고 몇몇 물리학자들은 양자 수수께끼를 풀 해법을 계속 찾았다. 그들이 내놓은 어떤 생각은 말 그대로 다른 세계의 이야기이다.

1950년대 프린스턴 대학교에서 존 휠러 교수와 함께 연구하던 몇몇 대학원생은 이 문제들에 흥미를 느끼고 늦은 밤까지 세리주로 기운을 돋우며 그룹 토론을 벌여나갔다.[1] 이 그룹의 리더는 1950년대식 뿔테 안경과 시원한 이마가 돋보이는 젊은이, 휴 에버렛 3세였다. 에버렛은 코펜하겐 해석의 주창자들이 그들의 과학 주위에 담장을 세우고 "묻지 마" 구역을 늘려가는 데에 짜증이 났다. 하나의 양자 현실에서는 관찰로 인해 자연이 확률론적 범위의 선택들로부터 형태를 갖추는 반면, 모래 위에 그려진 임의적인 선의 이편인 고전 역학의 현실에서는 관찰이 외부 세계에 순순히 복종한다는 것을 우리가 왜 받아들여야 하는가? 정확히 무엇이 이 변화가 발생을 결정하는가? 에버렛은 코펜하겐 해석을 주창하는 사람들에게 이렇게 말했다. "코펜하겐 해석의 짜증 나는 특징을 몇 가지만 더 언급하겠다. 당신들은 거시 체계의 거대함을 언급하면서 나타날 수 있는 양자 효과를 무시해도 된다고 하지만……그러나 확증도 없이 주장하는 이 도그마에 어떠한 정당성도 부여하지 않고 있다."[2]

에버렛이 이 글을 쓴 것은 늦은 밤 토론을 하면서 꿈꾸기 시작한 그 자신의 해석을 옹호하기 위해서—결국은 헛수고였지만—였다. 만일 양자 사건을 측정할 때 어떤 일이 일어나는가에 대한 우리의 가정이 틀렸다면 어떻게 될까? 입자가 동시에 모든 곳에 있고 우리가 그 위치를 측정한다는 이유만으로 갑자기 거기에 존재하게 된다는 것이 사실이 아니라면 어떻게 될까? 관찰이 관찰되고 있는 공을 소급해서 상자로 보내는 것이 아니라, 완전히 분리된 2개의 세계, 즉 관찰자가 공을 발견하는 세계와 상자에 공이 없는 세계를 창조한다고 상상해보자. 그런 시나리오에서는 관찰자가 관찰을 통해 공을 소급해서 물질화한 듯이 보이거나 흐릿한 공이 위치를 결정할 수 있게 한 듯이 보이겠지만, 그들이 지금 거주하고 있는 세계에는 그런 마법이 필요하지 않다. 그들의 세계에 따라서 공은 상자 안에 항상 있거나 항상 없다.

에버렛은 만일 이것이 사실이라면 양자 세계의 명백한 역설이 사라진다고 생각했다. 관찰은 경로를 소급해서 결정하거나 초광속 효과를 내지 않고, 고양이는 살아 있는 동시에 죽어 있는 것이 아니다. 대신에 관찰이 하는 일은 새로운 얽힘을 수반해서 다른 수많은 가능성을 배제하고, 그렇게 해서 사실상 다른 세계를 만들어내는 것이다. 한 쌍둥이가 맥주를 주문하는 것을 우리가 볼 때, 그는 다른 쌍둥이가 위스키를 주문하게 하는 **원인**이 되지는 않는다. 그보다는 그가 그 맥주를 주문하는 것에 대한 우리의 관찰은 우리가 있는 세계, 즉 이 쌍둥이는 맥주를 마시고 다른 쌍둥이는 위스키를 마시는 세계를 결정한다. 이 쌍둥이가 위스키를 주문하고 저 쌍둥이가 맥주를 주문한 다른 세계는 여전히 존재하지만, 우리는 그 세계를 영원히 파악하지 못한다.

슈뢰딩거의 고양이와 아인슈타인의 상자와 공에 대해서도 그렇게 이야기할 수 있다. 우리의 관찰이 흐릿한 고양이를 결정하는 것도 아니고, 절반의 공이 기다리고 있다가 우리가 상자를 열 때 완전한 공으로 변하는 것도 아니다. 그보다는 단지 우리의 관찰이 우리를 얽히게 해서 우리는 고양이가 살아 있는 세계, 공이 들어 있는 세계, 다른 선택지들이 우리 앞에서 문을 쾅 닫아버린 세계에 확실히 거주하게 되는 것이다.

우리가 관찰을 해서 그렇게 얽히게 될 때 우리 자신의 세계에서 떨어져나가는 세계, 우리 세계에 대한 유령 세계는 현시대에 에버렛을 지지하는 매우 뛰어난 물리학자 숀 캐럴의 표현을 빌리자면, "우리 세계에서 일어나는 일과 완전히 아무런 관계가 없다."[3] 물론 우리는 앞에서 유령을 보았다. 이중 슬릿 실험에서 우리가 탐지하지는 못하지만 그럼에도 어떻게든 저희들끼리 간섭을 하는 전자들이 바로 그것이다. 입자가 우리의 장치와 얽히게 되는 순간 파도 같은 입자들 사이에서 일어날 수 있는 그 모든 상호작용은 사라지고 우리 세계와 무관해진다. 우리 세계, 우리 장치, 입자, 그리고 우리는 각각의 지류에서 하나의 개별 존재로 갈라진다. 우리는 더 이상 파도치는 그 모든 간섭의 결과를 볼 수가 없고, 무늬는 사라진다.

1957년 불만에 찬 에버렛은 자신의 생각을 대폭 수정해서 박사 학위 논문으로 제출하고 학교를 떠나 미국 국방부에 취직했다. 그는 몰랐겠지만, 그로부터 10년 전 「엘러리 퀸스 미스터리 매거진*Ellery Queen's Mystery Magazine*」이라는 탐정 소설 잡지에 한 이야기가 실렸다.4 아직은 미국에 잘 알려지지 않은 어느 아르헨티나 작가의 이야기가 영어로 처음 번역된 것이다. 그는 1941년에 그 이야기를 그의 첫 번째 기념비적인 선집에 표제작으로 수록했다. 이 작품이 비평가들로부터 호평을 받은 것은 그가 쓴 다른 많은 이야기와는 달리 줄거리가 있었기 때문이다. 양자역학의 미스터리에 관한 에버렛의 해법을 보르헤스가 「두 갈래로 갈라지는 오솔길들의 정원」으로 거의 정확하게 시연했다는 점은 당시에 아무도 몰랐다.

보르헤스는 자신의 전형적인 방법으로 이 첩보 소설을 시작한다. 어느 역사책의 단편적인 글, 간과된 미스터리, 사라진 페이지 몇 장이 그것이다. 유춘이라는 사람이 전화기에서 들리는 목소리를 알아듣고 움찔 놀란다. 그 목소리의 주인은 리처드 매든이라는 영국군 대위이다. 매든은 영국에서 프로이센 첩보원의 냄새를 집요하게 추적하는 스파이 사냥꾼으로 악명이 높다. 지금 유춘은 영국에서 살고 일한다. 유춘이 전화를 끊은 순간, 시계가 그에게 남은 생의 시간과 분을 거꾸로 세기 시작한다. 매든은 그가 여기 있다는 것을 안다. 그 무엇도 매든을 막지 못한다.

유춘에게는 카드가 한 장 남아 있다. 영국군이 세운 새로운 포병대의 위치를 알고 있었던 것이다. 앞으로 몇 시간 안에 그의 대장에게 이 기밀을 알린다면, 그는 최소한 매든의 손에 쓰러지기 전에 적이 피를 흘리게 할 수 있다. 몇 분 안에, 그리고 전화번호부의 도움으로 유춘은 계획을 세운다. 계획을 완성하기 위해서는 스티븐 앨버트라는 사람을 찾아야 한다.

리처드 매든을 따돌리고 앨버트가 사는 마을로 가는 동안 유춘은 증조부 추이펀을 회고한다. 원난 성의 성주였던 추이펀은 한 편의 소설을 쓰고 미로를 만들기 위해서 속세를 떠났다. 그러고는 13년 동안 홀로 이 두 가지 일에 전념하던 중 누군가에게 목숨을 잃었다. 그의 소설은 방대하고 이해할 수 없으며, 그의 미로는 누구에게도 발견되지 않았다. 스티븐 앨버트의 집 대문 앞에 도착한 유춘은 앨버트가 증조부인 추이펀의 유명하지만 아직 발견되지 않은 작품,「두 갈래로 갈라지는 오솔길들의 정원」을 재구성한 중국학자라는 것을 알고 깜짝 놀란다.

매든의 습격이 얼마 남지 않은 시간에 유춘은 스티븐 앨버트로부터 추이펀이 설계한 미로와 그가 남긴 이해할 수 없는 소설이 사실은 하나라는 것을 알게 된다. 추이펀의 소설은 시간을 따라서 펼쳐진 미궁이다. 대부분의 소설에서처럼 삶에서도 "다양한 대안들"에 직면하는 사람은 하나를 선택하고 나머지를 없애야 한다. 그와 반대로 추이펀이 창조한 소설에서 인물들은 모든 대안을 동시에 선택해서, "시간의 무한한 연속들, 분기하고 수렴하고 병행하는 시간들로 이루어진, 점점 커지는 어지러운 시간의 그물망," "**모든** 가능성이 담긴" 시간들로 이루어진 뼈대를 창조한다.5

앨버트의 이야기에 귀를 기울이는 동안 유춘은 그의 주변과 몸 안에서 "눈에 보이지 않고 만질 수도 없는 득실거림"을 느낀다.6 그는 그 집이 "보이지 않는 사람들로 무한하게 포화된" 것처럼 느끼고, 다른 시간의 차원들 속에서 제각기 다르게 움직이는 앨버트와 그 자신을 느낀다.7 이때 매든이 도착하고 그의 환상이 사라진다. 조용히, 결연하게 유춘은 만난 이후로 잠시나마 존경했던 남자, 앨버트를 살해한다. 유춘은 영국 포병대가 위치한 도시의 이름과 성이 똑같은 남자의 명단을 전화번호부에서 찾아낸 것이었다. 그 남자가 영국에 거주하는 중국인에게 살해당했다는 뉴스가 나오면 프로이센 군은 그 정보를 토대로 포병대를 공격하고 영국군의 발목을 잡을 수 있다.

매든에게 체포된 유춘은 교수형을 선고받고, 프로이센 군대는 불과 며칠이지만 영국군의 전진을 성공적으로 지연시킨다. 이제 유춘은 그의 도움을 받은 지휘관들이 그가 끝없이 참회하고 있다는 사실을 알지 못하리라고 생각한다. 그것은 그 누구도 알지 못하기 때문이다.8

에버렛이 양자역학의 "다세계 해석"을 제안했을 때 보르헤스는 사실상 무명이었지만, 몇 년 뒤에 상황은 극적으로 변했다. 1961년 유럽과 뉴욕의 대형 출판사들은 뜻을 모아 국제출판인협회상을 제정했다. 수상자는 1만 달러의 상금을 받고 번역 출판 계약을 맺을 수 있었다. 1명의 수상자를 뽑기 위해서 구성된 6인의 위원회가 서로 치열하게 밀고 당긴 끝에 심사원들은 결선에 오른 2명, 사뮈엘 베케트와 호르헤 루이스 보르헤스를 공동 수상자로 선정했다. 수상자가 호명되는 일요일에 보르헤스는 비오이의 집에서 아침 식사를 하고 있었다. 당연히 그는 상에 대해서는 들어보지 못했고, 그저 장난이리라고 생각했다.[9] 남아메리카 원뿔꼴 지역(브라질, 파라과이, 우루과이, 아르헨티나, 칠레로 이루어지는 지역/역주) 출신의 이 무명작가는 순식간에 누구나 아는 유명인이 되었다.

국제출판인협회상이 도화선에 불을 붙이기는 했으나 연료가 고일 수 있었던 것은 과거 10년 동안 프랑스에서 그의 작품에 대한 관심이 뜨거워진 덕분이었다. 유명한 비평가 로제 카유아가 보르헤스의 선집을 번역해서 『미로Labyrinthes』라는 제목으로 소개했고, 같은 해에 장–폴 사르트르의 잡지 「르탕모데른Les Temps Modernes」에도 『픽션들』에 대한 서평이 실렸다. 독일, 이탈리아, 스페인에서 즉시 번역이 이루어졌으며, 스페인의 대형 출판사 세익스 바랄은 국제출판인협회상을 받은 보르헤스를 소개하면서 그가 라틴아메리카의 신세대 작가, 이를테면 가브리엘 가르시아 마르케스, 마리오 바르가스 요사에게 미친 영향을 언급했다.

영어권 세계에서 그의 작품이 아직 널리 번역되지 않았음에도, 1961년에 보르헤스는 앞으로 무수히 받을 초청 중 첫 번째 초청을 받아 미국에서 강연을 하고 객원 교수로 일했다. 이때는 오스틴에 있는 텍사스 대학교에서 일했지만, 체류하는 6개월 동안 그는 주로 어머니와 함께 그가 존경했던 작가들의 집, 케임브리지의 롱펠로 저택과 콩코드에 있는 에머슨의 집을 순례자의 마음으로 방문했다. 앞으로 있을 많은 여행에서도 그는 계속 작가들의 집을 방문했다.[10] 그가 생애 말년에 존스홉킨스 대학교와 볼티모어를 방문했을 때 당시 대학원생이었던 철학자 스티븐 비키오는 도심에 있는 에드거 앨런 포의 묘로 그를 데려갔다. 눈이

먼 작가는 동상의 얼굴을 쓰다듬으면서 말없이 명상에 잠겼다. 그러고
는 속삭였다. "내가 아는 그 포로군."[11]

부에노스아이레스로 돌아와 보니 보르헤스는 아르헨티나에서 가장
유명한 토착민이 되어 있었다. 시립도서관까지 전차로 힘들게 통근하
던 시절은 먼 과거가 되었다. 이제 보르헤스는 명망 있는 국립도서관장
이자 부에노스아이레스 대학교의 국문학과장이 되었다. 또한 프랑스,
영국, 이탈리아에서 문학 기사 작위를 받았다. 하버드 대학교는 1967-
1968학년도에 보르헤스에게 찰스 엘리엇 노턴 시학 교수라는 이름을 부
여했다. 요컨대, 수줍은 호르기가 거물이 된 것이다.

터무니없이 비현실적인 데다가 눈까지 먼 60대 후반의 남자에게 해외
여행의 유혹은 힘든 문제들을 유발했다. 한동안은 보르헤스의 어머니가
여행의 동반자 겸 가이드로서 훌륭히 임무를 수행했다. 하지만 어머니가
90대에 접어들자 더 이상 어머니에게 그 중요한 역할을 맡길 수 없다는
걱정이 마음을 짓누르기 시작했다. 그래서 비록 보르헤스가 항상 꿈꿨던
낭만적인 이유에서는 아니었지만 걱정에 비례해서 결혼 문제가 부상했
다. 레오노르는 아들의 마지막 혼사에 장애물이 되기보다는 오히려 앞장
을 서서 아들 호르기를 엘사 아스테테에게 떠밀었다. 아스테테는 호르기
가 20대에 잠깐 구애했던 여성으로, 사별한 지 얼마 되지 않은 상태였다.

보르헤스는 동요했다. 한동안 그는 다시 한번 누군가에게 빠져 있었
는데 이번 상대는 일본 사업가의 딸이자 대학교에서 그의 강의를 듣는
학생, 마리아 코다마였다. 하지만 나이 든 교수와 젊은 학생의 관계가
오늘날처럼 눈살을 찌푸릴 일은 아니었음에도 코다마는 보르헤스에 비
해 너무 젊었다. 그래서 보르헤스는 환상을 접고 마침내 마음을 정한 뒤

1967년 여름 엘사에게 청혼을 했다. 그녀는 받아들였고, 그해 두 사람은 먼저 결혼 신고를 하고 얼마 후 교회에서 식을 올린 뒤 불과 일주일 만에 일정에 따라 하버드로 향했다. 소박하고 조용한 결혼식 계획은 이내 물거품이 되었다. 임박한 결혼 소식을 포착한 기자들이 교회를 가득 채우고서 아르헨티나에서 가장 유명한 사람을 멀리서라도 보고 사진에 담기 위해 목을 뺐기 때문이다.[12]

불화는 결혼식 종소리가 멈추자마자 시작되었다. 항해가 임박한 상황에서 여행 준비에 스트레스를 받은 엘사는 레오노르가 신혼부부를 위해 연 파티에 모습을 드러내지 않았다. 케임브리지에 도착한 후에도 엘사는 하버드 대학교가 그들에게 임대해준 아파트에 대해 불만을 늘어놓았고, 주소를 바꿔야 한다고 고집을 부렸다. 스페인어밖에 몰랐던 그녀는 보르헤스가 그리는 문학과 학문의 궤도에 진입하기 어렵다고 느끼고 즉시 시야에서 물러났다. 모든 사람이 이 결혼을 보르헤스의 삶에 돌보는 사람을 들이는 현실적인 방편으로 여겼지만, 결국 하버드는 연로한 시인을 강의실에 인도할 사람으로 대학원생 한 명을 지정했다.[13] 방문교수 일을 마치고 부에노스아이레스로 돌아온 후에도 상황은 나아지지 않았다. 엘사는 하버드의 교수들 사이에서 느낀 것과 마찬가지로 고국의 문인들 사이에서도 소외감을 느꼈다. 레오노르의 사교 모임에 참석하는 상류층 부인들이 엘사의 세련되지 못한 언행을 경멸하자 결국 그녀는 부에노스아이레스의 사교계에서 사라졌다.

1969년이 되자 상황은 보르헤스에게 참을 수 없는 지경이 되었다. 그는 친구에게 아내를 떠나고 싶다고 고백했다. 하지만 엘사에게 그의 심정을 알렸느냐고 친구가 묻자 다투는 것이 싫다고 중얼거렸다. 그해 5

월 끝내 보르헤스는 이번에도 아내 모르게 변호사를 찾아가 상담하고 법적 별거를 위한 단계별 계획을 비밀리에 마련했다. 그에 따라 7월 엘사의 남편이 표면상으로는 여행을 떠났지만 실은 그녀의 눈에 띄지 않도록 숨어 있을 때 그녀는 어느 변호사에게 아파트 문을 열어주었고 그로부터 보르헤스의 별거 신청서를 받았다. 그녀는 신청을 받아들이고 아파트에서 계속 살았다. 보르헤스는 어머니에게 돌아갔다.[14]

아내와의 충돌을 앞두고 보르헤스가 드러낸 소심함은 어떤 의미에서는 그답지 않아 보인다. 음습한 동네의 뒷골목에서 친구들과 함께 목숨을 걸고 불량배들을 모욕하던 다혈질의 승부사는 어디 갔을까? 1940년대 조국에 파시즘을 몰고 온 정치적 변화에 끝까지 맞선 수다쟁이 싸움꾼은 어디 갔을까? 사실, 보르헤스는 감정 문제에서는 소심한 면이 있어서 실수를 저지르고는 했다. 그러나 공공의 삶에서 그의 거친 목소리는 대단히 파괴적이었다.

　파시즘에 대한 증오가 오래 전부터 보르헤스의 정치적 행로를 이끌고 있었다. 1939년 유럽에 전쟁이 일어났을 때 그는 독일이 승리하면 "온 세계가 파멸하고 붕괴할 것"이라고 쓰고, "아돌프 히틀러를 제거해야 한다"고 목소리를 높였다.[15] 4년 후에는 군사 쿠데타에 성공해서 아르헨티나에 민족주의 정권을 수립한 후안 도밍고 페론에 강하게 저항했다. 1945년 아르헨티나 문인협회 특별상인 그랑프리상의 피로연에서 그는 군사 지도자들과 그들이 유럽에서 찬양하는 나치 이데올로기를 강하게 비판하면서 그 세력을 사악한 분파라고 불렀다.[16]

　약 30년이 흐른 지금 보르헤스는 그때의 충동을 2배로 강하게 느꼈다. 1970년에 페론주의자 무리가 무장 반란을 일으켜 아르헨티나 정부를 위협했다. 그들의 초기 작전 중 하나는 약 15년 전 페론의 몰락과 망명에 주된 역할을 한 장군을 납치하고 살해하는 것이었다. 정권을 잡은 군사 정부가 질서를 회복하기 위해서 허둥대는 중에 페론당과의 협상이 시작되었는데, 페론의 복귀가 이루어질지도 모른다는 소문이 돌았다. 격노한 보르헤스는 공화국을 지지하는 시민 참여 증진 위원회에 가입하고 페론의 아르헨티나를 "파시즘의 아르헨티나적인 모방"이라고 부르는 성명을 발표했다.[17]

그의 노력에도 불구하고 2년 후 페론주의자들이 대통령 선거에서 승리하고 이로써 페론이 스페인에서 복귀할 발판이 마련되었다. 보르헤스는 이탈리아 신문과의 인터뷰에서 변함없이 경멸하는 어조로 페론의 당이 승리한 것은 "600만 멍청이들"의 표 때문이었다고 말했다.[18] 한편 보르헤스의 독설에 관한 질문을 받았을 때 페론은 신중하게 답했다. "우리가 정권을 잡았을 때 10년 동안 그에게 인내했다면, 지금은 그가 노인이 되었으니 인내할 이유가 더 커진 것입니다."[19]

알고 보니 정부는 이 노인을 박해하는 것처럼 보이지 않기 위해서 상당히 노력하고 있었다. 보르헤스가 국립도서관장 직에서 사임할 것을 고려하고 있다는 소문이 돌자 공무원들이 즉시 그에게 달려가 그들은 그의 도서관 직무를 방해할 생각이 전혀 없다면서 노인을 설득했다. 그러나 보르헤스는 이 말에 흔들리지 않고 사임했다. 얼마 뒤 페론이 돌아와서 압도적인 득표로 대통령이 되었다. 지나고 보니 보르헤스를 노인이라고 부른 것은 사돈 남 말하는 격이었다. 보르헤스보다 몇 살 더 많은 페론은 취임한 지 1년이 채 되지 않아 눈을 감았고, 그가 남긴 공백은 순식간에 정치적 혼돈으로 가득 찼다.

페론이 죽고 정권이 와해된 상태에서 호르헤 비델라 장군의 주도로 새로운 군사 정권이 권력을 잡았다. 다시 한번 해외여행을 하고 부에노스아이레스로 돌아온 보르헤스는 장군으로부터 날아온 오찬 초청에 응했다. 이 자리에서 보르헤스는 "그가 **조국**을 위해 한 일, 즉 조국을 혼돈으로부터, 우리를 붙잡고 있던 비참한 상태로부터, 그리고 무엇보다도 백치 상태로부터 구한 것"에 찬사를 바쳤다.[20] 비델라와 오찬을 나눈 뒤 얼마 되지 않아 보르헤스는 자신을 초청한 칠레로 건너가서 명예 학위를 받았다. 칠레 대통령 아우구스토 피노체트는 폭력적인 쿠데타를 통해 민주적으로 당선된 대통령 살바도르 아옌데를 죽이고 정권을 잡은 독재자였다. 피노체트 정권 같은 천박한 정권을 지지하는 것처럼 보인다면 그해 노벨상 수상 가능성이 하락할 것을 염려한 친구들이 그를 말렸지만, 보르헤스는 그들의 훈계를 들으니 더욱 가야겠다고 친구들에게 말했다.[21] 그는 산티아고로 갔을 뿐 아니라 피노체트와 단둘이 만찬을 즐겼다. 피노체트는 직접 그에게 칠레 최고의 훈장을 수여했다. 친구들의 우려는 현실이 되었다. 잔인하게 인권을 탄압한 행위로 전 세계에 악명이 자자한 사람을 그렇게 공식적으로 지지한 탓에 보르헤스는 세계에서 가장 권위 있는 문학상과는 완전히 멀어지게 되었다.

두 갈래로 갈라지는 오솔길 혹은 도로는 강력한 이미지이다. 우리는 시간을 자연스럽게 하나의 선, 우리가 걸어가는 하나의 길로 상상하고 그 길 위에는 두 가지 다른 미래 중 하나를 선택해야 하는 양자택일의 순간들이 있다고 여긴다. 로버트 프로스트의 강력한 이미지, 숲속에서 만나는 두 갈래 길에서 우리는 대안적인 현재들이 우리에게 주어졌다고 상상하게 된다. 프로스트의 이 유명한 시에서 오솔길을 걷는 사람은 "안타깝게도 두 길을 갈 수 없는 / 한 사람의 나그네"라고 한탄하고, "뒷날을 위해 한 길은 남겨두기로" 한다. 하지만 그는 "길은 다른 길에 이어져 끝이 없으므로" 결코 돌아오지 못하리라는 사실도 깨닫는다.[22]

젊은 시절 그러한 이미지에 이끌렸던 보르헤스는 삶에서 한쪽 가능성들을 실현하면 "반대쪽 가능성들이 배제되거나 취소된다"라고 말했다.[23] 삶의 어느 날 오후의 흐름이 방향을 틀었다면 **어떻게 되었을까**? 그가 사랑하지 않는 여자와 결혼하라는 압력에 굴복하지 않았다면 **어떻게 되었을까**? 나중에 국민을 고문하고 죽이고 전쟁을 일으킬 장군을 지지할 때 조금 더 신중했더라면 **어떻게 되었을까**?

완고하고 심지어 약간 심술궂기도 했지만 보르헤스는 상황이 요구했을 때에는 겸손함을 보였다. 세월이 흘러 진실이 명확해진 1980년에 보르헤스는 과거의 정치적 입장이 잘못되었다며 진심으로 후회를 표명했다. 세르반테스상을 받기 위해서 스페인에 갔을 때 기자들이 그에게 군사 지도자들을 지지했던 과거의 행적과 이제는 널리 알려진 더러운 전쟁Dirty War(정부군이 혁명군과 민주 진영을 상대로 일으킨 전쟁을 가리키는 용어/역주)에 대해서 질문했다. 아르헨티나로 돌아온 그는 스페인 기자들이 "나에게 상당히 강하게 따져 물었으며", "또한 나에게 많은 가르침을 주었다"라고 말했다.[24] 딸이 실종되어 5월 광장 어머니들Mothers of the Plaza de Mayo—더러운 전쟁에서 자식과 손자를 잃은 여성들의 모임—과 함께 정기적으로 항의하던 늙은 지인이 보르헤스를 만나기 위해서 아파트를 방문했다. 그녀는 나중에 이렇게 말했다. "보르헤스는 대단히 신중

하고 정중하게 내 말을 경청했으며……마음을 열고 어머니의 슬픔을 충분히 이해했다."[25] 그해 말 보르헤스는 실종자의 죽음에 항의하는 일련의 공개서한 중 첫 번째 서한에 서명하고, "경제 파탄, 실종, 전쟁을 조사할 것"을 요구했다.[26] 그는 아르헨티나를 "미친 사람의 수중에 들어간, 지혜롭지만 절망에 빠진 사람들"의 땅이라고 불렀다.[27] 그의 공식적 입장이 변하자 군사 정권의 대우가 즉시 달라졌다. 그의 「뉴스위크 *Newsweek*」 인터뷰는 아르헨티나에서 금지되었고, 민족주의 신문은 "기괴한 반역자"라고 비난하는 표제와 함께 그를 혹평했다.[28]

유감을 느끼고 입장을 변화시킬 수는 있었지만 과거로 돌아가 다른 길을 택할 수는 없었다. 「두 갈래로 갈라지는 오솔길들의 정원」에서 바로 그 후회에 대한 철학적인 반추를 보지 못하고 지나치기는 어렵다. 유춘은 자기 자신의 보이지 않는 버전들─우리가 두 길을 모두 갈 수 없는, 한 사람의 나그네이기 때문에 갈 수 없었던 그 모든 길─이 득실대는 것을 느낀다. 만일 우리가 그럴 수 있다면 어떻게 될까?

지나간 결정, 갈라진 길, 가지 않은 길을 되돌아볼 때에는 후회가 일기도 한다. 자책감이 들기도 한다. 이 감정에는 개인적 책임이 반영되어 있다. 그것은 자유를 의미한다. 다른 길을 선택할 수도 있었다. 하지만 갈라진 길이 나올 때마다 우리가 두 길을 모두 간다면, 자유나 책임이 무슨 소용이 있을까? 논란이 많은 칠레 독재자가 초청했을 때 보르헤스는 결정을 내려야만 했다. 친구들은 노벨상을 탈 기회가 사라질 것이라며 가지 말라고 충고했다. 친구들이 옳았다. 하지만 그들의 주장은 역효과를 낳았다. 보르헤스는 그러한 양다리 걸치기는 혐오스럽다고 보고 초대를 받아들이기로 결심했다. 추이펀이 소설에 묘사한 세계에서라면 보르헤스는 그 초대를 받아들이기도 하고 거절하기도 할 것이다. 그 보르헤스는 처음부터 인권 탄압을 공공연히 비난한다. 그리고 당연히 그 보르헤스는 노벨 문학상을 받는다. 하지만 결정적으로 중요한 것은 이것이다. 만일 보르헤스가 두 길을 모두 간다면, 두 보르헤스 중 하나는 문제의 선택에 책임을 져야 할까?

이에 대한 답은 분명 부정적이다. 만일 힘들게 결정하는 것이 단지 아무 결정도 하지 않는 이전 버전의 기계적인 결과일 뿐만 아니라 그때마다 당신 자신의 두 버전이 생긴다면, 두 버전 중 어느 쪽도 자유롭게 선택하지 않았고, 어느 쪽도 결과에 책임을 지거나 공을 내세울 수가 없을 것이다. 갈라진 오솔길들의 정원에서 사는 순간 더 이상 이성적 행위자가 아니게 된다. 모든 행위자가 모든 가능성을 거머쥐게 되고, 어떤 사람도 어느 한 길의 실재성을 잠시라도 구현하지 못한다. 길 자체가 다시 순식간에 두 갈래로 갈라질 테니 말이다.

이 가상의 상황은 얽힌 쌍둥이에 관한 사고 실험과 관계가 있다. 그 실험에서 쌍둥이는 각자 자기가 자유롭게 선택했다고 믿을 것이다. 만일 한 쌍둥이가 위스키를 선택하고 나중에 숙취로 고생한다면, 그는 자신의 선택에 책임감을 느끼고 아마도 후회할 것이다. 하지만 그 후회, 그 책임감은 부적절하다. 만일 그가 위스키를 주문한 것이 몇 광년이나 떨어져 있고 둘 사이에 소통 가능성이 전혀 없는 상태에서 다른 쌍둥이가 동시에 맥주를 주문한 것의 필요조건이라면, 그 선택이 어떤 의미에서 자유로운 선택이겠는가?

샘 해리스의 시나리오에서도 이 구조가 되풀이된다. 해리스는 그 자신을 원자 대 원자 수준으로까지 살인자로 교체한 뒤 그에게는 "다른 사람을 죽이고 싶은 충동을 거부할 줄 아는" 특별한 부분이 없다고 주장했다.[29] 하지만 **우리에게 행위 능력이 없다고 하는 이 시나리오들은 모두 잘못되었다. 각각의 시나리오가 지식에 관한 있을 법하지 않은 전제에 의존하기 때문이다.**

보르헤스가 그의 정원을 꿈꾸고 에버렛이 양자역학의 측정 문제에 대해 다중 세계의 해답을 제시할 때보다 1,500년 이전에 보에티우스는 시간을 초월한 지식(또는 예지)으로도 우리의 선택(또는 선택의 자유)은 제거되지 않음을 깨달았다. 선택은 시간 속에서 발생하기 때문이다. 얽힘은 사실이지만, 그 사실은 측정이 드러내는 것의 무작위성에 대해 또는 같은 맥락에서 자유에 대해서는 아무것도 말해주지 않는다. 얽힌 입자 중 하나의 스핀을 측정하면 다른 것의 스핀이 결정되는 것은 부인할 수 없는 사실이지만, 그 정보는 시간을 타고 전달되지 않는다. 보에티우스가 걱정했던 신의 예지처럼, 그 정보는 단지 관념상으로만 존재한다. 또한 신의 예지처럼 그것도 시공간 바깥으로 투사된 것이며 따라서 무작위나 자유 어느 쪽에도 영향을 미치지 않는다.

이와 마찬가지로 측정이 어떻게 시공간상 다른 위치에 동시에 영향을 미치는 것처럼 보이는가에 대한 휴 에버렛의 설명은 수학적으론 유효하지만, 우리가 그 실재를 가정하기 위해서는 신과 같은 지식을 가정해야 한다. 그 무한히 많은 다른 세계들의 보이지 않는 득실댐은 발견하기 불가능한 그림자들, 우리 자신의 불일치로부터 발생하는 좌절을 달래기 위해 지어낸 대안적 실재들로만 남는다.

다만, 그 불일치들이 명확해진다면 어떻게 될까? 무한히 증식하는 세계보다 더 나은 설명이 있다면 어떻게 될까? 바로 이것이 보르헤스가 우리를 신기하게도 하이젠베르크에게로 데려갈 묘책을 적용했을 때 직감으로 알아낸 것이었다.

보르헤스를 처음 보았을 때 마리아 코다마는 아이였다. 코다마의 회고에 따르면 그녀는 아버지와 함께 보르헤스의 강연을 들었고, 강연이 끝났을 때 용기를 내어 보르헤스와 이야기를 나눴다. 그는 쉰 살이었고, 그녀는 열두 살이었다. 나중에 그녀는 부에노스아이레스 대학교에서 그와 함께 아이슬란드 문학 수업을 들었고, 그후에는 국립도서관에서 그가 매주 진행하는 앵글로색슨족 언어와 문학에 관한 수업에 참석했다.[30] 첫 만남으로부터 약 20년이 흘렀을 때 마리아 코다마는 그와 엘사 아스테테가 사는 아파트에 정기적으로 방문해서 어느덧 눈이 멀어버린 작가에게 글을 읽어주고 영어로 작성된 글을 처리해주기 시작했다.

실패한 결혼 생활을 감내하며 불행과 외로움에 찌들었던 보르헤스는 이때 확실히 코다마에게 감정을 느끼기 시작했지만, 나이 차이를 생각해서 그 감정을 인정하지 않았다. 지금 그녀는 30대 초였고, 그는 일흔에 가까워지고 있었다. 1969년 12월, 뉴욕의 커뮤니티 센터 92NY에서 낭독회를 마친 후 보르헤스는 파티에 초대를 받았다. 그러나 엘사가 가려 하지 않자, 뉴욕에 있던 마리아 코다마가 대신 참석했다. 나중에 보르헤스의 전기를 쓴 에드윈 윌리엄슨에게 그녀가 말했듯이, 이 모임에 참석하고 또 보르헤스가 그렇게 고통스러워하는 것을 본 뒤로 코다마는 그에게 느낀 다정함과 연민이 더 깊은 감정으로 바뀌었음을 깨달았다.[31]

이듬해 여름부터 보르헤스와 엘사 아스테테는 별거했지만, 보르헤스와 마리아 코다마가 그들의 은밀한 열정을 완성할 수 있기까지는 1년이 더 흘러야만 했다. 1971년 3월 보르헤스의 미국인 번역자는 그가 아이슬란드에서 잠깐 머물 수 있게 준비했다. 그리고 마리아가 합류했다. 보르헤스의 표현에 따르면 아이슬란드는 "꿈이 실현되는 곳"이었다.[32] 열렬히 사랑하는 에다−사가족(북유럽 신화의 민족/역주)의 땅에서 감정에 북받친 두 사람은 서로에 대한 감정을 고백했다. 비참하고 버림받은 남자가 71세에 마침내 진실한 사랑을 찾은 것이다.[33]

마리아 코다마는 결혼이라는 제도를 싫어한다고 하면서 처음에는 그와 결혼하기를 거부했지만, 결국 보르헤스가 죽어가던 자리에서 그와 결혼했다. 코다마에 대한 보르헤스의 사랑, 그리고 아이슬란드와 그 땅의 고대 문화에 대한 사랑은 그가 쓴 몇몇 이야기에 영감을 불어넣었다. 그중 하나는 중세에 윌브 시귀르다르손이라는 아이슬란드 사람이 우른족이라고 알려진 신화 속 부족을 찾아가는 이야기이다. 우른족 영토에 들어서자 이내 시귀르다르손은 우른족 왕의 이름이 귄뢰이흐라는 것을 알게 된다. 왕에게는 이방인을 십자가에 못 박는 고약한 습관이 있다는 말을 들었음에도, 그는 왕의 행적에 관한 시를 짓고 기억에 새긴다. 때마침 그를 왕에게 데려가기 위해 남자 2명이 나타난다. 그들을 따라 여행을 하던 중 그는 그리스도론적인 신비한 물체들—노란 말뚝 위에 물고기 한 마리, 빨간 말뚝 위에 둥근 접시 하나—을 만나는데, 그때마다 안내자들은 그에게 "그 말"이라고 말한다.[34]

시귀르다르손이 "크나큰 고통" 때문에 누워서 죽어가고 있는 귄뢰이흐의 방에 들어가 그를 알현하자 누군가가 그에게 하프를 준다.[35] 하프를 받아든 시귀르다르손은 일전에 작곡한 시를 노래한다. 왕이 기뻐하며 그에게 쇠로 된 반지를 준다. 곧이어 구경하던 사람 하나가 그에게서 하프를 가져가더니 한 단어로 된 노래를 부르는데, 시귀르다르손은 그 의미를 이해하지 못한다. 실내에 있던 모든 사람이 줄줄이 나가는 중 누군가가 시귀르다르손의 어깨를 건드리면서 그가 "그 말"을 들었기 때문에 곧 죽을 것이라고 알려준다. 하지만 그도 그와 똑같은 시인의 핏줄이니 어떻게든 그를 구해보겠다고 덧붙인다.

그 시인, 비이아르드니 소르켈손은 시귀르다르손에게 그의 노래는 여러 가지 것들에 대해 말하지만 우른족의 시는 모든 것을 한 단어로 축약해서 부른다고 설명한다. 단 그는 그 말이 무엇인지 밝혀줄 수 없으니, 스스로 깨우쳐야 한다. 시인은 그날 밤 그를 숨겨주겠다고 약속하고, 다음 날 시귀르다르손은 배를 타고 남쪽으로 떠난다. 그는 여러 해 동안 여행하고 여러 번의 삶에 해당하는 삶을 살지만, 그는 이렇게 말한다. "정말 중요한 것은 언제나 '그 말'이었다."[36]

마침내 우른으로 돌아온 시귀르다르손은 소르켈손의 집을 찾아가는데, 지금 시인은 홀로 누워서 죽어가고 있다. 옛 친구가 돌아온 것을 본 소르켈손은 하프를 들고 노래를 부른다. 이번에 시귀르다르손은 귀 기울여 듣는다. 죽어가는 시인은 "윈드르Undr라는 단어를 말했는데, 그 의미는 **경이로움**이었다"라고 말한다. 시귀르다르손은 여기에서 이야기를 끝내고, 보르헤스는 다음과 같이 말한다.

나는 누워서 죽어가는 남자의 노래를 듣고 감정이 격해졌지만 그의 노래에서, 그의 화음에서 나 자신의 고투, 나에게 첫사랑을 바쳤던 노예 소녀, 내가 죽인 남자들, 서늘한 새벽들, 바다 위에 일렁이는 북극광, 일사불란하게 움직이는 노를 보았다. 나는 하프를 들고 노래를 불렀다. 그것은 다른 단어였다.

시인이 "음"이라고 말했다. 몸을 기울여야만 그의 말을 들을 수 있었다. "내 말을 이해했군요."37

자신이 꿈꾸었던 땅, 불과 얼음으로 둘러싸인 먼 과거의 에다-사가족 나라에서 보르헤스는 35년 전에 만든 수수께끼에 대한 시적인 해답을 한 방울 증류했다. 지금 여기에 갇혀 있으며, 계속 좁아지는 선택의 통로를 지나야 하는 상태에서 우리는 경험을 결합하고 연결해가면서 우리 자신의 이야기, 우리 삶의 시간선을 창조한다. 하지만 그와 동시에 우리는 우리가 살지 않은 삶의 이야기, 상상을 제외한 어떤 것으로도 따라잡을 수 없는 말과 의미의 잠재적으로 무한한 갈래들을 상상한다. 우리는 자신이 어떤 존재인지를 확인할 때 우리가 가지 않았던 길들을 차단하고 그 위에 꿈의 정원에서 득실대는 유령들을 만들어낸다.

그러나 이 자아의 탈출을 허락하는 것은 무엇일까? 시공간상의 개별 순간들을 연결하고 그와 동시에 우리를 보이지 않는 장소로 투사하는 것은 과연 무엇일까? 그것은 바로 "그 말", 알레프이다. 이 둘은 보르헤스가 세계에서 흡수한 것으로부터 뽑아낸 최소한의 추상 개념에 붙인 이름으로, 시공간상의 한 순간을 다른 순간과 결부시켜서 그러한 순간들이 애초에 순간일 수 있게 하는 종합이다. 물론 이 "말"은 언어이지만, 동시에 그보다 더 깊은 어떤 것이다. 우리는 다수의 의미를 하나의 기호로 묶어내는 시의 힘에서 "그 말"을 발견한다. 하지만 심지어 시를 넘어서 "그 말"은 지식의 정수, 지각을 가능하게 하는 조건, 아인슈타인을 인용하자면 우리가 관찰—측정 도구와 시계 문자반의 시공간상 일치—이라고 부를 수 있는 모든 것의 유효한 요소들을 형성한다.

사실 "그 말", 그리고 보르헤스가 오랫동안 작품 세계에 그린 그 모든 신비한 실체들은 이미 잊지 못하는 남자에 관한 이야기에서 밝혔던 것을 상징한다. 우리는 세계를 알고자 하고 완벽하게 알고자 애를 쓰지만 그 앎의 힘, 그 충동의 원천은 바로 앎의 불완전함, 지식이 지식의 대상과 동일할 수 없다는 사실에서 나온다. 시인이 죽어가는 남자의 하프를 들고 다른 단어를 말했을 때 그가 이해한 것도 바로 이것이었다. 애초에 어떤 것을 경험한다는 것, 무엇인가를 이해한다는 것, 입자를 관찰한다는 것, 인생의 어느 날 오후의 흐름을 붙잡는다는 것은 또한 다른 어떤 것을 경험한다는 것 그리고 존재할 수 있었지만 그러지 않았던 것을 향해 상상력을 펼친다는 것을 의미한다.

우리는 가지 않은 길을 상상할 수는 있지만 실제로 그 길을 갈 수는 없기 때문에 종교와 과학이 신의 이름으로 말하기 위해서 최선을 다한다고 해도 우리의 자유는 근절되지 않는다. 아직 별처럼 높은 곳에서 빛나지는 않았지만 이미 아르헨티나에서 가장 유명한 작가가 된 1960년에 보르헤스는 단편 소설을 발표한다. 이 작품에서 그는 그와 또다른 보르헤스, 즉 대중적인 지식인이자 작가인 보르헤스와의 관계를 묘사한다. 여기서 보르헤스는 그가 어떻게 자기 자신을 이 또다른 보르헤스, 그의 표현을 빌리자면 "모든 것을 왜곡하고 과장하는" 비뚤어진 습관을 가진 남자에게 조금씩 넘겨주었는지를 들려준다. 그는 오래 전에 "도시의 빈민가와 변두리의 신화에서 시간과 무한과의 게임으로" 이동함으로써 이 다른 보르헤스로부터 자유로워지기 시작했다고 고백한다. 하지만 그 게임들은 "지금의 보르헤스에게 속해 있으므로 이제는 다른 것을 생각해내야 할 것"이라고 인정한다. 그리고 당연하게도, 그 짧은 이야기를 모두 담고 있는 그 페이지의 끝에 이르렀을 때 화자는 "이 페이지를 쓰고 있는 것이 우리 중 누구인지" 모르겠다고 고백한다.[38]

물론 그는 알 수 없다. 보르헤스도, 유춘도, 그리고 여러분과 나도 가지 않은 무한히 많은 길을 경험할 수 없는 바로 그 이유와 같은 이유 때문이다. 내가 두 길을 모두 선택하면서 같은 나그네가 될 수 없기 때문에, 그 길들을 상상하고 선택하면서 나는 자유라는 유죄 선고를 받는다. 기계론적인 우주의 신과 같은 지식이 나에게 면제해주고자 하는 자유를. 우리는 그 신과 같은 지식을 현실로 만들려고 한다. 또한 상상을 일그러뜨려 수학으로부터 신화를 만들고, 칸딘스키의 다중우주[39](칸딘스키의 「원 속의 원」이 대표적이다/역주)를 보글보글 발효시키고, 끝없이 두 갈래로 갈라지는 길들의 정원을 가꾸고 늘려간다. 하지만 그 모형들이 말살하고자 하는 은밀한 틈새들, 부조리의 균열들은 결코 지워지지 않는다. 그것들은 우리 몸과 마음에 거주한다. 그것들이 우리를 지금 이 모습으로 만든다.

하이젠베르크가 그의 위대한 발견을 통해서 드러낸 것이 바로 이것이었다.

12

근심과 원한을 벗어던지고

1934년 4월 말의 선선한 일요일 오후, 워싱턴 세너터스의 포수 모리스 버그는 수비 실책을 범했다. 그 실책으로 117게임 연속 무실책이라는 아메리칸 리그 기록이 깨지고 말았다. 이 무실책 기록은 자칫 평범하게 끝날 수 있었던 야구 인생의 정점이었다. 그해 여름 버그는 세너터스를 떠나 클리블랜드 인디언스에서 뛰었고 아메리칸 올스타팀에 백업 포수로 합류해서 일본을 다녀왔으며 그런 뒤 보스턴으로 이적해서 인생의 마지막 다섯 시즌을 레드삭스에서 보냈다.

야구장에서는 크게 주목받지 못한 반면, 야구장 바깥에서 한 일로 모리스 버그는 명성과 존경을 얻었다. 프린스턴 대학교와 컬럼비아 대학교를 졸업한 그는 뛰어난 지성과 여러 가지 언어를 구사하는 능력으로 유명했지만, 무관심한 불펜진 동료들은 어깨를 으쓱하며 그 능력을 무시했다. 세너터스의 외야수 데이브 해리스는 그의 동료가 구사할 줄 안다고 하는 7개 언어에 관한 질문이 나오자, "예, 나도 알아요……그런데 제대로 된 안타가 하나도 없지요"라고 대답했다.[1] 1939년 유명한 퀴즈쇼 「인포메이션 플리즈」에 출연한 버그는 고대 언어의 낱말 뜻에서부터 잘 알려지지 않은 역사적 사건의 연대에 이르기까지 답을 척척 알아맞혀 사실상 그 프로그램을 무의미하게 만들었다. 그 쇼에서 스타가 된 그에게 아메리칸 리그의 최고 관리자 케너소 마운틴 랜디스는 랜디스 본인이 야구를 위해 평생 해온 것보다 더 큰일을 그가 30분 만에 해냈다고 말했다. 하지만 모리스 버그의 가장 중요한 임무는 아직 모습을 드러내지 않았다.

1942년에 미국 전략사무국의 윌리엄 도너번 국장은 독일의 원자력 연구 상황에 관한 정보를 찾아낼 첩보 부대원을 모으기 시작했다. 그리고 부대장으로 모리스 버그를 임명했다. 1944년 스위스에 주둔해 있던 버그는 가장 먹음직한 사냥감의 냄새를 포착했다. 바로, 독일 핵무기 개발 계획의 책임자 베르너 하이젠베르크였다. 하이젠베르크가 원자폭탄을 연구한다고 생각한 버그는 실험물리학자의 자격으로 취리히 연방 공과대학교에 들어가 열렬한 반나치주의자인 파울 셰러의 팀에 합류했다. 그는 하이젠베르크에게 초청 강연을 부탁하도록 셰러를 설득했다. 연합국은 하이젠베르크와 그의 동료들을 억류하고 심문하는 데에 우선순위를 두었으나, 필요에 따라서 쓸 더 과감한 선택지들도 배제하지 않았다. 버그는 강연을 들었고 행사 후 셰러가 주최한 만찬회에 참석해서 하이젠베르크 옆자리에 앉았다. 그의 재킷에는 장전된 권총이 숨겨져 있었다. 그날 저녁 그의 무기는 불을 뿜을 일이 없었다. 하이젠베르크는 통일장 이론이라는 미지의 분야에 대해서만 이야기했을 뿐 핵무기 이야기는 입 밖에도 꺼내지 않았다.[2]

연합군의 폭격으로 베를린이 갈수록 무너지고 있었으므로 다른 모든 연구소들과 마찬가지로 카이저 빌헬름 연구소 부지 안, 바이러스하우스라는 불길한 이름의 연구동 안에 있는 하이젠베르크의 핵무기 개발 설비도 독일 흑림(독일 서남부 지역의 산림 지대/역주)에 위치한 작은 마을 헤힝겐으로 자리를 옮겨야만 했다. 이곳에서 정신없는 전쟁의 마지막 몇 달 동안 하이젠베르크는 안정된 핵분열로에 그 어느 때보다 가까이 다가갔다. 하이젠베르크를 죽이는 일은 정당하지 않다고 결정되었기 때문에 버그는 이제 그를 체포하는 작전에 합류했다. 스위스 동료에게 보낸 편지를 가로채서 소인을 확인하는 방법으로 버그는 하이젠베르크의 새로운 연구소가 자리한 위치를 알아냈다.

4월 19일 연합군이 헤힝겐을 포위하자 하이젠베르크는 아내인 엘리자베트와 여섯 아이를 만나겠다는 일념으로 그에게 남은 유일한 운송 수단인 자전거를 타고 동쪽으로 향했다. 전쟁의 마지막 몇 달 동안 하이젠베르크의 가족은 바이에른 산맥의 우르펠트 지역에 있는 한 산장에서 추위와 굶주림으로 고생하고 있었다. 라이프치히의 집이 폭격으로 부서지자 이곳으로 피신한 것이다. 우르펠트는 헤힝겐에서 250킬로미터 떨어진 곳에 있었다. 하이젠베르크는 미국 전투기 또는 여기저기 떠돌아다니는 독일 게릴라의 총격을 피하기 위해서 밤에 페달을 밟았다. 게릴라들은 독일인이 적의 도주를 돕다가 발각되면 즉시 총살하라는 총통의 마지막 명령을 필사적으로 수행하고 있었다.[3]

아돌프 히틀러와 에바 브라운이 베를린에서 자살한 날 하이델베르크에 주둔한 미군 사령부는 하이젠베르크를 찾기 위해 정예부대를 보냈다. 이 부대를 지휘한 보리스 T. 패시 대령은 그 자신이 "제2차 세계대전 역사상 가장 중요한 첩보 작전"이라고 믿은 이 임무가 절박하기 이를 데 없다는 생각에 하이젠베르크를 사냥개처럼 끈질기게 추적했다.[4] 1945

년 5월 1일 코헬의 인근 마을에 도착한 패시의 부대는 우르펠트로 산으로 갈 수 있는 유일한 도로의 다리가 파괴되어 통행이 불가하다고 보고했다. 하지만 그에 굴하지 않고 패시와 몇몇 부대원은 아직 눈으로 덮여 있는 산을 걸어서 올랐다. 작은 마을에 도착하자 그들은 마을을 점령하고 있던 독일군 대대와 교전을 벌였다. 총격전이 멈춘 사이 장교 2명이 스쿠터를 타고 패시에게 다가왔다. 그들과 협상 조건을 이야기하던 중에 패시는 한 가지를 알게 되었다. 독일군은 그가 데리고 올라온 몇 명의 대원보다 훨씬 많은 수의 군인을 끌고 왔다고 믿고 있던 것이다. 그들의 착각을 바로잡는 것은 현명하지 못하다는 생각에 패시는 독일군에게 다음 날 전 부대가 마을에 모여서 질서 있게 항복하라고 지시했다. 스쿠터가 돌아가자 패시와 대원들은 산을 내려갔고, 벌어놓은 시간을 이용해서 밤새 다리를 수리했다. 다음 날 아침 다리를 건넌 그의 부대와 트럭들은 제시간에 마을에 도착해서 독일군의 항복을 수락했다.

패시는 포로 관리 문제를 처리한 후에야 긴급한 임무에 돌입했다. 그는 병사 둘을 데리고 남은 산길을 올라가 하이젠베르크가 은거한 산장 현관에 도착했다. 위대한 물리학자가 베란다에서 그를 기다리고 있었다. 하이젠베르크는 정중하게 패시를 집 안으로 들이고 아내와 아이들에게 소개한 뒤 개인 소지품을 챙기고 대령을 따라서 포로수용소로 갈 준비를 했다.[5]

추적의 성격상 패시의 부대에 과학자가 포함된 것은 자연스러운 일이었다. 그 임무로 선택된 사람은 사무엘 구드스미트였다. 네덜란드 실험물리학자였던 그는 전쟁이 일어나기 오래 전에 미국으로 이민을 와서 미시간 대학교에 부임했다. 젊었을 때 하이젠베르크를 만난 적이 있었던 구드스미트는 양자역학 분야의 기초를 닦은 이 천재에게 마땅히 경외감을 느끼고 있었다. 또한 1939년에 하이젠베르크가 미시간 대학교에서 강연할 때 다시 한번 그와 즐거운 대화를 나누기도 했다.

전쟁 초부터 구드스미트는 연로한 부모의 안전을 걱정했다. 나치가 네덜란드를 점령한 뒤에는 부모의 비자를 받으려고 노력했다. 안타깝게도 비자가 나온 것은 1943년 네덜란드에서 유대인 이송이 본격화한 직후였다. 일보 직전에 구드스미트의 부모는 검거되어 아우슈비츠로 보내졌다. 하이젠베르크는 공통의 친구들을 통해서 구드스미트의 부모를 지켜달라고 호소하는 편지를 받았고, 그에 대한 응답으로 자신을 비롯한 독일인들이 네덜란드를 방문할 때마다 구드스미트의 부모에게서 받았던 환대를 거론하는 편지를 썼다. 그러나 아무 소용이 없었다. 그가 편지를 썼을 때 구드스미트의 부모는 이미 가스실에서 죽음을 맞았다. 부모가 죽고 얼마 되지 않았을 때, 이제 미국 첩보원이 되어 독일 핵무기 개발자들을 추적하던 사무엘 구드스미트는 잿더미로 변해버린 고향 집을 그리며 "잔학한 나치의 손에 가족과 친척과 친구를 잃은 모든 사람이 느끼는 그 비통한 심정"에 젖어 눈물을 흘렸다.[6]

한편 우르펠트에서 하이젠베르크는 짐을 싸고 아내와 아이들과 눈물의 작별 인사를 나눈 뒤 패시 대령과 부대원을 따라 트럭에 실려서 멀고 험난한 길을 여행했다. 그의 첫 번째 억류지는 하이델베르크에 있는 미군 기지였다. 기지에 도착한 그는 취조실로 불려갔다. 테이블 너머를 보니 옛 친구이자 동료인 사무엘 구드스미트가 성난 눈으로 그를 노려보고 있었다. 여기에서 시작된 대화는 그날 끝나지 않았다. 그날은커녕 그에 대한 조사는 몇 년에 걸친 고발과 반론, 질책과 갱생으로 이어졌다.

그 모든 공방의 핵심은 인류 역사상 가장 비열한 정권을 위해서 일한 베르너 하이젠베르크의 책임이었다.

20년 전 북해의 황량한 섬, 횡뎅그렁한 방에 있던 하이젠베르크의 머리에서 희뿌연 꽃가루 알레르기가 깨끗이 걷혔을 때 그의 마음의 눈 앞에 펼쳐진 것은 자연 그리고 자연과 우리의 관계에 대한 인류의 가장 근본적인 가정을 뒤바꿔놓았다. 물체의 운동을 결정하는 기본 법칙을 뉴턴이 도출한 이후로 과학자들은 우리가 거주하는 물리적 세계는 모든 차원에서 모든 방식으로 그 법칙들을 따라야 한다고 믿었다. 문제의 물체가 아무리 작거나 서로의 거리가 아무리 가까워도 물체의 질량, 우주 안에서의 정확한 위치, 그리고 물체에 작용하는 모든 힘을 알면 물체의 미래에 관한 정보를 모두 알 수 있었다. 유일한 한계는 그것을 아는 사람에게 있었다. 물체를 관찰하는 사람은 관찰하는 시선이나 측정 도구를 얼마나 먼 것 또는 얼마나 작은 것에 맞출 수 있는가에 제약되어 있었기 때문이다. 그러나 물체 그 자체에 관한 한 그 운명은 봉인되어 있었다.

　불확정성 논문을 쓴 시점보다 2년이나 앞선 시기에 헬골란트 섬에서 전자 측정의 전과 후를 설명하기 위해 하이젠베르크가 발명한 난해한 수학은 이와 같은 전제를 결정적으로 무너뜨렸다. 문제는 하이젠베르크의 수학에서는 교환이 가능하지 않다는 점이었다. 고등학교 이후로 머리에서 수학을 지운 사람들을 위해서 설명하자면, 가환성은 한 방향으로 할 수 있는 것을 다른 방향으로도 할 수 있다는 것을 의미한다. 예를 들어 2 곱하기 8을 하든 8 곱하기 2를 하든 결과는 똑같다. 하지만 정상적인 수학에서 작동하는 가환성이 하이젠베르크의 행렬에서는 말을 듣지 않았다. 마치 한 방향으로 계산을 하면 역방향으로 계산할 가능성이 증발하는 것 같았다. 말하자면 2와 8을 곱해서 얻은 답이 2로 시작할지 아니면 8로 시작할지에 대한 결정에 좌우되는 듯했던 것이다.

하이젠베르크의 경우에 수는 하나의 실험에서 전자의 운동량을 측정하거나 전자의 위치를 측정했을 때 나온 숫자들의 집합—문제의 행렬—이었다. 그 방정식의 비교환적 성질은 놀라운 사실을 의미했다. 전자의 운동량을 측정한 값과 위치를 측정한 값의 곱이 위치를 측정한 값과 운동량을 측정한 값의 곱과 항상 다르다는 것이다.[7] 다시 말해서, 운동량을 측정한 다음 위치를 측정한 결과는 위치를 측정한 다음 운동량을 측정한 결과와 다르며, 이는 **먼저 측정하기로 정한 것이 다음에 측정한 결과를 변화시키기 때문이다.**

불확정성 원리를 공식화하기까지 그후로 2년이 걸렸지만, 그 원리도 이 최초의 발견에서 흘러나왔다. 만일 양자역학의 이 근본적인 통찰이 말해주듯이 우리는 위치와 운동량 중 어느 것을 먼저 측정할지를 결정해야 하며 그 결정이 다음 값을 측정할 때 나올 결과에 영향을 미친다면, 이는 우리가 세계로부터 얻을 수 있는 정보의 양을 근본적으로 제한하게 된다. 뉴턴이 정한 고전적인 세계의 가장 기본적인 가정—즉, 입자의 위치와 운동량 그리고 그에 가해지는 힘을 모두 안다면 그 입자의 과거와 미래를 알 수 있다는 가정—을 깊이 파고들 때 우리는 넘을 수 없는 장벽에 부딪힌다. 우리가 한 가지에 대해 100퍼센트 정확하게 알면 그로 인해 다른 것에 대한 지식은 완전한 비결정성에 빠진다.

일단 하이젠베르크의 발견에 담긴 진실을 받아들이고 나면 부딪히게 되는 어려운 부분은 실재란 무엇인가 또는 무엇과 같아야 하는가에 대한 우리의 가정들을 버리는 것이 된다. 사실 양자역학과 관련된 모든 역설, 심지어 리처드 파인먼이 유행시킨 "양자역학을 이해하는 사람은 아무도 없다"라는 개념은 그 가정들을 버리지 못하는 우리의 고집에서 비롯된다.[8] 실제로 손에 쥐었던 것을 놓기란 어려운 일이다. 어쨌든 아인슈타인 같은 천재가 그러지 못했고 최고의 물리학자들도 한사코 부여잡고 있었다면 그 이유는 문제의 "그것(역설)"에는 실재에 대한 우리의 기본적인 믿음, 보르헤스의 말을 빌리자면, 실재는 "공간상 어디에나 존재하며 시간상 영속적"이라는 믿음이 담겨 있기 때문이다.[9]

그러나 그렇지 않다면 어떻게 될까? 만일 실재가 시공간상 매끄럽게 펼쳐진 것이 아니라 근본적으로 다른 어떤 것이라면 어떻게 될까? 만일 시간과 공간 그 자체는 아무것도 아니며 아인슈타인이 영리하게 지적했듯이 단지 측정의 지표이자 제3자가 알게 된 두 사건의 일치에 불과하다면 어떻게 될까? 사실 우리가 이 전제를 우리의 출발점으로 충분히, 철저히 받아들인다면 양자역학의 역설은 겨울날 입김처럼 흩어지게 된다. 그 이상함은 우리가 실제로 관찰한 것이 아니라 우리가 보리라고 기대했던 것으로부터 발생한다.

측정의 문제 그 자체를 예로 들어보자. 다음과 같은 의문이 든다. 우리가 지금 여기에서 측정하기로 결정한 것이 어떻게 시공간을 거쳐 우리에게 도달하는 전자의 경로를 결정할 수 있을까? 전자는 어떻게 하나의 슬릿을 통과할 때 우리가 탐지한다는 것을 "알고" 그에 따라 다른 슬릿을 통과하지 않았음을 순식간에 "결정함으로써" 정보의 초광속 전달을 금지하는 상대성 이론을 위반할 수 있을까? 얽힌 쌍의 한 입자는 어떻게 자기가 선택한 스핀을 거리에 상관없이 순식간에 다른 입자에게

"알려줄" 수 있을까? 답은 간단하다. 그럴 수 없다는 것이다. 전자는 아무것도 알지 못하고, 입자는 어떤 정보도 전달하지 않는다. 반면 우리는 한다. 하지만 우리가 지금 이 순간 알고 있는 것은 우리만의 것이다. 우리는 빛보다 느린 옛날 방식이 아니고서는 그 지식을 다른 어떤 곳, 다른 누구에게도 전달하지 못한다. 지금 우리는 이 입자의 스핀은 다운 스핀이므로 그 짝을 측정하면 업이라는 것을 알지만, 그것을 전달할 수 있을 때까지 그 앎은 세계에 대한 다른 어떤 사람의 지식과도 관련이 없고 무의미하다. 마치 샘 해리스가 자신의 몸을 구성하는 모든 원자가 연쇄 살인범의 모든 원자와 교환된다면 그가 어떤 사람이 될지를 상상한 것이 무의미하듯이 말이다. 오직 작은 것들의 신과 큰 것들의 신만이 그것을 아는데, 신들은 말을 하지 않는다.

숲속 길을 걷는 프로스트의 주인공처럼, 살아온 인생을 되돌아볼 때 내가 서 있는 길은 내가 걸어온 길일 뿐 다른 어떤 길도 아니다. 이것은 내가 측정한 것, 내가 발견한 것이다. 나는 지금, 내가 그 다른 길에 있다면 무엇을 발견했을지 추론할 수는 있지만, (내가 말해주지 않는다면/역주) 다른 사람들은 그 길을 직접 걸어보기 전까지는 알 수 없을 것이다.

만일 이 간단한 전제를 받아들인다면 우리는 또한 다른 접근법들이 이 간단한 이해를 회피하기 위해서 들인 엄청난 형이상학적 노력을 깨달을 수 있다. 그 모든 노력이 실재를 특별하고 신성하게 바라보는 개념을 구조하기 위해서였다. 그들은 (우리의 관찰은 실재를 변화시키지 않는다고 그들이 주장할 때) 하이젠베르크가 발견한 근본적인 비교환성을 거부했고, 우리가 실재를 얼마나 많이 알 수 있는가에 대해서 (관찰과 관찰 사이에 분명 경로가 있었으리라고 그들이 주장할 때) 하이젠베르크가 발견한 근본적인 한계를 거부했는데, 그들의 모든 주장은 다음과 같이 요약된다. 실재는 바깥 세계에 있고, 우리와 독립해 있으며, 공간상 어디에나 존재하고 시간상 영속적이다. 다시 한번 말하지만, 어쩌면 그렇지 않을 수 있다. 어쩌면 모든 실체의 실재를 구성하는 것은 그 실체와 다른 어떤 것의 **관계**에 불과할 수 있는데, 카를로 로벨리의 표현에 따르면 그것은 "**자연의 한 부분이 자연의 다른 한 부분에 그 자신을 드러내는 방식**"일 수 있다.[10] 더욱 중요한 사실이 있다. 저명한 물리학자이자 양자역학 분야에서 관계 해석을 발명한 로벨리는 또한 이렇게 표현했다. 이 이해 방식은 상대성 이론과 충돌하는 것이 아니라 오히려 상대성 이론의 가장 중요한 통찰, "속도의 경우와 마찬가지로 **모든** 물체의 **모든** 특성(변수들)은 관계라는 발견"을 연장한 것이다.[11]

헬골란트에서 하이킹을 하던 스물네 살에, 그리고 코펜하겐의 펠레드 공원에서 야간산책을 하던 스물여섯 살에 하이젠베르크는 이 문제를 너무 깊이 생각하지 않았다. 베르너 하이젠베르크의 인생길에서 그 두 순간은 예상을 뒤집고 실재에 대한 새로운 해석을 의식적으로 구성하기에는 너무 바빴다. 하지만 얼마 후 교수로 부임한 뒤 주변에 학생들을 모으기 시작하면서부터 하이젠베르크는 이 문제에 힘을 쏟기 시작했다. 그가 기울인 방식 중 하나는 이마누엘 칸트의 책을 읽고 그에 대해 토론하고 글을 쓰는 것이었다.

베르너 하이젠베르크가 교수로 부임하자 그와 함께 연구하기 위해서 물리학자들이 라이프치히로 달려왔는데, 특히 뛰어난 몇 사람 중에 젊은 귀족, 카를 프리드리히 폰 바이츠제커 남작이 있었다. 후에 바이츠제커는 독일 원자력 연구 집단에서 하이젠베르크와 함께 일하고 독일 핵무기 프로그램 핵융합 분야에서 중요한 발견들을 했을 뿐 아니라 젊은 시절 물리학을 선택하기 전에 철학을 공부한 만큼 라이프치히에 올 때도 철학에 관심이 있었다. 한편 하이젠베르크는 이미 자신이 부딪혀야 할 난제를 명확히 알고 있었다. 그의 발견, 특히 불확정성 원리는 실재를 철학적으로 설명하는 주요한 이해로 떠오르고 있었다. 그가 썼듯이, 불확정성은 과학과 철학이 신성불가침이라고 여기는 인과 법칙을 분쇄한다. 인과 법칙은 우리가 현재를 충분히 알 수 있다는 전제에 토대를 두지만, 불확정성 원리는 우리가 그럴 수 없음을 보여주었기 때문이다.

인과 관계의 서거는 과학자들이나 철학자들이 아무런 다툼 없이 인정할 만한 일이 아니었다. 그래서 하이젠베르크는 자신의 연구소를 운영하는 정교수가 된 후 처음 몇 년 동안 철학자들과 그 싸움을 계속했다. 그는 고향인 라이프치히에서 강연을 하기 시작했고, 철학과를 비롯해서 이 문제에 흥미를 느낀 많은 분야의 사람들이 그의 강연을 들었다. 곧 하이젠베르크는 그 생각들을 발전시켜 「인과 법칙과 양자역학」이라는 논문 형식으로 완성한 뒤 당시 과학적 방향성을 가진 철학 분야라고 할 수 있는 논리실증주의의 세계적인 수도, 빈에서 논문을 발표했다.[12]

철학자들에게 도전할 때 하이젠베르크는 그 가운데서도 가장 위대한 철학자, 이마누엘 칸트와 겨루어야 한다는 점을 알고 있었다. 강연과 논문에서 하이젠베르크는 칸트가 사상사에 남긴 놀라운 흔적을 항상 존경했지만, 적극적인 어조로 양자역학이 비판 체계에 엄청난 문제를 일으킬 것이므로 이제 철학자들은 "칸트 철학의 기본적인 인식론 문제를 다시 한번 펼쳐서 검토하는 과제, 말하자면, 모든 것을 처음부터 다시

시작하는 매우 어려운 과제"에 직면하리라고 주장했다.[13]

하이젠베르크가 지적한 "기본적인 문제"는 선험적 지식과 후험적 지식 사이에 칸트가 그린 경계, 즉 우리 지식 중 모든 경험과 무관하게 옳아야만 하는 부분과 우리가 감각을 통해 세계와 상호작용함으로써 배우게 되는 부분의 경계였다. 칸트의 가르침에 따르면 시간과 공간 그리고 시공간상 사건들의 인과 관계는 흄이 주장했듯이 우리가 세계 속에 살면서 알게 된 양상들이 아니라, 세계에 관하여 애초에 어떤 것이라도 알 수 있게 해주는 필요조건이었다. 하지만 칸트는 시간, 공간, 인과 관계가 선험적인 것이라고 가정하는 선에서 그치지 않았다. 『순수이성 비판』의 첫 번째 절에서 칸트는 우리 직관의 필연적인 시공간적 형식으로부터 기하학 그 자체의 기본 법칙을 추론했다. 다시 말해서, 공간은 세계에 대한 우리의 지각 능력을 지배하는 선험적 형식 중 하나이기 때문에 삼각형과 사각형 같은 이상적인 형태 그리고 그 형태를 지배하는 수학 법칙에 대하여 우리가 유도해낼 수 있는 것들은 선험적으로 참이어야 한다. 삼각형의 면적은 높이와 밑변을 곱한 값의 절반임을 우리는 아는데, 이 앎은 일상생활에서 삼각형을 만나거나 측정하는 경험에 달려 있지 않다.

그러나 이 기하학 개념과 그것을 알려주는 시공간 모형은 이미 아인슈타인의 일반상대성 이론에 밀려나고 말았다. 일반상대성 이론은 리만의 비유클리드 기하학을 통합했을 뿐 아니라 그 기하학을 우주의 작동 그 자체에 중심이 되는 것으로 만들었다. 리만 공간은 중력이 시공간을 어떻게 왜곡함으로써 결국 우주 그 자체의 형태를 어떻게 왜곡하는가를 이해하는 데에 필요한데, 이 리만 공간에서 삼각형의 면적이라는 오래된 진리는 더 이상 참이 아니며, 따라서 유클리드의 법칙들은 결코 선험적일 수가 없다.

　설상가상으로 아인슈타인이 시공간에 한 방을 먹였다면, 하이젠베르크는 인과 관계에 핵주먹을 날렸다. 칸트의 인과 관계 개념은 관찰자가 시공간상의 물체를 따로 떼어내서 현재 상황(그 위치와 운동량)이 되게 한 직전의 원인을 결정하는 데에 달려 있었다. 하이젠베르크는 이렇게 설명했다. "예전에는 시공간적인 묘사를 고립된 물체에 적용할 수 있었지만, 이제 시공간적인 묘사는 대상 그리고 관찰자 또는 장치의 상호작용과 기본적으로 연결된다. **완전히 고립된 물체에는 묘사할 수 있는 특성이 있을 수가 없다.**"14 하이젠베르크는 여전히 칸트의 입장이 기본적으로 옳다고 믿었다. 즉, 세계에 대한 지식의 어떤 양상은 세계로부터가 아니라 우리로부터 나온다. 그렇다고 해도 경계선은 이동해야만 했다. 하이젠베르크는 도전장을 내밀었고, 이제 철학자들이 응답할 시간이었다.

　철학자들은 대응했다. 하지만 무수히 많은 논문이 나오고 세계적인 사상가들이 칸트 철학과 철학 전반에 끼친 양자역학의 영향을 두고 한마디씩 하는 와중에 가장 직접적이고 궁극적으로 유효한 중재는 신칸트학파의 떠오르는 스타, 그레테 헤르만의 손에서 나왔다. 새로운 물리학의 도전에 고민하던 헤르만은 1932년에 라이프치히로 와서 하이젠베르크 및 그의 무리와 일련의 토론을 이어나갔다. 이 토론에서 하이젠베르크의 신임 조수이자 귀족 출신의 물리학자 겸 철학자인 바이츠제커가 두드러진 역할을 했다.

　헤르만은 칸트 철학의 엄밀한 용어로 문제를 제기하면서 먼저 포문을 열었다. 인과 관계는 경험에 의존하지 않는다. 인과 관계는 "모든 경험의 토대 그 자체"이기 때문이다.15 실험이란 가설을 제기해서 주장을 하고 그 가설을 실험 기구와 관찰의 결과로 시험함으로써 세계에 관한 유의미한 어떤 것을 말하겠다고 하는 것인데, 그러한 실험에서 어떻게 우리 추론의 기초인 그 가정을 뒤집는 지식이 나올 수 있다는 말인가? 다시 말해서, 만일 우리가 결과를 얻기 위해 의존하고 있는 가장 기본적인 가정이 그 결과로 인해 참이 아니라고 밝혀진다면, 우리가 지금 이끌어내고 있는 결론을 다시 생각할 필요가 있지 않을까? 양자역학 때문에 사람들이 라듐 원자의 붕괴와 전자의 방출 같은 관측 가능한 결과가 원인도 없이 발생한다고 믿어야 한다면, 차라리 그 원인은 존재하는데 우리가 단지 그것을 발견할 정도로 깊이 들어가지 못한 것이라고 가정하는 편이 훨씬 더 합리적이지 않을까?[16]

이에 대한 대답으로 하이젠베르크는 이중 슬릿 실험의 한 형태를 묘사했다. 만일 이중 슬릿 뒤에 놓인 스크린 같은 탐지 기구에 그 슬릿을 통과하는 전자 방출 행동이 기록된다면, 그 무늬는 2개의 수문을 통과하는 파도처럼 그 전자들이 서로 간섭한다는 것을 보여줄 것이다. 하지만 만일 어느 한 슬릿에 기구를 설치해서 전자가 어느 방향으로 가는지 확인하고자 한다면 다른 가능한 방향은 "소멸되고" 무늬는 더 이상 나타나지 않는다. 만일 방출 방향의 불확정성이 단지 우리가 충분히 알지 못해서 발생하는 것이라면, 탐지기를 방출원에 더 가깝게 놓으면 방출된 전자가 어느 방향으로 가고 있는지를 알아낼 수 있을지 모른다. 하지만 그럴 수 없다. 그렇게 할 때에는 간섭이 발생하지 않기 때문이다. 우리가 더 많이 알고자 할 때, 우리가 더 많이 알고자 하는 바로 그 현상이 감쪽같이 사라진다. 다시 말해서, 이는 단지 원래의 탐지기가 모든 이야기를 알려주지 않아서 더 정밀한 도구를 도입하면 더 많은 것을 알 수 있는 경우가 아니다. 입자는 우리가 측정할 때까지 여러 장소에 존재하고, 우리가 개입하기 전에는 그 운동의 확정적인 시간이나 장소, 원인을 추정할 수 없다.[17]

이 증거에 분명히 동요한 헤르만은 원자와 입자는 물체인 것이 분명하며, 따라서 물질과 인과 관계 같은 범주에 의해 결정된다고 계속 주장했다. 양쪽은 간극을 메우지 못했으나 하이젠베르크와 바이츠제커는 이 교전으로부터 중요한 것을 얻었다. 헤르만이 그들을 떠나기 전에 바이츠제커는 하이젠베르크가 평생 고수할 입장을 상세히 묘사했다. 시간, 공간, 인과 관계는 심지어 상대성 이론과 양자이론을 위해서도 선험적인 것으로 취급되어야 한다. 하지만 이 새로운 이론들이 그 내용을 결정적으로 바꿔버렸다.[18] 어떻게 바꿨을까? 칸트는 실험 분야가 "일상의 경험을 훌쩍 뛰어넘어"[19] 발전하리라는 것을 예상할 수 없었다. 그래서 원자는 간단히 말해서 **물체가 아님**을 예견할 수 없었다.[20]

불확정성 개념에 깔린 하이젠베르크의 원래 입장이 칸트의 기본 원리 중 하나를 확실히 전복했다는 점을 고려할 때, 바이츠제커가 후에 이전 세대의 칸트 사상가들보다는 자신과 하이젠베르크가 칸트에 더 가까웠다고 주장한 것은 기이한 일이다.[21] 이 주제를 최종적으로 언급할 때 하이젠베르크는 칸트의 선험적 개념들이 현대 물리학의 필수적인 부분을 구성한다고 단언했지만, "약간 다른 의미로"라고 덧붙였다. 구체적으로, 시간, 공간, 인과 관계는 과학의 조건 그 자체인 동시에 "적용될 수 있는 범위가 단지 제한적"이라고 한 것이다. 한편으로는 사건이 촘촘하게 연결된 인과의 사슬을 가정하지 않는다면 "원자 사건에 대하여 어떤 것도 알 수 없다."[22] 그러나 다른 한편으로는 그 사슬을 따라감으로써 우리는 바로 그 필수 조건들이 허물어지는 지점에 도달한다.[23]

그러나 물론 이것은 칸트가 정확히 예견한 역설이었다. 바이츠제커가 눈치챘듯이, 하이젠베르크는 칸트와 거리를 두려고 여러 번 시도했지만, 쾨니히스베르크의 현자에게 언제나 더 가까이 다가가고 있었다. 하이젠베르크는 『순수이성 비판』의 제1부에 나오는 칸트의 주장, 즉 시간과 공간은 직관과 인과 관계의 필수 형식이기 때문에 언제나 불변으로 남아야 한다는 주장에 초점을 맞췄다. 하지만 그러는 동안 하이젠베르크는 그 책의 제2부를 간과했다. 제2부에서 칸트는 그 조항이 성격상 휴리스틱이라는 점, 그리고 우리가 선을 넘어 시간과 공간을 알 수 있는 물체로 취급할 때마다 **역설**이 출현한다는 점을 자세히 설명했다. 그 책 제2부와 나중에 제3비판서에서 칸트는 시공간상 모든 존재의 연속성 **그리고** 모든 사건과 사건을 연결하는 인과의 사슬은 필수 가정인 **동시에** 결국에는 알 수 없는 것이라고 못 박았다. 시공간의 가장 좁은 틈을 파고들든, 반대쪽으로 방향을 돌려 전체로서의 존재를 숙고하든 간에 과학자는 거기에서 기다리고 있는 심연, 계속 더 정확한 측정으로 접근해도 세계 그 자체의 경계에서 맴을 돌듯이 항상 출몰하는 심연을 피할 수 없다는 것이다.[24]

　그렇지 않은 듯함에도 불구하고 (우리가 관찰한 것으로부터 추론을 이끌어내기 위해) 우리는 인과 관계를 가정하는 **동시에** 그 관찰이 결국 초래할 불확정성을 인정할 수 있고 인정해야만 한다. 칸트는 현대 물리학으로 가능해진 극한적인 측정을 접할 수 없었지만, 다음과 같은 사실은 알고 있었다. 인과적 사슬을 깨고 세밀하게 분석해 들어가다 보면 반드시 한계점이 나타난다. 분석이 거기에 놓인 이율배반의 어느 한쪽에 안착하기 때문이 아니라, 애초에 추론이라는 것을 할 수 있게 해주는 휴리스틱적 가정을 우리가 기정사실로 취급하는 한 그 이율배반은 해결되지 않기 때문이다. 사실 우주 전체가 어떤 의미에서 그 중심에 담겨 있어야 하는 것처럼, 분석의 깊은 바닥을 측정하고자 할 때마다, 다시 말해서 "일상의 경험을 훌쩍 뛰어넘은 실험의 영역"에 도달하고자 할 때마다 우리는 세계 내에 존재하는 만물의 본질은 무엇인가와 관련된 이율배반을 구체적인 형태로 마주하게 된다. 우리가 그곳에서 찾는 입자인 원자는 "실재하는 것도 아니고 물체도 아니다."[25]

그날 라이프치히에서 그레테 헤르만이 하이젠베르크와 바이츠제커에게 물었다. "그렇다면 원자는 무엇인가요?" 하이젠베르크가 대답했다. "정확한 용어가 없어요. 우리 언어는 일상의 경험에 기초해 있는데, 원자는 그렇지 않기 때문이죠." 그는 이어서, 원자는 "관찰이 이루어지는 상황의 일부"를 묘사하기 위해서 우리가 쓰는 단어라고 말했다. "우리가 경험을 묘사하는 단어는 모두 제한된 영역에만 적용되기 때문에"[26] 그것은 단지 그 관계에만 부속된 어떤 관계의 표지이다. 다시 말해서 제논에서부터 그 자신의 시대에 이르기까지 칸트가 추적한 이율배반의 역설들과 마찬가지로 양자역학의 역설도 하이젠베르크의 발견으로부터 생겨난 것이 아니었다. 양자역학의 역설은 하이젠베르크의 발견을 신의 눈으로 자연을 보는 관점에 일치시키려는 시도로부터 생겨났고, 그것은 애초에 우리의 관점이 아니었다.

1945년 8월 6일 아침 8시 15분, 미국은 히로시마에 원자폭탄을 투하해서 도시의 건물을 대부분 파괴했다. 방사능 먼지가 도시를 뒤덮었고 수십만 명의 시민이 목숨을 잃었다. 지구 반대편에서 베르너 하이젠베르크는 영국 고드맨체스터 마을의 팜홀이라는 저택에서 그의 독일 과학자팀과 저녁을 먹고 있었다. 하이델베르크에 억류되어 사무엘 구드스미트에게 조사를 받은 이후 하이젠베르크는 곧 프랑스로 이송되었고 마지막에는 팜홀로 옮겨졌다. 그로부터 6개월 동안 하이젠베르크와 그의 팀은 팜홀에 억류될 터였다. 그날 저녁 라디오에서 뉴스가 흘러나올 때 실내는 관 뚜껑을 덮은 것처럼 고요했다. 과학자들은 충격에 휩싸였다. 그들이 서서히 정신을 되찾고 다시 대화를 시작할 때 하이젠베르크가 다른 이들에게 말했다. "나는 우리가 우라늄 엔진을 만들 수 있다고 절대적으로 확신했지만, 폭탄을 만들 수 있으리라고는 꿈에도 생각하지 않았어. 우리가 만들려고 한 것이 폭탄이 아니라 엔진이었다는 것이 정말 기쁘군."[27]

하이젠베르크와 그의 팀은 몇 년에 걸쳐 핵분열을 연구했다. 1942년에 하이젠베르크는 나치 정부에 우라늄-235를 무기화하는 것은 이론적으로 가능하지만 폭탄 제조에 너무 많은 양이 들기 때문에 비현실적이라고 보고했다. 그가 틀렸던 것일까? 아니면 그 자신의 발견이 크게 일조해서 드러낸 거대한 힘으로 지옥이 창조될 때 그에 따를 엄청난 도덕적 의미를 두려워했던 것일까? 보고하기 1년 전 하이젠베르크는 점령국 덴마크로 가서 닐스 보어를 단둘이 만났다. 그 대화에 대한 두 사람의 설명은 크게 달라서 방문 목적을 둘러싸고 이후 수십 년 동안 다양한 추측이 나왔고, 심지어 토니상을 받은 한 연극(「코펜하겐」/역주)에 영감을 주기도 했다. 하이젠베르크는 보어로부터 연합국의 의도와 핵무기 개발의 진전 상황을 알아내기 위해서 코펜하겐에 간 것일까? 아니면 그들의 지식을 그런 끔찍한 목적에는 사용하지 않겠다고 보어와 암묵적으로 합의하기 위해서 간 것일까? 제3자가 듣지 못하게 단둘이 걷는 동안, 그는 나중에 논란이 많은 그 만남에서 보어에게 물었다고 주장한 질문을 정말로 물었을까? "물리학자라고 해서 원자력의 현실적인 이용 방법을 연구할 도덕적 권리가 있을까요?"[28]

본인이 회고한 내용에 따르면, 일본에서 날아온 소식을 공포에 떨며 듣는 동안 그는 충격과 절망을 느꼈다. 그리고 이런 생각이 들었다. 전쟁과 폭력에 반대하여 목소리를 높인 그 보어, 그 위대한 아인슈타인도 그가 품었던 양심의 가책을 똑같이 느꼈을까? 일주일 후 하이젠베르크는 동료들에게 강연을 하고 히로시마와 나가사키에 떨어진 폭탄들이 어떤 위력을 발휘했는지를 설명했다. 계산에 착오가 있기는 했지만 하이젠베르크가 원하기만 했다면 실제로 그 일을 해낼 수 있었으리라는 점에는 의심의 여지가 거의 없었다.

히로시마 폭격을 알게 된 그날 밤 독일 과학자팀이 마련한 대응은 독일 핵무기 프로젝트에서 하이젠베르크가 어떤 역할을 했는지 설명하는 이야기의 기초가 되었다. 독일 원자력팀은 1942년 초에 그 골자를 다음과 같이 결론지었다. 원자폭탄 제조는 가능하기는 해도 비용이 너무 많이 들므로 실용적이지 않았다. 게다가 과학자들은 그런 일이 도덕적으로 떳떳한지 확신할 수 없었다. 하이젠베르크는 "기계를 가동하는 용도로 에너지를 생산하는 우라늄 화구"[29]가 지금 "도달할 수 있는 유일한 목표"[30]라고 은밀히 결정하고서는 무기화의 전망을 단지 나치 정부로부터 자금과 지원을 계속 받을 목적으로만 이용했다. 마지막으로, 그의 팀은 무기 생산을 목표로 연구하지 않겠다고 암묵적으로 합의했다. 1946년에 하이젠베르크는 한 걸음 더 나아가, 그들이 무기 개발의 비실용성을 과학적으로 평가한 것을 감안하면 독일 과학자들은 미국 과학자들이 내린 "어려운 도덕적 결정"을 면한 것이라고 주장했다.[31]

미국인들 입장에서는 독일의 가장 유명한 과학자이자 양자역학의 창립자 중 한 명이 공식적으로 그렇게 선언하다니 참을 수 없는 일이었다. 일례로 맨해튼 프로젝트를 이끌었고 표적으로 일본을 선택하는 과정에 관여했던 로버트 오펜하이머는 가공할 만한 전쟁의 끝을 목격한 뒤로 오랫동안 엄청난 죄책감에 시달렸다. 그런 상황에서 나치와 같은 잔혹한 정권을 위해서 자발적으로 일한 과학자들이 암묵적으로 훈계하자 오펜하이머와 그의 동료들은 분개했다. 미국 개발팀과 마찬가지로 미국의 한 물리학자는 "독일 과학자들은 상황이 허락하는 한에서 최대한 군사 정권에 봉사했다"라고 말했다. 용서할 수 없는 차이는 "그들은 홀로코스트의 최고 책임자 힘러와 아우슈비츠를 위해, 책을 태우는 화구와 인질 포획자들을 위해 일한 것"이다.[32]

　핵무기 개발의 도덕적 책임에 관한 논쟁은 여러 해 동안 계속되었고, 여러 해 동안 하이젠베르크는 독일 측 입장을 대변했다. 반대 측의 얼굴은 하이델베르크에서 그가 취조실로 들어갔을 때 그를 노려보던 바로 그 사람, 사무엘 구드스미트였다. 독일 과학자들을 추적하고 취조하는 임무가 구드스미트에게 맡겨진 것은 그가 아는 것 때문이기도 하고 모르는 것 때문이기도 했다. 한편으로 그는 이론물리학과 원자물리학에 정통한 전문가였다. 다른 한편으로 그는 일급 기밀인 맨해튼 프로젝트의 일원이 아닌 탓에 동료들의 진전 상황을 전혀 몰랐다. 반대편에 있는 하이젠베르크로서는 일단 체포되어 과거의 동료와 테이블을 사이에 두고 앉았으니, 이제 패배한 전쟁은 걱정할 필요가 없고 앞으로는 더 희망적인 미래를 향해 나아갈 준비가 되었다고 느끼고 있었다. 그는 하이델베르크에서 그들이 나눈 대화를 이렇게 회고했다. 하이젠베르크는 구드스미트에게 독일은 폭탄을 만들지 않기로 결정했다고 말한 뒤 미국 연구팀의 입장은 무엇이었느냐고 물었다. 구드스미트는 그들은 "그 방향으로는 조금도 노력하지 않았으며", 그들에게는 "해야 할 더 중요한 일들"이 있다고 대답했다.[33] 여러 해가 흘러 구드스미트가 거짓말했다는 것을 알게 되었을 때 하이젠베르크는 충격을 받았다고 엘리자베트에게 고백했다.[34]

베스트셀러를 통해 널리 알려졌듯이 구드스미트의 관점에서 볼 때 하이젠베르크와 독일인들은 좋게 봤자 부정직하고 가장 나쁘게 말하자면 적극적인 공범이었다. 하이젠베르크는 그의 팀이 폭탄 제조가 가능하다는 것을 알고 있었지만 현실적, 도덕적인 이유로 제조하지 않기로 결정했다고 주장한 반면, 구드스미트는 다음과 같이 정반대 해석을 이끌어 냈다. 하이젠베르크가 주도한 독일인들은 너무 무능해서 폭탄의 실현 가능성을 깨닫지 못했을 뿐 아니라, 극악무도하게도 사악한 정권에 자발적으로 봉사했다는 것이다. 구드스미트가 보기에 하이젠베르크는 한때 세계적인 자랑거리였지만 이제는 신흥 강자인 미국에 추월당한 독일 물리학의 자기만족과 무능함을 대표하는 인물이었다. 독일인은 인종 우월주의의 이데올로기에 발목이 잡히고 이른바 "잘난 체하는 하이젠베르크 도당"에게 넋을 빼앗긴 나머지, 그들이 실패한 것을 미국인이 성공할 수 있으리라고 상상하지 못했다.[35]

하이젠베르크는 그 자신의 불쾌함을 사석에서뿐 아니라 공개적으로도 토로했다. 「네이처」, 「뉴욕 타임스」와 그 밖의 다른 곳에서 공개한 일련의 편지에서 그는 동료들의 과학적, 도덕적 진실성을 옹호했다. 그의 말에 따르면, 독일인은 폭주 반응(매우 짧은 시간에 연쇄적으로 일어나는 핵분열 반응/역주)과 관련된 이론적 단계를 알고 있었으며, 단지 미국의 기술적, 산업적 수단이 없었을 뿐이다. 이에 물러서지 않고 구드스미트는 저서의 핵심 주제에 따라서 응대했다. 독일 과학은 전체주의 정권 때문에 실패했으며, 하이젠베르크가 나치에 저항한 것은 분명하지만 "그들이 악해서 저항한 것이 아니라, 그들이 독일에 해가 되거나 적어도 독일 과학에 해가 되어" 저항했다는 것이다.[36]

히로시마 공습에 관한 뉴스가 팜홀에 당도한 다음 날 억류자들은 한자리에 모여 차후 그들의 공식 성명이 될 기본적인 내용을 논의하고 작성했다. 그 자리에 있던 막스 폰 라우에가 이후 여러 해 동안 그 성명을 공개적으로 뒷받침했다. 하지만 말년에 라우에는 한 발 물러나 그날 독일 과학자들이 채택한 입장은 주로 카를 프리드리히 폰 바이츠제커가 설계한 것이며, 자신은 토의 중에 "도덕적 관점에 대한 언급은 듣지 못했다"고 말했다. 그는 강조하면서 하이젠베르크도 **대체로 말이 없었다**"라고 덧붙였다.[37]

하이젠베르크는 자신이 느꼈다고 나중에 주장한 도덕적 가책을 실제로 느꼈을까? 아니면 자신이 연루된 것을 숨기기 위해서 꾸며낸 이야기를 오랜 시간 동안 되뇌었을까? 혹은 또다른 가능성으로서, 당시에 실제로 걱정했던 것보다 더 많이 걱정했다고 진심으로 믿었던 것일까? 이 질문들은 판정을 내리기가 대단히 어렵다. 그 어려움의 일부는 역사가들이 항상 직면하는 문제 때문이다. 우리의 연구 대상, 과거의 그 순간은 갈수록 두꺼워지는 시간의 베일, 우리가 이해하고자 하는 사건에 대한 시야를 점점 더 흐리게 하는 장막에 의해서 우리와 단절되어 있다. 역사적 지식에 대한 바로 이 한계가 현재에 대한 우리 지식은 다를 것이라는 가정을 몰래 끌어들인다. 그 의미는 다음과 같다. 시간의 베일을 뚫고 볼 수 있다면, 우리가 들어가서 대화를 나눌 수 있다면, 또는 우리가 이해하고자 하는 주인공의 의도와 양심에 들어가볼 수 있다면, 우리의 시야는 수정처럼 투명해지고, 우리는 답을 얻게 될 것이다. 하지만 우리의 가정이 틀렸다면 어떻게 될까? 과거를 바라보는 눈에 필연적으로 내재된 불명료함이 현재를 바라보는 눈에도 잠복해 있다면 어떻게 될까?

전쟁이 끝나고 불과 4년이 흐른 1949년에 연합국은 독일의 원자력 개발을 허용했다. 하이젠베르크와 동료들은 곧바로 연구를 시작했고, 10년이 채 안 되어 독일연방공화국은 원자력을 생산하고 수출하는 세계적인 나라가 되었다. 하이젠베르크는 원자력을 에너지원으로 사용하는 일에 전념하면서도 그의 조국만큼은 절대로 핵무기를 개발해서는 안 된다는 신념을 확고하게 유지했다. 진심이었든 정치적인 동기였든 혹은 둘 다였든 간에 그는 자신이 팜홀에서 표현한 공포, 코펜하겐에서 명시한 걱정을 마음 깊이 새기고서 원자력의 무기화에 강하게 반대했다. 1955년 나토가 독일군에 전술핵무기를 배치하는 계획을 내놓았을 때 하이젠베르크와 그의 동료들은 그것에 공개적으로 반대하고 독일 대중을 조직해서 지지를 이끌어냈다. 핵무기를 금지하는 독일 정책은 오늘날까지 유지되고 있다.

또한 과학이 국제적인 관심사가 된다면 평화에 기여할 수 있다고 확신한 하이젠베르크는 이 목표를 위해 유럽 차원에서 원자력 개발을 중앙집권화하도록 로비 활동을 전개하고, 전설적인 원자핵 연구소인 유럽입자물리연구소CERN 설립에 앞장섰다. 제네바에 위치한 이 연구소에는 인류가 만든 가장 거대한 기계인 강입자 충돌기가 있다. 1952년 그는 또한 독일 정부의 후원으로 박사후 과정 학생들을 전 세계로 보내 지식을 함께 쌓고 공유하는 프로그램, 알렉산더폰훔볼트 재단의 지휘권을 잡았다. 그리고 병으로 일을 중단할 때까지 이 직무를 20여 년 동안 수행했다.[38]

1976년 2월 1일 베르너 하이젠베르크는 신장암과의 긴 싸움을 접고 눈을 감았다. 몇 년 전 우르펠트의 산장에서 인생의 황혼을 즐기던 중 연로한 물리학자는 젊었을 때 읽은 플라톤의 책들을 회고했다. 그때 하이젠베르크는 기하학적 형태와 수학적 관계식에는 우주의 비밀이 담겨 있을 수 있다는 생각에 매혹되었다. 그리고 오늘날 "현대 물리학의 입자는 대칭 그룹의 표현이며, 그런 한에서 입자는 플라톤 철학의 대칭적인 물체와 비슷하다"고 결론지었다.[39] 플라톤의 근본적인 질문들은 어쩌면 "기본 입자에 대한 우리 시대의 물리학"에서 그 답을 찾았을지 모른다.[40]

한편 미국에서는 소박한 시골 소년처럼 생겼던 젊은 시절의 하이젠베르크가 물리학에 혁명을 일으킨 그 황금 시절부터 그를 알았던 물리학자이자 나치 사냥꾼이 그의 부고를 쓰겠다고 자청했다. 사무엘 구드스미트는 오랜 세월을 거치는 동안 독기가 무뎌진 펜으로, 한때는 우상이었고 한때는 적이었던 그 사람이 "대단히 위대한 물리학자, 심오한 사상가, 훌륭한 인간, 용기 있는 사람"이었다고 썼다.[41] 나치에게 부모를 잃고 반평생 동안 살인자들을 조사한 이 남자는 어느덧 마음에 분노가 아닌 자비를 키우고 있었다.

독일에 남기로 결심했을 때, 나치의 잔혹한 정책을 무시하거나 눈감아 주기로 했을 때, 그들이 하는 짓을 보고 있지만 눈앞에 펼쳐진 과학의 아름다움에 집중하기로 했을 때, 자신과 팀의 연구를 보호하기 위해서 사악한 정권과 협력했을 때, 어떤 면에서 하이젠베르크는 과학자로서는 유리할 수밖에 없는 신중하고 관망적인 태도를 보이고 있었다. 하이젠베르크는 믿음 또는 마음속 깊이 간직한 원칙을 우선시하여 증거에 끼울 사람이 절대 아니었다. 하지만 그런 성향을 버릴 때가 한 번 있었다면, 그것은 1930년대 독일에서였다. 그가 그렇게 하지 않은 것을 우리는 정확히 따져봐야 하고, 구드스미트가 그랬듯이 심지어 비난의 대상으로 삼아야 한다. 하지만 구드스미트는 마음을 바꿨다.

어느 구드스미트가 옳았을까? 하이젠베르크를 자신의 무능함을 나중에 도덕적 우월로 덮은 위선자라고 판단한 구드스미트일까, 독일의 가장 위대한 과학자를 용서하고 그의 용기를 칭찬한 구드스미트일까? 구드스미트가 한때는 옳았고 다른 때는 틀렸다는 그 생각에는 과학과 도덕, 양쪽에 공통된 가정을 명확히 드러내는 장점이 있다. 그 가정은, 사건은 그 사건에 대한 우리의 앎과 무관하게 벌어진다는 것, 그리고 사람의 판단과 행동은 그 자체만으로도 어떤 도덕적 가치를 띤다는 것이다.

고맙게도 우리의 많은 실용적 목적에는 이 가정이 잘 들어맞는다. 데이비드 머민의 경구에도 불구하고 우리는 바라보고 있지 않을 때에도 달이 사라지지 않는다고 확신할 수 있다. 린드버그가 조종했던 스피릿오브세인트루이스 호는 뉴욕을 떠난 후로 유럽 상공에서 목격될 때까지 하나의 경로를 그리면서 비행한 것이 거의 분명하다. 또한 당신이 회삿돈을 횡령하거나 배우자를 속인다면 그 범죄나 배신으로 인해서 당신이 지게 된 책임은 그들이 그 사실을 알아냈는가에 달려 있지 않다. 과학적 지각의 변두리에서 하이젠베르크가 발견한 불확정성은 비행기의 경로를 지도 위에서 추적하는 것과는 완전히 무관하다. 따라서 피고인의 행동과 의도 또는 예술작품의 의미가 무엇인지 이야기할 때 우리는 하이젠베르크의 생각을 참조하려는 안이한 태도를 차단할 수 있고 차단해야만 한다.

문제는 실재에 대해서 우리가 쉽게 받아들일 수 있는 일반적인 이미지를 어떤 독립된 시공간으로, 즉 우리의 지식을 흔쾌히 무시한 채 사건들이 발생하는 객관적인 어떤 그릇으로 여기고, 그런 뒤 그것을 엉뚱한 곳—관측 가능성의 한계 이하나 존재 그 자체의 경계 너머, 인간 행동을 가능하게 하는 인과적 사슬의 고리들 사이, 또는 인간 행동의 근본이 되는 자아감 그 자체—에 적용하는 순간부터 발생한다. 그렇게 적용할 때 우리는 과학적 방법을 놀라운 성공으로 이끈 동력의 핵심—깊은 겸손함, 우리의 지식은 언제든 수정되고 개선될 수 있다는 인식—을 단념하게 된다. 또한 그렇게 적용할 때 우리는 인간의 작용과 자유를 근본적으로 잘못 취급하게 되고, 그래서 인간을 "과학적으로" 이해하고자 헛되이 시도하면서 모든 책임과 함께 인간의 작용과 자유를 깨끗이 지워버리거나, 삶의 길을 선택하며 나아갈 때 모든 것을 투명하게 알고 선택하는 완전히 이성적인 행위자를 그 모든 결정의 핵심에 투사한다.

인생이라는 강물 속에서 방향을 잡고 나아갈 때에는 무수히 많은 힘이 우리를 떠미는데, 그 대부분은 우리가 알지 못하는 것들이다. 어떤 사람의 말에 따르면, 그런 이유로 우리의 자유는 환상에 불과하다. 하긴, 우리에게 힘을 가하고 우리의 움직임을 제한하고 우리의 욕망에 불을 붙이는 그 수많은 영향력을 한 줌밖에 모르는 존재로서 우리가 자유롭게 선택한다고 어떻게 주장할 수 있을까? 이러한 이해가 전통적인 행위 능력 개념을 위협할 때 반대 담론이 부상한다. 우리에게는 강물 위에 떠서 강물에 닿지 않음으로써 완전히 자유롭고 우리의 모든 방향 전환에 전적으로 책임을 지는 어떤 부분이 있어야 한다는 것이다. 하지만 이 두 가지 이해는 동일한 이유에서 모두 잘못되었다. 우리의 자유, 그리고 우리가 내리는 선택에 대한 책임은 우리의 물질적 존재 안에서 찾아야 할 것도 아니고, 그 존재에 매이지 않은 유령 같은 실체도 아니다. 자유와 책임은 다르게 선택했을 경우를 상상할 줄 아는 존재의 필수적인 가정이자, 지금 이 삶을 여러 갈래의 길 중 내가 선택한 하나의 길로 이해할 수 있는 가능성의 조건이다.

조사가 시작된 첫날 하이델베르크에서 테이블을 사이에 두고 하이젠베르크 앞에 앉았을 때 구드스미트는 그가 보기에 잘못된 선택을 한 것이 분명한 남자의 눈을 들여다보았다. 이 남자에게는 떠날 기회, 수백만 명을 죽이고 구드스미트의 부모를 죽인 정권에 봉사하지 않을 기회가 있었다. 두 사람이 열띤 논쟁을 벌인 몇 년의 시간 동안 구드스미트는 하이젠베르크의 영혼이 걸었던 길을 안다고 느꼈을 것이다. 더 나아가 직위를 잃을지도 모른다는 그의 두려움을, 가능했다면 얼마든지 폭탄을 만들었을 그의 의지를 볼 수 있다고 느꼈을 것이다. 그러나 그는 볼 수 없었다.

다른 사람의 행동이나 의도를 판단할 때 우리는 절대로 그 사람의 생각에 접근할 수 없고, 그들의 눈으로 세계를 볼 수가 없다. 우리는 그들의 의도를 이미지로 구성하고, 그런 뒤 그 이미지는 우리가 만든 것임을 잊어버린다. 하지만 실험자가 사건을 측정할 때처럼 우리가 발견한 것은 우리에게 부속된 것, 어떤 관계의 산물, 자연의 어떤 부분이 우리에게 그 자신을 드러내는 방식이다.

궁극적으로 타인이 내린 선택이 유죄인가 결백한가를 판단하는 것은 그 사람이 마음속에 간직한 비밀을 안다는 것이 아니다. 그것은 내가 그 사람과 같은 입장이었다면 했었을 행동, 해야만 했을 행동을 고려하는 것이다. 사실, 다른 사람을 판단한다는 것은 가지 않은 길에 대한 질문을 스스로에게 던지는 것이다. 그것은 또다른 삶을 상상하고, 그 삶을 나 자신의 삶과 비교하는 것이다. 그것은 선택을 하고 그 선택을 후회할 자유가 있는 자의 실존적인 짐 그 이상도 이하도 아니다. 책상 앞에 앉아서 그의 부고를 쓸 때 사무엘 구드스미트는 베르너 하이젠베르크가 자기 자신의 인생과 선택을 어떻게 판단했는지 알 수 없었지만, 결국 그러한 앎은 그의 목표가 아님을 깨달은 듯하다. 그가 내린 면죄는 하이젠베르크를 위한 것이 아니었다. 그것은 그 자신을 위한 것이었다.

후기

양자이론은 과학을 가능하게 하는 기본적인 가정에 대해서 과학이 승리를 거둔 경우이다. 양자이론의 발견이 번번이 충격을 일으킨다는 점은 그 가정들이 얼마나 뿌리 깊은지를 드러낸다. 물리학자 카를로 로벨리는 양자역학의 관계론적 해석이라고 자신이 명명한 것을 다음과 같이 설명한다. "존재하는 것을 총체적으로 상상할 때, 우리는 우주 **바깥**에 서서 우주를 바라본다고 상상하게 된다. 하지만 존재하는 모든 것의 '바깥'은 존재하지 않는다……존재하는 것은 단지 세계를 부분적이며 서로를 반영하는 내면의 관점들뿐이다. 세계는 **바로 이 관점들의 상호 반영**에 불과하다."[1] 실제로 내가 이 책에서 이야기한 양자역학의 대안적 해석들—객관적 붕괴 이론에서 다세계 해석에 이르기까지—은, 한 번 더 로벨리의 표현을 빌리자면, "양자물리학의 발견들을 형이상학적 편견의 계율에 억지로 끌어들이고자 하는 노력"이다.[2] 이 형이상학적 편견들은 은밀한 방식으로 힘을 발휘한다. 다시 말해서, 과학자들이 그들의 가장 중요한 발견의 의미에 대해서 생각하는 방식을 유도하면서 은밀하게 그 과학자들의 삶, 그들이 자신의 삶을 판단하는 방식, 더 나아가 **모든** 사람이 자신의 삶을 판단하는 방식에 영향을 미치는 것이다.

두 사람 각각이 생을 마감할 무렵 하이젠베르크의 선택에 대한 구드스미트의 해석은 변했다. 하지만 하이젠베르크도 변했을까? 그 결정들—독일에 남기로 한 것, 나치를 위해서 일하기로 한 것, 독일 과학을 위해서 최선을 다하기로 한 것, 무기를 생산하거나 생산하지 않기로 한 것—을 내렸던 사람도 변한 것일까? 우리는 개인이 살아가면서 내리는 일련의 선택을 상상할 때, 마치 그것이 모든 부분을 갖춘 인간이 의식적으로 내린 결정인 것처럼 상상하는 경향이 있다. 다시 말해서, 우리는 그 사람이 현재뿐 아니라 앞으로 펼쳐질 미래의 상황까지 모두 꿰뚫은 상태에서 모든 선택지와 모든 결과를 완전히 알고 내린 결정들인 것처럼 상상한다. 우리 자신과 타인의 선택에 대한 우리의 생각은 항상 그리고 필연적으로, 우리가 그 순간들을 되돌아보는 지금 이 순간에 발생하고 이루어지기 때문이고, 그 순간들이 시간을 뚫고 지금 여기에 이른 하나의 길이라고 해석하기 때문이다. 그런 상상은 순진한 착각이라고 생각할 때조차, 우리는 더 지나친 상상을 한다. 지금 여기에서 사용할 수 있는 제한된 지식으로는 모든 것을 완벽하게 재구성할 수 없음에도 상황이 이렇게 또는 저렇게 흘러갔어야 했다고 꿈을 꾸는 것이다.

그러나 어쩌면—그레테 헤르만과의 긴 논쟁에서 전자 방출을 설명할 때 하이젠베르크가 표현했듯이—궁극적으로 우리가 알 수 있는 시공간 상의 **인간적** 경로를 상상하는 것이 단지 불완전하기 때문에 문제인 것만은 아닐지 모른다. 어쩌면 그 자체가 불가능할지도 모른다. 푸네스가 기억으로 하루를 재구성하지만 그렇게 하기 위해서는 꼬박 하루가 필요하듯이, 상상할 수 없이 많은 시간이 흐른 뒤 우주가 고스란히 반복되지만 그것을 알아보기 위해서는 특별한 대천사가 필요하듯이, 해리스가 원자 대 원자의 차원으로 살인범과 교체되면 어떻게 될지를 물었듯이, 우리가 완벽하게 알 수 있는 시공간상의 경로는 그 자체의 기본 전제와 완전히 모순된다. 무엇이라도 등록하기 위해서는 우리가 그것과 조금이라도 달라야 하고, 그것과 **관계**를 맺어야 하기 때문이다.

보르헤스의 단편들, 하이젠베르크의 발견, 칸트의 체계는 이러한 환상에 깔린 전제, 앎과 존재의 완벽한 일치는 더 깊이 조사하면 스스로 파괴된다는 것을 드러낸다. 한편으로, 어떤 것을 측정한다는 것은 내가 그것과 미세하게나마 돌이킬 수 없이 달라야 한다는 것이며, 그래서 세계에 관해 무엇이라도 알게 될 조건 그 자체가 그것을 완벽하게 해낼 가능성을 폐기한다. 다른 한편으로, 완전한 존재, 즉 진실하고 완벽하게 그 흐름의 일부가 되기 위해서는 그러한 차이를 전부 지워야 하고, 그래서 앎이 불가능해진다. 우리는 세계를 완벽하게 **아는 것**을 상상할 수 있지만, 그 대가로 알고자 하는 세계와 **동일해져야** 한다. 또는 세계와 **동일해지는 것**을 상상할 수 있지만, 그 대가로 세계를 **아는 것**은 포기해야 한다. 하이젠베르크의 가장 유명한 원리가 운동량과 위치에 대해서 말해주듯이, 두 마리 토끼를 다 잡을 수는 없다.

그러나 우리의 지식에 근본적인 제한이 있다는 사실은 약점이 아니라 오히려 우리가 과학적 방법이라고 부르는 것에 힘을 싣는다. 과학은 우리 지식의 한계에도 불구하고 잘 작동하는 것이 아니다. 오히려 과학이 잘 작동하는 것은 우리가 눈앞의 이론을 기꺼이 시험하고, 우리가 바라거나 보기를 기대하는 것과 일치하든 일치하지 않든 간에 그 결과를 기꺼이 받아들이기 때문이다. 이것은 관찰과 실험이 이론을 계속 뒷받침하는 한에서만 그 이론이 지속될 수 있음을 의미한다. 과학은 세계에 대한 새로운 설명을 언제든 내놓을 수 있다. 어떤 지식도 도그마가 될 수 없다. 하지만 모든 과학자가 원칙상 이 사실을 받아들이기는 해도 우리 주위에는 무의식적인 편향이 넘쳐난다. 일례로 로벨리가 형이상학적 편견이라고 명명한 것이 있다. 실재가 바깥에, 우리와의 상호작용과 독립해서 존재하며, 그 존재 방식이 지구 위에서 우리가 경험하는 인간의 삶과 일치한다는 믿음이다. 공간상 펼쳐져 있고 시간상 연속적이라고 말이다. 그리고 이 믿음, 세계가 우리의 예상과 일치하기를 바라는 이 욕구는 대단히 강해서 그것을 뒷받침하기만 하면 어떤 구성 개념도 무모하지 않다고 본다.

또한 존재와 앎의 근본적인 불일치로 인해서 우리가 선택과 책임을 이해하는 방식에도 무수히 많은 악영향이 나타난다. 자유 의지를 일축하는 과학적 태도는 우리의 지적 능력의 자연적인 한계를 넘어선 어딘가에는 더 완전한 그림이 있다는 가정에 의지한다. 우리의 존재를 구성하는 각각의 입자는 시공간상 펼쳐지는 물질의 인과적 흐름 속에서 각자의 위치와 운동량에 따라 결정된다는 가정이다. 그 흐름 속에서 자신의 위치를 완벽하게 알고 원자의 차원까지 모든 것을 아는 존재가 있다고 상상해보자. 그 존재는 이론상 모든 것을 볼 수 있지만, 선택을 할 수는 없을 것이다. 선택은 시공간 속에서 발생한다. 하지만 그런 존재—지하실 계단 밑에 있는 알레프처럼 세계와 한 몸이고 처음부터 마지막 순간까지 동시에 세계를 아는 존재—에게 시간과 공간은 존재하지 않는다. 시간과 공간은 다른 어떤 것과의 거리, 차이, 관계를 요구하기 때문이다.

그러나 우리는 명백히 그런 존재가 아니다. 그와 달리 우리는 셰익스피어가 말한 "어두운 과거와 시간의 심연"에 갇혀 있어서 시간과 공간의 지평선 뒤에 숨어 있는 모든 것을 보지 못한다. 또한 우리는 그 흐름에 갇힌 존재이므로 우리 자신이 그 흐름에 의해서 결정된다고 가정하면서도 그와 동시에 선택을 하고 책임을 질 수 있다. 노란 숲속을 걷는 로버트 프로스트의 나그네처럼 우리는 길이 갈라지는 곳에서 발길을 멈추고 최대한 멀리 내다보지만, 구부러진 길이 덤불 속으로 사라짐에 따라서 더 이상 시야를 연장하지 못한다. 우리는 한 사람의 나그네로서 두 길을 모두 여행할 수 없다는 데에 안타까움을 느낀다. 하지만 유물론이나 종교가 자유를 공격하며 내리는 결론과는 확연히 다르게, 기계론적 인과관계에 대한 가정은 책임과 자유를 허용하는 실존적 무지와 조금도 모순되지 않는다.

그러니 자유는 무지일 뿐 그 어떤 것도 아니지 않을까? 절대 그렇지 않다. 보에티우스가 죽음을 목전에 두었을 때 깨달았듯이, 전지전능한 신이 있어서 보에티우스가 걸어갈 길의 모든 단계를 안다고 가정해도 그는 결단코 자유를 박탈당하지 않으며, 좋은 선택이든 나쁜 선택이든 선택의 책임이나 공을 면제받지 않는다. 그러한 지식을 가정하면 우리가 몸을 담그고 유영하는 시공간이라는 매개가 소멸되고, 그에 따라 그 불가능한 관점 때문에 내가 할 미래에 선택들은 영원한 지금이라는 순간에 이루어져야 하기 때문이다. 하지만 그처럼 지금이 영원히 계속된다면, 내가 어떤 길을 선택할지 확실히 안다고 할지라도 그 앎이 내 선택의 자유에 영향을 미치지는 않는다. 마치 내가 길을 선택할 때 누군가가 나를 목격해도 그것이 내 선택의 자유에 영향을 미치지 않는 것처럼 말이다. 그와 마찬가지로 얽힘 현상에서 생겨난 유명한 역설도 그 예리함을 잃는다. 스핀이 측정되지 않은 입자에 대해서 알거나 광활한 은하를 사이에 두고 쌍둥이가 맥주와 위스키 중 어떤 것을 선택할지 안다고 할지라도 나의 앎은 그 무작위성이나 쌍둥이의 선택에 어떤 영향도 미치지 못한다. 마치 만물의 입자를 계속 지켜보는 신의 눈이나, 그 무한한 마음으로 영원한 현재 속에서 자신의 길과 인생을 모두 경험하는 사람이 있다고 할지라도 선택의 자유에 영향을 미치지 못하는 것처럼 말이다.

어떤 경우에 사람들은 자기가 무엇을 하는지 안다. 두 갈래로 갈라지는 오솔길들의 정원에서 당신은 자신이 어떤 길을 선택하는지 충분히 알고서 방아쇠를 당길 수도 있다. 다른 경우에는 결정을 내리는 당사자조차 그 이유를 알지 못한다. 한 물리학자는 독일을 떠나고 다른 물리학자는 남는다. 자아가 계속 변하고 진화함에 따라서 다른 결정을 내리고 이 과정을 계속 되풀이한다. 그렇다고 해서 그 모든 행동을 무한히 용서하고, 무한히 용인하라는 뜻은 아니다. 그보다는 우리가 입자라고 부르는 덧없는 것들에서부터 인간이라고 알려진 거대한 입자 덩어리에 이르기까지 시간 속에 놓인 모든 실체의 본성은 항상, 그리고 오로지 관계로서만 존재한다고 이해하라는 이야기이다. 모든 측정은 상호작용을 수반하고 거기서 나온 실재는 관련된 대상에 한해서만 존재하듯이, 모든 사람이 만들어내는 삶은 무수한 관계로 이루어진다. 그 관계는 이미 그 자체로 존재하는 개인들 사이에서 피어나는 것이 아니다. 그보다는 우리가 측정하고 탐지하는 입자들처럼, 개인들 역시 관계 그 자체에서 싹튼다.

요컨대 우리는 가장 소중한 욕망과 가장 절실한 꿈에도 불구하고 유한하다. 우리가 어떤 것을 다른 것과의 관계 속에서만 이해할 수 있다는 사실은 이해가 항상 제한된 관점에서 이루어진다는 것을 의미한다. 우리는 이성의 힘으로 믿을 수 없는 높이까지 올라간다. 물질의 기초 성분과 우주의 법칙을 이해하고 우주의 변두리와 시간의 출발점을 본다. 하지만 또한 우리는 그 힘에 이끌려 비참하게 길을 잃는다. 우리의 세계를 지도로 만들고 그렇게 해서 어둠 속에서 길을 보는 바로 그 능력 때문에 우리는 그 지도를 마치 실재하는 세계인 양 취급하고 그렇게 해서 우리의 깨우친 눈앞에 새로운 베일을 치는 것이다.

"형이상학적 편견"이라는 말은 보르헤스, 하이젠베르크, 칸트가 제각기 탐구하고 씨름해서 결국 막힘없이 풀어헤친 마술적 사고에 완벽히 들어맞는다. 양자이론으로는 형이상학적 편견을 막아내지 못할 수도 있지만, 그 편견을 유지하는 한 양자이론의 의미를 충분히 이해하기란 불가능하다. 따라서 양자이론의 명백한 역설을 고집하면 할수록 그러한 편견이 우리 사고에 얼마나 깊이 박혀 있고 얼마나 불가피한지를 강하게 되새기게 된다. 어떤 결과를 볼 때 우리는 바깥에서, 즉 공간상 어디에나 존재하고 시간상 영속적인 세계에서 원인을 구한다. 우리가 아는 한에서 세계는 그렇게 존재해야 하기 때문이다. 우리는 그렇게 알고 있지만, 그것은 틀린 생각이다. 거기에는 실제로 엄정함이 있다. 하지만 우리가 그 엄정함을 만든 체스 장인임을 깨닫기 위해서는 천사들을 놓아주어야 한다. 실은 그것이 가장 어려운 일일지 모른다.

감사의 말

이 책은 우주론과 문학과 철학에 관해서 25년 이상 사유하고 가르치고 글을 써온 과정의 결실이다. 나의 출발점은 스탠퍼드 대학교 제프리 슈내프의 세미나에서 배운 단테의 우주에 관한 생각이었다. 그때 나는 로버트 "밥" 오서먼의 책 『우주의 시_Poetry of the Universe_』와 마크 피터슨의 논문 「단테와 3차원 초구」를 읽고 휘어진 공간에 관한 중세의 개념들을 공부해야겠다는 영감에 사로잡혔다. 그 이후로 나는 존스홉킨스 대학교에서 몇 차례에 걸쳐 학생들에게 우주적 상상력Cosmic Imagination이라는 과목을 가르쳤으며, 가장 최근인 2022년 가을에는 경이로운 신입생들이 이 강좌를 들었다. 학생들이 보여준 꾸준한 호기심에 감사를 표한다. 또한 이 책을 잉태하는 동안 원고의 일부나 전부를 읽어주었거나 내가 개최한 학회와 강의에서 나와 의견을 주고받은 많은 친구와 동료들에게 감사드린다. 그 소중한 이름은 다음과 같다. 로버트 데이비드슨, 마르셀로 글레이서, 브라이언 그린, 로버트 포그 해리슨, 버지니아 주이스, 로버트 르헤니, 카렌 니 므헬라이, 이핑 옹, 고든 러벤펠드, 로버트 리나시에비치. 내 아내 베르나데트 베겐슈타인은 원고를 평가하는 데에서 특별히 중요한 역할을 했을 뿐 아니라, 세부사항을 발굴하여 인물에 생기를 불어넣을 수 있게 했다. 이 책의 큰 개념을 잡아가던 초기에 도와주고 길을 인도해준 나의 에이전트 마이클 칼라일에게 특별히 감사드리고, 모든 순간에 매우 적절한 질문으로 나를 일깨워준 편집자 에드워드 카스텐마이어에게 감사드린다. 또한 앤드루 웨버에게 감사드린다. 그는 작고했지만 여전히 그립기만 한 댄 프랭크와 함께 이 책을 판테온 출판사로 인수했다. 아울러 마이클 먼젤로는 이 책의 구조를 짜맞출 때 소중한 피드백을 제공했으며, 크리스 하워드우즈는 편집하고 제작하는 동안 꾸준하게 일정 관리를 도와주었다. 이번에도 역시 큰 도움을 준 트로이 타워에도 감사드린다. 그들의 정확한 눈과 엄청난 조사 능력 덕분에 다수의 학과와 10개 이상의 언어로 이루어진 권말의 부속물을 문제 없이 정리할 수 있었다. 마지막으로, 가장 진실한 친구 중에서도 더욱 진실한 친구에게 영원히 감사드린다. 그는 이 책의 모든 단어를 읽었을 뿐 아니라 때로는 여러 번 읽어주었다. 본인의 요청으로 이름은 밝히지 않겠다.

주

서론 : 그것은 어디로 갔을까?

1　Bryson, *One Summer*, 96–98.

2　Gleiser, *Island of Knowledge*, 169–70. 아주 최근에 연구자들이 입증한 바에 따르면 양자의 변화도 지속적이고 예측이 가능할 수 있다고 한다. 하지만 결정적으로 그렇게 되기 위한 실험 조건에는 "지속적인 관찰"이 포함되며, 따라서 "가령 도약 같은 셀 수 있는 사건의 불연속성과 결정론적인 슈뢰딩거 방정식의 연속성을 화해시킬" 여지를 남긴다. Minev et al., "To Catch and Reverse a Quantum Jump Mid-flight," 203을 보라.

3　Williamson, *Borges*, 143, 507n21.

4　Ibid., 143.

5　Williamson, "Borges in Context," 208.

6　Borges, *El tamaño de mi esperanza*, 130, translation from Williamson, *Borges*, ix.

7　Borges, *El idioma de los argentinos*, 47, translation from Williamson, *Borges*, 148.

8　Andrés, *Palabras con Leopoldo Marechal*, 24, translation from Williamson, *Borges*, 149.

9　Schlosser, *Kleine Schriften*, 1:29, translation from Epstein, *Genesis of German Conservatism*, 79.

10　Hamann, *Briefwechsel*, 4:196, translation altered from Kuehn, *Kant*, 241.

11　Translation from Williamson, *Borges*, 156.

12　Borges, *El idioma de los argentinos*, 24, 20, 23, translation from Williamson, *Borges*, 157.

13　Borges, *El idioma de los argentinos*, 24, translation from Williamson, *Borges*, 158.

14 Pauli, *Wissenschaftlicher Briefwechsel*, 1:347, translation altered from Lindley, *Uncertainty*, 145.

15 W. Heisenberg, *Gesammelte Werke*, C1:21, translation from Cassidy, *Uncertainty*, 228.

16 W. Heisenberg, *Gesammelte Werke*, C1:21, translation altered from Cassidy, *Uncertainty*, 228.

17 Borges, *Obras*, 1:245, translation from Borges, "Perpetual Race of Achilles and the Tortoise," 44.

18 Borges, *Obras*, 1:248, translation from Borges, "Perpetual Race of Achilles and the Tortoise," 47.

19 Borges, *Obras*, 1:273, translation from Borges, "Avatars of the Tortoise," 202.

20 Borges, *Obras*, 1:258, translation from Borges, "Avatars of the Tortoise," 202.

21 Kant, *Gesammelte Schriften*, 4:260, translation from Anderson, *Kant, Hume, and the Interruption of Dogmatic Slumber*, xi.

22 W. Heisenberg, *Gesammelte Werke*, C1:379, translation from Cassidy, *Uncertainty*, 236.

23 W. Heisenberg, *Gesammelte Werke*, C3:92, translation from Isaacson, *Einstein*, 332.

24 See Isaacson, *Einstein*, 389, 326, 609n45.

25 Borges, *Obras*, 1:442, translation from Borges, *Collected Fictions*, 81.

26 내가 쓴 절들의 순서는 칸트의 이율배반과 정확히 일치하지 않는다. 나는 칸트의 두 번째 이율배반인 원자론의 수학적 이율배반을 가장 먼저 다루었고, 다음으로 그의 네 번째 이율배반인 필연성의 역학적 이율배반, 그의 첫 번째 이율배반인 시간과 공간의 수학적 이율배반을 다루었으며 마지막으로 그의 세 번째 이율배반인 인과 관계의 역학적 이율배반을 다루었다.

제1장 망각 불능증

1 Luria, *Romanticheskie ėsse*, 17, translation from Luria, *Mind of a Mnemonist*, 11.

2 Johnson, "Mystery of S."

3 Luria, *Romanticheskie ėsse*, 25, translation from Luria, *Mind of a Mnemonist*, 31.

4 Bruner, "Foreword," xxii.

5 Luria, *Romanticheskie ėsse*, 72, translation from Luria, *Mind of a Mnemonist*, 118–19.

6 Bruner, "Foreword," xvii.

7 Johnson, "Mystery of S."

8 Williamson, *Borges*, 166.

9 García Márquez and Mendoza, *El olor de la guayaba*, 52, translation from García Márquez and Mendoza, *Fragrance of Guava*, 49.

10 Williamson, *Borges*, 195.

11 Borges, *Obras*, 1:293. 보르헤스는 I.J.의 정체를 밝히지 않았지만, "English"와

"Angel"이라는 단어만으로도 노라와 수신자를 결합하기에 충분했을 것이다. 『45일 과 30명의 선원』의 주인공 이름이 잉그리드 줄리아라는 점은 최종적인 확인의 증거 일 뿐이다. 윌리엄슨은 1935년 판을 인용하지만 그런 뒤 내가 이 책에 인용한 1954 년 판의 수정된 문구, "똑같이 불가사의한 S.D."를 언급한다. Williamson, *Borges*, 514n23.

12 Borges, *Inquisiciones*, 85–86, translation from Borges, "Nothingness of Personality," 4.

13 Borges, "Historia de la eternidad," in Obras, 1:364, translation from Williamson, *Borges*, 214.

14 Williamson, *Borges*, 168, 510n13.

15 Borges and Carrizo, *Borges el memorioso*, 118, translation from Williamson, *Borges*, 241.

16 This marvelous phrase is from Williamson, *Borges*, 242.

17 Borges, *Inquisiciones*, 93, translation from Williamson, *Borges*, 98.

18 Unamuno, *Obras*, 10:281–82, translation from Unamuno, *Tragic Sense of Life*, 49.

19 Homer, *Odyssey*, 23.240–45.

20 Geier, *Kants Welt*, 40–41.

21 Kant, *Gesammelte Schriften*, 10:70–71, translation from Kuehn, *Kant*, 179.

22 Kant, *Gesammelte Schriften*, 2:383.

23 Kuehn, *Kant*, 198.

24 Hume, *Treatise of Human Nature*, 264.

25 Mendelssohn, *Saemmtliche Werke*, 6:vi, translation from Kuehn, *Kant*, 251.

26 Hume, *Treatise of Human Nature*, 252.

27 Ibid., 269.

28 Borges, *Obras*, 1:487–88, translation from Borges, *Collected Fictions*, 134–35.

29 Borges, *Obras*, 1:489, translation from Borges, *Collected Fictions*, 136.

30 Borges, *Obras*, 1:489, translation from Borges, *Collected Fictions*, 136.

31 Luria, *Romanticheskie ésse*, 72, translation from Luria, *Mind of a Mnemonist*, 118–19.

32 Borges, *Obras*, 1:489, translation from Borges, *Collected Fictions*, 136.

33 Hume, *Treatise of Human Nature*, 252.

34 Kant, *Gesammelte Schriften*, 4:77, translation from Kant, *Critique of Pure Reason*, 228–29.

35 Mermin, "What's Wrong with This Pillow?," 9.

36 Mermin, "Can You Help Your Team Tonight by Watching on TV?," 50.

37 Henderson, "Rebel Physicist on the Hunt for a Better Story Than Quantum Mechanics."

38 Wittgenstein, *Tractatus*, 188–89.

39 Henderson, "Rebel Physicist on the Hunt for a Better Story Than Quantum Mechanics."

40 W. Heisenberg, *Gesammelte Werke*, C1:224, translation from W. Heisenberg, *Reality*

and Its Order, 27.

41 W. Heisenberg, *Gesammelte Werke*, C1:224, translation from W. Heisenberg, *Reality and Its Order*, 26.

42 Kant, *Gesammelte Schriften*, 4:77, translation from Kant, *Critique of Pure Reason*, 228.

43 Kant, *Gesammelte Schriften*, 4:77, translation from Kant, *Critique of Pure Reason*, 228–29.

44 Kant, *Gesammelte Schriften*, 10:70–71, my translation.

45 W. Heisenberg, *Gesammelte Werke*, C1:226, translation from W. Heisenberg, *Reality and Its Order*, 29.

제2장 바로 이 순간의 짧은 역사

1 Geier, *Kants Welt*, 28.

2 Ibid., 59.

3 Kant, *Briefwechsel*, 2, my translation.

4 Borowski, *Darstellung des Lebens und Charakters Immanuel Kants*, 32, translation altered from Cassirer, *Kant's Life and Thought*, 40.

5 Borowski, *Darstellung des Lebens und Charakters Immanuel Kants*, 185, translation from Cassirer, *Kant's Life and Thought*, 39.

6 Borowski, *Darstellung des Lebens und Charakters Immanuel Kants*, 186, translation from Cassirer, *Kant's Life and Thought*, 39.

7 See Cassirer, *Kant's Life and Thought*, 40, 41n5.

8 Rink, *Ansichten aus Immanuel Kant's Leben*, 14, translation from Cassirer, *Kant's Life and Thought*, 18.

9 Geier, *Kants Welt*, 30.

10 Hippel, *Biographie des Königl. Preuss*, 79, translation from Cassirer, *Kant's Life and Thought*, 15.

11 Kant, *Gesammelte Schriften*, 7:133, translation from Cassirer, *Kant's Life and Thought*, 18.

12 Kant, *Gesammelte Schriften*, 10:41, translation from Kuehn, *Kant*, 171.

13 Swedenborg, *De caelo et ejus mirabilibus et de inferno*, 265; Swedenborg, *Heaven and Hell*, 261.

14 Swedenborg, *De caelo et ejus mirabilibus et de inferno*, 265–66; Swedenborg, *Heaven and Hell*, 261.

15 Kant, *Gesammelte Schriften*, 10:66, translation from Kuehn, *Kant*, 172.

16 Kant, *Gesammelte Schriften*, 2:348, translation altered from Kant, *Theoretical Philosophy*, 335–36.

17 Kant, *Gesammelte Schriften*, 2:307, translation from Kuehn, *Kant*, 160.

18 Kant, *Gesammelte Schriften*, 20:175, translation from Kuehn, *Kant*, 464n65.

19 Plato, *Opera*, 2:129c–d, translation from Plato, *Parmenides*, 363.

20 Plato, *Opera*, 2:131b, translation altered from Plato, *Parmenides*, 365.

21 Plato, *Opera*, 2:131c, translation altered from Plato, *Parmenides*, 365.

22 Jachmann, *Immanuel Kant geschildert in Briefen an einen Freund*, 155–56, translation altered from Kuehn, *Kant*, 115–16.

23 Hamann, *Briefwechsel*, 2:234, translation from Kuehn, *Kant*, 134.

24 Kant, *Gesammelte Schriften*, 2:41–42, translation from Kuehn, *Kant*, 126.

25 Kant, *Gesammelte Schriften*, 7:58, translation from Kuehn, *Kant*, 150.

26 Kuehn, *Kant*, 155.

27 Kant, *Gesammelte Schriften*, 20:46, translation from Schilpp, *Kant's Pre-critical Ethics*, 73.

28 Plato, *Opera*, 2:156d, translation from Plato, *Parmenides*, 388.

29 Plato, *Opera*, 2:156e, translation from Plato, *Parmenides*, 388. 사실 "그런 것 같다"고 대답한 사람은 아연실색한 아리스토텔레스였다. 우리가 오늘날 알고 있는 아리스토텔레스가 소크라테스, 제논, 파르메니데스가 모인 자리에 있었을 가능성은 없지만, 플라톤은 자신의 아카데미를 언급하면서 파르메니데스에 동의하여 그를 돋보이게 한 그 젊은 학생에게 그 이름을 부여하고, "후에 30인의 참주 중 하나가 될 사람"이라고 덧붙인다. Plato, *Opera*, 2:127d, translation from Plato, *Parmenides*, 361. 플라톤이 그렇게 한 이유 중 하나는 자신의 학생인 아리스토텔레스가 제논의 논증들에 얼마나 놀랐는지를 알아봤기 때문일 것이다. 사실 제논의 책은 사라졌지만, 우리가 그 책과 제논의 역설들을 알고 있는 것은 아리스토텔레스가 자신의 『물리학*Physica*』에서 제논과 그의 역설들을 아주 자세히 다루고 있기 때문이다. 또한 아리스토텔레스의 『물리학』은 후에 스콜라 과학의 핵심 원천 중 하나가 되었다.

30 Aristotle, *Physics*, 180 (bk. 6.9, col. 239b), as quoted in Hegel, *Vorlesungen über die Geschichte der Philosophie*, 1:296; 원문에서 다소 자유로운 이 영어 번역문은 Hegel, *Greek Philosophy to Plato*, 274에서 인용한 것이다.

31 Plato, *Opera*, 2:152b, translation from Plato, *Parmenides*, 384.

32 Plato, *Opera*, 2:152c–d, translation from Plato, *Parmenides*, 385.

33 Kant, *Gesammelte Schriften*, 4:221, translation from Kant, *Critique of Pure Reason*, 417.

34 Kant, *Gesammelte Schriften*, 3:345, translation from Kant, *Critique of Pure Reason*, 517 (A502): "나는 그에 대해서 이러한 공격이 정당하게 제기될 수 있다고 보지 않는다."

35 Hegel, *Vorlesungen über die Geschichte der Philosophie*, 1:292, translation from Hegel, *Greek Philosophy to Plato*, 271.

36 Hegel, *Vorlesungen über die Geschichte der Philosophie*, 1:297, translation from Hegel,

Greek Philosophy to Plato, 275.

37 Hegel, *Greek Philosophy to Plato*, 263, recalling Diogenes Laertes (bk. 9).

38 철학에 익숙한 독자라면 지금쯤에는 내 해석이 마르틴 하이데거와 자크 데리다의 사상에 크게 의존하고 있음을 알았을 것이다. 비록 둘 다 이 글에서 주역으로 나서지는 않았지만 말이다.

39 이 아이디어에 대한 빛나는 설명은 Martin Hägglund, *This Life*를 보라.

제3장 시각화하라!

1   Mehra and Rechenberg, *Historical Development of Quantum Theory*, 1.1:345.

2   Born, *My Life*, 212.

3   W. Heisenberg, *Gesammelte Werke*, C5:399, translation from Cassidy, *Uncertainty*, 40.

4   Cassidy, *Uncertainty*, 563n4, 42.

5   Heisenberg, *Teil und Ganze*, 9.

6   Ibid., my translation.

7   Ibid., 16.

8   Plato, *Opera*, 4:53b, translation from Plato, *Timaeus*, 1256.

9   Plato, *Opera*, 4:56a–b, translation from Plato, *Timaeus*, 1258.

10 W. Heisenberg, *Gesammelte Werke*, C3:20–21, translation from W. Heisenberg, *Physics and Beyond*, 8.

11 W. Heisenberg, *Gesammelte Werke*, C5:102, translation from Cassidy, *Uncertainty*, 47.

12 Heisenberg, *Teil und Ganze*, 13.

13 Ibid., 20, my translation.

14 Cassidy, *Uncertainty*, 83.

15 See Kirchhoff, "Ueber das Verhältniss zwischen dem Emissionsvermögen und dem Absorptionsvermögen der Körper für Wärme und Licht," 277; and Kirchhoff, "On the Relation Between the Emissive and the Absorptive Power of Bodies for Heat and Light," 76.

16 Gribbin, *In Search of Schrödinger's Cat*, 37, 41–42.

17 Hermann, *Frühgeschichte der Quantentheorie*, 31–32, translation from Mehra and Rechenberg, *Historical Development of Quantum Theory*, 1.1:49–50.

18 W. Heisenberg, *Physics and Philosophy*, 5.

19 Einstein, *Swiss Years*, 150, translation from Einstein, "On a Heuristic Point of View About the Creation and Conversion of Light," 91.

20 Isaacson, *Einstein*, 94.

21 Planck, "Zur Theorie des Gesetzes der Energieverteilung im Normalspectrum," 239, translation from Isaacson, *Einstein*, 96.

22 Einstein, "Autobiographisches," 44, translation from Isaacson, *Einstein*, 96.

23 Bohr, *Foundations of Quantum Physics I*, 415, 38.

24 Gribbin, *In Search of Schrödinger's Cat*, 65.

25 W. Heisenberg, *Gesammelte Werke*, C3:44, translation from W. Heisenberg, *Physics and Beyond*, 26.

26 Forman, "Alfred Landé and the Anomalous Zeeman Effect," 261, translation from Cassidy, *Uncertainty*, 119.

27 W. Heisenberg, *Gesammelte Werke*, C3:63, translation from W. Heisenberg, *Physics and Beyond*, 41.

28 Eddington, *Nature of the Physical World*, 290–91.

29 Ibid., 291.

30 Van der Waerden, *Sources of Quantum Mechanics*, 168.

31 Lindley, *Uncertainty*, 103–4.

32 Ibid., 106–7.

33 W. Heisenberg, *Physics and Philosophy*, 13.

34 W. Heisenberg, *Gesammelte Werke*, C3:89–90, translation from W. Heisenberg, *Physics and Beyond*, 61.

35 Gribbin, *In Search of Schrödinger's Cat*, 87–88.

36 Einstein, "Quantentheorie des einatomigen idealen Gases," 9, translation from Hentschel and James, *Berlin Years*, 377.

37 Lindley, *Uncertainty*, 120.

38 Schrödinger, "Undulatory Theory of the Mechanics of Atoms and Molecules," 1058.

39 Dresden, *H. A. Kramers*, 82n84, 51.

40 W. Heisenberg, "Development of the Interpretation of the Quantum Theory," 14.

41 Born, "Zur Quantenmechanik der Stoßvorgänge," 866, translation from Lindley, *Uncertainty*, 136.

42 Einstein, *Berlin Years*, 403.

43 W. Heisenberg, *Gesammelte Werke*, A1:382, translation from Lindley, *Uncertainty*, 115.

44 W. Heisenberg, *Physics and Philosophy*, 32.

제4장 양자 얽힘

1 Cassidy, *Uncertainty*, 240.

2 Hermann, *Werner Heisenberg in Selbstzeugnissen und Bilddokumenten*, 36, my translation.

3 Ibid., my translation.

4 Ibid., 37, my translation.

5 Ibid., 39, my translation.

6 Cassidy, *Uncertainty*, 242; Lindley, *Uncertainty*, 147–48.

7 W. Heisenberg, *Gesammelte Werke*, A1:503, translation from Lindley, *Uncertainty*, 243.

8 Cassidy, *Uncertainty*, 243–44.

9 Ibid., 244.

10 Lindley, *Uncertainty*, 154.

11 Ibid., 155.

12 "New Problems in Quantum Theory," *Nature*, 579.

13 See Isaacson, *Einstein*, 345, 611n26.

14 Lindley, *Uncertainty*, 157.

15 Born and Heisenberg, "La mécanique des quanta," 178, translation from Cassidy, *Uncertainty*, 250.

16 Born and Heisenberg, "La mécanique des quanta," 143, 178, translation from Cassidy, *Uncertainty*, 250.

17 Born and Heisenberg, "La mécanique des quanta," 178, translation from Cassidy, *Uncertainty*, 250.

18 Isaacson, *Einstein*, 346.

19 Cassidy, *Uncertainty*, 252–53.

20 Lindley, *Uncertainty*, 161.

21 Lorentz et al., "Discussion générale des idées nouvelles émises," 256, translation from Isaacson, *Einstein*, 347.

22 Gribbin, *In Search of Schrödinger's Cat*, 170–71.

23 Lindley, *Uncertainty*, 169.

24 Einstein, "Remarks," 674.

25 "Stimson Says Law Required Action," *New York Times*, 3.

26 See Isaacson, *Einstein*, 404, 619n26.

27 See Rosenfeld, "Niels Bohr in the Thirties," 127.

28 Ibid., 128.

29 Pauli, *Wissenschaftlicher Briefwechsel*, 2:402, translation from Lindley, *Uncertainty*, 191.

30 Rosenfeld, "Niels Bohr in the Thirties," 128.

31 Gleiser, *Island of Knowledge*, 196.

32 Bohr, "Can Quantum-Mechanical Description of Physical Reality Be Considered Complete?," 696–97.

33 Schrödinger, "Die gegenwärtige Situation in der Quantenmechanik," 812, translation from Jauch, *Foundations of Quantum Mechanics*, 185.

34 Schrödinger, "Die gegenwärtige Situation in der Quantenmechanik," 812, translation from Isaacson, *Einstein*, 457.

35 Schrödinger, "Die gegenwärtige Situation in der Quantenmechanik," 827, translation

from Isaacson, *Einstein*, 454.

36 Isaacson, *Einstein*, 455, 626n19를 보라.

37 Bernstein, *Quantum Profiles*, 84.

38 Gleiser, *Island of Knowledge*, 214.

39 Ibid., 211.

40 Knight, "Entangled Photons Secure Money Transfer."

41 Gleiser, *Island of Knowledge*, 215–16.

42 Feynman, Leighton, and Sands, *Feynman Lectures on Physics*, 3:18.3.

43 Cassidy, *Uncertainty*, 295.

44 *Verfassung des Deutschen Reiches vom 11. August 1919*, 89 (article 9.2), translation from Kaes, Jay, and Dimendberg, *Weimar Republic Sourcebook*, 48.

45 Cassidy, *Uncertainty*, 150.

46 See Cassidy, *Uncertainty*, 303, 599n20.

47 Pauli, *Wissenschaftlicher Briefwechsel*, 2:168, translation from Cassidy, *Uncertainty*, 307.

48 Cassidy, *Uncertainty*, 307.

49 Lindley, *Uncertainty*, 173.

50 See Cassidy, *Uncertainty*, 310, 601n52.

51 Ibid., 310, 602n53.

52 Cassidy, *Uncertainty*, 324.

53 Ibid., 330, 606n75.

54 Born, *Born-Einstein Letters*, 158.

55 Greene, *Fabric of the Cosmos*, 117.

56 Gribbin, *Schrödinger's Kittens and the Search for Reality*, 132.

57 Ibid., 135.

제5장 영원의 상 아래에서

1 Kuehn, *Kant*, 222.

2 Ibid., 205.

3 See ibid., 206.

4 Reicke, *Kantiana*, 19, translation from Kuehn, *Kant*, 206.

5 Kuehn, *Kant*, 215.

6 Kant, *Gesammelte Schriften*, 10:231, translation from Kuehn, *Kant*, 219.

7 See Kuehn, *Kant*, 221, 476n125.

8 Ibid., 222.

9 Kant, *Gesammelte Schriften*, 10:97, translation from Kant, *Correspondence*, 107–8.

10 Kant, *Briefwechsel*, 110.

11 Kant, *Gesammelte Schriften*, 10:149, translation altered from Cassirer, *Kant's Life and*

Thought, 134.

12 Kant, *Reflexionen*, 2:4, translation from Cassirer, *Kant's Life and Thought*, 112.

13 Geier, *Kants Welt*, 148.

14 Kant, *Gesammelte Schriften*, 10:123, translation from Kuehn, *Kant*, 232.

15 Cassirer, *Kant's Life and Thought*, 132.

16 Hume, *Enquiry Concerning the Principles of Morals*, 77.

17 Ibid., 117.

18 Kant, *Gesammelte Schriften*, 19:116–17, translation from Kuehn, *Kant*, 201.

19 Kant, *Gesammelte Schriften*, 19:103, translation from Kuehn, *Kant*, 202.

20 Geier, *Kants Welt*, 159.

21 Kant, *Gesammelte Schriften*, 10:130, translation from Cassirer, *Kant's Life and Thought*, 127.

22 Kant, *Gesammelte Schriften*, 10:130–31, translation from Cassirer, *Kant's Life and Thought*, 128.

23 Hume, *Enquiry Concerning the Principles of Morals*, 117.

24 Kant, *Gesammelte Schriften*, 10:131, translation from Cassirer, *Kant's Life and Thought*, 129.

25 Geier, *Kants Welt*, 161.

26 Kant, *Gesammelte Schriften*, 10:123, translation from Cassirer, *Kant's Life and Thought*, 130.

27 Geier, *Kants Welt*, 170.

28 Kant, *Gesammelte Schriften*, 3:181, translation from Kant, *Critique of Pure Reason*, 317 (B258).

29 Borges, Obras, 1:91, translation from Borges, "John Wilkins' Analytical Language," 231.

30 칸트는 『비판』에서, 이성의 이러한 선 넘기는 "사고의 항상적이고 논리적인 대상을 실재의 고유한 대상으로 받아들이게 하는데, 우리는 그것을 조금도 인식하지 못하고 인식할 수도 없다"라고 표현한다. Kant, *Gesammelte Schriften*, 4:221, translation from Kant, *Critique of Pure Reason*, 417 (A350).

31 Kant, *Gesammelte Schriften*, 3:392, translation from Kant, *Critique of Pure Reason*, 559 (A582/B610).

32 Kant, *Gesammelte Schriften*, 3:392, translation from Kant, *Critique of Pure Reason*, 559 (A582/B610).

33 Russell, *Problems of Philosophy*, 93.

34 W. Heisenberg, *Physics and Philosophy*, 32.

35 Geier, *Kants Welt*, 144.

36 Ibid., 147.

37 Ibid., 171.

38 See Kuehn, *Kant*, 270.

39 Kant, *Gesammelte Schriften*, 10:391, translation from Kuehn, *Kant*, 270.

40 Hare, "Augustine, Kant, and the Moral Gap," 254.

41 Kant, *Gesammelte Schriften*, 6:37, translation from Kant, *Religion Within the Limits of Reason Alone*, 32.

42 Kant, *Gesammelte Schriften*, 6:40, translation from Kant, *Religion Within the Limits of Reason Alone*, 40.

43 Hare, "Augustine, Kant, and the Moral Gap," 252.

44 Augustine, *Confessions*, 2:244 (11.26 [33]), translation from Chadwick, *Confessions*, 240.

제6장 눈 깜짝할 사이

1   Rubenstein, *When Jesus Became God*, 75–81.

2   Ibid., 96.

3   Augustine, *Confessions*, 2:254 (11.29 [39]), translation from Chadwick, *Confessions*, 244.

4   See United States Conference of Catholic Bishops, "What We Believe."

5   Hegel, *Lectures on the History of Philosophy*, 404–5; Remes, *Neoplatonism*, 19.

6   Hegel, *Vorlesungen über die Geschichte der Philosophie*, 3:44, translation from Hegel, *Lectures on the History of Philosophy*, 415.

7   Augustine, *Confessions*, 2:254 (11.29 [39]), translation from Chadwick, *Confessions*, 243–44.

8   Augustine, *Confessions*, 2:254 (11.29 [39]), translation from Chadwick *Confessions*, 244.

9   Williamson, *Borges*, 207.

10 Plotinus, *Enneads*, 299.

11 Borges, *Obras*, 1:388, translation from Borges, "History of Eternity," 136.

12 Borges, "History of Eternity," 136.

13 Williamson, *Borges*, 217.

14 Ibid., 218.

15 Borges, *Obras*, 1:414, translation from Borges, *Collected Fictions*, 82.

16 Borges, *Obras*, 1:416, translation from Borges, *Collected Fictions*, 84.

17 Kant, *Gesammelte Schriften*, 5:76–77, translation from Kant, *Practical Philosophy*, 202.

18 Williamson, *Borges*, 51.

19 Ibid., 55.

20 Quoted in ibid., 58.

21 Ibid., 59.

22 Block de Behar, *Borges*, 95.

23 Ibid., 166.

24 Borges, *Obra*, 208, my translation.

25 Eco, *Search for the Perfect Language*, 26.

26 Kaplan, *Sefer Yetzirah*, 124 (2.5), translation from Eco, *Search for the Perfect Language*, 29.

27 Eco, *Search for the Perfect Language*, 29.

28 Williamson, *Borges*, 63–65.

29 Borges, *Obras*, 1:666, translation from Borges, *Collected Fictions*, 283.

30 Borges, *Obras*, 1:661, translation from Borges, *Collected Fictions*, 277.

31 Borges, *Obras*, 1:664, translation from Borges, *Collected Fictions*, 280.

32 Borges, *Obras*, 1:666, translation from Borges, *Collected Fictions*, 282.

33 Borges, *Obras*, 1:666, translation from Borges, *Collected Fictions*, 282.

34 Borges, *Obras*, 1:666, translation from Borges, *Collected Fictions*, 283.

35 Borges, *Obras*, 1:667, translation from Borges, *Collected Fictions*, 283–84.

36 Williamson, *Borges*, 295.

37 See ibid., 276.

38 See ibid., 279.

39 Ibid., 281.

40 Canto, *Borges a contraluz*, 96, translation from Williamson, *Borges*, 281.

41 Dante, *Paradiso*, 246–47 (27.106–7).

42 Ibid., 252–53 (28.16–21).

43 See Williamson, *Borges*, 282.

44 See ibid., 285.

45 Borges, *Obras*, 1:376, translation from Borges, "History of Eternity," 124.

46 See Greene, *Elegant Universe*, 136.

제7장 다른 사람들이 도서관이라고 부르는 우주

1   Lewis, *Discarded Image*, 118–19.

2   Grant, "Cosmology," 272. See also Aristotle, *Physics*, 312–15 (4.212a.8–31).

3   Lindberg, *Beginnings of Western Science*, 192.

4   Egginton, "On Dante, Hyperspheres, and the Curvature of the Medieval Cosmos"; Duhem, *Le système du monde*, 6:166; Grant, "Cosmology," 272–73.

5   Lewis, *Discarded Image*, 116.

6   Dante, *Paradiso*, 244–46 (27.68–72). 이 문장과 이후의 번역문은 주로 앨런 만델바움의 번역을 채택하고 제임스 핀 코터로부터 몇몇 생각을 빌려온 것들이다.

7   Ibid., 246 (27.100–102).

8   Ibid., 246–48 (27.106–16).

9   Ibid., 254 (28.53–54).

10 Borges, *Aleph and Other Stories*, 169.

11 Williamson, *Borges*, 230–31.

12 Ibid., 238.

13 Borges, *Obras*, 1:446, translation from Borges, *Collected Fictions*, 91.

14 Borges, *Obras*, 1:449, translation from Borges, *Collected Fictions*, 94.

15 Borges, *Obras*, 1:446–47, translation from Borges, *Collected Fictions*, 91.

16 Borges, *Obras*, 1:447, translation from Borges, *Collected Fictions*, 91.

17 Borges, *Obras*, 1:447, translation from Borges, *Collected Fictions*, 91–92.

18 Borges, *Ficcionario*, 127, translation from Borges, "Total Library," 215.

19 Borges, *Ficcionario*, 127, translation from Borges, "Total Library," 215. Borges attributes this to Aldous Huxley. The earliest instance I could find was our friend Arthur Eddington.

20 Borges, *Obras*, 1:385, translation from Borges, "Doctrine of Cycles," 115.

21 Borges, *Obras*, 1:390, translation from Borges, "Doctrine of Cycles," 120.

22 Borges, *Obras*, 1:391, translation from Borges, "Doctrine of Cycles," 121.

23 Borges, *Obras*, 1:391, translation from Borges, "Doctrine of Cycles," 122.

24 Williamson, *Borges*, 231.

25 Borges and Sorrentino, *Siete conversaciones*, 73, translation from Williamson, *Borges*, 241.

26 Borges, *Ficcionario*, 129, translation from Borges, "Total Library," 216.

27 See Williamson, *Borges*, 259.

28 Ibid., 260.

29 Ibid.

30 Ibid.

31 See ibid., 223, 344.

32 Ibid., 261.

33 Ibid., 265.

34 See Rodríguez Monegal, *Jorge Luis Borges*, 443.

35 Borges, *Obras*, 1:465, translation from Borges, *Collected Fictions*, 112.

36 Borges, *Obras*, 1:467, translation from Borges, *Collected Fictions*, 114.

37 Borges, *Obras*, 1:466, translation from Borges, *Collected Fictions*, 113.

38 Borges, *Obras*, 1:467, translation from Borges, *Collected Fictions*, 114–15.

39 Bloch, *Unimaginable Mathematics*, 16.

40 Ibid., 18.

41 Ibid., 19–20.

42 Borges, *Obras*, 1:465–66, translation from Borges, *Collected Fictions*, 113.

43 애벗의 1884년 작 『플랫랜드*Flatland*』에 나오는 2차원 존재와 똑같다.

44 Borges, *Obras*, 1:465, translation from Borges, Collected Fictions, 112.

45 Dante, *Paradiso*, 248 (27.109–11), my translation.

46 Borges, *Obras*, 1:364, translation from Williamson, *Borges*, 214.

47 Borges, *Obras*, 1:468, translation from Borges, *Collected Fictions*, 115.

48 Borges, *Obras*, 1:469, translation from Borges, *Collected Fictions*, 116.

49 Borges, *Obras*, 1:469, translation from Borges, *Collected Fictions*, 117.

50 Borges, *Obras*, 1:470, translation from Borges, *Collected Fictions*, 117.

51 Borges, *Obras*, 1:470, translation from Borges, *Collected Fictions*, 118.

제8장 엄숙함

1 E. Heisenberg, *Inner Exile*, 27–28.

2 W. Heisenberg, *Encounters with Einstein*, 112.

3 W. Heisenberg, *Gesammelte Werke*, C3:91, translation from W. Heisenberg, *Physics and Beyond*, 63.

4 Isaacson, *Einstein*, 332.

5 Greene, *Elegant Universe*, 3.

6 Ibid., 129.

7 P. Frank, *Einstein: Sein Leben und seine Zeit*, 350, translation from P. Frank, *Einstein: His Life and Times*, 216.

8 Einstein, *Über die spezielle und die allgemeine Relativitätstheorie*, 17–18, translation from Einstein, *Relativity*, 29.

9 Newton, *Correspondence*, 1688–1694, 254.

10 Quoted from Isaacson, *Einstein*, 145.

11 Reid, *Hilbert—Courant*, 142. See also Isaacson, *Einstein*, 596n89.

12 Einstein, *Über die spezielle und die allgemeine Relativitätstheorie*, 49, translation from Einstein, *Relativity*, 76.

13 Rosenthal-Schneider, *Begegnungen mit Einstein, von Laue und Planck*, 60, translation from Rosenthal-Schneider, *Reality and Scientific Truth*, 74.

14 Rosenthal-Schneider, *Begegnungen mit Einstein, von Laue und Planck*, 60, translation from Isaacson, *Einstein*, 259.

15 See Isaacson, *Einstein*, 251, 599n5.

16 아인슈타인은 다음과 같이 표현했다. "일반상대성 이론에서 시간과 공간을 정의할 때에는 시공간적 좌표들의 차이를 막대자로 직접 측정하거나 시간적 좌표들의 차이가 표준 시계로 직접 측정하는 방식으로 정의할 수 없다." Einstein, "Die Grundlage der allgemeinen Relativitätstheorie," 85–86, translation from Einstein, "Foundation," 117.

17 Einstein, "Die Grundlage der allgemeinen Relativitätstheorie," 86, translation from Einstein, "Foundation," 117.

18 Greene, *Elegant Universe*, 49–51.

19 가슨 오툴에 따르면 이 경구는 레이먼드 커밍스가 『금 원자 속의 소녀*The Girl in the Golden Atom*』라는 1919년 이야기에 처음 썼고, 그후 아서 에딩턴 경에서부터 존 휠러, 수전 손태그에 이르기까지 다양한 사람이 인용했다고 한다. O'Toole, "Time Is What Keeps Everything from Happening at Once"를 보라. 덧붙이자면 손태그는 철학과 학생이 칸트와 씨름하면서 밤을 지새우던 시절을 회상하는 중에 그 경구를 인용했다.

20 Isaacson, *Einstein*, 223.

21 See Clark, *Einstein*, 200, 663n200.

22 Einstein, "Die Grundlage der allgemeinen Relativitätstheorie," 70, translation from Einstein, *Relativity*, 108.

23 Einstein, "Cosmological Considerations on the General Theory of Relativity," 180.

24 See Isaacson, *Einstein*, 252, 599n8.

25 Einstein, "Kosmologische Betrachtungen zur allgemeinen Relativitätstheorie," 139, translation from Einstein, "Cosmological Considerations on the General Theory of Relativity," 187–88.

26 Einstein, *Über die spezielle und die allgemeine Relativitätstheorie*, 73, translation from Einstein, Relativity, 112.

27 Greene, *Elegant Universe*, 82.

28 Dante, *Paradiso*, 246 (27.100–102), my translation.

29 W. Heisenberg, *Gesammelte Werke*, C3:91, translation from W. Heisenberg, *Physics and Beyond*, 62.

30 W. Heisenberg, *Gesammelte Werke*, C3:92, translation from W. Heisenberg, *Physics and Beyond*, 63.

31 W. Heisenberg, *Gesammelte Werke*, C3:95, translation from W. Heisenberg, *Physics and Beyond*, 66.

32 W. Heisenberg, *Gesammelte Werke*, C3:98, translation from W. Heisenberg, *Physics and Beyond*, 68.

33 W. Heisenberg, *Gesammelte Werke*, C3:92, translation from W. Heisenberg, *Physics and Beyond*, 63.

34 W. Heisenberg, *Gesammelte Werke*, C3:98, translation from W. Heisenberg, *Physics and Beyond*, 68.

35 W. Heisenberg, *Physics and Beyond*, 78.

36 W. Heisenberg, *Gesammelte Werke*, C3:92, translation from W. Heisenberg, *Physics and Beyond*, 63.

37 W. Heisenberg, *Gesammelte Werke*, C3:98, translation from W. Heisenberg, *Physics and Beyond*, 68.

38 Hawking and Mlodinow, *Grand Design*, 107.

39 Ibid.: "우주에는 단 하나의 역사가 아니라 가능한 모든 역사가 있으며, 각각의 역사가 그 자신의 확률을 가지고 있다. 그리고 우주의 현재 상태에 대한 우리의 관찰이 우주의 과거에 영향을 미치고 우주의 각기 다른 역사들을 결정한다. 이중 슬릿 실험으로 입자를 관찰하는 것이 그 입자들의 과거에 영향을 미치는 것처럼 말이다."

40 Ibid., 159.

41 Dante, *Paradiso*, 252–53 (28.16–21).

42 Hawking and Mlodinow, *Grand Design*, 172.

43 In Hawking's view, "The universe appeared spontaneously, starting off in every possible way." Ibid., 174.

44 Gleiser, *Tear at the Edge of Creation*, 68.

45 Gleiser, *Island of Knowledge*, 79.

46 Borges, "John Wilkins' Analytical Language," 231.

47 W. Heisenberg, *Physics and Beyond*, 168.

48 W. Heisenberg, *Physics and Philosophy*, 32.

49 Isaacson, *Einstein*, 238.

50 Ibid., 97–98.

제9장 측정하기 좋게 만들어진 우주

1 Landsman, "Fine-Tuning Argument."

2 Ibid.

3 Ibid.

4 Rees, *Before the Beginning*, 259.

5 Kenny, *Five Ways*, 96.

6 Kant, *Critique of the Power of Judgment*, 245–46 (5:374).

7 Kremer, *Das Problem der Theodicee in der Philosophie und Literatur des 18. Jahrhunderts mit besonderer Rücksicht auf Kant und Schiller*, 95, translation from Cassirer, *Kant's Life and Thought*, 338.

8 Voltaire, *Candide*, 2 (chap. 1).

9 Weinberg, *Dreams of a Final Theory*, 149.

10 Mendelssohn, *Saemmtliche Werke*, 6:vi, translation from Kuehn, Kant, 251.

11 Kuehn, *Kant*, 318–19.

12 Ibid., 322.

13 Hamann, *Briefwechsel*, 7:148, translation from Kuehn, *Kant*, 323.

14 Kuehn, *Kant*, 323.

15 Hasse, *Merkwürdige Äusserungen Kant's von einem seiner Tischgenossen*, 6–7, translation from Kuehn, Kant, 325.

16 Kuehn, *Kant*, 325.

17 Wegenstein, *Conductor.*

18 Kant, *Gesammelte Schriften*, 5:363, translation from Kant, *Critique of the Power of Judgment*, 236.

19 Cassirer, *Kants Leben und Lehre*, 319.

20 Kant, *Critique of the Power of Judgment*, 97–99 (5:212–13).

21 Kuehn, *Kant*, 351.

22 Ibid., 353.

23 Kant, *Gesammelte Schriften*, 8:249, translation from Kuehn, *Kant*, 354.

24 Kuehn, *Kant*, 354–55.

25 Kant, *Gesammelte Schriften*, 2:434, translation from Cassirer, *Kant's Life and Thought*, 356.

26 Kant, *Gesammelte Schriften*, 5:250, translation from Kant, *Critique of Aesthetic Judgement*, 98.

27 Kant, *Gesammelte Schriften*, 5:161, translation from Kant, *Practical Philosophy*, 269.

28 Kant, *Gesammelte Schriften*, 5:360, translation from Kant, *Critique of Teleological Judgement*, 4.

29 『나 없이는 존재하지 않는 세상*Helgoland*』에서 카를로 로벨리가 양자역학의 관계적 해석에 대하여 펼친 논의를 보라. 나 역시 제12장에서 이 문제를 상술할 것이다.

30 W. Heisenberg, *Gesammelte Werke*, C1:226, translation from W. Heisenberg, *Reality and Its Order*, 29.

31 Kant, *Gesammelte Schriften*, 5:388, translation from Kant, *Critique of Teleological Judgement*, 38.

제10장 자유 의지

1 Boethius, *Consolation*, 398–400 (bk. 5, prose 3), translation from Slavitt, *Consolation*, 155.

2 Harris, *Free Will*, 4.

3 Ibid., 5.

4 Boethius, *Consolation*, 422 (bk. 5, prose 6), translation from Slavitt, *Consolation*, 168.

5 Borges, *Obras*, 1:391, translation from Borges, "Doctrine of Cycles," 122.

6 Kant, *Gesammelte Schriften*, 8:40, translation from Kant, "Answer to the Question," 21.

7 See Cassirer, *Kant's Life and Thought*, 376.

8 Ibid.

9 Ibid., 380.

10 Kant, *Gesammelte Schriften*, 8:338, translation from Cassirer, *Kant's Life and Thought*, 393.

11 Kant, *Gesammelte Schriften*, 7:6, translation from Cassirer, *Kant's Life and Thought*,

394.

12 Kuehn, *Kant*, 379.

13 Kant, *Gesammelte Schriften*, 7:6, translation from Cassirer, *Kant's Life and Thought*, 394.

14 See Cassirer, *Kant's Life and Thought*, 395.

15 Kant, *Gesammelte Schriften*, 7:10, translation from Kant, "Conflict of the Faculties," 242.

16 Kant, *Gesammelte Schriften*, 6:487, translation from Kant, *Practical Philosophy*, 599.

17 Kant, *Gesammelte Schriften*, 7:19, translation from Kant, "Conflict of the Faculties," 242.

18 Kant, *Gesammelte Schriften*, 6:213, translation from Kant, *Practical Philosophy*, 375.

19 실제로 최근 연구에 따르면, RP(readiness potential, 준비준위)는 임의적 결정의 한 요소이지만 심사숙고하는 결정일 때에는 그렇지 않다고 한다. 이것으로 보아 숙고는 판단을 예측하는 우리의 기술적 능력 바깥에 있을 것이다. Maoz et al., "Neural Precursors of Decisions That Matter"를 보라.

20 Harris, *Free Will*, 4.

21 Strawson, "Your Move."

22 Ibid.

23 Kant, *Gesammelte Schriften*, 4:455, translation from Kant, *Groundwork of the Metaphysics of Morals*, 59.

24 Harris, *Free Will*, 3.

25 Ibid., 4.

26 Greene, *Until the End of Time*, 147.

27 Kant, *Gesammelte Schriften*, 4:455, translation from Kant, *Groundwork of the Metaphysics of Morals*, 60.

28 Greene, *Until the End of Time*, 149.

29 Ibid., 150.

30 J. T. 이즈메일은 과학자는 대부분 이 사고방식을 채택하지 않지만, 철학자와 우주론자들 사이에서는 이 사고방식이 더 일반적이라고 지적했다. 그녀의 말에 따르면, 이런 종류의 사고는 열린 체계들에서의 행동을 묘사하는 국지적 법칙들과는 반대로 "전체로서의 우주를 묘사하는 새로운 법칙들"에 초점이 맞춰져 있기 때문에 그들(철학자들과 우주론자들)은 "결정의 순서를 거꾸로 뒤집고 법칙들을 구체화하며 그렇게 해서 이제 법칙들은 단지 어떤 패턴에 대한 묘사"가 아니라 "쇠로 된 계단 난간처럼 보이게 된다." Ismael, *How Physics Makes Us Free*, 110–11.

31 Kant, *Gesammelte Schriften*, 4:457, translation from Kant, *Groundwork of the Metaphysics of Morals*, 61.

32 García Márquez, *Cien años de soledad*, 49, my translation.

33 Warda, "Ergänzungen zu E. Fromm's zweitem und drittem Beitrage zur Lebensgeschichte Kants," 78, translation from Kuehn, *Kant*, 386.

34 See Abegg, *Reisetagebuch von 1798*, 186–91, translation from Kuehn, *Kant*, 392.

35 Vaihinger, "Briefe aus dem Kantkreis," 290, translation from Kuehn, *Kant*, 410.

36 Warda, *Briefe an und von Johann George Scheffner*, 2:424, translation from Kuehn, *Kant*, 410.

37 Jachmann, *Immanuel Kant geschildert in Briefen an einen Freund*, 196, translation from Kuehn, *Kant*, 415.

38 Wasianski, *Immanuel Kant in seinen letzten Lebensjahren*, 48, translation from Kuehn, *Kant*, 416.

39 Kuehn, *Kant*, 417.

40 Kuehn, *Kant*, 422.

41 Borges, *Obras*, 1:490, translation from Borges, *Collected Fictions*, 137.

42 Wasianski, *Immanuel Kant in seinen letzten Lebensjahren*, 51, translation from Kuehn, *Kant*, 416.

43 Bruner, "Foreword," xxii.

제11장 두 갈래로 갈라지는 오솔길들

1 Carroll, *Something Deeply Hidden*, 113.

2 See Byrne, *Many Worlds of Hugh Everett III*, 171.

3 Carroll, *Something Deeply Hidden*, 135.

4 물리학계는 1972년에 보르헤스의 이야기를 발견한 것으로 보인다. DeWitt and Graham, *Many-Worlds Interpretation of Quantum Mechanics*, iv–vi. See also Rojo, "Garden of the Forking Worlds"를 보라.

5 Borges, *Obras*, 1:477, 479, translation from Borges, *Collected Fictions*, 125, 127.

6 Borges, *Obras*, 1:478, translation from Borges, *Collected Fictions*, 126.

7 Borges, *Obras*, 1:479, translation from Borges, *Collected Fictions*, 127.

8 Borges, *Collected Fictions*, 128.

9 Williamson, *Borges*, 345.

10 Ibid., 348.

11 비키오가 저자에게 들려준 개인적인 일화이다.

12 Williamson, *Borges*, 374.

13 Ibid., 375.

14 Ibid., 391.

15 Gómez López-Quiñones, *Borges y el nazismo*, 103, translation from Williamson, *Borges*, 256.

16 Williamson, *Borges*, 271.

17 See ibid., 409, 528n12.

18 See ibid., 410, 528n14.

19 See ibid., 410, 528n15.

20 Teitelboim, *Los dos Borges*, 216, translation from Williamson, *Borges*, 422.

21 Williamson, *Borges*, 425.

22 Frost, *Complete Poems*, 131.

23 Borges, *Obras*, 1:364, translation from Williamson, *Borges*, 214.

24 Mateo, *El otro Borges*, 200, translation from Williamson, *Borges*, 454.

25 See Williamson, *Borges*, 454, 532n2.

26 See ibid., 458, 533n15.

27 Slavuski, "The Old Man and the City," 11.

28 See Williamson, *Borges*, 454, 532n5.

29 Harris, *Free Will*, 4.

30 Williamson, *Borges*, 370.

31 Ibid., 388.

32 Alifano, *Borges*, 128, translation from Williamson, *Borges*, 395.

33 Williamson, *Borges*, 395.

34 Borges, *Obras*, 3:50, translation from Borges, *Collected Fictions*, 457.

35 Borges, *Obras*, 3:49, translation from Borges, *Collected Fictions*, 457.

36 Borges, *Obras*, 3:50, translation from Borges, *Collected Fictions*, 458.

37 Borges, *Obras*, 3:51, translation from Borges, *Collected Fictions*, 459.

38 Borges, *Obras*, 2:197, translation from Borges, *Collected Fictions*, 324.

39 내가 이 용어를 쓸 수 있는 것은 물리학자 안드레이 린데 덕분이다. 그는 저녁 식사를 하는 자리에서 나에게 양자 요동의 시범을 보이기 위해서 양손으로 성냥개비들을 도약시켰다.

제12장 근심과 원한을 벗어던지고

1 Dawidoff, *Catcher Was a Spy*, 72.

2 Cassidy, *Uncertainty*, 492.

3 Ibid., 498.

4 See Cassidy, *Beyond Uncertainty*, 367, 453n31.

5 Cassidy, *Uncertainty*, 499.

6 Goudsmit, *Alsos*, 48.

7 이 사실은 엄청나지만 그 차이의 크기는 아주 작다. $i \times h\text{-}bar$, 즉 −1의 제곱근(가상의 수) 곱하기 2π로 나눈 플랑크 상수이다.

8 Feynman, *Character of Physical Law*, 129.

9 Borges, *Obras*, 1:258, translation from Borges, "Avatars of the Tortoise," 202.

10 See Rovelli, *Helgoland*, 75.

11 See ibid., 83.

12 Cassidy, *Uncertainty*, 255.

13 See ibid., 256, 592n29.

14 Heisenberg, "Die Kausalgesetz und Quantenmechanik," 181, translation from Camilleri, *Heisenberg and the Interpretation of Quantum Mechanics*, 135, italics added.

15 W. Heisenberg, *Gesammelte Werke*, C3:164, translation from W. Heisenberg, *Physics and Beyond*, 118.

16 이 공방은 하이젠베르크가 회고록에서 회상한 것이다. W. Heisenberg, *Physics and Beyond*, 118–19를 보라.

17 Ibid., 119–20. 하이젠베르크의 설명은 약간 애매하기 때문에 나는 여기에서 그의 설명을 바꿔 말했다.

18 Ibid., 122.

19 W. Heisenberg, *Gesammelte Werke*, C3:171, translation from W. Heisenberg, *Physics and Beyond*, 123.

20 하이젠베르크는 이후에도 현대 물리학의 바늘이 우리의 인지 능력을 기준으로 선험적이라고 볼 수 있는 것을 가리키게 되었다고 믿었지만, 다른 한편으로는 헤르만 및 바이츠제커와의 상호작용에서 영향을 받은 것이 분명하다. 그는 그 방문이 이루어진 직후에 보어에게 편지로 많은 것을 말했고, 이듬해에도 한 논문에서 칸트의 직관 형식과 인과 관계의 법칙이 현대 물리학의 모든 실험을 떠받친다고 썼으며, 사실 그것들이 없으면 관찰 대상의 속성에 관하여 어떤 추론도 할 수 없다고 썼다. W. Heisenberg, *Physics and Beyond*, 123; and Camilleri, *Heisenberg and the Interpretation of Quantum Mechanics*, 142–43를 보라.

21 바이츠제커 본인은 카시러가 논리경험주의의 길을 따라 너무 멀리 나갔으며 그렇게 해서 칸트의 사유로 가능해진 것을 많이 희생시켰다고 비판했다. Camilleri, *Heisenberg and the Interpretation of Quantum Mechanics*, 143를 보라. 실제로 칸트의 삶과 철학에 대한 카시러의 시대를 초월한 해설에 스티븐 쾨르너가 머리말을 붙일 때처럼 많은 철학자들이 일반상대성과 양자역학은 "인과 관계와 연속성에 대한 칸트의 선험적 원리와 양립할 수 없다"고 믿었고 지금도 계속 그렇게 믿고 있다. Körner, "Introduction," ix–x.

22 W. Heisenberg, *Physics and Philosophy*, 90.

23 Ibid., 64.

24 Ibid., 101. 하지만 심지어 양자역학이 성문화한 바로 그 역설을 칸트가 우주의 형태에 관한 질문을 숙고할 때 사실상 예견했다는 점을 간과하는 중에도 하이젠베르크는 양자역학의 우주론에서 바로 그 역설을 보았고 그것을 이율배반이라고 불렀다. 같은 책, 124를 보라. "우주는 유한할 수 없다. 우주에 끝이 있다고 상상할 수 없기 때문이다. 우리가 우주의 어느 점에 도달하든 간에 우리는 항상 그 너머로 갈 수 있다고 상

상할 수 있다." 우주의 끝에 대한 이율배반을 인식한 후로 하이젠베르크는 점들을 연
결하기만 하면 되었다. 양자역학과 칸트 체계의 완전한 일치를 이루어낼 도구는 이
미 그 체계에 포함되어 있음을 그렇게 깨달은 것이다.

25 W. Heisenberg, *Gesammelte Werke*, C3:171, translation from W. Heisenberg, *Physics and Beyond*, 123.

26 Ibid.

27 C. Frank, *Operation Epsilon*, 78.

28 Frayn, *Copenhagen*, 36. 프레인의 대화는 하이젠베르크가 회고록에 쓴 그 자신의 재
    구성에 기초를 둔 것이며, 따라서 이 유명한 질문의 표현에는 추측의 구름이 몇 겹 끼
    어있다.

29 W. Heisenberg, "Über die Arbeiten zur technischen Ausnutzung der Atomkernenergie
    in Deutschland," 327, translation from Cassidy, *Uncertainty*, 510.

30 W. Heisenberg, "Über die Arbeiten zur technischen Ausnutzung der Atomkernenergie
    in Deutschland," 327, translation from W. Heisenberg, "Research in Germany on the
    Technical Application of Atomic Energy," 213.

31 W. Heisenberg, "Über die Arbeiten zur technischen Ausnutzung der Atomkernenergie
    in Deutschland," 329, translation from Cassidy, *Uncertainty*, 510.

32 Morrison, "*Alsos*," 365.

33 E. Heisenberg, *Das politische Leben eines Unpolitischen*, 134, translation from E.
    Heisenberg, *Inner Exile*, 109.

34 E. Heisenberg, *Inner Exile*, 109.

35 Goudsmit, *Alsos*, 121.

36 Ibid., 115.

37 Cassidy, *Uncertainty*, 519; see also 638n62.

38 Ibid., 531.

39 W. Heisenberg, "Nature of Elementary Particles," 38.

40 W. Heisenberg, *Gesammelte Werke*, C3:330, translation from W. Heisenberg, *Physics and Beyond*, 244.

41 Cassidy, *Uncertainty*, 522.

후기

1 See Rovelli, *Helgoland*, 182.

2 See ibid., 137.

참고 문헌

Abegg, Johann Friedrich. *Reisetagebuch von 1798*. Edited by Walter Abegg, Jolanda Abegg, and Zwi Batscha. Frankfurt: Insel, 1976.

Alifano, Roberto. *Borges, biografía verbal*. Barcelona: Plaza & Janes, 1988.

Anderson, Abraham. *Kant, Hume, and the Interruption of Dogmatic Slumber*. Oxford: Oxford University Press, 2020.

Andrés, Alfredo. *Palabras con Leopoldo Marechal*. Buenos Aires: Carlos Pérez, 1968.

Aristotle. *The Physics*. Translated and edited by Philip Henry Wicksteed and Francis Macdonald Cornford. Cambridge, Mass.: Harvard University Press, 1929–34.

Augustine. Confessions. Translated and edited by Carolyn Hammond. Cambridge, Mass.: Harvard University Press, 2014.

Bastos, María Luisa. *Borges ante la crítica argentina, 1923–1960*. Buenos Aires: Ediciones Hispamérica, 1974.

Bernstein, Jeremy. *Quantum Profiles*. Princeton, N.J.: Princeton University Press, 1991.

Bloch, William Goldbloom. *The Unimaginable Mathematics of Borges's Library of Babel*. Oxford: Oxford University Press, 2008.

Block de Behar, Lisa. *Borges, the Passion of an Endless Quotation*. Translated by William Egginton and Christopher RayAlexander. 2nd ed. Albany: State University of New York Press, 2014.

Boethius, Anicius Manlius Severinus. *The Consolation of Philosophy*. Translated by S. J. Tester. In *Theological Tractates: The Consolation of Philosophy*, 2nd ed., 130–435. Cambridge, Mass.: Harvard University Press, 1973.

Bohr, Niels. "Can Quantum-Mechanical Description of Physical Reality Be Considered

Complete?" *Physical Review* 48, no. 8 (1935): 696–702.

———. *Foundations of Quantum Physics I (1926–1932)*. Translated and edited by Jørgen Kalckar. Vol. 6 of *Collected Works*, edited by Erik Rüdinger. Amsterdam: North-Holland, 1985.

Borges, Jorge Luis. *The Aleph and Other Stories, 1933–1969*. Translated and edited by Norman Thomas Di Giovanni. New York: Bantam, 1970.

———. "Avatars of the Tortoise." Translated by James East Irby. In *Labyrinths: Selected Stories and Other Writings*, edited by Donald Alfred Yates and James East Irby, 196–202. New York: New Directions, 1962.

———. Collected Fictions. Translated and edited by Andrew Hurley. New York: Penguin, 1998.

———. "A Defense of the Kabbalah." Translated by Eliot Weinberger. In *Selected Non-fictions*, 83–86.

———. "The Doctrine of Cycles." Translated by Esther Allen. In *Selected Non-fictions*, 115–22.

———. *Ficcionario: Una antología de sus textos*. Edited by Emir Rodríguez Monegal. Mexico: Fondo de Cultura Económica, 1985.

———. "A History of Eternity." Translated by Esther Allen. In *Selected Non-fictions*, 123–39.

———. *El idioma de los argentinos*. Buenos Aires: Seix Barral, 1994.

———. *Inquisiciones*. Buenos Aires: Proa, 1925.

———. "John Wilkins' Analytical Language." Translated by Eliot Weinberger. In *Selected Non-fictions*, 229–32.

———. "The Nothingness of Personality." Translated by Esther Allen. In *Selected Non-fictions*, 3–9.

———. *Obra poética, 1923–1977*. 2nd ed. Buenos Aires: Emecé, 1981.

———. *Obras completas*. Edited by Carlos V. Frías. Buenos Aires: Emecé, 1996.

———. "The Perpetual Race of Achilles and the Tortoise." Translated by Suzanne Jill Levine. In *Selected Non-fictions*, 44–47.

———. *Selected Non-fictions*. Edited by Eliot Weinberger. New York: Penguin, 1999.

———. *El tamaño de mi esperanza*. 2nd ed. Buenos Aires: Seix Barral, 1993.

———. "The Total Library." Translated by Eliot Weinberger. In *Selected Non-fictions*, 214–16.

Borges, Jorge Luis, and Antonio Carrizo. *Borges el memorioso: Conversaciones*. Mexico: Fondo de Cultura Económica, 1982.

Borges, Jorge Luis, and Fernando Sorrentino. *Siete conversaciones*. Buenos Aires: Casa Pardo, 1973.

Born, Max. *My Life: Recollections of a Nobel Laureate*. Edited by Gustav Born. New York: Scribner's, 1975.

———. "Zur Quantenmechanik der Stoßvorgänge." *Zeitschrift für Physik* 37, no. 12 (1926): 863–67.

———, ed. *Born-Einstein Letters: Correspondence Between Albert Einstein and Max and Hedwig Born from 1916 to 1955*. Translated by Irene Born. London: Macmillan, 1971.

Born, Max, and Werner Heisenberg. "La mécanique des quanta." In Lorentz, *Électrons et photons*, 143–81.

Borowski, Ludwig Ernst. *Darstellung des Lebens und Charakters Immanuel Kants*. Königsberg: Friedrich Nicolovius, 1804.

Bruner, Jerome Seymour. "Foreword to the First Edition." In Luria, *Mind of a Mnemonist*, xxi–xxv.

Bryson, Bill. *One Summer: America, 1927*. New York: Anchor, 2014.

Byrne, Peter. *The Many Worlds of Hugh Everett III: Multiple Universes, Mutual Assured Destruction, and the Meltdown of a Nuclear Family*. Oxford: Oxford University Press, 2010.

Cale, George. "The Anthropic Principle." *Scientific American* 245, no. 6 (1981): 154–71.

Camilleri, Kristian. *Heisenberg and the Interpretation of Quantum Mechanics*. Cambridge, U.K.: Cambridge University Press, 2009.

Canto, Estela. *Borges a contraluz*. Madrid: Espasa-Calpe, 1989.

Carroll, Sean. *From Eternity to Here: The Search for the Ultimate Meaning of Time*. New York: Dutton, 2010.

———. *Something Deeply Hidden: Quantum Worlds and the Emergence of Spacetime*. New York: Dutton, 2019.

Cassidy, David Charles. *Beyond Uncertainty: Heisenberg, Quantum Physics, and the Bomb*. New York: Bellevue Literary Press, 2009.

———. *Uncertainty: The Life and Science of Werner Heisenberg*. New York: Freeman, 1992.

Cassirer, Ernst. *Kants Leben und Lehre*. Berlin: Bruno Cassirer, 1921.

———. *Kant's Life and Thought*. Translated by James Haden. New Haven, Conn.: Yale University Press, 1981.

Chadwick, Henry, trans. and ed. *Confessions*, by Augustine. Oxford: Oxford University Press, 1991.

Clark, Ronald William. *Einstein: The Life and Times*. New York: World, 1971.

Dante Alighieri. *The Divine Comedy*. Translated by James Finn Cotter. Stony Brook, N.Y.: Forum Italicum, 2006.

———. *Paradiso*. Translated by Allen Mandelbaum. Edited by Anthony Oldcorn, Daniel

Feldman, and Giuseppe Di Scipio. New York: Bantam, 1986.

Dawidoff, Nicholas. *The Catcher Was a Spy: The Mysterious Life of Moe Berg*. New York: Pantheon, 1994.

DeWitt, Bryce Seligman, and Neill Graham, eds. *The Many-Worlds Interpretation of Quantum Mechanics: A Fundamental Exposition*. Princeton, N.J.: Princeton University Press, 1973.

Dresden, Max. H. A. *Kramers: Between Tradition and Revolution*. New York: Springer, 1987.

Duhem, Pierre. *Le système du monde: Histoire de doctrines cosmologiques de Platon à Copernic*. Paris: Hermann, 1913–59.

Eco, Umberto. *The Search for the Perfect Language*. Translated by James Fentress. Oxford: Blackwell, 1995.

Eddington, Arthur Stanley. *The Nature of the Physical World*. New York: Macmillan, 1928.

Egginton, William. "On Dante, Hyperspheres, and the Curvature of the Medieval Cosmos." *Journal of the History of Ideas* 60, no. 2 (1999): 195–216.

Einstein, Albert. "Autobiographisches." In *Albert Einstein: Philosopher-Scientist*, edited by Paul Arthur Schilpp, 1–95. New York: MJF, 1949.

———. *The Berlin Years: Writings and Correspondence, June 1925–May 1927*. Edited by Diana Kormos Buchwald, József Illy, A. J. Knox, Dennis Lehmkuhl, Ze'ev Rosenkranz, and Jennifer Nollar James. Vol. 15 of *Collected Papers*. Princeton, N.J.: Princeton University Press, 1989.

———. "Cosmological Considerations on the General Theory of Relativity." In Sommerfeld, *Principle of Relativity*, 177–88.

———. "The Foundation of the General Theory of Relativity." In Sommerfeld, *Principle of Relativity*, 109–64.

———. "Die Grundlage der allgemeinen Relativitätstheorie." In Sommerfeld, *Das Relativitätsprinzip*, 81–124.

———. "Kosmologische Betrachtungen zur allgemeinen Relativitätstheorie." In Sommerfeld, *Das Relativitätsprinzip*, 130–39.

———. "On a Heuristic Point of View About the Creation and Conversion of Light." In *The Old Quantum Theory*, edited and translated by Dirk Ter Haar, 91–107. Oxford: Pergamon, 1967.

———. "Quantentheorie des einatomigen idealen Gases. Zweite Abhandlung." *Sitzungsberichte der Preussischen Akademie der Wissenschaften* 1 (1925): 3–14.

———. *Relativity: The Special and the General Theory*. Translated by Robert W. Lawson. London: Routledge, 1993.

————. "Remarks to the Essays Appearing in This Co-operative Volume." Translated by Paul Arthur Schilpp. In *Albert Einstein: Philosopher-Scientist*, edited by Paul Arthur Schilpp, 663–88. New York: MJF, 1949.

————. *The Swiss Years: Writings, 1900–1909*. Edited by John Stachel. Vol. 2 of *Collected Papers*. Princeton, N.J.: Princeton University Press, 1989.

————. *Über die spezielle und die allgemeine Relativitätstheorie*. Berlin: Springer, 2001.

Epstein, Klaus. *The Genesis of German Conservatism*. Princeton, N.J.: Princeton University Press, 1966.

Feynman, Richard. *The Character of Physical Law*. Cambridge, Mass.: MIT Press, 1967.

Feynman, Richard, Robert Leighton, and Matthew Sands. *The Feynman Lectures on Physics*. New York: Basic, 2010.

Forman, Paul. "Alfred Landé and the Anomalous Zeeman Effect, 1919–1921." *Historical Studies in the Physical Sciences* 2 (1970): 153–261.

Frank, Charles, ed. *Operation Epsilon: The Farm Hall Transcripts*. Bristol: Institute of Physics Publishing, 1993.

Frank, Philipp. *Einstein: His Life and Times*. Translated by George Rosen. Edited by Shuichi Kusaka. New York: Knopf, 1947.

————. *Einstein: Sein Leben und seine Zeit*. Braunschweig: Vieweg, 1979.

Frayn, Michael. *Copenhagen*. New York: Anchor Books, 1998.

Frost, Robert. *Complete Poems*. New York: Holt, Rinehart and Winston, 1949.

García Márquez, Gabriel. *Cien años de soledad*. Madrid: Alfaguara, 1982.

García Márquez, Gabriel, and Plinio Apuleyo Mendoza. *The Fragrance of Guava*. Translated by Ann Wright. London: Verso, 1983.

————. *El olor de la guayaba: Conversaciones*. Bogotá: Oveja Negra, 1982.

Geier, Manfred. *Kants Welt: Eine Biographie*. Hamburg: Rowohlt, 2004.

Gleiser, Marcelo. *The Island of Knowledge: The Limits of Science and the Search for Meaning*. New York: Basic Books, 2014.

————. *The Tear at the Edge of Creation: A Radical New Vision for Life in an Imperfect Universe*. New York: Free Press, 2010.

Gómez López-Quiñones, Antonio. *Borges y el nazismo: Sur (1937–1946)*. Granada: Universidad de Granada, 2004.

Goudsmit, Samuel A. *Alsos*. Woodbury, N.Y.: AIP Press, 1996.

Grant, Edward. "Cosmology." In *Science in the Middle Ages*, edited by David C. Lindberg, 265–302. Chicago: University of Chicago Press, 1978.

Greene, Brian. *The Elegant Universe: Superstrings, Hidden Dimensions, and the Quest for the Ultimate Theory*. New York: Vintage, 1999.

————. *The Fabric of the Cosmos: Space, Time, and the Texture of Reality*. New York:

Random House, 2004.

———. *Until the End of Time: Mind, Matter, and Our Search for Meaning in an Evolving Cosmos*. New York: Knopf, 2020.

Gribbin, John. *In Search of Schrödinger's Cat: Quantum Physics and Reality*. Toronto: Bantam, 1984.

———. *Schrödinger's Kittens and the Search for Reality*. London: Weidenfeld & Nicolson, 1995.

Hamann, Johann Georg. *Briefwechsel*. Edited by Walther Ziesemer and Arthur Henkel. Frankfurt am Main: Insel, 1955–79.

Hare, John. "Augustine, Kant, and the Moral Gap." In *The Augustinian Tradition*, edited by Gareth Matthews, 251–62. Berkeley: University of California Press, 1999.

Harris, Sam. *Free Will*. New York: Free Press, 2012.

Hasse, Johann Gottfried. *Merkwürdige Äusserungen Kant's von einem seiner Tischgenossen*. Königsberg: Gottlieb Lebrecht, 1804.

Hawking, Stephen, and Leonard Mlodinow. *The Grand Design*. New York: Bantam, 2010.

Hegel, Georg Wilhelm Friedrich. *Greek Philosophy to Plato*. Translated by Elizabeth Sanderson Haldane. Vol. 1 of *Lectures on the History of Philosophy*. Lincoln: University of Nebraska Press, 1995.

———. *Plato and the Platonists*. Translated by Elizabeth Sanderson Haldane and Frances Simson. Vol. 2 of *Lectures on the History of Philosophy*. Lincoln: University of Nebraska Press, 1995.

———. *Vorlesungen über die Geschichte der Philosophie*. Edited by Karl Ludwig Michelet. 2nd ed. Berlin: Duncker und Humblot, 1840–44.

Heisenberg, Elisabeth. *Inner Exile: Recollections of a Life with Werner Heisenberg*. Translated by S. Cappellari and C. Morris. Boston: Birkhäuser, 1980.

———. *Das politische Leben eines Unpolitischen: Erinnerungen an Werner Heisenberg*. Munich: Piper, 1980.

Heisenberg, Werner. "The Development of the Interpretation of the Quantum Theory." In *Niels Bohr and the Development of Physics: Essays Dedicated to Niels Bohr on the Occasion of His Seventieth Birthday*, edited by Wolfgang Pauli, 12–29. New York: McGraw-Hill, 1955.

———. *Encounters with Einstein: And Other Essays About People, Places, and Particles*. Princeton, N.J.: Princeton University Press, 1983.

———. *Gesammelte Werke / Collected Works*. Edited by Walter Blum, Hans-Peter Dürr, and Helmut Rechenberg. Berlin: Springer/Piper, 1984–89.

———. "Die Kausalgesetz und Quantenmechanik." *Erkenntnis* 2 (1931): 172–82.

———. "The Nature of Elementary Particles." *Physics Today* 29, no. 3 (1976): 32–39.

────. *Physics and Beyond: Encounters and Conversations*. Translated by Arnold Julius Pomerans. New York: Harper & Row, 1971.

────. *Physics and Philosophy: The Revolution in Modern Science*. New York: HarperCollins, 2007.

────. *Reality and Its Order*. Translated by Martin B. Rumscheidt, Nancy Lukens, and Irene Heisenberg. Edited by Konrad Kleinknecht. Cham: Springer, 2019.

────. "Research in Germany on the Technical Application of Atomic Energy." *Nature* 160, no. 4059 (1947): 211–15.

────. *Der Teil und das Ganze: Gespräche im Umkreis der Atomphysik*. Munich: Piper Taschenbuch, 2009.

────. "Über die Arbeiten zur technischen Ausnutzung der Atomkernenergie in Deutschland." *Naturwissenschaften* 33, no. 11 (1946): 325–29.

Henderson, Bob. "The Rebel Physicist on the Hunt for a Better Story Than Quantum Mechanics." *New York Times Magazine*, June 25, 2020. www.nytimes.com.

Hentschel, Ann M., and Jennifer Nollar James, trans. *The Berlin Years: Writings and Correspondence, April 1923–May 1925*, by Albert Einstein. Edited by Diana Kormos Buchwald, József Illy, Ze'ev Rosenkranz, Tilman Sauer, and Osik Moses. Vol. 14 of *Collected Papers*. Princeton, N.J.: Princeton University Press, 2015.

Hermann, Armin. *Frühgeschichte der Quantentheorie (1899–1913)*. Mosbach: Physik, 1969.

────. *Werner Heisenberg in Selbstzeugnissen und Bilddokumenten*. Hamburg: Rowohlt, 1976.

Hippel the Elder, Gottlieb von. *Biographie des Königl. Preuss. Geheimenkriegsraths zu Königsberg*. Gotha: Justus Perthes, 1801.

Homer. *The Odyssey*. Translated by A. T. Murray. 2 vols. Cambridge, Mass.: Harvard University Press, 1919.

Hume, David. *An Enquiry Concerning the Principles of Morals*. Edited by Tom Beauchamp. Oxford: Oxford University Press, 1998.

────. *A Treatise of Human Nature*. Edited by Lewis Amherst Selby-Bigge. Oxford: Clarendon, 1888.

Isaacson, Walter. *Einstein: His Life and Universe*. New York: Simon & Schuster, 2008.

Ismael, J. T. *How Physics Makes Us Free*. Oxford: Oxford University Press, 2016.

Jachmann, Reinhold Bernhard, ed. *Immanuel Kant geschildert in Briefen an einen Freund*. Königsberg: Friedrich Nicolovius, 1804.

Jauch, Josef Maria. *Foundations of Quantum Mechanics*. Reading, Mass.: Addison-Wesley, 1968.

Johnson, Reed. "The Mystery of S., the Man with an Impossible Memory." *New Yorker*,

Aug. 12, 2017. www.newyorker.com.

Kaes, Anton, Martin Jay, and Edward Dimendberg, trans. and ed. *The Weimar Republic Sourcebook.* Berkeley: University of California Press, 1994.

Kant, Immanuel. "An Answer to the Question: What Is Enlightenment?" In *Practical Philosophy*, translated and edited by Mary J. Gregor, 15–22. Cambridge, U.K.: Cambridge University Press, 1999.

———. *Briefwechsel.* Edited by Rudolf Malter. Hamburg: Meiner, 1986.

———. "The Conflict of the Faculties." Translated by Mary J. Gregor and Robert Anchor. In *Religion and Rational Theology*, 237–327. Cambridge, U.K.: Cambridge University Press, 1996.

———. *Correspondence.* Translated and edited by Arnulf Zweig. Cambridge, U.K.: Cambridge University Press, 1999.

———. *Critique of Aesthetic Judgement.* Translated and edited by James Creed Meredith. Oxford: Clarendon, 1911.

———. *Critique of the Power of Judgment.* Translated by Paul Guyer and Eric Matthews. Edited by Paul Guyer. Cambridge, U.K.: Cambridge University Press, 2000.

———. *The Critique of Pure Reason.* Translated and edited by Paul Guyer and Allen William Wood. Cambridge, U.K.: Cambridge University Press, 1998.

———. *Critique of Teleological Judgement.* Translated and edited by James Creed Meredith. Oxford: Clarendon, 1928.

———. *Gesammelte Schriften.* Berlin: Reimer/de Gruyter, 1902–97.

———. *Groundwork of the Metaphysics of Morals.* Translated and edited by Mary J. Gregor. Cambridge, U.K.: Cambridge University Press, 1997.

———. *Practical Philosophy.* Translated and edited by Mary J. Gregor. Cambridge, U.K.: Cambridge University Press, 1999.

———. *Reflexionen Kants zur kritischen Philosophie: Aus Kants handschriftlichen Aufzeichnungen.* Edited by Benno Erdmann. Leipzig: Fues, 1884.

———. *Religion Within the Limits of Reason Alone.* Translated and edited by Theodore Meyer Greene and Hoyt Hopewell Hudson. 2nd ed. New York: Harper & Row, 1960.

———. *Theoretical Philosophy, 1755–1770.* Translated by David Walford. Edited by David Walford and Ralf Meerbote. Cambridge, U.K.: Cambridge University Press, 1992.

Kaplan, Aryeh, ed. *Sefer Yetzirah: The Book of Creation in Theory and Practice.* 2nd ed. York Beach, Maine: Weiser, 1997.

Kenny, Anthony. *The Five Ways: St. Thomas Aquinas' Proofs of God's Existence.* London: Routledge, 1969.

Kirchhoff, Gustav. "On the Relation Between the Emissive and the Absorptive Power of Bodies for Heat and Light." In *The Laws of Radiation and Absorption: Memoirs by*

Prévost, Stewart, Kirchhoff, and Kirchhoff and Bunsen, translated and edited by De Witt Bristol Brace, 73–97. New York: American Book Company, 1901.

————. "Ueber das Verhältniss zwischen dem Emissionsvermögen und dem Absorptionsvermögen der Körper für Wärme und Licht." *Annalen der Physik und Chemie* 185, no. 2 (1860): 275–301.

Knight, Will. "Entangled Photons Secure Money Transfer." *New Scientist,* April 22, 2004. www.newscientist.com.

Körner, Stephan. "Introduction to the English Edition." In Cassirer, *Kant's Life and Thought,* vii–xxi.

Kremer, Josef. *Das Problem der Theodicee in der Philosophie und Literatur des 18. Jahrhunderts mit besonderer Rücksicht auf Kant und Schiller.* Berlin: Reuther & Reichard, 1909.

Kuehn, Manfred. *Kant: A Biography.* New York: Cambridge University Press, 2001.

Landsman, Klaas. "The Fine-Tuning Argument: Exploring the Improbability of Our Existence." In *The Challenge of Chance: A Multidisciplinary Approach from Science and the Humanities,* edited by Klaas Landsman and Ellen van Wolde, 111–29. New York: Springer, 2016.

Lewis, Clive Staples. *The Discarded Image: An Introduction to Medieval and Renaissance Literature.* Cambridge, U.K.: Cambridge University Press, 1964.

Lindberg, David C. *The Beginnings of Western Science.* Chicago: University of Chicago Press, 1992.

Lindley, David. *Uncertainty: Einstein, Heisenberg, Bohr, and the Struggle for the Soul of Science.* New York: Anchor, 2008.

Lorentz, Hendrik, ed. *Électrons et photons: Rapports et discussions du cinquième Conseil de Physique tenu à Bruxelles du 24 au 29 octobre 1927 sous les auspices de l'Institut International de Physique Solvay.* Paris: Gauthier-Villars, 1928.

Lorentz, Hendrik, Niels Bohr, Marcel Brillouin, Théophile de Donder, Max Born, Albert Einstein, Wolfgang Pauli, Paul Dirac, Hendrik Anthony Kramers, Werner Heisenberg, Louis de Broglie, Auguste Piccard, Paul Langevin, Ralph Fowler, Erwin Schrödinger, Paul Ehrenfest, Owen Richardson, Irving Langmuir, and Arthur Compton. "Discussion générale des idées nouvelles émises." In Lorentz, *Électrons et photons,* 248–89.

Luria, Alexander. *The Mind of a Mnemonist.* Translated by Lynn Solotaroff. 2nd ed. Cambridge, Mass.: Harvard University Press, 1987.

————. *Romanticheskie èsse: Malen'kaiā knizhka o bol'shoĭ pamiāti; Poteriānnyĭ i vozvrashchennyĭ mir* [Романтические эссе. Маленькая книжка о большой памяти; Потерянный и возвращенный мир]. Moscow: Pedagogica [Педагогика], 1996.

Maoz, Uri, Gideon Yaffe, Christof Koch, and Liad Mudrik. "Neural Precursors of Decisions

That Matter—an ERP Study of Deliberate and Arbitrary Choice." *ELife*, Oct. 23, 2019. elifesciences .org.

Mateo, Fernando, ed. *El otro Borges: Entrevistas, 1960–1986*. Buenos Aires: Equis, 1997.

Mehra, Jagdish, and Helmut Rechenberg. *The Historical Development of Quantum Theory*. New York: Springer, 1982–2001.

Mendelssohn, Moses. *Saemmtliche Werke*. Edited by Daniel Jenisch. Buda: Paul Burian, 1819–21.

Mermin, N. David. "Can You Help Your Team Tonight by Watching on TV? More Experimental Metaphysics from Einstein, Podolsky, and Rosen." In *Philosophical Consequences of Quantum Theory: Reflections on Bell's Theorem*, edited by James Thomas Cushing and Ernan McMullin, 38–59. Notre Dame, Ind.: University of Notre Dame Press, 1989.

———. "What's Wrong with This Pillow?" *Physics Today* 42, no. 4 (April 1989): 9–11.

Minev, Zlatko Kristev, Shantanu Omprakash Mundhada, Shyam Shankar, Phil Reinhold, Ricardo Gutiérrez–Jáuregui, Robert J. Schoelkopf, Mazyar Mirrahimi, Howard John Carmichael, and Michel H. Devoret. "To Catch and Reverse a Quantum Jump Mid-flight." *Nature* 570, no. 7760 (2019): 200–204.

Morrison, Philip. "*Alsos*: The Story of German Science." *Bulletin of the Atomic Scientists* 3, no. 12 (1947).

Nature. "New Problems in Quantum Theory." 121, no. 3050 (1928): 579.

Newton, Isaac. *The Correspondence of Isaac Newton, Vol. 3, 1688–1694*. Edited by Herbert Westren Turnbull. Cambridge, U.K.: Cambridge University Press, 1961.

New York Times. "Stimson Says Law Required Action." Dec. 11, 1932, 3. nyti .ms /3JV9VRJ.

Osserman, Robert. *Poetry of the Universe*. Stanford, Calif.: Stanford University Press, 1996.

O'Toole, Garson. "Time Is What Keeps Everything from Happening at Once." Quote Investigator, July 6, 2019. quoteinvestigator .com.

Pauli, Wolfgang. *Wissenschaftlicher Briefwechsel mit Bohr, Einstein, Heisenberg u.a.* Edited by Karl von Meyenn, Armin Hermann, and Victor Frederick Weisskopf. New York: Springer, 1979–2005.

Peterson, Mark. "Dante and the 3–Sphere." *American Journal of Physics* 47, no. 12 (1979): 1031–35.

Planck, Max. "Zur Theorie des Gesetzes der Energieverteilung im Normalspectrum." *Verhandlungen der Deutschen Physikalischen Gesellschaft* 2, no. 17 (1900): 235–45.

Plato. *Opera*. Edited by John Burnet. Oxford: Clarendon, 1900–1907.

———. *Parmenides*. Translated by Mary Louise Gill and Paul Ryan. In *Complete Works*, edited by John Madison Cooper and D. S. Hutchinson, 359–97. Indianapolis: Hackett, 1997.

———. *Timaeus*. Translated by Donald J. Zeyl. In *Complete Works*, edited by John Madison Cooper and D. S. Hutchinson, 1224–91. Indianapolis: Hackett, 1997.

Plotinus. *The Enneads*. Translated by Stephen MacKenna. Edited by John Dillon. Abridged ed. London: Penguin, 1991.

Prudhomme, Paul. *Fork in the Road: A Different Direction in Cooking*. New York: William Morrow, 1993.

Rees, Martin. *Before the Beginning: Our Universe and Others*. London: Simon & Schuster, 1997.

Reicke, Rudolf. *Kantiana: Beiträge zu Immanuel Kants Leben und Schriften*. Königsberg: Theile, 1860.

Reid, Constance. *Hilbert-Courant*. New York: Springer, 1986.

Remes, Pauliina. *Neoplatonism*. Berkeley: University of California Press, 2008.

Rink, Friedrich Theodor. *Ansichten aus Immanuel Kant's Leben*. Königsberg: Göbbels und Unzer, 1805.

Rodríguez Monegal, Emir. *Jorge Luis Borges: A Literary Biography*. New York: E. P. Dutton, 1978.

Rojo, Alberto G. "The Garden of the Forking Worlds: Borges and Quantum Mechanics." *Oakland Journal* 9 (2005): 69–78. hdl .handle .net /10323 /7649.

Rosenfeld, Léon. "Niels Bohr in the Thirties: Consolidation and the Extension of the Conception of Complementarity." In *Niels Bohr: His Life and Work as Seen by His Friends and Colleagues*, edited by Stefan Rozental, 114–36. Amsterdam: North-Holland, 1967.

Rosenthal-Schneider, Ilse. *Begegnungen mit Einstein, von Laue und Planck: Realität und wissenschaftliche Wahrheit*. Braunschweig: Vieweg, 1988.

———. *Reality and Scientific Truth: Discussions with Einstein, von Laue, and Planck*. Edited by Thomas Braun. Detroit: Wayne State University Press, 1980.

Rovelli, Carlo. *Helgoland: Making Sense of the Quantum Revolution*. Translated by Erica Segre and Simon Carnell. New York: Riverhead, 2021.

Rubenstein, Richard E. *When Jesus Became God: The Epic Fight over Christ's Divinity in the Last Days of Rome*. New York: Harcourt Brace, 1999.

Russell, Bertrand. *The Problems of Philosophy*. 2nd ed. Oxford: Oxford University Press, 1998.

Schilpp, Paul Arthur. *Kant's Pre-critical Ethics*. 2nd ed. Evanston, Ill.: Northwestern University Press, 1960.

Schlosser, Johann Georg. *Kleine Schriften*. Basel: Serini, 1779–93.

Schrödinger, Erwin. "Die gegenwärtige Situation in der Quantenmechanik." *Naturwissenschaften* 23, no. 48 (1935): 807–12.

———. "Die gegenwärtige Situation in der Quantenmechanik." *Naturwissenschaften* 23, no. 49 (1935): 823–49.

———. "An Undulatory Theory of the Mechanics of Atoms and Molecules." *Physical Review*, 2nd ser., 28, no. 6 (1926): 1049–70.

Scott, William Taussig. *Erwin Schrödinger: An Introduction to His Writings.* Amherst: University of Massachusetts Press, 1967.

Slavitt, David R., trans. *The Consolation of Philosophy*, by Anicius Manlius Severinus Boethius. Cambridge, Mass.: Harvard University Press, 2008.

Slavuski, Victoria. "The Old Man and the City; Chronicle of a Change of Heart: Borges's Late Love Affair with the People." *Times Literary Supplement*, Aug. 20, 1999, 10–12.

Sommerfeld, Arnold, ed. *The Principle of Relativity: A Collection of Original Memoirs on the Special and General Theory of Relativity.* Translated by Wilfried Perrett and G. B. Jeffery. New York: Dover, 1952.

———. *Das Relativitätsprinzip: Eine Sammlung von Abhandlungen.* 5th ed. Wiesbaden: Springer, 1923.

Strawson, Galen. "Your Move: The Maze of Free Will." *Opinionator* (blog), *New York Times*, July 22, 2010. opinionator.blogs.nytimes.com.

Swedenborg, Emanuel. *De caelo et ejus mirabilibus et de inferno: Ex auditis et visis.* Edited by Samuel Howard Worcester. 2nd ed. New York: American Swedenborg Printing and Publishing, 1890.

———. *Heaven and Hell; Also, The World of Spirits or Intermediate State from Things Heard and Seen.* Translated by John Faulkner Potts. Rotch ed. Boston: Swedenborg Printing Bureau, 1907.

Teitelboim, Volodia. *Los dos Borges: Vida, sueños, enigmas.* Mexico City: Hermes, 1996.

Unamuno, Miguel de. *Obras completas.* Edited by Ricardo Senabre. Madrid: Turner, 1995–2009.

———. *Tragic Sense of Life.* Translated by Anthony Kerrigan. Princeton, N.J.: Princeton University Press, 1972.

United States Conference of Catholic Bishops. "What We Believe." www.usccb.org.

Vaihinger, Hans. "Briefe aus dem Kantkreis." *Altpreussische Monatsschrift* 17 (1880): 286–99.

Van der Waerden, Bartel Leendert, ed. *Sources of Quantum Mechanics.* Amsterdam: North-Holland, 1967.

Verfassung des Deutschen Reiches vom 11. August 1919. 2nd ed. Berlin: Carl Heymann, 1920.

Voltaire. *Candide; or, Optimism*. Translated by Burton Raffel. New Haven, Conn.: Yale University Press, 2005.

Warda, Arthur. "Ergänzungen zu E. Fromm's zweitem und drittem Beitrage zur Lebensgeschichte Kants. I." *Altpreussische Monatsschrift* 38 (1901): 75–95.

———, ed. *Briefe an und von Johann George Scheffner*. Munich: Duncker & Humblot, 1916–38.

Wasianski, Ehregott Andreas Christoph, ed. *Immanuel Kant in seinen letzten Lebensjahren: Ein Beytrag zur Kenntniss seines Characters und häuslichen Lebens aus dem täglichen Umgauge mit ihm*. Königsberg: Friedrich Nicolovius, 1804.

Wegenstein, Bernadette, dir. *The Conductor*. Waystone, 2021.

Weinberg, Steven. *Dreams of a Final Theory: The Search for the Fundamental Laws of Nature*. London: Hutchinson Radius, 1993.

Williamson, Edwin. *Borges: A Life*. New York: Penguin, 2004.

———. "Borges in Context: The Autobiographical Dimension." In *Cambridge Companion to Jorge Luis Borges*, edited by Edwin Williamson, 201–25. Cambridge, U.K.: Cambridge University Press, 2013.

Wittgenstein, Ludwig. *Tractatus Logico-Philosophicus*. Translated by Charles Kay Ogden. 2nd ed. London: Kegan Paul, Trench, Trubner, 1933.

더 읽어볼 만한 책

Abiko, Seiya. "Einstein's Kyoto Address: 'How I Created the Theory of Relativity.' " *Historical Studies in the Physical and Biological Sciences* 31, no. 1 (2000): 1–35.

Bitbol, Michel. *Schrödinger's Philosophy of Quantum Mechanics*. Dordrecht: Kluwer, 1996.

Borges, Jorge Luis. *Discusión*. Buenos Aires: Gleizer, 1932.

———. "The Translators of *The Thousand and One Nights*." Translated by Esther Allen. In *Selected Non-fictions*, ed. Eliot Weinberger, 92–109. New York: Penguin, 1999.

Borges, Jorge Luis, and Roberto Alifano. *Conversaciones*. Madrid: Debate, 1986.

Campbell, Joseph. *The Ecstasy of Being: Mythology and Dance*. Edited by Nancy Allison. Novato: New World, 2017.

———. *The Masks of God*. New York: Penguin, 1968.

Canales, Jimena. *The Physicist and the Philosopher: Einstein, Bergson, and the Debate That Changed Our Understanding of Time*. Princeton, N.J.: Princeton University Press, 2015.

———. *A Tenth of a Second: A History*. Chicago: University of Chicago Press, 2009.

Carson, Cathryn. *Heisenberg in the Atomic Age: Science and the Public Sphere*. Cambridge, U.K.: Cambridge University Press, 2010.

Derrida, Jacques. *Margins of Philosophy*. Translated by Alan Bass. Chicago: University of Chicago Press, 1982.

D'Hoine, Pieter, and Marije Martijn, eds. *All from One: A Guide to Proclus*. Oxford: Oxford University Press, 2017.

Dillon, John, and Lloyd P. Gerson, eds. *Neoplatonic Philosophy: Introductory Readings*.

Indianapolis: Hackett, 2004.

Egginton, William. *The Philosopher's Desire: Psychoanalysis, Interpretation, and Truth.* Stanford, Calif.: Stanford University Press, 2007.

Gleick, James. *Genius: The Life and Science of Richard Feynman.* New York: Vintage, 1992.

———. *Time Travel: A History.* New York: Pantheon, 2016.

Gleiser, Marcelo. *The Prophet and the Astronomer: A Scientific Journey to the End of Time.* New York: Norton, 2001.

Greene, Brian. *The Hidden Reality: Parallel Universes and the Deep Laws of the Cosmos.* New York: Vintage, 2011.

Gumbrecht, Hans Ulrich, ed. *What Is Life? The Intellectual Pertinence of Erwin Schrödinger.* Stanford, Calif.: Stanford University Press, 2011.

Hägglund, Martin. *This Life: Secular Faith and Spiritual Freedom.* New York: Pantheon, 2019.

Heelan, Patrick A. *Quantum Mechanics and Objectivity: A Study of the Physical Philosophy of Werner Heisenberg.* The Hague: Martinus Nijhoff, 1965.

Heidegger, Martin. *Being and Time: A Translation of "Sein und Zeit."* Translated by Joan Stambaugh. Albany: State University of New York Press, 1996.

———. *Kant and the Problem of Metaphysics.* Translated by Richard Taft. 5th ed. Bloomington: Indiana University Press, 1997.

Holt, Jim. *Why Does the World Exist?* New York: Liveright, 2012.

Huggett, Nick, ed. *Space from Zeno to Einstein: Classic Readings with a Contemporary Commentary.* Cambridge, Mass.: MIT Press, 1999.

Jammer, Max. *The Conceptual Development of Quantum Mechanics.* 2nd ed. New York: American Institute of Physics, 1989.

Janiak, Andrew. "Newton's Philosophy." In *The Stanford Encyclopedia of Philosophy,* edited by Edward N. Zalta. plato.stanford.edu.

Jaspers, Karl. *Drei Gründer des Philosophierens: Plato, Augustin, Kant.* Munich: Piper, 1967.

Johnson, David E. *Kant's Dog: On Borges, Philosophy, and the Time of Translation.* Albany: State University of New York Press, 2013.

Lloyd, Seth. *Programming the Universe: A Quantum Computer Scientist Takes On the Cosmos.* New York: Knopf, 2006.

Marcus, Russell, and Mark McEvoy, eds. *An Historical Introduction to the Philosophy of Mathematics: A Reader.* London: Bloomsbury, 2016.

Moore, Walter. *Schrödinger: Life and Thought.* Cambridge, U.K.: Cambridge University Press, 1989.

Nussbaum, Martha C. *The Fragility of Goodness: Luck and Ethics in Greek Tragedy and Philosophy*. Cambridge, U.K.: Cambridge University Press, 1986.

Rees, Martin. *Just Six Numbers: The Deep Forces That Shape the Universe*. New York: Basic Books, 2000.

Rigden, John S. *Einstein 1905: The Standard of Greatness*. Cambridge, Mass.: Harvard University Press, 2005.

Schilpp, Paul Arthur. *Albert Einstein: Philosopher-Scientist*. New York: MJF, 1969.

Schopenhauer, Arthur. *The World as Will and Idea*. Translated by Richard Burdon Haldane and John Kemp. 3rd ed. London: Kegan Paul, Trench, Trübner, 1896.

Schrödinger, Erwin. *Nature and the Greeks; and, Science and Humanism*. Cambridge, U.K.: Cambridge University Press, 1996.

———. *What Is Life? The Physical Aspect of the Living Cell; with Mind and Matter; and Autobiographical Sketches*. Cambridge, U.K.: Cambridge University Press, 1992.

Smith, Norman Kemp, trans. *Critique of Pure Reason*, by Immanuel Kant. 2nd ed. New York: St. Martin's, 1965.

Strobach, Nico. *The Moment of Change: A Systematic History in the Philosophy of Space and Time*. Dordrecht: Kluwer Academic, 1998.

Wheeler, John Archibald, and Wojciech Hubert Zurek, eds. *Quantum Theory and Measurement*. Princeton, N.J.: Princeton University Press, 1983.

인명 색인

가르시아 로르카 García Lorca, Federico
38
구드스미트 Goudsmit, Samuel 344–
345, 358, 360–362, 364–365, 367–
368, 370
그린 Green, Joseph 73–74, 154, 267
그린 Greene, Brian 147, 231, 308–309
글레이서 Gleiser, Marcelo 257

네루다 Neruda, Pablo 38
뉴턴 Newton, Isaac 10, 20, 43, 95, 106,
109, 196, 233–236, 239, 244–245,
248–249, 346–347
니체 Nietzsche, Friedrich 212–213, 215,
226

단테 Dante, Alighieri 40, 194–195,
205–207, 216, 222–224, 226–227,
246–248, 254–255, 293
데카르트 Descartes, René 47
도너번 Donovan, William 342
도지슨 Dodgson, Charles Lutwidge 105

드 브로이 de Broglie, Loui 109–111, 128
디랙 Dirac, Paul 109, 111

라바터 Lavater, Johana Kasper 156
라우에 Laue, Max von 362
라이프니츠 Leibniz, Gottfried Wilhelm
von 43–44, 106, 162, 265, 276–278,
280
라플라스 Laplace, Pierre Simon 20
란데 Landé, Alfred 103
람베르트 Lambert, Johann Heinrich 158
람페 Lampe, Martin 152
랑헤 Lange, Norah 12–14, 17–18, 21,
37–40
랜디스 Landis, Kenesaw Mountain 342
러더퍼드 Rutherford, Ernest 97–98
러셀 Russell, Bertrand 166
레나르트 Lenard, Philipp 228–229
레우키포스 Leukippos 211
로벨리 Rovelli, Carlo 350, 369, 372
로이 Roy, Arundhati 148
로젠 Rosen, Nathan 136

로젠펠드 Rosenfeld, Léon 135-136
로크 Locke, John 50
루리야 Luriya, Aleksandr 33-37, 49,
314
루이스 Lewis, C. S. 201, 205
루터 Luther, Martin 175
리만 Riemann, Georg Friedrich Bernhard
237, 246, 352
린드버그 Lindbergh, Charles 9-10, 12,
19, 25, 55, 365
링크 Rink, Friedrich Theodor 64

마르케스 Márquez, Gabriel García 311-
312, 325
마스트로나르디 Mastronardi, Carlos 13
마이링크 Meyrink, Gustav 187
말러 Mahler, Gustav 270, 272-273
머민 Mermin, David 56, 365
멘델스존 Mendelssohn, Moses 67, 266
믈로디노프 Mlodinow, Leonard 254
밀 Mill, John Stuart 21
밀리컨 Millikan, Robert 100

바시 Bassi, Angelo 56-57
바이츠제커 Weizsäcker, Carl Friedrich
von 143, 350, 353, 355-357, 362
바지안슈키 Wasianski, Ehregott 313-
314
버그 Berg, Morris 341-343
베케트 Beckett, Samuel 18, 324
베크렐 Becquerel, Henri 100
벨 Bell, John 139-141
보르헤스 Borges, Jorge Guillermo 186,
189
보른 Born, Max 85-87, 91, 105-106,

108, 112-113, 120, 125-127, 144-
145, 244, 308
보어 Bohr, Niels 11, 17, 19, 26, 54-55,
85, 88, 97-101, 103, 105-106, 110,
112-113, 119, 121-125, 127-128,
130-135, 137, 140, 250, 358-359
보에티우스 Boethius, Anicius Manlius
Severinus 291-296, 304, 309-310,
334, 373
볼츠만 Boltzmann, Ludwig 93-94,
100-101, 113
볼프 Wolff, Christian 265
봄 Bohm, David 139
뵐너 Wöllner, Johann Christoph von
298
브라운 Braun, Eva 343
브루너 Bruner, Jerome 36-37
블로흐 Bloch, William Goldbloom 221
비델라 Videla, Jorge Rafail 330
비키오 Vicchio, Stephen 325
비트겐슈타인 Wittgenstein, Ludwig 56

색스 Sacks, Oliver 37
셰러 Scherrer, Paul 342
셰레솁스키 Shereshevsky, Solomon
33-37, 48-51, 53
소크라테스 Socrates 20, 68-70, 135
솔베이 Solvay, Ernest 125-126
쇼펜하우어 Schopenhauer, Arthur 187
숄렘 Scholem, Gershom 187
슈나이더 Schneider, Ilse 238
슈뢰딩거 Schrödinger, Erwin 16-17,
55-56, 99, 110-112, 120, 122, 124-
125, 137-140, 144-145, 148, 230, 318
슐로서 Schlosser, J. G. 15

418

슐츠 Schultz, Franz Albert 64
스베덴보리 Swedenborg, Emanuel 65-
68, 77-78, 83
스트로슨 Strawson, Galen 304-305
스팀슨 Stimson, Henry 135
슬레이터 Slater, John 105

아리우스 Arius 177-178
아브라모비치 Abramowicz, Maurice
187
아세베도 Acevedo, Leonor 186
아스테테 Astete, Elsa 326, 335
아스페 Aspect, Alain 139, 142
아옌데 Allende, Salvador 330
아우구스티누스 Augustinus, Aurelius
175, 178-180, 216, 247, 254
아이작슨 Isaacson, Walter 244
아인슈타인 Einstein, Albert 26, 56, 95-
98, 100-103, 107, 109-111, 113-115,
125-141, 145, 147-148, 195, 197,
228-234, 236-239, 241, 243-251,
253-254, 257-258, 261-265, 272,
278, 287-288, 317-318, 321, 348,
352, 359
아퀴나스 Aquinas, Thomas 264
에베르하르트 Eberhard, Johann Augustus
276, 278
에딩턴 Eddington, Arthur 104-105,
238, 253
에렌페스트 Ehrenfest, Paul 99, 245
에버렛 3세 Everett III, Hugh 320-322,
324, 334
에스텔라 Estela, Canto 193-195
에코 Eco, Umberto 220
오도아케르 Odoacer, Flavius 291

오캄포 Ocampo, Victoria 182
오펜하이머 Oppenheimer, Robert 360
올솝 Alsop, Marin 270
요르단 Jordan, Pascual 108, 120
우나무노 Unamuno, Miguel de 41-42,
47
윌리엄슨 Williamson, Edwin 335
윌슨 Wilson, Robert B. 247
에프스타티오스 Eustathius 177
유스티누스 1세 Iustinus I 292-293
이븐 루시드 Ibn Rushd 204-205

제논 Zenon 21, 68-69, 80-84, 149, 151,
157
조머펠트 Sommerfeld, Arnold 91, 101-
103, 119
지클린스키 Jichlinski, Simon 187

차일링거 Zeilinger, Anton 142
초서 Chaucer, Geoffrey 293

카사레스 Casares, Adolfo Bioy 182
카유아 Caillois, Roger 325
칸터 Kanter, Johann Jakob 73
칼뱅 Calvin, Jean 186
캐럴 Carroll, Sean 321
코다마 Kodama, Maria 326, 335-336
코미사리옙스키 Komisarjevsky, Joshua
307-308
콘스탄티누스 Constantinus 177-178
크누첸 Knutzen, Martinq 43, 47, 62-63
크라머르스 Kramers, Hans 105-106
(마리)퀴리 Curie, Marie 100
(피에르)퀴리 Curie, Pierre 100
크라우스 Kraus, Jakob 267-268, 312

키케로 Cicero, Marcus Tullius 212

테오도리쿠스 Theodoricus 291-292

텡피에르 Tempier, Étienne 203

토렌데 Torrendell, Juan Carlos 38

파르메니데스 Parmenides 20-21, 68-
70, 75-76

파울리 Pauli, Wolfgang 19-20, 25, 81,
91, 102, 105, 119-121, 127, 136, 317

파인먼 Feynman, Richard 142, 147-
148, 150, 348

패시 Pash, Boris T. 343-345

페론 Perón, Juan Domingo 328-330

펜지어스 Penzias, Arno 247

포돌스키 Podolsky, Boris 136

풍크 Funk, Johann Friedrich von 71-
72, 74, 83

프랑크 Frank, Philipp 71-72, 74, 83

프로스트 Frost, Robert 330-331, 349,
373

프리드리히 2세 Friedrich II 63, 298

프리드리히 빌헬름 2세 Friedrich Wilhelm
II 301-302

프리드만 Friedmann, Alexander 246

프티 Petit, Jennifer 294, 307

플랑크 Planck, Max 92-100, 102-103,
112-113, 115, 143, 145, 151, 229, 249

플로티노스 Plotinos 175, 178-179, 181,
183, 216

피노체트 Pinochet, Augusto 330

하만 Hamann, Johann Georg 15, 23-
24, 46-47, 52, 72, 170, 268

한레 Hanle, Wilhelm 121

(데이브)해리스 Harris, Dave 341

(샘)해리스 Harris, Sam 294, 296-297,
304, 307, 309, 333, 349, 371

허블 Hubble, Edwin 247

헤겔 Hegel, Georg Wilhelm Friedrich 80

헤라클레이토스 Heracleitos 69, 75

헤르더 Herder, Johann Gottfried von
44, 60, 170

헤르만 Hermann, Grete 353, 355, 357,
370

헤르츠 Herz, Markus 158, 160-161, 163

헤이스 Hayes, Steven 307

호일 Hoyle, Fred 260

호킹 Hawking, Stephen 254

휠러 Wheeler, John 253, 255, 319

흄 Hume, David 23-24, 47-48, 51-
53, 60, 79, 82, 149, 159, 162, 164, 226,
352

히론도 Girondo, Oliverio 14, 38

히펠 Hippel, Theodor Gottlieb von 170

힐베르트 Hilbert, David 237